회사의언어

회사의 언어 : 직장 언어 탐구 생활

초판 1쇄 발행 2016년 6월 10일
초판 9쇄 발행 2022년 8월 24일

지은이 | 김남인
발행인 | 김형보
편집 | 최윤경, 강태영, 이경란, 임재희, 곽성우
마케팅 | 이연실, 이다영
디자인 | 송은비
경영지원 | 최윤영

발행처 | 어크로스출판그룹(주)
출판신고 | 2018년 12월 20일 제 2018-000339호
주소 | 서울시 마포구 양화로10길 50 마이빌딩 3층
전화 | 070-5080-4113(편집) 070-8724-5877(영업) 팩스 | 02-6085-7676
e-mail | across@acrossbook.com

ⓒ 김남인 2016

ISBN 978-89-97379-92-7 03320

만든 사람들
편집 | 강태영
교정교열 | 윤정숙
디자인 | 이석운, 김미연

회사의 언어

직장 언어 탐구 생활

김남인 지음

어크로스

차례

프롤로그   _10

PART 1
곰 같은 여우가 조직을 춤추게 한다 : 센스의 언어

1   곰 같은 여우가 조직을 춤추게 한다 : 노련한 댄서의 파트너 리드법   19

"상대에게 관심을 보이면 상대는 기꺼이 곁을 내준다.
모든 관계의 시작은 거기서부터."

2   질문, 준비한 만큼 빛난다 : 조용한 사람이 대화의 주도권을 쥐는 법   32

"모든 질문은 대답을 요구하므로 질문하는 사람이 유리한 입장에 서게 된다.
질문을 하면 통제가 되는 것이다.
질문자의 프레임 안에서 답변자가 생각하고 이야기하게 되기 때문이다."

3   입이 부족하면 손끝으로 채운다 : 존재감을 각인시키는 이메일   47

"스물일곱의 그는 모니터 세대였다.
목소리 톤, 보디랭귀지, 표정, 그리고 상대의 말을 재치 있게 받아치는 순발력…….
그런 것들에 신경 쓸 필요 없이 자신이 전달하는 내용 자체에 집중하는 게 훨씬 쉬웠다."

4 좋은 비판은 고래를 내 편으로 만든다 : 친절하게 디스하기   61

"우리 뇌는 칭찬보다는 비난에 훨씬 민감하게 반응한다.
상처 입은 상사 혹은 후배와 일해 당신이 얻는 것은 무엇인가?"

5 스토리텔링 애니멀 : 우아하고 효과적인 어필의 기술   75

"우리나라 사람들이 제일 미워하는 유형이 있어. 원하는 게 너무 분명한 사람.
그걸 주변 눈치 안 보고 요구하는 사람."

6 슈거코팅을 피하라 : 불편한 소식을 전해야 할 때   89

"심리적 압박에 부딪히면 많은 사람들이 나쁜 소식을 어떻게든
긍정적으로 포장하려는 유혹에 빠진다. 혹은 최대한 이야기할 시간을 미뤄서
기적까지는 벌어지지 않더라도 상황이 좀 더 나아지기를 기다린다.
상대에게 일말의 희망이라도 주고자 하는 건지는 모르겠으나 진실은 언젠가는 밝혀진다."

7 카톡방에 불이 난 이유 : #부장 #방언터짐 #대피   103

"가십은 중독성이 강하다. 현재의 문제로부터 잠시나마 벗어나게 하고
상대의 공감을 얻어내게 해주는 것만 같다. 그 순간, 나는 혼자가 아니다.
그러나 가십이 현실의 문제를 해결하는 경우는 별로 없다."

8 '프리사이즈'란 없다! : 설득하는 방식을 바꿔라   114

"회사는 안 과장의 개인 프로젝트를 하는 곳이 아니라 회사 돈으로 회사를 위해
회사 일을 하는 곳이라는 점을 잊지 마.
의욕도 열정도 다 회사의 바운더리 안에서 태워야 빛을 본다고."

PART 2
'듣기'에도 준비가 필요하다 : 듣기의 언어

1 '듣기'에도 준비가 필요하다 : 상대라는 세계를 여행하기 위한 입장권   131

"상사와 동료에 대한 대탐구를 시작해보자.
왜 그런 말을 하는지 그들의 두려움과 욕망을 읽어내자. 어느 순간 잔소리와 자기방어는 줄어들고
그들이 오히려 당신에게 몸을 기울여 귀를 열게 될 것이다."

2 생각하지 않는 사람들 : 왜 사람들은 제대로 듣지 않는 걸까   **145**

"듣기 고수들은 겉으로는 조용할지 몰라도 뇌는 풀가동 상태인 겁니다.
말하는 사람의 메시지를 끊임없이 해체하고 재조립하고 자기 식대로 흡수하려고.
회사생활을 해봤으니 알잖아요. 말할 때보다 들어야 할 때가 훨씬 많아요."

3 말 잘하는 게 뭐라고 생각해? : 듣는다는 건 가장 큰 웅변이야   **157**

"말 번드르르하게 잘하는 사람은 자기 말만 하려고 덤빈다. 들어줄 줄 모른다.
탁동철은 아이 말이나 어른 말이나 끝까지 귀 기울여 듣는다. 탁동철의 글을 보면 그의 마음속에도
할 말이 가득했던 걸 안다. 그러나 거의 하지 않는다. 무릎 꿇고 귀 기울여 들어줄 뿐이다."

4 부하의 욕망에 귀를 기울이면 : 존중해야 존중받는다   **172**

"T. S. 엘리엇은 듣는 귀를 통해 시를 썼지만 우리 주변 듣기의 달인들은
그 능력을 통해 조직의 사다리에 올라선다. 그런데 아무도 사다리를 흔들어
그를 떨어뜨리지 못한다. 왜냐하면 그가 먼저 내 말을 듣고 존중해줬기 때문이다."

5 그의 말, 그녀의 말 : 입장의 차이   **185**

"문과냐 이과냐. 여성이냐 남성이냐. 경상도냐 충청도냐. 50대냐 20대냐……
다름이 소통의 벽이 되지 않게 하려면 상대의 말하기 스타일을 먼저 파악해야 한다.
어쩔 수 없나. 여기는 학교 동아리가 아니라 월급 받고 일하는 직장인 것을."

6 프레지처럼 메모하라 : 자기 언어로 메모해야 기억에 남는다   **201**

"메모를 위한 메모를 하라는 소리가 아니라 당신의 아이디어를 정리하고
그 속에서 실행 가능한 목표를 설정하라는 겁니다.
메모해두지 않으면, 당신이 자리를 떠나기 전에 아이디어가 먼저 당신 머릿속을 떠날 겁니다."

PART 3
스티브 잡스의 화이트보드 : 표현의 언어

1 지금 읽는 거야? : 말하기는 관계 맺다   **215**

"발표자가 자기 자신에게만 집중하면 결국 망한다. 읽지 말고 이야기하라. 상대와 눈을 맞추라.
상대의 문제를 고민하라. 결국 메시지를 전달하는 것은 듣는 이와의 관계를 형성하는 일이다."

2 스티브 잡스의 화이트보드 : 슬라이드와 싸우지 마라   **231**

"사람들은 프레젠테이션 슬라이드를 만드는 것으로 문제와 대면하려 한다.
나는 사람들이 파워포인트 뭉치를 보여주기보다는 사고를 통해 문제에 참여했으면 좋겠고,
서로 치열하게 논의해 결론에 도달했으면 좋겠다."

3 이그제큐티브 서머리 : 상사는 늘 시간이 없다   **243**

"이그제큐티브 서머리는 중요 포인트를 그저 나열해놓은 게 아니다.
중요 이슈들이 서로 어떤 관계가 있고, 우선순위는 어떻게 되는지,
상대는 무엇을 해야 하는지 밝혀야 한다."

4 아마존 CEO 제프 베조스의 글쓰기
: 당신의 언어로 쉽게 쓰면 보고서의 맨살이 드러난다   **258**

"글이 쉬워지면 손에 잡힐 듯, 그 안의 정보가 만만해진다.
그럴 때 우리의 머리가 열리고 당연하게 보였던 것에도 '왜'와 '어떻게'를 물을 수 있게 된다."

5 내 이메일을 보기는 할까 : 응답하기 쉽게 써라   **271**

"직장에서 이메일 쓰기의 시작과 끝은 '어떻게 하면 상대의 수고로움을 최소화하고
그에게 도움이 될 것인가'를 아는 것에 있다.
상대가 언제 어떤 상황에서 이메일을 받게 되는지,
내가 그러면 도대체 왜 내 이메일을 읽어야 할지 고민하자."

6 단순하게, 명료하게, 정확하게 : 내가 이해한 대로 상대를 이해시켜라   **285**

"말을 잘하는 건 나와 상대가 '같은 페이지'에 있도록 하는 거야.
내가 이해한 대로 상대도 이해시키는 거지. 그래야만 내가 원하는 방향으로
상대가 판단하거나 행동하게 할 수 있거든."

부록

'현실 속 에이스'들의 회사생활 노하우

PART 1 곰 같은 여우가 조직을 춤추게 한다

최선의 결정을 가로막는 인지편향들   30

같은 질문도 센스 있게   45

안 지키는 당신만 손해 보는 이메일 TIP   57

섬세한 쓴소리의 기술   72

역발상으로 내 아이디어 어필하기   84

최고의 사과는 세 가지를 포함한다   100

온라인 속 가십이 위험한 이유   112

의사결정 스타일로 본 다섯 가지 상사 유형   125

PART 2 '듣기'에도 준비가 필요하다

조언 듣기에도 준비가 필요하다   141

대화 상대의 기분을 망치는 '나쁜 듣기'의 유형들   154

"내성적이고 소심한 나, 어떻게 극복하죠?"   167

회의를 잘못된 결론으로 이끄는 집단 오류들   181

그의 말, 그녀의 말   194

입장 차를 줄이는 방법   196

회의 결과를 바꾸는 '메모의 기술'   211

PART 3 스티브 잡스의 화이트보드

프레젠테이션을 망치는 열 가지 방법(TED.COM)   225

프레젠테이션 가이드라인(TED.COM)   226

파워포인트가 보내는 위험 신호들   241

나는 간결하게 메시지를 전하는 사람인가   254

핵심을 전달하지 못하는 일곱 가지 이유   256

스티브 잡스가 숫자를 다루는 법   267

상사에게 최고의 이메일을 쓰는 일곱 가지 방법   282

단순하게, 명료하게, 정확하게 쓰려면   294

프롤로그

　내가 기자를 그만둔 데에는 역설적이게도 기자적 호기심이 작용했다. 구글, 링크드인 같은 실리콘밸리 기업들부터 GM, 페덱스 같은 전통 기업들까지. '위클리비즈'에서 일하며 글로벌 기업들을 취재할수록 내 마음에는 석연치 않은 구석이 생겨나기 시작했다. 내가 경영진을 통해 얻는 극도로 정제된 정보와 재무제표가 저 기업 내부의 다이내믹을 충분히 반영하는 걸까? 기업 안에서 사람들은 어떻게 일하고 의사결정하기에 이런 제품 저런 서비스가 나올 수 있지? CEO의 입을 통해 나오는 말끔한 현실이 아니라 그가 깔고 앉아 좀처럼 보이지 않는 내밀한 풍경들을 보고 싶었다.

　육지로 나오기 위해 인어공주는 다리를 얻었고, 대신 목소리를 잃었다는데. 나도 기업이라는 땅에 발을 디뎌볼까 싶어 10년의 기자직을 접었다. '공짜는 없으니까'라고 자위하기에 기업일은 예상 외로 즐거웠다. 혼자 뛰어 성과를 내는 기자일만큼, 여러 사람이 부대끼며 팀으로 일하는 기업 생활도 내게 맞았다. 나는 과장을 시작으로 차장, 부장을 압축적으로 경험했고 그사이 한 번의 이직까지 겪었다. 이과 출신의 R&D 연구원, 제조 현장의 기술 장인들, 스태프 부서의 전략가들, 마케팅&커뮤니케이션 요원들, 현장을 뛰는 구매와 영업맨들……. 이들을 만나며 다양한 장르와 층위의 '내부자의 시선'을 장착할 수 있었다. 기자였다면 들을 수 없었던, 급여를 받고 노동을 제공하는 '우리'가 일하고 관계 맺고 좌절하고 성취하는 진짜 이야기들이 보이기 시작했다.

밸류체인이라는 거대한 혈관을 품은 생명체. 매해 새 피(신입 사원)를 수혈받고 새로운 숙주(새 시장)를 찾아 헤매는 존재, 도끼자루 썩는 줄 모르고 사람들로 하여금 가장 젊은 날을 일로 채우게 하는 장소, 제 아무리 잘난 사람이라도 '사회적 존재'임을 잊는 순간 여지없이 퇴장당하는 곳. 기업이 '인풋 대비 아웃풋'이라는 숫자의 세계에서 국가 경제와 GDP라는 거대한 언어로만 해독되는 사이 우리는 얼마나 자주 잊고 사는가. 기업 안에서 세상을 겪고 삶을 꾸리는 '사람' 없이는 기업도 존재하지 않는다는 것을. 사람을 관찰하는 일로 10년을 보낸 내게 기업은 다양한 색채와 표정으로 다가오기 시작했다. 아득한 고대의 텍스트를 해독하게 된 것처럼 "기자 시절 그 하버드대 교수가 말한 게 저거군!", "그 CEO가 침 튀기며 격정 토로한 현실이 이런 거군!" 하며 혼자서 무릎을 치기 시작했다.

무릎 치는 횟수가 늘어날수록 내 눈에는 한 무리의 사람들이 들어오기 시작했다. 요란하게 자신을 포장하지도, 화려한 스펙을 깔고 들어오지도 않았는데 그들은 조용하고 묵묵히 일하다 어느새 조직의 중요한 위치를 점했다. 중요한 회의나 보고를 앞두고, 상사는 이들이 눈에 보이지 않으면 분리불안을 겪기 시작했다. 아무리 까다로운 사람도 그들에게는 곁을 내주고 함께 일하려 했다. 겉보기엔 잔잔하지만 자기 역할을 파악하고 조직의 업무를 신속히 장악하는 사람들. 언뜻 보면 손해 보는 일인 것 같은데도 기꺼이 손을 내밀어 결국엔 '함께' 성과를 나누는 사람들. 그들은 우리가 익히 주입당한 '인재'의 모습과는 달랐다. 불가해한 지능과 문제 해결력을 가진 0.1퍼센트의 천재도, 현실 왜곡의 카리스마를 발산하는 괴짜도, 매끈한 컨설턴트도 아니니 말이다.

'현실 속 에이스'들의 공통점은 따로 있었다. 그들은 '회사의 언어'를 구사할 줄 알았다. 소통을 잘하는 사람을 말하는 거냐고 물을 수 있겠다. 소통이라니. 구태의연하다. 오늘날 기업에서 '소통'이라는 말처럼 남용되는 단어도 없다. 상사는 '소통의 리더십'을 말하며 걸핏하면 회의를 소집해 그 시간을 독백으로 채우고, HR은 조직 내 '소통지수'를 체크한다면서 전체 이메일로 설문지를 돌리고 있으니 말이다.

내가 말하는 '회사의 언어'는 업무와 사람을 대하는 자질과 태도를 뜻한다. '다나까'로 끝나는 신입 사원의 군기 가득한 말투도, 사내 정치로 우뚝 서려는 부장들의 느물느물한 언어도 아니란 소리다. '좋은 게 좋은 것'이라며 갈등이나 책임을 피하기 위해 에둘러 말하는 것도, 그렇다고 자기 성과를 끊임없이 강조하는 것도 아니다. 어떤 사안에건 숫자와 데이터를 들이대는 재무의 언어도, 경영 외래어로 가득 찬 컨설턴트들의 파워포인트 더미도 아니다.

'회사의 언어'는 업무 하나에도 다수의 이해관계가 얽혀 있고 수십 명에서 수백 명의 사람들이 보폭을 맞춰야 한다는 걸 아는 데서 출발한다. 업무를 동료와 상사의 시각, 더 넓게는 회사의 시각으로 이해하고 표현하는 언어다. '회사의 언어'를 구사하는 사람은 어떤 사람인가. 박 대리의 횡설수설과 이 부장의 독설을 묵묵히 듣다가도 핵심을 짚어내는 한마디로 업무를 뚜벅뚜벅 전진시키는 사람이다. 상대를 신속히 핵심으로 이끄는 이메일을 쓸 줄 아는 사람, 수십 장의 파워포인트 보고서를 한 장으로 요약해 정신 없이 바쁜 상사에게 내밀 줄 아는 사람이다. 업무를 완전히 장악하고 비판적인 사고를 할 줄 아는 사람이다. 센스 있게 듣고 제대로 표현해 나와 조직의 목표를 성취해내는 것이 '회사의 언어'가 목표하는 바다.

'회사의 언어'는 어떤 식으로 우리 곁에 출몰하는가. 직장생활을 하는 여러분이 모두 겪어본 그 순간을 나는 재생해내려 애썼다. 직접 경험도 있지만 다른 기업에서 일하는 다양한 주변인들을 취재해 녹였다. 경제경영 분야 기자로 취재했던 10년 경험에 전문 저널과 관련 서적을 빠짐없이 탐독해 책이 가벼운 콩트나 처세서로 읽히지 않도록 했다. 1부 '곰 같은 여우가 조직을 춤추게 한다'에서는 회의, 이메일 쓰기, 비판하기, 어필하기, 불편한 소식 전하기, 설득하기 등 다양한 상황에서 '회사의 언어'의 쓰임새에 대해 소개한다. 2부 '듣기에도 준비가 필요하다'는 회사의 언어를 구사하기 위해 필수적인 경청의 구체적 방법을, 3부 '스티브 잡스의 화이트보드'는 업무를 굴러가게 하는 가장 중요한 언어인 보고를 제대로 하는 법을 실었다.

기업생활을 이제 막 시작한 이들부터 '왜 부하 직원들은 내 말귀를 못 알아들을까' 고민하는 임원들까지 이 책은 직급을 초월해 많은 이들이 곱씹어볼 만한 기업생활의 면면을 담고 있다. 경제경영 외서들은 늘 외국 케이스를 기반으로 해서 공감이 떨어지고, 기업 생활 경험이 없는 전문가들의 책은 왠지 훈계로만 느껴지는 것이 독자로서 나의 오랜 불만이었다. 다르게 쓰려 노력했다. 마지막 페이지까지 단숨에 달려가는 재미를 느끼면서 책 속의 좋은 뜻이 자연스레 스며드는 경험, 책을 통해 독자들에게 선물하고 싶었다.

지난 3년간 나를 기자에서 작가로 단련시킨 것은 어크로스 출판사 김형보 대표의 우정과 전문성이었다. 유능한 편집자 강태영 님은 이 책에 생기를 불어넣었다. 부족한 후배에게 격려를 아끼지 않으시는 김창균, 한윤재, 최승호, 염강수 선배, 기꺼이 이 책의 첫 번째 독자가 되어 추천사를 통해 응원해주신 최홍섭, 한수진, 임정욱 선배, 그리고 이 책이 빛을 볼 수 있도록 격려해 주신 조대식 사장님께 깊은 감사를 전하고 싶다.

어머니와 아버지 그리고 인생의 동반자 유후정 덕분에 이 책이 세상에 나올 수 있었다. 사랑하는 의창과 현수가 어른이 되어 이 책을 즐겁게 읽었으면 좋겠다. 무엇보다 이 책을 집어든 독자 여러분에게 감사와 파이팅을 전한다.

2016년 6월

김남인

PART 1

곰 같은 여우가 조직을 춤추게 한다
센스의 언어

1

곰 같은 여우가
조직을 춤추게 한다

—

노련한 댄서의 파트너 리드법

"상대에게 관심을 보이면 상대는 기꺼이 곁을 내준다.
모든 관계의 시작은 거기서부터다."

스텝이
꼬여버린 파트너를
리드하는 법

오전 9시. 의자에 엉덩이를 붙이자마자 회의 알람이 또로롱 울린다. 회의 장소는 소회의실. 그런데 무엇 때문에 회의하는 거지? 주섬주섬 노트와 펜을 챙겨 회의실로 들어간다. 통화하는 척하면서 꼭 10분씩 늦게 회의실로 들어오는 사람들을 슬쩍 째려봐주고 오늘의 회의 일정을 훑어본다. 30분 뒤에는 새로운 인사평가제 설명회가 대강당에서 열린다. 이런 건 그냥 이메일로 쏴주면 안 되나? 점심시간 직후인 1시 회의는 어떤 정신 나간 팀장이 소집한 거야? 가만, 3시랑 5시에 또 회의가 연달아 있네. 회의하다 퇴근하겠군. 5시 회의는 우리 팀장이 잡은 신사업 브레인스토밍이네. 그런데 브레인스토밍을 해봤자 결국 팀장 하고 싶은 대로 결론 나는 거잖아? 회의가 이렇게 많은데 결정되는 것도 별로 없고 머리에 남는 것도 없다. 게다가 오늘은 영업3팀의 '회의배틀러' 김 부장이 참석하는 회의도 있잖아. 이런 사람을 '악마의 변호인(devil's advocate)'이라고 하나? 악마의 변호인은 의도적으로 반대 입장에 서서 선의의 비판을 하는 사람이라지. 김 부장은 그건 아닌 거 같은데…….

"나눠주신 전략보고서를 봤는데 로직이 좀 엉성한 거 같습니다. 이게 어떻게 수익 향상에 도움이 된다는 거죠? 하위 프로젝트의 경우 예산도 지원인력도 없고, 사실 우리 팀이 하는 게 맞는 건지도 모르겠습니다. 차라리 여러 팀이 TFT(태스크포스팀)를 꾸려서 하는 편이……."

김 부장이 옆 팀의 보고서를 디스하는 것으로 말문을 열었다. 밤새 보고서를 만들었을 이 대리의 표정이 똥을 씹은 것 같지만 김 부장은 이미 자기 확신의 단계로 진입했다. 말이 많아지다 보니 의도하지 않았던 날선 말들도 나와 버렸다. 정말 보고서의 논리적인 허점 때문인지, 아니면 오늘 아침 상무에게 깨진 것 때문인지는 모르겠지만 그는 말을 멈출 수가 없다.

심리학자 로버트 버튼(Robert Burton)이 자신의 책 《생각의 한계(On

Being Certain))에서 "사람들은 무언가를 확신하면 더 이상 의심하지 않는다"고 말한 그 상태다. 그러나 김 부장이 모르는 게 있다. 일련의 실험 결과, 확실하다는 느낌은 말 그대로 '느낌적인 느낌'이고 뇌의 화학반응이 야기한 심리 상태일 뿐이라는 것이다. 말이 많아지면 의심하거나 되돌아볼 시간은 더욱 없다. 앞 말을 증명하기 위해 다시 말이 튀어나오고 그 말을 다시 증명하기 위해 또 다른 말이 나온다. 김 부장의 경우 회의란 자신의 존재감을 드러내고 똑똑함을 증명할 무대다. 자기 팀이 괜한 일을 떠맡지 못하도록 방어도 해야 한다. 내가 옳다고 다들 고개를 끄덕일 때까지 남의 말을 들을 시간 따위는 없다!

그의 말폭탄에 발끈하는 서 과장. 경력으로 입사한 지 이제 반년도 안 되니, 역시 감이 떨어진다. 대부분의 사람들은 이미 김 부장의 말을 듣고 있지 않다. 이럴 때 마음속에 자라는 독버섯이 있으니 그것은 바로 '수동적 공격성(passive aggressive)'이다. 겉으로는 웃으며 인정하는 척하지만 회의실을 빠져나오자마자 냉소와 불만을 터뜨리는 것이다. '나는 한마디도 못했다고! 당신이 그렇게 똑똑하면 당신이 어디 다 해보시지.'

그린라이트는 연애를 시작할 때만 필요한 게 아니다. 정신의학자이자 커뮤니케이션 전문가인 마크 고울스톤(Mark Goulston)은 사람들이 말할 때도 '신호등 원리'를 적용해야 한다고 주장한다. 당신이 말을 시작한 첫 20초간 상대는 당신에게 그런대로 호감을 품는다. 아직까지는 그린라이트다. 신기하게도 당신은 말을 하는 동안 긴장이 풀어지고 해방감을 느끼게 된다. 자기 얘기를 하는 과정에서 쾌락의 호르몬인 도파민이 분출되기 때문이다. '아, 나는 생각했던 것보다 똑똑하고 아는 것도 많잖아?' 말을 많이 할수록 사람들은 이 즐거움에 중독된다. 여기서 이야기를 멈추지 않는다면 다음 20초간은 옐로라이트가 켜진다. 사람들의 집중력이 바닥을 드러내면서 마음은 이미 오늘 점심 메뉴나 어제 만난 소개팅녀에게 떠난 상태다. 그래도 아직까지 상대의 말이 간간이 들리기는 한다. 말을 시작한 지 대략 30~40초가 넘어가면 레드라이트가 켜진다. 스마트폰을 만지작거리고 여기저기 몸을 꼬는 사람들이 보인다. 만약 중장기 사업전략을 짜든지 새로운 업무 프로세스를 고민하는 무거운 자리이고, 다수의 사람들이 모여 있다면 더더욱! 군중 속에서 레드라이트는 더 환히 켜진다. 이제는 정말 독백을 멈춰야 할 시간이다.

고울스톤에 따르면, 많은 사람들이 이 지점에서 발언권을 상대에게 넘기지 않고 이야기를 계속한다고 했다. 처음에 경험했던 청중의 호감과 존경을 다시 잡아두기 위해서다. 그러나 이미 호감이 식으면서 당신은 지루하고 자기중심적인 사람이 되어버렸다. 일은 진전되지 않고 도움을 얻는 것도 어려워진다. 이야기의 '분량'이 주도권과 비례한다고 누가 그랬나? 말을 많이 할수록 민폐가 될 확률이 높아진다.

이럴 때 소방관 역할을 하는 사람이 있다. 옆 팀의 최 팀장이다. 곰돌이 푸를 닮은 푸근한 외모답게 말수도 적고 주로 듣는 편이다. 팀원들이 쪼르르 달려와 김 부장에 대한 불만을 늘어놔도 돌부처처럼 듣고만 있다. 그러다 던지는 말, "그 사람도 다 이유가 있겠지". 김 부장과의 회의에서도 최 팀장은 고개를 끄덕이면서 듣는 쪽이다. 신기하게도 그 순간 활활

타오르던 김 부장의 태도가 누그러진다. 마치 사랑받기 위해 떼쓰는 아이가 엄마의 토닥임에 울음을 그치는 것 같다고나 할까. 김 부장이 갈망하던 '인정한다, 당신이 옳다'는 신호를 최 팀장은 기꺼이 제공한다. 최 팀장은 자신의 의견을 밝히기보다 질문을 던진다.

"부장님 말씀을 요약하자면 ~라는 것인가요(요약과 확인)?" "다시 한 번만 더 자세히 말씀해주시겠습니까(타당성 질문)?" "부장님 말씀이 옳습니다. 그러면 지금 상황에서 대안이 뭘까요(핵심목표로 이동)?" "부장님 말씀에 동감합니다. 덧붙여 제 생각을 짧게 말씀드리자면……(주장)." 그의 질문은 대개 이런 흐름이다. 상대의 말을 요약해서 주변을 집중시키고 서로 이해하는 바가 같은지 확인한다. 그런 후 김 부장에게 자기주장이 타당한지 돌아보게 한다. 이 과정을 통해 다른 사람들도 김 부장의 주장에서 사실, 추측, 감정을 분리하기 시작한다. 그다음 최 팀장은 회의의 핵심목표로 상대를 조금씩 이끌다가 자신의 이야기를 꺼낸다.

이건 마치 노련한 댄서가 스텝이 꼬여버린 파트너를 척척 리드하는 느낌이다. 최 팀장의 말에서 80은 듣기, 20은 말하기지만 그 20마저도 대부분은 질문으로 채움으로써 상대방의 태도를 꾸준히 그린라이트 상태로 유지한다. 최 팀장에게 중요한 것은 자신을 증명하는 것이 아니라 필요한 결정을 내리고 실행으로 옮겨 일이 '되도록' 하는 것이다. 김 부장이 원하는 것이 인정과 박수라면 빨리 줘버리자는 것이 최 팀장의 생각이다. 김 부장의 독백에 지친 이들은 노련한 진행자인 최 팀장의 리드에 몸을 맡기고 정말 말해야 할 때를 아는 조용한 그에게 신뢰를 보낸다.

'저 사람, 너그럽고 객관적이네! 믿을 수 있겠어. 무엇보다 나를 존중해 주니 나도 기꺼이 그를 도와야겠다!' 10년간 수만 명의 사람들과 만나보니, 사람들이 대화 중 갖는 두려움은 두 가지로 요약됐다. '상대가 나를 무시하면 어쩌지(상처의 두려움)?' '상대가 나를 호구로 보는 건 아닐까(조종당하는 두려움)?' 조용한 최 팀장은 사람들이 품는 그 단단한 두려움의 벽을 부드럽게 뚫고 들어간다. 조용한 사람들의 말에 힘이 실리는 수많은 장면 중 하나다. 최 팀장은 사실 곰의 탈을 쓴 여우다.

겸손한 듣기

"당신의 이야기를 들려주세요."

전설적인 현대무용가 트와일라 타프(Twyla Tharp)가 허를 찔렀다. '위클리비즈' 취재 차 도착한 미국 애틀랜타. 시차 때문에 머리도 멍했고 인터뷰 준비도 완벽하지 않아 긴장이 목 끝까지 올라왔다. 머릿속에서 '무슨 질문으로 한 방을 먹이지?' 정신없던 나를 읽은 건지, 타프가 먼저 질문을 던졌고 나는 기자 인생 최초로 받은 그 질문에 휘청댔다. 이거 왜 이래. 내가 만나본 유명인사들은 자기를 홍보하느라 1분 1초가 아까운 사람들이었는데······. 당신도 그렇잖아, 안 그래?

이미 타프는 인터뷰 전에 내 상세 프로필을 요청해 전달받은 상태였다. '학원들의 심야 교습 금지'를 취재해 특종상을 받은 적이 있었는데, 참으로 한국적인 그 기사 내용을 번역해 보내느라 머리를 싸맸던 기억이

스쳤다. 더 무얼 원하는 거지? 내가 제대로 말을 잇지 못하자 타프가 나에 대해 정말 알고 싶다는 듯 눈을 빛냈다. 수박을 한 입 베어 물며 그가 다시 물었다.

"기자 일은 즐거운가요?"

순간, 내 마음속 무언가가 무너져 내리는 것 같았다. 한 달에 보름씩 출장을 다니는 일정은 몸과 마음을 지치게 했다. 아무리 고혈을 짜내 써내도 '더 완벽한 기사! 더 끝내주는 이야기!'를 외쳐대는 팀장 앞에서 책상을 뒤엎는 상상은 얼마나 많이 했던가.

나는 "기자일이 주는 도전은 짜릿하지만 가족과 시간을 못 보내 아쉽다"고 답했다. 그러자 타프는 내가 말한 '짜릿함'에 고리를 걸어 자신이 얼마나 일에 미쳐 있었는지를 이야기했다. 아들 얘기를 꺼내며 가족과 시간을 못 보내는 아쉬움을 내비쳤다. 내가 이 70대의 세계적 거장과 앉아 있는 곳은 애틀랜타 어느 대저택의 뒷마당이던가, 아니면 동네 아파트 정자던가. 우리는 수박씨를 뱉어내고 웃음을 터뜨리며 맞장구치고 있었다. 인터뷰가 끝난 뒤, 타프는 반세기 동안 춤을 추느라 꺾이고 다친 맨발을 드러낸 채로 정원을 가로질러 나를 문가지 바래다줬다. 나보다 키가 작다는 것을 그때 알았다. 그리고 그제야 그의 은발과 눈가의 주름도 눈에 들어왔다.

타프가 나와 나란히 걸으며 조그맣게 말했다.

"나를 만나기 위해 이 먼 데까지 와주다니. 당신은 내가 만난 첫 한국 기자예요."

타프가 두 팔 벌려 포옹을 청하며 말했다.

"당신과 이야기 나눠 정말 즐거웠어요. 앞으로 당신의 일과 인생에 행운이 있기를 빌어요."

타프가 나눠준 온기는 여독뿐 아니라 내 굳어 있던 머리와 손가락도 풀어주었다. 나는 호텔 방으로 돌아와 노트북 앞에서 순식간에 기사를 써내려갔다. 잠도 오지 않았다. 그가 보여준 관심이 내 마음과 머리를 열자 즉흥적이지만 더 본질적인 질문들이 내 입에서 터졌고 인터뷰는 한껏 풍성해졌다.

상대의 말을 주의 깊게 듣고 결코 중언부언하지 않았던 '통제력의 화신' 타프는 최선의 답을 골라 간결히 답했다. 세상의 소음과 담 쌓고 평생을 예술에 바쳐온 그가 들려준 성공의 팁은 이랬다.

"더 큰 무언가가 되고 싶다면 혼자가 아니라 사람들과 함께해요. 사람들과 같이 경험하고 성취하고 나누는 삶을 살아요."

그것이 대화라면 더더욱 그렇다. 우리는 보다 조용해지고 보다 활짝 귀를 열어 내가 가진 것과 상대의 것을 연결해야 한다. 관심을 받기보다 상대에게 관심을 보이면 상대는 기꺼이 곁을 내준다. 모든 관계의 시작은 거기서부터다.

당신이 만약 조직의 꼭대기에 올라서고 싶다면 말하기보다 듣기 능력을 키워야 한다. 강한 에고(ego)와 달변으로 최고가 된 사람이 있는가? 그런 사람에게 끌린다고? 인정받고 싶다고? 아쉽게도 그의 관심사는 부하 직원이나 동료가 아니라 자기 자신일 경우가 많다.

"그들은 특별한 성과를 조용히 만들어내는 보통 사람들로 보인다. 겸손하며 사람들 앞에 나서서 떠벌리기를 꺼린다. 조용하고 차분하다. 쇼에 나가는 말보다는 쟁기 끄는 말에 더 가깝다."

짐 콜린스(Jim Collins)가 《좋은 기업을 넘어 위대한 기업으로(Good To Great)》에서 묘사한 '단계 5(최고 능력) 리더십'의 공통점이었다. 좋은 기업에서 위대한 기업으로 도약한 11개 기업을 조사한 결과 그 중심에는 조용하고 겸손한 리더들이 있었다는 것이다. 이들은 전설적인 영웅이나 가까이하기 어려운 아이콘이 되기를 갈망하지 않았다.

콜린스에 따르면, 회사를 망하게 하거나 평범한 기업으로 남게 하는 것은 개인적 자아가 지독하게 강한 리더들이었다. 《좋은 기업에서 위대한 기업으로》의 가장 큰 반전은 바로 이 부분이다. 리더가 되고 싶다면 좀 조용히 듣는 법을 배우라는 것. 이는 세기의 천재 아인슈타인이 이미 예견한 바이기도 하다. 그는 a = x + y + z라면서 a가 '성공'이라면 x는 '일', y는 '놀이', z는 '입 다물고 조용히 있기'라고 했다. 그는 하나의 문제를 아주 집요하게 물고 늘어졌던 전형적인 '조용한' 사람이었다. 한 가지 사고실험(이론적인 시뮬레이션)당 10년 이상의 세월을 보냈다. 특수상대성이론은 그가 16세 때부터 '빛보다 빨리 달릴 수는 없을까?'라는 질문을 10년간 파고든 끝에 탄생했다. 아인슈타인은 26세부터 10년간은 일반상대성이론을 완성했고 36세부터 세상을 떠날 때까지는 물리학의 모든 법칙을 하나로 통일하는 만물이론(theory of everything)에 몰입했다.

경영 구루 램 차란(Ram Charan) 하버드대 교수 역시 모든 정보가 열려 있는 이 시대에 '겸손한 듣기(humble listening)'를 리더의 최고 자질 중 하나로 꼽았다. 주위를 둘러보자. 김 부장, 이 상무, 박 사장. 듣기의 고수가 있는가? 물론 쉬운 일은 아니다. 우리의 상사들은 입만 열면 '시간이 없다'인 데다 자기 경험과 지식을 웬만해선 수정하지 않는다. 귀를 닫은 상사가 왜 문제가 되느냐고? 그가 내린 잘못된 의사결정이 결국엔 나를 실업자로 만들어버릴 수 있기 때문이다! 듣지 않으면 보다 중요한 정보나 새로운 관점을 접할 기회를 잃게 된다. 상사가 귀를 닫고 자기 얘기만 해서 고민이라면, 그의 책상 위에 (물론 모두가 퇴근한 후에) 다음과 같이 메모해놓고 사라지자.

상무님, 듣고만 계신다고 무시할 사람 아무도 없습니다. 듣기는 내가 가진 것과 상대의 좋은 아이디어를 연결하는 힘이라고 램 차란이란 사람이 얘기하더라고요. 연결하려면 서로가 같은 내용을 이해하고 있는지 확인하며 나란히 걸어야 한답니다. 이를 위해 리더들은 보다 자세를 낮추고 입을 다물 필요가 있다고요.
2010년 제너럴 일렉트릭(GE)은 리더의 요건을 다 뜯어고쳤다고 해요. 그리고 경청 능력을 가장 존경할 만한 특징으로 꼽았답니다. CEO인 제프리 이멜트(Jeffrey Immelt)는 '겸손한 듣기야말로 리더에게 필요한 가장 중요한 특징'이라고까지 했다네요.
상대의 말에 귀 기울이려면 '조용히 있을' 용기가 필요한데요, 그건 무능하다는 표시가 아니에요. 지금 엄청나게 세상이 변하고 있잖아요. 오늘

내린 판단이 언제든 틀린 게 될 수도 있다고요. 조용함은 스스로를 가두
는 자물쇠가 아니라 더 큰 생각과 탁월한 아이디어에 접속시켜주는 패
스워드라는 걸 알아주셨으면 해요.

그리고…… 저희더러 늘 말이 없다고 하시잖아요? 그거 상무님이 말을
조금만 줄이시면 해결될 것 같아요. 읽어주셔서 감사합니다. 꾸벅.

참, 이 메모를 쓴 사람을 추적하지는 말아주세요.

최선의 결정을
가로막는
인지편향들

'듣지 않기'는 당신의 시간과 에너지를 좀먹겠다는 어떤 적극적인 악의보다는 말하는 이가 가진 인지편향에서 나오는 것이기도 하다. 우리가 직장생활에서 수없이 마주치는 인지편향을 심리학자들과 행동경제학자들이 몇 가지로 정리했다. 내용을 훑어보면, 회의 시간에 왜 목소리 큰 소수(주로 상사)의 주장이 다수를 압도하는지, 왜 몇 시간의 회의가 오히려 엉뚱한 의사결정으로 이어지는지 알 수 있다.

—〈하버드 비즈니스 리뷰(Harvard Business Review)〉

1. 행동지향적 편향

과도한 낙관 : 잘될 거라고, 나만 믿으라고 큰소리치는 사람들이 있다. 주변의 우려를 괜한 트집이라 폄하한다. 계획된 행동의 결과를 지나치게 낙관적으로 보기 때문이다. 일이 잘 풀릴 가능성을 과대평가하고 실패할 가능성을 과소평가하는 것이다.

자기 과신 : 거대한 에고를 가진 상사들이 간혹 있다. 자신의 실력을 타인에 비해 과대평가하고 자신이 미래의 결과에 영향을 끼칠 수 있는 능력 역시 과대평가한다. 과거의 좋았던 결과를 다 자기 공으로 돌린다. '잘되면 자기 덕. 안 되면 조상 탓'이다.

2. 대안에 대한 인식과 평가에 대한 편향

확증 편향 : 자신의 믿음과 일치하는 증거에는 필요 이상의 의미를 부여하

고 반대 증거에는 충분한 가치를 주지 않는다. 공평무사하게 정보를 탐색하지 못하는 것이다. "다들 의견 좀 내봐"라고 말하고는 자기 생각과 맞는 이야기만 높이 평가한다.

닻 내림 현상(anchoring, 마치 닻을 내린 배처럼 그 주변만 맴도는 경향)과 불충분한 조정 : 의사결정 과정에서 처음에 내린 결정에만 집착하고 생각이 그 범위를 벗어나도록 충분히 조정하지 못한다.

집단사고 : 어떻게든 만장일치를 이루려고 하는 탓에 다른 대안을 현실적으로 평가하지 못한다. 소수 의견을 가진 사람들은 제대로 입을 떼기 어려워진다.

자기중심주의 : 편협하게 자기 관점만 고집하기에 어떤 결정이 남들에게 어떤 영향을 끼칠지 생각하지 못한다.

3. 대안에 대한 프레임과 관련된 편향

손실 회피 : 이득에 대해 느끼는 기쁨보다 그와 똑같은 수준의 손실에 대해 느끼는 고통이 더 강하다. 그래서 필요 이상으로 위험을 회피한다.

매몰 비용 오류 : 미래의 행동 방침을 생각할 때 이제는 만회할 수 없는 과거의 비용을 따진다.

몰입 상승 : 분명 손해인데도 이미 들인 정성, 돈, 시간이 아까워 자원을 더 투자한다.

통제성 편향 : 자신이 결과를 좌우할 수 있는 능력이 실제보다 더 크다고 믿는다. 그래서 행동 방침의 위험성을 오판한다.

4. 안정성 편향

현상 유지 편향 : 현재 상태를 바꾸라는 압력이 없으면 그걸 유지하는 편을 선호한다.

현실 중시 편향 : 즉시적 보상의 가치를 매우 높게 평가하고 장기적 이득의 가치는 과소평가한다.

2

질문,
준비한 만큼 빛난다
—
조용한 사람이 대화의 주도권을 쥐는 법

"모든 질문은 대답을 요구하므로 질문하는 사람이 유리한 입장에 서게 된다.
질문을 하면 통제가 되는 것이다.
질문자의 프레임 안에서 답변자가 생각하고 이야기하게 되기 때문이다."

무언의 쳇바퀴에
들어온 질문

　　　　　기업문화혁신팀은 최근 팀장이 부쩍 예민해
진 것을 느꼈다. 다 들리도록 큰 한숨을 쉰다든가, 예전 같으면 조용히
고개만 끄덕였을 보고에도 "그래서 나더러 뭘 결정하라는 거야?", "이
수치 제대로 본 거야?"라고 트집을 잡지 않나⋯⋯. 신입 사원 때문인 것
같았다. 5년 만에 맞이한 신입이었다. 5년 내내 팀의 막내였던 김 대리는

각종 잡무를 덜어낼 생각에, 미국 본사와의 커뮤니케이션을 맡고 있는 조 과장은 영어 부담을 나눌 생각에 신이 났다. 신입은 영국과 미국에서 고교와 학부를 졸업한, 회사가 사세 확장에 따라 전략적으로 선발한 '글로벌 인재'였다.

그의 글로벌한 면모는 첫 회의 때 드러났다. 팀의 상반기 업무 계획을 보고하는 자리에서 팀장이 입을 열었다.

"우리 팀이 상반기에는 말이야, 조직문화를 좀 더 붐업시킬 필요가 있으니까 관련한 캠페인이나 커뮤니케이션 방안들을 좀 만들어보자고."

다른 해외 지사들은 인트라넷에 경쟁적으로 조직문화 캠페인과 관련된 실적을 올리고 있네, 타사 사례들을 보니 요즘 트렌드는 모바일이네 등등 팀장의 만담이 30여 분간 계속됐다.

"자, 질문 있는 사람?"

그때 집중해 듣고 있던 신입이 손을 들었다.

"저, 팀장님. 조직문화를 붐업시켜야 하는 특별한 이유가 있나요?"

모두가 신입을 바라봤다. 누구도 팀장의 지시에 '왜'를 물은 적은 없었다. 아니, 팀장의 저 주문은 한 해를 여는 일종의 덕담처럼 작년에도 재작년에도 비슷했다.

"뭐, 올해 경기도 안 좋다고 하니 사내 분위기도 별로일 테고 전체적으로 사기를 좀 올려보자는 거지."

"아, 그럴 때면 캠페인 같은 게 효과가 있었나 보네요?"

혁신팀은 손발이 척척 잘 맞는 팀이었다. 적어도 팀장이나 팀원들 생각에는 그랬다. 팀장의 지시는 대부분 중후장대했다. 말로는 너무나 당연하고 그럴듯해 보이지만 막상 실무 입장에서 일을 할라치면 아주 애매한 지시라서 팀원들은 '이러이러하게 하라는 것이겠지'라고 짐작할 수밖에 없었다. 하지만 팀장 역시 뭔가 명확한 그림을 갖고 지시하는 경우가 드물었기 때문에 큰 엇박은 나지 않았다. 게다가 오랫동안 호흡을 맞춰왔기에 팀원들은 팀장의 지시를 '긴급히 해야 할 것', '수정될 수 있으니 조금 기다릴 것', '대충 뭉개면 팀장 머릿속에서 잊힐 것' 등으로 분류하는 능력도 생겼다.

그래서였을까. 이름은 '혁신' 팀이었지만 매해 벌이는 사업과 행사들은 비슷비슷했다. 놀이공원에 직원 가족들을 초청하고 동료들끼리 감사의 마음을 전하는 '땡큐 레터'를 주고받고, 몸값 비싼 외부 강사를 초청해 강연쇼를 열었다. 효과 분석 같은 것은 치밀하게 해본 적이 없었다. 어찌 됐든 회사 분위기를 띄워 나쁠 건 없었으니까. 그런데 신입은 그저 듣기만 하지 않고 이 무언의 쳇바퀴에 '왜?'라는 질문을 던진 것이다.

불편한 침묵을 못 견디고 김 대리가 한마디 얹었다.

"사람들이 요즘 뭐가 불만일까요? 우리가 외국계라 조직문화가 한국이랑 안 맞는 것도 있을 테고……."

넘버 투 이 차장도 입을 열었다.

"우리 직원들 대상으로 니즈 조사를 좀 해보면 어떨까요? 사람들한테 직접 물어보는 겁니다. 우리 회사의 문화 중에 어떤 게 강점이고, 어떤 게 불편한지. 거기서 새로운 기획거리를 찾아볼 수 있을 것 같아요. 만날 우리끼리 머리 싸맨다고 딱히 새로운 게 나올 것 같지 않고요."

업무를 원점으로 되돌리는 것 같은 막연함, 새로운 일을 해야 할지 모른다는 부담감, 그동안 해온 일을 부정당하는 듯한 불편함이 팀장을 덮쳤다. 회의라는 무대에 이토록 다양한 이야기가 나온 적이 있었던가? 물론 신입의 당돌함은 선배들의 코치를 받아 조금은 수위 조절이 됐지만 그가 쉬지 않고 던지는 질문은 생각을 자극했고 여기저기서 스파크가 일었다. 질문은 바위처럼 굴러떨어지는 팀장의 지시를 잘게 쪼개는 망치와 같았다. 바위를 쪼개고 깎고 다듬듯, 지시의 목적을 분명히 하고 해야 할 일을 구체적으로 밝히는 행위가 바로 질문이었다.

2015년 초, 나는 사내의 팀장 다섯 명을 인터뷰했다. 회사가 최우수 리더로 선정한 이들이었다. 이들은 팀원들을 대상으로 한 비공개 설문에서 가장 높은 점수를 받았을 뿐 아니라 팀 성과도 최상급이었다. 닦달하고 지적할수록 성과도 올라간다고 믿는 수많은 상사들 틈에서 그들이 부린 마술은 무엇일까. 나는 인터뷰 시간보다 먼저 도착해 팀원들에게 물었다.

"솔직하게 말해주세요. 팀장님이 그렇게 잘 해줘요? 우리 팀장도 좋은 사람이지만 자리에 없을 때가 제일 좋던데……."

입을 꾹 다물고 있던 대리 하나가 말을 했다.

"우리 팀장님은 이래라 저래라 하질 않아요. 문제가 생기거나 빨리 해결해야 하는 일이 있으면 팀장님이 저희 자리에 오셔서 묻고 들으세요. 과정을 함께 짚어가면서 되게 본질적이고 기본적인 것들을 물어보시거든요? 신기하게도 거기에 제가 설명하다 보면 답이 나와요. 저희 입장에서 제일 답답한 상사가 누구냐 하면, 위에서 내려오는 지시를 불변의 진리처럼 여기고 '하라면 해'라고 하는 사람들이에요. 못 하고 있으면 제가 무능하고 게으른 거예요. 제가 헤매고 있어도 그런 상사들은 평가만 하려고 들어요. 대체 뭐가 잘못됐는지, 내 고민은 뭔지 물어보는 일이 없죠."

팀원들은 몰랐겠지만, 팀장의 질문은 사실 지시였다. 〈헨젤과 그레텔〉의 헨젤이 자신이 떨어뜨린 조약돌을 되짚어 집을 찾아갔듯, 우수한 팀장들은 문제 해결로 가기 위한 여정에 질문을 떨어뜨렸다. 팀원들 스스로 문제를 해결하도록 유도한 것이다. 주인 의식으로 움직이자 업무 만족도가 올라갔고 팀 전체의 성과에도 탄력이 붙었다. 이는 상대가 답을 찾아낼 때까지 질문하는 소크라테스 대화법과 비슷하다.

정신과 의사인 마크 고울스톤은 책《뱀의 뇌에게 말을 걸지 마라(Just Listen)》에서 성공적인 리더들은 질문을 통해 '나란히' 전략을 완성한다고 했다. 그에 따르면 성공적인 리더들은 MBWA(Managing By Walking Around), 즉 직접 현장을 돌아다니며 직원들과 어깨를 나란히 한다. 고충이나 제안을 물으며 관계를 탄탄히 하고 사업적 통찰을 얻는다.

질문의 상대는 고객이 될 수도 있다. 침몰하던 유통업체 토이저러스를 부활시켰던 제럴드 스토치(Gerald Storch) 전 CEO의 무기도 질문이었다. 대형 할인 매장들의 저가 공세 앞에 토이저러스의 고객수가 급감하자 스토치는 몇 가지 유통 혁신을 시작했다. 그중 하나가 유아 대상의 베이비저러스와 아동 대상의 토이저러스 매장을 합친 것이었다. 스토치는 시간이 날 때마다 매장을 찾았고 물건을 고르는 부모들에게 다가가 제품 설명을 해주면서 넌지시 물었다. 그의 질문은 "우리가 어떻게 하면 우리 매장에 더 자주 오시겠어요?"가 아니었다.

"베이비저러스 매장에 자주 오시나 봐요?"

"네, 거의 매주 오는 것 같아요."

"첫아이신가요?"

"아뇨. 둘째예요."

"종류가 다양해서 만족하시나 보죠?"

"애가 어려서 장난감을 물고 빨고 하거든요. 그래서 안전성 기준이 엄격한 여길 오는 거죠."

"그럼, 첫째 아이의 장난감은 토이저러스에서 사시나요?"

"아뇨. 큰애 장난감을 사러 따로 토이저러스까지 가기엔 시간이 없어요. 타깃(미국의 대형 할인매장)에 장 보러 갈 때 큰애 장난감까지 사버려요."

스토치는 사무실로 돌아와 고객 분석을 지시한 후 베이비저러스와 토이저러스 매장이 따로 운영되면서 고객이 분산된다는 것을 알게 됐다. 두 매장을 합친 슈퍼스토어를 운영하기 시작하자 매출은 20퍼센트 늘었다.

질문, 조용한 사람이 대화의 주도권을 쥐는 법

은둔의 사상가 헨리 데이비드 소로도 자신의 일기장에 이렇게 썼다.

"오늘 나는 최고의 존중을 받았다. 어떤 사람이 내 생각을 묻더니 내 대답에 성의껏 귀를 기울여주었다."

상대에게 질문하고 귀를 열면 관계가 형성된다. 그 관계 위에서 필요했던 정보, 문제 해결의 힌트를 얻을 수 있다.

말수 적고 조용한 이들이 대화의 주도권을 쥐는 방법도 질문이다. 기자들은 질문을 업으로 하는 사람들인데, 역으로 자신이 질문을 받았을 때 당황한다. 관계가 역전됐기 때문이다. 질문을 하면서 대화를 통제했던 기자들은 거꾸로 답을 요구받으면 통제당하는 기분이 든다! 사회적 존재인 인간은 질문을 받으면 답하는 본능을 갖고 있다.

커뮤니케이션 전문가인 도로시 리즈(Dorothy Leeds)가 책《질문의 7가지 힘(The 7 Powers of Questions)》에서 '응답반사'라 이름 붙인 본능이 그것이다. 모든 질문은 대답을 요구하므로 질문하는 사람이 유리한 입장에 서게 된다. 질문을 하면 통제가 되는 것이다. 질문자의 프레임 안에서 답변자가 생각하고 이야기하게 되기 때문이다.

모든 질문이 상대의 마음을 열고 대화를 주도하게 해주는 것은 아니다. 사회 초년병 시절, 가장 많이 듣는 동시에 가장 싫어하는 질문 세 가지가 있었다. "잘 지내?" "재밌어?" "요즘 어때?" 주로 회사 복도나 엘리베이터 안에서 마주치는 중년의 상사들이 던지는 질문이었다. 굳이 해석하면 영어의 '하우 아 유(How are you)?' 정도겠지만 군기가 바짝 들어간 내 입장에서는 답변하기 참 곤란했다. 회사생활이 재미있지도 않고, 잘 지내고 있지도 않은데 '네'라고 해야 하나? 아니면 내가 안녕하지 못한 이유를 구구절절 말해야 하나? 당시 나는 일종의 순발력 테스트를 받는 것처럼 그 질문을 어떻게 받아칠지 고민하곤 했는데 지금 되돌아보면 그렇게 오버해 해석할 필요는 없었다. 나 역시 중견이 되자 신입들에게 "재밌어?"라고 영혼 없이 물었고 영리한 신입들도 "아, 뭐 그냥……. 잘 지내시죠?"라고 대답했다. 그런 문답이 오가고 관계는 더 진전되지 않았다.

관심 가는 사람이라면 더 길게 이야기를 나눌 만한 주제를 찾기 위해 상대를 관찰하고 그에 대한 기억을 최대한 떠올렸을 것이다. 특히 상사와 부하가 마주 앉은 면담 상황에서 앞뒤 잘라 먹고 "요즘 어때?", "요즘 고민이 뭐야?"라는 질문을 던지는 것은 최악이다. 대체 뭐라고 답을 해야 한다는 말인가? "김 과장, 구매 업무가 이제 1년 반이 되어가네. 지난번 애 먹었던 ○○업체 건은 어떻게 되어가고 있지?"라는 식으로 케이스를 근거로 들고 경험과 기억에 고리를 걸어 물어야 한다.

상사에게도 마찬가지다. 무턱대고 "부장님 생각은 어떠세요?", "이건 어떻게 처리해야 할까요?"라고 묻는 것은 책임 전가다. 대신 "기존의 업체 선정 과정에 이러이러한 이슈들이 제기되어서 A 대신 B와 C프로세스를 대안으로 생각해봤습니다. 팀장님 생각은 어떠신가요?"라는 식으로 물어야 한다. 상사는 전지전능하지 않으며 당신이 손에 쥔 현안에 대해서는 더더욱 그렇다. 잘 준비된 질문은 상사를 사안의 핵심으로 신속히 안내해 행동(의사결정, 허가, 동의)으로 이끈다.

상사가 업무 지시를 할 때도 넋 놓고 받지 말자. '내가 제대로 이해했는지'부터 확인해야 한다. 상사의 지시를 자신이 이해한 바대로 요약하고 되물어 서로가 같은 산을 보고 있는지 살피는 것이다. 이는 일의 시작뿐 아니라 진행 과정에서도 필수다. 미주알고주알 물어보라는 것이 아니라 일의 중요한 마디마다 질문의 형태로 상사를 업데이트시켜야 한다는 소리다. 자신이 이끄는 방향이 맞는지, 상사가 잘 따라오고 있는지 되돌아보는 것이다. 모든 상사들이 세상에서 가장 싫어하는 것이 '서프라이즈'다. 혼자 머리를 싸매다 엉뚱한 방향으로 일을 완결 짓는 것은 자기 커리어에 지뢰를 묻는 것이나 마찬가지다.

왜 저런 지시를 내리는 걸까? 갸우뚱할 때는 집요하게 묻자. 대다수 상사들은 지시를 내릴 때 '왜'를 자세히 설명해주지 않는다. 자기 앞가림을 하기도 정신없는 데다 '이 정도는 알아듣겠지', '알아서들 해오겠지'라고 생각하고 넘어가버린다. 앞에서 예로 든 기업문화혁신팀장도 그런 경우다. 그럴 때는 어떤 필요에서 그 일을 해야 하는 것인지 지시의 맥락이나 이유를 물어보라. 그 순간 당신은 상사의 관점을 장착하게 된다. 덤불 사이에서 이 산인지 저 산인지 더듬기만 하다가 갑자기 산꼭대기에 올라서는 것이다. 자기 업무가 팀과 회사에 어떤 영향을 미치는지, 누구랑 어떻게 손을 잡아야 하는지, 이 일이 자신뿐 아니라 팀장에게도 어떤 성과를 안겨줄지 등이 시야에 들어온다. 그때부터 일의 주인은 내가 된다.

업무를 성공적으로 마쳤을 때의 변화한 모습(end image)을 그리는 질문도 중요하다. 만약 상사가 "해외 딜러들을 위한 교육 프로그램을 만들라"는 지시를 내렸다고 치자. 딜러 관리가 부실해 재고 파악도 안 되고 고객 불만도 늘었다는 것이다. 그럴 때 당신이 던져야 할 질문은 이것이다. "교육을 통해 딜러들이 '이것만은 꼭 기억하겠다'고 할 만한 핵심 메시지는 무얼까요?" 또는 "교육 후에 딜러들이 어떻게 바뀌어 있어야 '성공했다'고 말할 수 있을까요?"

손에 잡힐 듯한 이미지를 들고 일하는 것과 그러지 못하는 것은 엄청난 차이가 있다. 기업에서 흔히 말하는 이 '성공의 정의' 없이 달려들면 진행 과정 속에서 업무의 목적은 희미해지고 자꾸만 현실과 타협하게 된다. 이것저것 다 해결하느라 시간이 부족할 수도 있다. '최소한 이것만큼은 해내자'라고 집중할 수 있는 구체적인 이미지가 잡힐 때까지 묻고 생각해야 한다.

같은 질문도 어떻게 하느냐에 따라 상대는 전혀 다르게 반응한다. 다양한 매체 기자들이 모이는 회견장은 질문의 경연장이다. 기회가 여러 번 오는 게 아니기 때문에 원하는 질문을 던지려고 다들 눈을 번득인다. 이럴 때 모두를 허탈하게 하는 순간들이 있다. 다음 차례가 오지 않을까 봐 초조해진 기자가 한 번에 여러 개의 질문을 던지는 경우다. 수십 명의 기자들이 몰리는 영화 제작발표회 같은 곳에서 다음과 같은 질문은 흔하다.

"이번 영화에서 기존과 전혀 다른 캐릭터를 연기하신 이유가 궁금하고 대중이 기대하는 틀을 벗어나 연기한 기분이 어땠는지도 알고 싶습니다. 참, ○○○ 감독님과는 첫 작품인데 두 분 서로 인연이 있으셨나요?"

답변자의 첫 마디는 한결같다.

"여러 개를 물어보셔서 그러는데, 다시 말씀해주시겠어요?"

무얼 물어야 할지, 무엇이 가장 필요한 정보인지 모를 경우 질문은 주렁주렁 곁가지가 많아진다. 한 번에 하나씩 정확히 물어보자. 그렇게 해야 상대도 어떻게 답할지 쉬워진다.

형식은 질문이지만 듣다 보면 자기가 좀 안다는 걸 과시하기 위해 사설이 길어지는 경우도 있다. 이럴 경우 기자회견장 공기가 살짝 험악해진다. 대다수의 인터뷰이는 "좋은 말씀 잘 들었습니다"로 시작해 질문과 별 관련 없는 이야기를 시작한다. 서로 물음의 핵심을 파악하지 못한 것이다. 그러는 사이 시간은 가고 질문 기회는 줄어든다.

전체 인터뷰 흐름과 상관없이 자기가 준비해온 대로 질문하는 경우도 답답하다. 대화에 집중하지 못했을 때, 상대의 말을 이해하지 못했을 때 벌어지는 일이다. 이때 상대는 같은 말을 반복하거나 이야기 자체가 딴데로 새어 나가기 마련이다. 더 자세히 듣고 싶다든가, 답변의 근거가 궁금하다면 사전에 준비되지 않은 질문이라도 순발력 있게 던져보자.

상대가 '예' 혹은 '아니요'로밖에 답하지 않아 허탈할 때는 질문 방법을 점검해야 한다. 그렇게 답할 수밖에 없도록 당신이 먼저 폐쇄형 질문을 던졌을 테니까. 그렇게 되면 답하는 입장에서는 유도신문인 듯한 느낌이

들고 충분히 자신의 생각을 이야기하기도 어렵다. '누가-어디서-언제-무엇을-왜-어떻게'의 육하원칙은 글쓰기에만 적용되는 것이 아니다. 의문사를 포함한 개방형 질문은 대화를 지속시키고 상대를 참여시키며 생각을 자극한다.

같은 이유에서 당연하다고 생각되는 사안에 대해 반복해서 '왜'를 묻거나 사고의 범위를 확장시키는 가정형 질문('만약 ~라면')은 뜻밖의 문제 해결을 안겨줄 수도 있다. 마크 트웨인은 "손에 들고 있는 게 망치뿐이라면 세상 모든 문제가 못으로만 보인다"는 말을 남겼다. 같은 질문을 같은 방식으로 던지면 계속 같은 답이 나올 수밖에 없다. 무언가 새로운 아이디어나 해결책을 찾고 싶다면 '왜' 그리고 '만약 ~라면'이라는 질문을 던져보자.

기자 시절, 닳고 닳은 취재원들은 기자들이 꺼내는 첫 질문으로 그를 판단했다. 기자가 어느 정도의 정보를 갖고 있는지, 자신이 어디까지 말하면 될지를 짐작하는 것이다. 질문은 뾰족해야 제대로 박힌다. 상대가 누구인지, 핵심 이슈는 무엇인지, 이 질문이 어떤 영향을 미칠지 철저한 준비가 필요하다. 바버라 월터스(Barbara Walters)는 중요한 인터뷰 전 손바닥만 한 카드 여러 장에 예상 질문을 최대한 많이 적어놓았다. 그리고 대기실에 들어오는 아무나 붙잡고 "당신이라면 어떤 질문을 하겠어요?"라고 물어본다고 했다. 월터스는 자서전 《내 인생의 오디션(Auditions)》에서 "닉슨 대통령과의 인터뷰를 앞두고 나는 여섯 시간은 (인터뷰를) 할 수 있을 정도로 많은 예상 질문을 만들었다"고 회상했다. 카드에 100개가 넘는 예상 질문을 적은 뒤, 우선순위에 따라 하나씩 줄여나갔던 것이다. 물론 회사나 집에서 바버라 월터스처럼 준비하는 건 오버겠지만 귀한 이야기를 듣고 싶다면 그만큼 철저히 준비해 물어야 한다. 질문도 준비한 만큼 빛난다.

같은 질문도
센스 있게

1. 초보자의 질문은 성의가 기본

완전히 새로운 업무를 시작했는데, 단기간에 적응해야 하는 상황이라면 질문을 던져야만 한다. 업무 자체를 몰라서이기도 하지만 조직의 최우선 과제가 무엇이고(문제의 정의), 나에게 무얼 기대하는지(역할 파악) 정보를 얻기 위해서다. 이럴 때 사람들은 '이런 것까지 물어보면 나를 무시할 게 분명해'라고 가정하며 눈치를 본다. 혼자 끙끙대며 정보의 파편을 줍는 사이 '초보자의 질문'을 던질 타이밍은 지나간다. 질문은 내 무지를 알리는 신호가 아니라 정보를 얻기 위한 수단이라 생각하자. 특히 회의에 앞서 질문을 준비하면 학습 속도가 빨라지고 오가는 대화에 보다 주인 의식을 갖고 참여하게 된다. 혹시 아는가. 아직은 외부인의 시각을 가진 당신이 회의에 새로운 관점과 해결법을 제시할 수 있을지. 물론 스스로 얻어낼 수 있는 정보까지 모두 질문으로 쉽게 얻으려는 태도는 금물이다. 바보 같은 질문은 없지만, 성의 없는 질문은 존재한다. 중요한 정보를 가진 이들일수록 성의 없는 질문에는 움직이지 않는다.

2. 학습과 심판, 한 끗 차이

"저, 팀장님. 조직문화를 붐업시킬 만한 특별한 이유가 있나요?" "캠페인 같은 게 효과가 있었나 보네요?" 기업문화혁신팀 신입의 질문은 순수했다. 호기심 가득한 질문, 일의 이유와 가치를 묻는 열린 질문이었다. 밑바탕에는 참여하고 배우고자 하는 의지가 깔려 있었다. 상사의 일방적인 주문이 아니라 '왜'를 이해해야 마음이 움직이는 이들이 던지는 질문이다. 하지만 같은 질문도 다르게 들릴 경우가 있다. "조직문화를 지금 꼭 붐업시켜야 하나요?" "캠페인 한다고 효과가 있을까요?" 대화를 침체에 빠뜨리고 모두의 의욕을 꺾어놓는 '심판하는 질문'이다. 자기 확신에 차 있으며 좋게 말해 비판적이지만 사실은 꼬여 있어서 솔루션보다는 문제 자체에 집중하는 질문이다. "누가 이렇게 만들어놓았지?" "이렇게까지 하는데 왜 안 되는 거야?"와 같이 누군가를 비난하는 뉘앙스의 질문 앞에서 상대는 방어적이고 부정적인 반응을 할 수밖에 없다.

3. '확인 질문'은 구체적으로

수많은 질문과 답이 오가고 꽤 괜찮은 의사결정이 이뤄졌다. 회의를 주재하는 쪽(대개 가장 많은 권한을 가진 사람이다)은 흡족한 마음으로 자리에서 일어나려 한다. 그때 딱 1분만 투자해 '확인 질문'을 던져보자. 나와 상대가 동일한 수준의 정보를 갖고 있는지, 내가 느낀 바를 상대도 느꼈는지 확인하는 질문이다. 사람들은 내가 알고 있는 걸 상대도 알고 있을 거라고 믿는 '투명성 착각(illusion of transparency)'에 빠지기 쉽다. 회의 참가자들이 각자 다른 페이지에서 회의를 마무리한다면 배는 산으로 가게 된다. 이때 "다들 이해 잘하셨죠?"라며 넘어갈 게 아니라 회의를 통해 얻어낸 정보와 의사결정한 내용을 핵심 위주로 정리해 질문하자.

3

입이 부족하면
손끝으로 채운다
—
존재감을 각인시키는 이메일

"스물일곱의 그는 모니터 세대였다. 목소리 톤, 보디랭귀지, 표정,
그리고 상대의 말을 재치 있게 받아치는 순발력……
그런 것들에 신경 쓸 필요 없이 자신이 전달하는 내용 자체에 집중하는 게 훨씬 쉬웠다."

정 신입의 활약 무대는
이메일이었다

두 명의 신입 사원 중 선배들의 호감은 당연
히 황 신입에게 꽂혔다. 사시를 준비하다 뒤늦게 들어온 늦깎이 신입이
었다. 그런데도 자기보다 나이가 서너 살은 어린 선배들에게 "선배~"
라고 하면서 살갑게 구니 '호되게 신입을 굴려보겠다'는 선배들의 결기
도 어느새 희미해졌다. 대학 때 과대표를 했다던가. 넉살은 또 얼마나 좋

고? 사람들은 목소리 크고 회식 때 분위기를 업시키는 그가 싫지 않았다. 업무에서도 시원시원해서 뭐 하나 안 하겠다며 뒤로 빠지는 게 없었다. "제가 대학 때 케이스 스터디 동아리를 했었거든요. 그때 다뤄본 전략 프로젝트랑 비슷해요. 할 수 있어요." "그 자료 제가 R&D 동기한테 부탁하면 얻을 수 있어요. 제가 구해볼게요!" 선배들과 스스럼없이 지내며 존재감 확실한 그는 입사 동기들의 워너비였다.

그에 비해 정 신입은 아무도 돌보지 않는 화초 같았다. 작은 키에 흰 피부, 선배들이 뭘 물으면 바짝 얼어 있다가 당황해서 겨우 몇 마디를 내뱉었다. 4월에도 혼자 내복을 껴입고 부스럭거리며 탕비실로 가서 감기약을 털어 넣는 그의 뒷모습을 선배들은 못 미덥게 바라봤다. 어릴 때 과학 영재로 선발됐다던가. 여전히 프라모델 조립이 취미였고 노래방에서 모두가 취해 쓰러졌을 때 구석에 앉아 랩을 웅얼거리는 걸 몇몇 사람이 본 것도 같았다. 회의나 보고 때도 부장이 "정○○ 씨는 어떻게 생각해?"라고 물으면 귀부터 빨개졌다. 말을 마치고 나면 그의 얼굴에는 늘 아쉬움이 스쳤다. 하고 싶은 말을 다 하지 못한 아쉬움, 사람들의 반응이 신통치 않다는 자괴감. 저렇게 존재감이 없어서야 이런 정글에서 앞가림이나 하겠느냐는 게 팀의 중론이었다.

하루는 정 신입의 고등학교 선배가 그를 불러 밥을 먹이면서 그랬다.

"야, 너 아는 것도 많고 똑똑하잖아. 그걸 왜 절반도 표현을 못 하니. 너는 너를 포장할 줄 알아야 돼. 붙임성 있게 누가 안 시켜도 말을 많이 하고 큰 소리도 좀 쳐보고 그래라!"

정 신입에 대한 선배들의 평이 달라지기 시작한 건 찬바람이 불 무렵이었다. 그의 사수인 이 과장이 언제부터인가 정 신입을 그윽한 눈빛으로 바라보기 시작했다. '부장님이 어제 문의하신 건에 대한 답변'이라는 제목의 이메일이 지난주 금요일 밤 9시에 도착했더랬다. 정 신입이 퇴근도 하지 않고 작성한 이메일을 이 과장은 집에서 열어봤다. 부장이 주초에 물어본 사업계획 건이었다. 이 사업을 공동 진행하고 있는 파트너사로부터 회신이 온 듯했다. 부장이 부쩍 관심 있게 지켜보는 건이었는데, 정신이 없어 정 신입에게 "잘 챙겨라" 한마디하고 자신은 잊고 있었다. 이메일의 내용은 이랬다.

부장님이 문의하신 건에 대해 파트너사로부터 한 시간 전에 답변이 왔습니다. 부장님께 아래 내용으로 보고하시면 됩니다.

▶ 핵심 부품인 ZX-302, TWE-21은 독일 법인에 생산을 맡기기로 결정
  (첨부파일1 _구체 일정)
▶ 유럽의 규제 기준에 맞는 친환경 신기술 탑재를 위한 TFT 구성
  (첨부파일2 _TFT 구성과 임무)

검토해보고 월요일까지 회신 달라고 합니다. 첨부파일 1, 2를 같이 보내드립니다만 시간이 빠듯하실 듯해 아래 두 단락으로 요약했으니 참고해주세요. 내일 부장님과 상가에 가신다고 했는데, 그때 얘기를 나누시

면 좋을 것 같아 쉬시는 줄 알면서도 이메일 드립니다.

여기까지 읽어도 눈물이 날 것 같았는데 정 신입이 보낸 자료 요약본
은 그야말로 '다 된 밥상'이었다. 파워포인트 30페이지에 달하는 첨부파
일이 핵심 이슈 중심으로 두어 단락에 담겨 있었다. 혹시나 하는 마음에
첨부자료를 열어봤지만 정 신입의 요약본보다 더 좋은 걸 만들 자신은
없었다. 이제 이 과장은 이걸 들고 내일 상가에서 부장에게 입만 뻥긋하
면 됐다. 다 된 밥상에 숟가락만 얹는 것과 마찬가지였다. 이 과장은 혼
자 중얼거렸다.

"누가 얘더러 존재감이 없다고 했어. 목소리 큰 게 존재감이야? 얘처
럼 일하는 애 나와 보라고 해."

정 신입은 입의 부족함을 손끝으로 채우는 전형적인 예였다. 활약 무
대는 주로 이메일이었다. 많은 사람이 주목하는 자리에서는 울렁증이 일
었지만, 모니터를 마주하고서는 펄펄 날았다. 입 밖으로 나오면 시들해
지는 내용이 차분하게 앉아 이메일로 정리하면 로직도 단단했고 기백도
넘쳤다. 스물일곱의 그는 모니터 세대였다. 어릴 적부터 컴퓨터와 스마
트폰 모니터 안에서 생각하고 말하는 것이 익숙했고 그 공간에서는 기꺼
이 주도권을 쥐었다. 목소리 톤, 보디랭귀지, 표정, 그리고 상대의 말을
재치 있게 받아치는 순발력……. 그런 것들에 신경 쓸 필요 없이 자신이
전달하는 내용 자체에 집중하는 게 훨씬 쉬웠다.

말이 부족한 대신 정 신입은 많이 듣고 관찰하며 읽고 요약하는 편을

택했다. 그 정수를 이메일에 담았다. 받는 사람이 무엇을 원할지, 내 이 메일이 전체 업무에 어떤 영향을 미칠지 치밀하게 계산해 이메일을 썼다. 자기 사수가 부장과 토요일에 상가를 가든 말든 그게 무슨 상관이겠는가. 그렇지만 그 정보는 상사에게 이메일을 언제 어떻게 보낼지를 결정하는 힌트였다. 금요일 밤에 이메일을 열게 하려면 제목 역시 눈길을 끌어야 했다. '부장님이 문의하신 건에 대한 답변'이라는 제목에 담긴 '부장님'이라는 한 단어가 이 과장의 머릿속에 경보를 울렸다.

누가 시키지도 않았는데 회의가 끝나면 정리 요약하고 넥스트 스텝 (next step, 추후 일정)까지 붙여 이메일을 돌리는 건 정 신입이었다. 점차 모두가 그의 손끝에 의지하기 시작했다. 단문에 익숙해서일까. 아니면 '보내기' 버튼을 누르기 전에 기본 세 번은 다시 읽어보는 꼼꼼함 덕일까. 늘 간결하게 '핵심 앞으로'를 원칙으로 작성된 그의 이메일은 언제나 환영받았다. 호언장담과 '예스'만으로 이뤄지는 업무는 없다. 계획대로만 진행되는 업무가 없는 데다 하나의 사안에도 다양한 이해관계가 얽히기 때문이다. 이를 하나하나 풀어가는 것은 수면 밑에서 오가는 이메일이다. 1년 만에 선배들은 너도나도 정 신입과 함께 일하고 싶어 했다.

직장생활에서 이메일은 바로 당신이다

미국의 경제 월간지 〈INC〉는 정 신입과 같은 이들의 공통점을 다음과 같이 정리했다("How to Write a Convincing

E-mail"). 그들은 이메일을 보내기 전 스스로에게 묻는다. '상대가 지금 어떤 결정을 내려야 하지?' 예산 집행을 위한 의사결정이 필요하다든가, 새로 만든 제품 로고에 대한 의견을 구한다든가, TFT 진행을 위해 다른 팀에 팀원 파견을 요청한다든가 하는 '무언가를 원하고 필요로 하는' 모든 상황에서 상대가 어떤 행동을 하게 할지를 염두에 두고 이메일을 쓰라는 말이다. 이메일은 늘 상대의 행동과 연결되어야 한다. 그러기 위해서는 결론을 앞머리에 쓰는 것이 유리하다. 학교에서 배운 대로 하자면, 상황 설명을 위한 도입부를 다소 장황하게 써야 하겠지만 이메일은 그렇지 않다. 이메일을 보내는 이유와 결론을 앞머리에 명확히 쓰지 않는다면 사람들은 자세히 읽어보려 하지 않을 것이다.

내용만 충실하다고 뚝 떨어지는 이메일이 되는 게 아니다. 상대가 보기 가장 편한 디자인을 고민해야 한다. 스마트폰 덕에 대부분의 사람들은 손바닥 너비의 시야에 익숙해지고 있다. 이메일을 열자마자 좌우가 들어찬 벽돌식 구성은 읽기도 전에 상대를 질리게 한다. 이런 식이다.

과장님 안녕하십니까. 저 안전보건팀 이 대리예요. 지난번에 사무실 오셨을 때 금연패치를 안 받아 가셨던데, 그거 제가 다음에 만날 때 드릴게요. 요즘 담배 완전히 끊으셨다면서요? 딱 군것질 심해지실 때니까 지금 조심하지 않으면 또 확 피우게 돼요. 참, 다른 게 아니라 저희 팀이 금연학교 졸업생들 대상으로 조사를 하는 게 있거든요. 이런 걸 포커스그룹 인터뷰라고 하던데……. 과장님이 졸업 학교 1기인데, 예전에 줄담

배 피우시던 거에 비하면 지금 하루 한 개비도 안 피우시니까 저희로서는 잘된 예거든요. 다른 분들은 지금도 술 드시면 담배의 유혹을 못 이기시고 금연에 실패하세요. 같이 오셨던 서 과장님은 또 실패하셔서 금연침을 맞고 가셨어요……. ㅜㅜ 아무튼, 과장님은 금연 교육도 잘 받으셨고, 금연보조제도 꼬박꼬박 잘 챙기시니까……. 그래서 지금 저희가 과장님 같은 분들을 대상으로 금연학교 만족도 같은 걸 물어보려 해요. 제가 11월 중에 하루 과장님을 찾아가서 1대1 면담을 하는데 45분? 50분? 정도면 될 거예요. 크게 긴장하실 거는 없고 처음에 금연학교는 왜 들어갔는지, 얼마나 힘들었는지, 어떻게 변화했는지……. 그런 걸 말씀해주시면 돼요. 과장님 올해 건강검진 하지 않으셨어요? 그 결과 있으면 주셔도 되고 아무튼 다양한 내용으로 이야기해주시면 돼요. 과장님이 말씀하신 거는 저희가 내년에 금연학교 2기를 모집할 때 홍보용으로도 쓰이고 교육용으로도 배포될 거예요. 아시다시피 저희가 금연학교 1기 시작하면서 정말 공을 많이 들였거든요. 그래서 과장님이 좀 긍정적으로 답변을 해주시면 힘이 많이 될 것 같아요. 과장님 요즘 TFT 차출되셨다면서요? 그거 반년짜리 프로젝트라던데……. 힘드시겠어요. -.- 저도 작년에 안전사업장 TFT에 참여했는데 보고서 만들 때마다 밥 먹듯 밤새고 어휴……. TFT 본격 시동 걸기 전에 제가 연락드리고 찾아뵐게요. 면담에 응해주시면 2만 원어치 문화상품권을 드려요. 만약에 11월 중에 도저히 일정이 안 된다 싶으면 알려주시고요. 좋은 하루 되세요!

수신인의 안압이 올라간다. 안부 메일인지, 아니면 업무용 메일인지도 헷갈린다. 아무리 친절하게 접근해도 '나더러 뭘 하라는 건지' 핵심 메시지를 캐치하기가 보물찾기처럼 어렵다면? 나중에 읽기로 하고 창을 닫은 후 그 이메일을 다시 열어볼 확률은 매우 낮아진다.

이 요청 이메일을 보다 읽기 편하도록 아래와 같이 '디자인'해보자. 정갈한 시 한 편을 읽는 듯한 느낌마저 들 것이다.

과장님, 안녕하세요?

'금연학교 1기'에 대한 FGI(Focus Group Interview) 참여를 요청드립니다.

올해 3월 시작된 금연학교는 사우들의 금연을 돕는 프로그램으로

과장님을 포함한 1기 졸업생을 배출했고,

내년 3월부터는 2기를 모집해 금연 교육을 실시할 예정입니다.

이에 1기 중 우수 졸업생을 대상으로 의견을 듣고

이를 바탕으로 2기 프로그램의 질을 개선할 계획입니다.

제가 직접 과장님을 뵙고 1대1 면담 형식(50분 소요)으로

FGI를 진행하게 됩니다.

크게 다음 두 가지를 이야기 나눌 예정입니다.

▶ 금연 전과 지금의 건강 상태, 생활 습관 변화
▶ 금연학교 프로그램 중 가장 도움이 됐던 것, 개선을 요하는 것

참여하신 분들께는 2만 원 상당의 문화상품권을 드립니다.

동료들의 건강을 위한 일이라 생각하고 참여해주시면 감사하겠습니다.

참여 희망을 알려주시면 제가 다시 연락드려 구체적인 일정을 잡겠습니다.

감사합니다!

상대가 소화 가능한 덩어리로 내용을 나누고 중언부언은 최소화하라. 파워포인트의 말머리 기호(bullet-point)를 보면서 젊은 시절을 보낸 많은 사람들에게 긴 문장은 익숙하지 않다. 한 줄이 넘어가지 않게 문장을 다듬고, 필요하다면 말머리 기호를 사용해 중요 이슈를 눈에 띄게 배치하자.

열자마자 안압 상승은 기본에 스크롤을 내리느라 검지가 마비될 것만 같은 이메일이 있다. 벽돌이 아니라 이번엔 '굴비'다. 굴비 두름처럼 켜켜이 쌓인 회신과 포워딩 메일을 그대로 상대에게 던지는 경우로 '나는 바쁘고 중요한 사람'이라고 생각하는 임원이나 상사들이 부하 직원들에게 주로 보낸다.

예를 들어, 여러 명의 팀장들이 특정 사안에 대해 이메일로 의견을 주고받았다고 치자. 실시간 메신저에 버금가는 분량이라 회신과 포워드가 난무할 수밖에 없다. 다른 사람의 회신에 자기 의견을 덮어씌워 보내고, 상대는 그 이메일에 회신하는 형식으로 자기 이야기를 덧붙여 또 전달한다. 무심하게 회신과 전달 버튼을 누르다 보면 아래에 얼마나 많은 이메일 기록이 달려 있는지 눈치채지 못한다. 이걸 1부라고 하자. 이 1부에 처음부터 참여한 사람들은 맥락 파악에 문제가 없다. 문제는 그다음. 상사가 그 굴비 메일을 무작정 부하 직원에게 던졌을 때다. "참고해", "이 거 어떻게 해야 하지?", "의견 줘" 등 달랑 한마디 달아 던지면 받는 사람은 맨 처음 메일부터 거꾸로 읽어내야 한다. 실로 엄청난 텍스트요, 미학적으로도 몹쓸 경우다.

이전 이메일 이력을 축적해놓은 굴비 매듭은 과감히 없애고 자신이 이해한 바를 기초로 요약해 보내자. 이메일을 열자마자 첫인상 자체로 아름답다면, 게다가 핵심 메시지가 맨 앞에서 반겨준다면 수신인이 '오케이'를 던지고 재빠르게 움직일 확률은 순식간에 올라간다.

기억하자. 직장생활에서 이메일은 바로 당신이다.

안 지키는
당신만 손해 보는
이메일 TIP

사람들에게 당신은 이메일로 기억된다. 업무 진행에서 주된 소통 수단인데다 당신의 흔적이 그의 메일함에 기록으로 남기 때문이다.

1. 응답하라, 내 메일에

직장 내의 수신인은 두 종류로 나뉜다. 응답하는 사람과 응답하지 않는 사람. 물론 '회신을 꼭 달라'라든지 '긴급히 의사결정을 요청드립니다' 같은 이메일에 반응하지 않기란 힘들다. 문제는 업무에 도움이 되는 자료를 건네주거나 팀의 일정을 공유하는 경우다. 회신을 해주면 좋지만 긴급하지는 않은 이메일이다. 이때 당신은 회신하는 쪽인가 아닌가? "잘 받았습니다. 감사합니다"라는 한마디 회신만으로도 상대에게 당신의 호감도는 즉각 솟아오른다. 당신의 작은 반응은 단순한 호감을 넘어 상대의 업무 진행에 도움이 될 수도 있다. 특히 당신이 상사일 경우, 후배 직원은 회신이 필요하긴 하지만 회신을 강요하는 것처럼 비춰질까 봐 은근한 뉘앙스의 메일을 보낼 수도 있다. 그럴 경우 회신을 보내는 센스 있는 상사가 되어보라. 후배의 업무 진행에 탄력이 붙는다.

2. 상대를 안심시키는 이메일

상사가 만약 '이번 주 내로 기획안을 보고해달라'는 이메일을 보냈다고 치자. 회신은 세 가지로 나뉜다.

첫 번째, '노답'. 이번 주 내로 달라니 이번 주 내로 기획안이 첨부된 이메일을 보내면 되는 거 아니냐는 생각이다. 잦은 이메일로 상사를 번거롭게 하고 싶지 않다는 깨알 배려일 수도 있다. 주로 신입 사원들이 저지르는 실수다. 하지만 상사의 이메일에는 모두 응답하는 게 정석이다. 두 번째, "네, 알겠습니다"로 마무리되는 초간단 회신. 이 역시 상사의 마음에는 찜 찜함이 남는다. 마지막 경우는 다음과 같은 회신이다.

"네. 현재 자료 취합 중입니다(현재 진행 상황). 미국 법인에서 소비자 조사 자료가 제때 오지 않을 경우(리스크), 이는 따로 보고드리겠습니다(대안). 목요일 오전까지 먼저 보고드리고, 피드백을 반영해 금요일에 최종 보고 드리겠습니다(일정 공지)."

상사가 예측 가능하도록 안심시켜주는 이메일이다.

당신은 어느 쪽인가? 나 역시 위의 세 가지 형태로 대답하는 사람들과 모 두 일해봤고 최상의 결과물을 손에 들고 오는 쪽은 늘 세 번째였다. 어느 누가 세 번째 유형과 같이 일하고 싶어 하지 않겠는가.

3. 플래그

대부분의 직장인들이 아웃룩 이메일을 사용한다. 그렇지만 플래그 기능을 사용하는 경우는 거의 못 봤다. 플래그는 수십, 수백 통의 이메일 가운데 당신이 꼭 기억해야 하고 회신해야 할 이메일을 표시해주는 중요한 도구 다. 이 플래그를 역으로도 활용하자. 만약 다른 팀으로부터 다음 주 월요 일까지 받아야 할 자료가 있다고 치자. 문제의 월요일이 됐지만 당신은 빈 손이다. 마침 당신의 상사가 '필요한 자료 취합이 끝났는지' 묻는다. 당신 의 대답은 십중팔구 "그 팀에서 자료를 안 줘서요"일 것이고, 상사는 십중 십 이렇게 되물어볼 것이다.

"미리 확인 안 해본 거야?"

할 말이 없다. 그러나 만약 당신의 답이 다음과 같다면?

"네, 안 그래도 지난주에 제가 두 번이나 이메일과 전화를 통해 알렸지만 자료가 오지 않았습니다. 아까 전화를 했더니 받지 않더라고요."

당신은 옆 팀에 '월요일까지 자료를 달라'고 보낸 자신의 이메일에 플래그 표시를 했고 이에 따라 상대에게 일정을 알렸던 것이다. 플래그 하나만으로 당신은 '마음 놓고 일을 맡길 만한 철저한 인간'이 되는 것이다.

4. 보관의 습관

상사의 책임 미루기, 다른 팀의 억지 주장에 통쾌하게 복수한 무용담은 회사마다 전설처럼 전해진다. 나도 그런 무용담을 자랑하는 사람을 꽤 만나봤다. 그들의 도구는 이메일이다. 누군가 책임져야 할 수도 있는 중요한 사안, 여러 사람이 복잡하게 얽혀 있는 업무의 경우 그들은 오가는 이메일을 철저하게 저장해놓는다. 이메일함에 폴더를 따로 만들어 보관하는 식이다. 부하 직원이 했던 말, 자신이 했던 말을 모두 깜빡깜빡하는 게 특기인 50대 이상의 상사들과 함께 일할 때는 이런 기록의 습관이 필수다. "내가 언제 그랬어?" 또는 "당신이 언제 그랬어?"로 사람을 황당하게 만들 때, 물증을 들이밀면 오해나 언쟁이 한 방에 해결된다.

'보관의 습관'은 방어용으로만 필요한 게 아니다. 업무에 중요한 문서나 참고해야 할 파일의 경우에도 따로 폴더를 만들어 보관해놓으면 다른 사람에게 "그때 그 문서 좀 전달해줄래요?"라고 부탁하며 번거롭게 할 필요가 없어진다.

5. 칭찬을 수집하라

인사고과 시즌, 승진 시즌마다 우리는 상사와 마주 앉는다. 면담을 통해 서로 의견을 나누고 내 고과에 대해 어필하기 위해서다. 만약 당신의 상사가 평소에는 업무 능력에 대한 칭찬을 아끼지 않다가 고과 시즌만 되면 갑자기 인색해지는 유형이라면? 선공에 나서자. 무기는 이메일이다. 상사가 입으로 하는 칭찬은 녹취가 안 되지만 이메일에 남겨놓은 당신에 대한 인정은 기록으로 남는다. 이를 따로 보관해놓고 상대에게 이렇게 말해보는 건 어떨까.

"지난번 프로젝트 수주에 성공했을 때 부장님께서 제게 이메일로 '김 과장의 네트워킹 능력 덕분이다'라고 해주셔서 정말 뿌듯했습니다. 제 능력을 인정해주셔서 일할 맛도 나고, 앞으로도 부장님께 힘이 되고 싶습니다."

꼭 무언가를 바라서가 아니라 그런 칭찬 박스는 기분이 울적해질 때마다 들춰보면 작은 기쁨을 준다.

6. 감사 혹은 사과? 과하면 질린다

열어보는 순간 끈적끈적한 이메일이 있다. 표현이 과한 경우다. 감사든 미안함이든 진심을 담아 한 번만 표현하면 된다. 감사 인사의 경우 세 가지가 들어 있어야 한다. 감사한 이유(나를 기쁘게 한 상대의 행동), 상대의 행동으로 채워진 나의 욕구, 욕구가 충족됐기에 피어나는 즐거운 느낌이다. 심리학자 마셜 로젠버그(Marshall B. Rosenberg)의 공식이다. 이런 식이다.

"부장님께서 빠르게 의사결정을 해주셔서 프로젝트가 순조롭게 진행됐습니다. 정말 감사하고 부장님 덕분에 많은 것을 배웠습니다."

죄송하다는 표현도 이와 비슷해서 '사과할 만한 나의 행동과 그로 인해 상대가 겪었을 불편, 내가 느끼는 감정, 재발 방지를 위한 다짐'이 있으면 된다. 죄송하다는 표현이 과하면 필요 이상으로 당신이 잘못한 것처럼 비춰지고, 감사 표현도 과하면 질린다. 내 의도가 정확히 전달되면서도 깔끔한 이메일을 쓸 수 있도록 노력하자. 중요한 이메일일수록 '보내기'를 누르기 전에 수차례 다시 읽고 고쳐 써봐야 한다.

좋은 비판은
고래를 내 편으로 만든다
—
친절하게 디스하기

"우리 뇌는 칭찬보다는 비난에 훨씬 민감하게 반응한다.
상처 입은 상사 혹은 후배와 일해 당신이 얻는 것은 무엇인가?"

창조적 충돌
혹은
제로섬 게임

"내년도 목표를 모바일 퍼스트로 하면 어떨

까요? 사내 교육도 모바일 앱을 개발해서 직원들이 출퇴근 시간에 교육

프로그램을 수강하게 만들면 좋을 것 같아요. 동영상 강의의 경우엔 화

면을 안 보고 소리만 들어도 가능하게 하고……."

"사람들에게 모바일은 사교나 재미의 공간인데 거기다가 사내 교육용

"I understand what you're trying to do here, Tom,
but I'd appreciate it more if you'd actually do it."

"톰, 당신이 뭘 하려고 하는지 이해가 됩니다.
그런데 저는 당신이 이제 그걸 실행했으면 더 좋겠어요."

콘텐츠를 얹으면 안 볼 것 같은데요. 일단 퇴근 뒤에 회사 교육용 앱을 켜는 사람이 있다면 그 사람이 이상한 거 아닌가요? 또 보안 이슈 때문에 앱을 열 때마다 로그인 팝업이 뜰 겁니다. 그거 입력하다가 그냥 닫아버릴걸요?"

"그럼 제가 이상한 얘길 하고 있는 건가요, 지금?"

"아니, 그럼 서 대리님은 퇴근하고 사내 교육 강좌를 들으시겠어요? 커머셜한 것을 제외하고 앱을 통해 제공되는 콘텐츠는 성공한 예가 거의 없다고요."

"아니, 왜 하기도 전에 안 된다고 생각하시는 거예요? 웹에 기반을 둔 사내 교육 콘텐츠 참여율이 이렇게 저조하면 뭐라도 해봐야 하는 거 아닙니까?"

"콘텐츠 정비가 우선인데 자꾸 플랫폼 쪽으로 방향을 트니까 하는 말이죠. 아무리 모바일 앱을 잘 만들어도 콘텐츠가 발전하지 않으면 똑같을 거예요."

"그러니까 모바일 앱에 최적화된 획기적인 콘텐츠를 개발해보자는 거죠."

"참나, 앱도 개발하고 콘텐츠도 개발하면 그 돈은 회사에서 다 준대요? 우리 팀의 예산이나 좀 생각하고 말씀하세요."

마지막 일격에 서 대리가 귀까지 벌게졌다. 그제야 잠자코 있던 팀장이 얼굴에서 흐뭇한 표정을 걷어내고 "수요자 조사를 한번 해보자"며 마무리했다. 사내교육/문화팀의 회의가 최근 들어 부쩍 뜨거워졌다. 특히 동갑의 두 대리가 툭하면 붙었다. 팀장이 팀의 비전을 '창조적 충돌'로 지으면서부터였다. 모바일서비스 업체에서 이직한 팀장은 팀을 맡자마자 '창조는 불협화음과 소음 속에서 나오는 것'이라고 했다.

'애빌린 패러독스(Abilene Paradox)'라는 어려운 얘기도 했다. 미국의 경영학자 제리 하비(Jerry B. Harvey)는 구성원들이 원하지 않는데도 아무도 반박하거나 '노(No)'라고 말하지 않아 울며 겨자 먹기로 합의에 이르게 되는 것을 애빌린 패러독스라고 했다. 그가 외식하러 가자는 장인의 권유를 거절하지 못해 온 가족이 폭염 속에서 냉방도 되지 않는 자동차를 타고 애빌린까지 갔던 일화에서 따온 말이다. 가족들은 고생해서 찾아간 식당에서 밥이 어디로 들어가는지 모르게 식사를 마친 후, "내가 언제 외식하자고 했느냐"며 서로 책임을 전가하기 바빴다는 것이다.

조직에서도 상사 눈치를 보느라, 대세를 거스른다고 찍힐까 봐 합의에 이르는 경우가 많은데 이를 대개 '거짓 합의'라고 한다. 이는 업무 수준을 하향 평준화시키지만 그 결과에 대해서는 누구도 책임을 지지 않기 때문에 악순환이 계속된다. 새 팀장은 '예스맨이야말로 회사의 독'이라고 강조하면서 회의에서 남의 말에 넋 놓고 고개만 끄덕이지 말고 반박도 하라고 했다. 특히 선배나 상사의 말이 납득되지 않으면 '왜 그런지' 꼭 되물어보라고도 했다.

문제는 이곳이 판교 어딘가의 벤처가 아닌 강남 한복판의 대기업이란 사실이었다. 직급에 따른 위계질서가 남아 있는 데다 사람들은 제대로 반박하고 비판하는 법을 훈련받은 적도 없었다. '창조적'이라는 형용사를 붙이면 웬만하면 통한다 하더라도 '충돌'을 창조적으로 해본 적은 없었다. 충돌에 일단 방점이 찍히다 보니 회의는 일종의 제로섬 게임으로 변해 날 선 말들이 오갔고 점점 더 많은 감정과 에너지가 소모됐다. 지난번 회의 때 후배와 옥신각신하던 이 과장이 회의 후에 '컨디션 난조'를 토로하며 조퇴한 일도 있었다. 모두 회사를 위한 일이라지만 점점 상처가 곪아갔다. 회의 때 누가 지원 사격을 해주느냐에 따라 묘하게 파벌이 생기기까지 했다.

비난의 시대다. 인터넷을 열면 쏟아지는 게 악플이고 종편의 정치토론에서는 독설이 난무한다. 이는 사실 자유롭게 비난을 할 수 없는 사회 분위기의 반증이다. 가정, 학교, 기업, 어느 곳에서도 우리는 반대와 반박의 비용이 크다는 것을 배우고 관찰해왔다. 책《미움받을 용기》도 '미움받기 싫다'는 사람들의 심리를 지렛대 삼았기에 메가히트를 기록할 수 있었다.

같은 맥락에서 직장 말하기의 경우에도 가장 중요한 것은 '반박 제대로 하기'지만 이는 어려운 일이다. 상사가 엉뚱한 일을 벌이려 할 때, 상대가 책임을 나나 우리 팀에 전가할 때, 내 의견이 납득할 수 없는 이유로 거부당할 때 제대로 '노'라고 말해야 호구 노릇을 면할 수 있다.

그렇지만 직급에 밀려서, 내 생각에 확신이 들지 않아서, 긁어 부스럼 만들기 싫어서 제대로 반박이나 비판을 할 수가 없다. 다행인 것은 최근 기업들이 쓴소리의 '쓸모'에 대해 깨닫기 시작했다는 것이다. 위계질서를 찾아보기 힘든 작고 가벼운 IT 기업들이 산업의 판도를 쥐고 흔들면서 수평적인 조직문화가 조직 경쟁력과 동의어가 되고 있다. 엉덩이 무거운 대기업의 관료주의로는 빠르게 변화하는 경영 환경을 따라잡을 수 없다는 게 현실에서 증명되고 있다.

좋은 비판은
고래를 내 편으로 만든다

이런 맥락에서 사내교육/문화팀장이 선포한 '창의적 충돌'이라는 팀 비전도 충분히 이해는 간다. 문제는 룰과 보호 장비 없이 다 같이 사각의 링에 뛰어올랐다는 것이다. 우리는 제대로 비판하는 법을 가정에서도 학교에서도 배운 적이 없었다. 그런 가운데 존재 이유가 '자아 보존'인 우리 뇌는 다른 이의 비판과 마주하면 이를 생존에 대한 위협으로까지 읽어버린다. 비판에 맞서 자기 방어가 튀어나오고 역공이 시작되는 것은 자연스러운 수순이다. 애초에 궁극적으로 뭘 위해 이야기가 시작된 건지는 너도나도 잊어버린다.

보다 못해 팀의 넘버 투인 박 차장이 나섰다.

"팀장님, 요즘 회의가 필요 이상으로 과열되는 것 같습니다."

"지금 과도기인 것 같은데. 서로 뜨겁게 부딪쳐보면 직급에 상관없이 주인 의식도 갖게 되고 좋은 의견들도 마구 나올 거라고."

"팀장님 생각에 저도 전적으로 동의합니다. 그런데 저희가 이런 식의 토론 문화에는 준비가 안 되어 있다 보니 감정 소모가 많아지는 것 같습니다. 가이드라인이 필요한 거 같아요."

"무슨 가이드라인? 박 차장이 적응하면 되는 문제 아니고?"

반쯤은 맞았다. 요즘 회의에서 그의 역할은 조정자였다. 회의가 너무 과열되면 그의 깊고 느린 목소리가 분위기를 가라앉히고 날뛰는 의견들을 정리했다. 대립되는 의견의 공통점을 찾아가고 퍼즐 조각처럼 산만한 생각들을 끼워 맞춰 큰 그림을 그렸다. 박 차장도 자기 생각이 없는 건 아니었다. 느린 말투에 단어를 신중하게 고르느라 후배들이 그의 말을 가로채기 일쑤라는 게 문제였지만. 그럼에도 팀원들이 최근 회의의 피로감을 토로하는 상대는 박 차장이었다.

지난번 회의 때 내상을 입은 서 대리도 박 차장에게 팀원들에 대한 서운함을 토로했다. 회의를 하다 보면 다들 이빨을 내보이고 발톱을 세우게 된다는 것이었다. 회의 후에는 서로 서먹하게 자리로 돌아가고 마음엔 앙금이 남는다고 했다. 박 차장은 팁 하나를 건넸다.

"대니얼 데닛(Daniel Dennett)이라는 유명한 과학철학자가 있어. 과학철학이야말로 과학과 종교 사이에서 격렬하고 심오한 비판이 총탄처럼 오가는 동네지. 그 사람이 동료 철학자들에게 남의 의견을 비판하고 싶을 때는 '친절함을 장착하라'면서 다음 수순을 밟으라고 조언했어. 첫 번째는 상대의 의견을 내가 이해한 바대로 정리하고 다시 표현해보라는 거야. 명료하고 생생하고 공정하게. 상대의 입에서 '고마워요, 내가 아까 그렇게 표현을 했으면 좋았을 텐데'라는 말이 나올 만큼. 두 번째, 상대의 의견 중 내가 동의하는 부분을 집어내 표현하라. 세 번째, 상대의 의견이나 생각으로부터 내가 배운 점은 무엇인지 언급하라. 이 셋을 거친 후에 반박이나 비판을 해야 상대가 마음을 열고 토론 역시 진일보한다는 거지. 토론이나 대화의 원래 목적을 양측 모두 달성할 수 있게 되는 거야."

"차장님, 그렇게 치면 반박이 1에 칭찬이 3인데, 너무 피곤한 거 아닌가요? 유치하게 들리겠지만, 저는 제가 옳다는 걸 팀장님 앞에서 멋지게 보여주고 싶단 말이에요. 김 대리에게 전혀 밀리지 않으면서 강력하게 제 생각을 말하고 싶다고요!"

"상대에게 '내 말은 당신에게 위협이 되지 않는다'는 사인을 주는 게 중요해. 실제로는 반박이고 비판이지만 말이야. 서 대리의 일방적인 승리가 아닌 팀을 위해 최상의 방안을 마련하는 게 목표잖아?"

"당장 내일이 회의인데……. 그럼 전 어떻게 말해야 할까요?"

"최근에 팀장님이 지시한 '수요자 조사' 결과 나왔지?"

"네. '회사 밖에서 사내 교육용 앱을 사용할 것이다'에 38퍼센트 정도가 '그렇다'고 답했어요. '그럴 것 같지 않다'고 답한 비율이 45퍼센트니 어느 한 편에 힘을 싣기는 좀 애매하죠. 게다가 직원들이 모바일 앱을 통해 사내 교육을 받아본 경험이 없으니 응답 수치만 가지고 결론을 내기에는 무리가 있고요."

"그래도 결과는 앱 사용을 부정하는 편에 가까우니, 그 의견을 어느 정도 인정하고 들어갈 필요가 있지. 회의 때 한판 붙기는 했지만 김 대리에게 그러는 거야. '대리님 덕분에 수요자 조사를 해볼 수 있었고 그 덕에 유의미한 결과를 얻었다'고 말이야. '플랫폼보다 수요자들의 라이프스타일이나 욕구가 우선시되어야 한다는 대리님 의견에 나도 적극 동의하게 됐다'면서 말이지. 수치상으로는 앱을 통한 사내 교육에 부정적인 여론이 조금 더 강하니, 앱 개발은 잠시 보류하되 모바일 콘텐츠의 장점들을 하나둘 차용해보자고 제안하면 어떨까? 김 대리가 완전히 무장해제되어서 아마 서 대리가 하자는 대로 손을 들어줄걸? 미안한 마음도 들 거고."

"그럼 완전히 김 대리 편을 들어주는 거잖아요?"

"아니지. 조사 결과가 그렇게 나온 상태에서 서 대리도 자기 의견을 밀어붙이기가 쉽지 않을걸? 김 대리 이야기에 힘을 실어주면서 앱 개발은 취소가 아니라 잠시 보류하는 거야. 그렇게 시간을 버는 동안 모바일 앱에 최적화된 콘텐츠를 만들어가면서 사람들의 반응을 살피는 거지. 좀 느리고 조용한 방법이지만 서 대리가 원하는 바를 이룰 수 있다면야!"

박 차장의 조언은 그 유명한 '비난 샌드위치'와 비슷하다. 화장품 기업 메리 케이를 창업한 메리 케이 애시(Mary Kay Ash)는 상대에게 부정적인 피드백을 줘야 하는 상황이라면 시작과 끝은 긍정적이고 상대를 북돋는 코멘트여야 한다고 했다. 두 개의 빵(긍정 코멘트) 속에 비판을 고기 패티처럼 숨겨서 상대가 자기도 모르게 꿀꺽 삼키게 하라는 조언이다. 상대의 비판을 수용하면서도 '나는 가치 있는 사람이야', '나는 회사에 도움이 되는 직원이야'라고 생각하게 해야 비난의 부작용을 최소화할 수 있다는 것이다. 비난의 부작용이란 비판을 모욕으로 받아들여 자기방어나 앙심으로 되갚게 하는 것이다.

미국의 경영지 〈패스트 컴퍼니(Fast Company)〉는 성공하는 비판과 실패하는 비판을 구분해 설명했다. 나쁜 비판은 구체적인 팩트가 아니라 개인을 겨눈다. "당신 이야기는 논리적이지 않아"나 "왜 그렇게 일을 설렁설렁해?"처럼 상대를 의기소침하게 만들기에 딱 좋은 말들이 그런 예다. 제3자의 편을 들어주려는 비판, 내 행동을 방어하고 변명하기 위한 반박, 스스로 돋보이고 내가 '갑'임을 확인하려는 비판도 관계와 일을 엉망으로 만든다. 일단, 지금 기분이 별로라면 비판을 잠시 미뤄둬야 한다.

잘된 비판은 무엇일까? 상대도 나처럼 선의를 갖고 최선을 다하고 있다는 믿음이 전제된 비판이다. 찍어 누르려는 것이 아니라 함께 배우고 돕기 위한 비판임을 상대에게 이해시켜야 한다. 무엇보다도 자기가 던지는 말이 상대에게 어떤 영향을 미칠지 알고 비판에 대한 책임도 져야 한다.

사람들에게는 직업적 혹은 개인적으로 모두 사각지대가 있어서 다른 사람들이 보는 방식으로 스스로를 돌아보지 못한다. 나이 많은 상사들일수록 견고한 자아상(self-image)을 갖고 있다는 것을 명심하자. 상대가 주니어라면 상사의 비난에 온갖 억측과 그간의 나쁜 경험까지 붙여 '나는 가치가 없어', '뭘 해도 엉망일 거야'라는 결론에 이르기 쉽다. 커뮤니케이션 전문가인 클리포드 나스(Clifford Nass) 스탠퍼드대 교수가 "거의 모든 사람들은 긍정적인 이야기보다 부정적인 것을 훨씬 더 강렬하고 더 구체적으로 기억한다"고 했던 것과 같은 맥락이다. 우리 뇌는 칭찬보다는 비난에 훨씬 민감하게 반응한다. 상처 입은 상사 혹은 후배와 일하면서 당신이 얻는 것은 무엇인가? 칭찬은 고래를 춤추게 하지만 비판을 잘하면 고래를 내 편으로 만든다. 그 고래가 나보다 어리다면 기꺼이 내가 원하는 방향으로 신나게 일하려 할 것이다.

섬세한
쓴소리의 기술

타고난 갈등 혐오자들이 있다. 이들은 언쟁을 벌이거나 다른 이의 기분을 상하게 하는 걸 꺼린다. 피할 수 없어 쓴소리를 하고 나면 두고두고 신경이 쓰인다. 갈등 혐오자들의 이런 심리는 '좋은 게 좋은 것'이라는 무사안일과는 결이 좀 다르다. 그들은 갈등으로 인한 자신의 감정 소모가 크다는 것을 알고 있으며, 작은 갈등의 싹이 정말로 큰 이슈가 되는 걸 막고자 할 뿐이다. 그래서 무언가 불협화음이 감지되면 재빨리 화제를 제3자나 다른 주제로 돌린다. 그렇지만 직장에서 나이와 직급이 올라갈수록 쓴소리를 피할 수만은 없다.

되돌아보면, 가장 좋은 성과를 거둔 때는 쓴소리와 직언을 서슴지 않던 상사와 일했을 때였다. 반대로, 온화한 상사와 일할 때 성과는 그저 그랬다. 궁합의 문제가 아니었다. 적절한 쓴소리는 상대에게 경각심을 불러일으킨다. 작은 문제가 곪아터지지 않도록 방지하고, 상대를 긴장시켜 실수를 줄인다.

〈하버드 비즈니스 리뷰〉는 "갈등 혐오자의 피드백 법"이라는 기사에서 아래와 같은 생각을 해봤다면 당신은 갈등 회피 유형이라고 했다.

▶ *좀 기다려주자. 지금은 일단 기회를 주는 게 맞는 거야(일단 후퇴).*
▶ *저 사람이 이 일을 하느라고 얼마나 고생했겠어. 이럴 때 비난하는 건 옳지 않아(합리화).*
▶ *뭐라고 하기보다는 소매를 걷어 올리고 쟤를 도와주는 게 맞는 거 같아*

(내 문제화함).

▶ *잰 너무 공격적이고 어려운 사람이야. 그로 인한 갈등이 싫어(신 포도).*

갈등 혐오형 성격은 쉽게 바꿀 수 있는 게 아니지만 무언가 책임질 게 많은 위치로 올라가다 보면 쓴소리가 필요한 경우가 많아진다. 고분고분한 신입 사원도 과장, 부장이 되면 정색하고 싫은 소리를 해야 하는 것이다. 제때 경고하지 않으면 호미로 막을 걸 가래로 막게 된다. 갈등 혐오형은 토론을 좋아한다고 알려진 외향형의 나라, 미국에도 적지 않은가 보다. 〈하버드 비즈니스 리뷰〉를 비롯한 미국 경영지를 보면 '갈등 상황에서 부정적 피드백하기'에 대한 기사가 제법 많다. 대부분 갈등 회피형들을 위한 조언이다.

많은 조언 중 하나는 '쓴소리에 대한 고정관념을 바꿀 것'이다. 싫은 소리, 입 바른 소리를 하는 순간에 마음은 불편하겠지만 이는 문제 상황이 곪아 터지기 전에 놓는 예방주사라는 것이다.

갈등 회피형들이 공통적으로 멈칫하는 순간이 있다. '내가 맞는 소리를 하고 있는 건지', '내가 이런 말을 할 자격이 있는지' 확신이 서지 않아서다. 그렇다면 자신감이 필요하다. 당신의 의견을 뒷받침할 정보를 수집하라. 바른 소리를 할 만한 지위를 확보하라. 단순히 나이나 직급을 의미하는 게 아니다. 동료보다 더 업무를 장악하고 더 많은 노력을 투입해 심리적인 '지분'을 확보하라. 상대가 납득할 준비가 되어 있을 때 쓴소리는 약이 된다. 미국 노스캐롤라이나대 앨리슨 프레게일(Alison Fragale) 교수팀의 실험을 보면, 지위가 없는데도 권한을 행사하려는 사람들은 처벌을 받게 된다는 결과가 나왔다. 인정받지 못하는 사람이 영향력을 행사하려 하면, 다른 사람들은 그를 까다롭고 억지스럽고 이기적이라 생각했다. '자기가 뭔데 이래라저래라야?' 저항에 맞닥뜨린다. 일주일간 밤샘 근무로 만든 프로젝트를 옆 팀 팀원이 지적한다거나, 일은 안 하고 뺀질거리기로 유명한 상사가 평가만 하려 든다면 아무리 좋은 피드백도 반발에 부딪히게 된다.

쓴소리도 기술이 필요하다. 상대에게 득이 될 거라는 생각에 무작정 던져 놓으면 상대는 그걸 개인적인 모욕으로 느낄 수도 있다. 당신의 선의는 상대에게 접수되지 않는다. 남아 있는 의욕마저 꺾을지 모른다. 상대의 기분을 상하게 하고 싶지 않다면 쓴소리가 개인적인 비난으로 들리지 않도록 주의해야 한다. 당신이 왜 지금 이런 진언을 하게 됐는지 보다 큰 맥락에서 설명해주자. 대안이나 조언을 주려 한다면 구체적이고 실질적이어야 한다. 상대의 노력과 선의는 인정하더라도 불편한 순간을 모면하기 위해 문제를 가볍게 이야기하거나 슈거코팅하지는 말자. 상대를 존중하되 메시지는 명확히 해야 한다.

스토리텔링 애니멀
—
우아하고 효과적인 어필의 기술

"우리나라 사람들이 제일 미워하는 유형이 있어.
원하는 게 너무 분명한 사람. 그걸 주변 눈치 안 보고 요구하는 사람."

아부,
클리셰보다
팩트로 승부하라

　　　　　　　　"팀장님, 오늘 넥타이가 정말 멋지신데요?
사모님이 골라주신 건가요?"

　"제가요, 팀장님이 롤모델입니다. 과장이셨을 때 그 까다롭다는 사우
디 딜러들이랑 만나서 담판을 짓고 대규모 수주를 따오셨다던데. 와, 저
는 언제쯤 그렇게 할 수 있을지……."

박 과장이 요즘 이상했다. 그야말로 과묵하게 소처럼 일하던 사람이 팀장에게 안 하던 아부를 하기 시작했다. 아부도 하던 가락이 있어야 하는 거다. 아부의 달인들은 긴 시간 수많은 실습과 시행착오 끝에 자신에게 맞는 최적화된 스타일을 찾는다. 상사의 스타일과 타이밍에 따라 언제 물러서고 언제 나아갈지도 안다. 고수들은 '롤모델'이니, '멋지다'느니 하는 클리셰보다는 팩트로 승부한다.

"팀장님, 그 넥타이 〈지큐(GQ)〉 이번 호에 김원중이라는 톱모델이 하고 나온 거랑 비슷해요!"

"팀장님, 지난번 승진자 교육에 갔을 때 팀장님 얘기가 나왔어요. 과장 시절에 사우디 수주하셨던 거. 이야, 사람들이 다들 저한테 정말이냐고 묻고 그런 분 아래 있으면 진짜 많이 배울 것 같다기에 제가 좀 으쓱해졌죠!"

상사는 "그래? 〈지큐〉는 뭐고 김원중은 유명한 사람인가?", "승진자 교육에서 누가 내 얘기를 했나 보지?"라고 화답한다. 이처럼 팩트가 기본이 된 '상사 참여형 아부'는 어색함을 없애고 대화의 물꼬를 튼다. 동료들은 '내가 먼저 했어야 했는데'라며 땅을 치다가도 뒤늦게 추임새라도 넣으려 덤빈다. 한바탕 훈훈한 화합의 장은 대개 잘 벼린 아부에서 출발한다.

문제는 아부를 안 하던 사람이 맥락 없이 들이대는 경우다. 말수 없고 우직한 박 과장의 입에서 터지는 아부라니. 이제 막 옹알이를 시작한 아이를 보듯 안타까운 표정들이 팀원들의 얼굴을 스쳤다. 어느 누구도 박 과장이 차려놓은 '팀장 찬양 밥상'에 숟가락을 얹지 않으려 했다. 어색한 침묵 속에 팀장이 살짝 웃고 말았을 뿐. 박 과장의 사수인 이 차장이 오후 티타임에 그를 조용히 불러냈다. 아메리카노 두 잔을 사이에 두고 이 차장이 물었다.

"박 과장, 요즘 왜 그래? 요즘 뭐 잘못한 거 있어? 아부 같은 거 안 하고 자기 일만 우직하게 하던 사람이 좀 바뀐 거 같아서. 안 어울려……."

자신이 아부 체질이 아니란 건 박 과장 스스로가 제일 잘 알고 있었다. 입이 떨어지지 않는데도 얼마나 안간힘을 다해 아부를 입 밖으로 밀어냈는지 그의 몸이 기억하고 있었다. 그렇지만 그건 박 과장이 팀장에게 보내는 시그널이었다. 이번 인사 때는 제발 승진 좀 시켜달라는! 작년에 승진에서 미끄러지니 참 아프더라는!

"차장님, 아무리 소가 힘 좋고 군말 없이 일만 해도 적당히 여물도 주고 그래야 밭도 매는 법이에요. 제가 작년부터 얼마나 팀을 위해서 월화수목금금금으로 야근도 불사하고 일했는지 차장님은 잘 아시지 않나요? 팀장님이 뭐 보고하라고 시키면 출장 가서도 밤을 새워서 바쳤습니다. 팀 성과에 제 기여분이 적지 않다는 건 차장님도 아시고, 또 팀장님도 언급하신 적이 있어요.

그런데도 작년 이맘때 인사 시즌에 저는 떨어지고 제 입사 동기는 승진했어요. 걔, 입으로 일하는 애인 거 아시잖아요? 허접한 보고도 번지르르한 말로 포장해 내놓고. 그래서 결국에는 올해 우리가 그거 수습하느라 고생한 거 아닙니까!

차장님, 아니 선배! 왜 세상은 저처럼 음지에서 열심히 일만 하는 사람들을 알아주지 않는 걸까요? '인비저블(invisible)'이라는, 자기 어필을 하지 않고 묵묵히 일하는 사람들이 진짜 승자라고 말하는 책도 베스트셀러던데……. 현실은 왜 이래요? 팀장이, 회사가 제 희생을 이렇게 당연하게 여겨도 됩니까? 왜 전 응당 받아야 할 대접을 못 받는 건가요?"

커피보다는 맥주라도 한잔 걸치고 해야 할 이야기들이었다. 이 차장이 입을 열었다. 그런 이야기를 처음 듣는 게 아니라는 표정으로.

"일희일비하지 마. 지금 당장 남이 더 앞서 나가는 것 같지만 사람 일이 어찌 될지는 알 수 없는 법! 다만 '누가 알아주겠지' 하면서 자신을 어필하지 않으면 다들 '아, 저 사람은 지금 상태에 만족하나 보다'라고 생각하고 신경을 끄더군. 좋은 기회가 생겼을 때 당신이 딱 떠오르질 않는 거야. 팀장님이 당신 부모님은 아니거든? 박 과장이 스스로의 가치를 제대로 표현하지 않으면 상사가 독심술이 있는 것도 아니고 어떻게 알겠어. 우리 팀장이 신경 쓸 게 한두 가지야? 게다가 팀원도 30명이 넘는다고!"

찻잔을 만지작거리던 박 과장이 조심스레 물었다.

"저, 그럼 팀장님한테 이번에는 꼭 좀 승진시켜달라고 할까요?"

"옆 팀 김 과장 이야기 들려줄까? 직속 상무한테 인사 전날 밤 전화를 했지. 이번에 꼭 좀 부탁한다고. 함께 승진 대상자였던 사람에 대해 안 좋은 말도 했나 봐. 그래서 어떻게 됐게? 찍혔을 뿐만 아니라 소문도 잔뜩 났어. 일도 못하면서 바라기만 한다고. 우리나라 사람들이 제일 미워하는 유형이 있어. 원하는 게 너무 분명한 사람. 그걸 주변 눈치 안 보고 요구하는 사람. 심지어 자기 밥값도 못 하는 사람이 그러면 정말 '노답'이지.

이번에 승진하느냐 마느냐를 떠나서 나는 박 과장에게 더 본질적인 걸 요구하는 거야. 평소에 기회가 있을 때마다 자신의 가치를 주변에 잘 전달하는 것 말이지. 믿음직스러운 박 과장 스타일에 맞게 말이야. 내가 우리 회사에서 자기 어필을 우아하고 효과적으로 하는 사람을 소개해줄게."

나보다는 '우리'를 자주 언급하라

이 차장이 소개한 인물은 작년에 육아 휴직을 마치고 복귀한 오 차장이었다. 워킹맘이라 육아 휴직도 챙겨 쓰고 거의 대부분 정시 퇴근하지만 승진에서 물먹은 적은 없었다. '이건 역차별'이라 투덜대는 남자들 몇몇이 있었지만 오 차장의 평판에 작은 스크래치 하나 낼 수 없었다.

한국 사회에서 '여자가 나대면 손해 본다'는 걸, 30대 후반의 이 알파걸은 무수히 많은 케이스를 통해 봐왔다. 페이스북 COO(최고운영책임자) 셰릴 샌드버그(Sheryl Sandberg)가 '여자들이여, 제발 좀 린인(lean in, 들이대라)하라'고 외쳐도 우리나라 현실에서 여자들은 스스로 '나는 겸손하니까'라고 합리화하며 '린아웃(lean out)'하는 게 훨씬 쉬웠다. 오 차장도 '월급 받고 일하는 거 당연한데 생색낼 거 있나'라며 스스로를 낮췄지만 점차 '내가 이 정도로 일하는데 상사가 나 좀 알아주면 안 되나?' 하는 원망이 마음 한편에 자리 잡았다. 승진 심사를 앞둔 어느 날 밤, 야근을 마치고 물에 젖은 솜처럼 지친 몸을 잠든 아이 곁에 뉘였을 때였다.

"문득 그런 생각이 드는 거야. 우리 딸이 지금 나처럼 30대 후반의 워킹맘이라면 내가 나서서 딸의 장점과 능력을 알리고 싶지 않을까? 딸이 자기 일에 얼마나 많은 애정을 가지고 열심히 일하는지 회사 입구에 대자보라도 붙이고 싶지 않을까? 나는 왜 내 자신에 대해 그렇게 하지 못하지? 10년, 20년 후의 내가 지금의 나를 본다면 얼마나 짠할까? 내 자랑을 하자는 게 아니라 내가 내 일을 얼마나 잘 알고, 또 열심히 하는지 알려보자. 나야말로 최고의 '나 전문가'니까."

'얄미운 자기 잘난 척이 아닌 숭고한 존재감을 발산하라'며 오 차장이 박 과장에게 전해준 이야기는 다음과 같았다. 주변을 관찰하고 관련 서적을 독파한 후, 수많은 시행착오 끝에 효과를 본 방법이라고 했다.

"사람들이 가장 많이 저지르는 실수가 책임지지 못할 약속을 하는 거야. '제가 분석적이라는 말을 좀 듣는 편이라 영업 전략을 짜는 건 어렵지 않을 거예요.' '전 적응력이 정말 좋거든요. 해외 주재원으로 나가서도 허브 역할에 자신 있습니다.' 죄다 내가 원하는 것을 얻기 위해 내 자랑을 하는 거지.

내가 아니라 내가 거둔 실제 성과를 이야기해야 해. 당신이 분석적인지 적응력이 좋은지 그걸 어떻게 알아? 대신 이렇게 말하라고. '회사 브로셔 편집과 디자인 작업을 자체적으로 진행해서 외주 비용을 절반으로 줄여본 적이 있습니다.' '이번 딜러 워크숍 후 만족도 조사를 했더니 작년 대비 40퍼센트 이상 올랐더라고요.' 이렇게 구체적인 수치와 정보들을 근거로 세우면 사람들은 '저건 입만 열면 자기 자랑'이라고 말하지 못해. 왜냐, 사실이니까.

근데 이게 갑자기 하려면 허둥대서 촌스럽게 들린다? 박 과장, 이력서 업데이트한 지 얼마나 돼? 거의 없지? 나는 한 달 단위로 해. 이직을 하려는 게 아니라 내가 거둔 성과를 기록해두는 거야. 그렇게 하지 않으면 나도 까먹어버리고 내 일에 의미를 부여할 시간도 없거든."

오 차장의 말을 받아 적던 박 과장이 질문했다.

"성과는 그 자체로 떳떳하게 말할 수 있지만 그걸 내가 한 거라고 어떻게 이야기하죠? 그게 포인트일 것 같은데요."

"내가 아까 '의미 부여'라고 말했지? 바로 그거야. 그 성과가 내게 어떤 의미였고, 그걸 이루는 동안 내가 배운 게 뭐였는지 자연스럽게 이야기해봐. 뿐만 아니라 그 일이 팀과 회사에 어떤 기여를 했는지도 언급하라고.

'이번 딜러 워크숍 후 만족도 조사를 했더니 작년 대비 40퍼센트 이상 올랐습니다. 지난번 워크숍 후 제가 팀장님께 제안해서 처음으로 효과 분석을 해봤거든요. 딜러들이 워크숍을 통해 무얼 기대하는지, 뭐가 불만인지를 물어봤습니다. 그 결과를 반영해 이번 워크숍에서는 서로 시너지를 극대화할 수 있는 딜러끼리 팀을 짜고, 강의 시간을 줄이는 대신 네트워킹할 시간을 충분히 보장했습니다. 딜러 매뉴얼도 새로 업데이트해서 지역별 상황에 맞게 맞춤형으로 제작했고요. 팀장님께서 전폭적으로 밀어주신 덕에 딜러 참여율, 만족도 다 올라갔습니다. 딜러 관리도 예전보다 잘되고, 우리 요구도 더 잘 수용되더라고요.'

업무와 성과를 근거로 한 자기 어필은 대개 이런 흐름이야. 뭐가 문제였고 이를 해결하는 데 내가 어떤 기여를 했는지, 그 결과 회사가 어떻게 좋아졌는지. 조너선 갓셜(Jonathan Gottschall)이라는 학자가 《스토리텔링 애니멀(The Storytelling Animal)》이라는 책에서 그랬어. '고난 - 극복 - 해피엔딩'이야말로 인류가 가장 좋아하는 이야기 구조라고."

준비가 됐다 하더라도 수줍음 많은 박 과장 입에서 과연 자기 얘기가 술술 나올지가 의문이었다. 일단 그는 사람들이 자신에게 주목하는 게 불편했다. 경북 안동 출신의 그는 나 홀로 빛나기보다 같이 가는 게 편했다. 나고 자란 그 동네에서 '교언영색(巧言令色) 선의인(鮮矣仁)'이며 '자기 자랑을 떠벌리는 게 제일 하찮은 것'이라 배웠다. 박 과장이 "결국 내 자랑인데 그걸 어떻게 할지"라며 머뭇거리자 오 차장이 말을 이었다.

"나라고 쉬웠을까? 원하는 게 있으면 눈치 안 보고 집요하게 어필하는 애들, 밉상이지. 그런데 이렇게 생각해봐. 내가 나를 잘 알리지 않으면, 회사가 나란 사람의 쓸모에 대해 어떻게 알 수 있겠어? 회사 입장에서도 특정 업무를 제일 잘하고 좋아하는 사람한테 맡기는 게 이득 아닌가?

다만, 자기 어필을 할 때 '나, 나, 나'만 하면 안 돼. 회사에서 혼자 이뤄낼 수 있는 일이란 별로 없어. 아무리 작아도 동료들의 도움과 상사의 지지가 있기에 내 자리와 내 일이 있는 거지. 때문에 나보다는 '우리'를 자주 언급하는 게 좋아. 당신이 상을 받거나 크게 인정받는 자리가 있다면 상사와 후배들을 적극적으로 세일즈하라고. '팀장님의 코치가 없었으면 시간이 두 배로 걸렸을 겁니다', '제가 TFT에 차출되는 동안 이 대리가 군말 없이 팀 내의 잡무를 도맡았어요' 등등. 아마 그들은 다음번에도 당신을 도와줄 거야. '아, 저 사람과 함께 일을 도모하면 성과를 공평하게 나눠 받는구나', '쟤를 도와주면 내 평판에도 도움이 되겠는데?'

기억해. 자기 어필은 독백이 아니야. 주변에서 그걸 인정해야 어필이 되는 거지. 그러려면, 우리를 보다 자주 이야기하라고."

오 차장이 산만 한 덩치의 박 과장에게 '엄마 마음'으로 한마디를 더 보탰다.

"자꾸 해봐야 늘어. 난 내가 자랑하고 싶은 게 있으면 초등학교 1학년 생인 우리 딸 앞에서 이야기해. '엄마가 오늘 회사에서 어땠는지 알아? 엄마네 회사 물건이 더 잘 팔리도록 엄마가 밤새 준비한 계획서 있잖아. 그걸 오늘 회사 아저씨들 앞에서 발표했는데 큰 박수를 받았어.' 아이를 상대로 하는 말이라 속도도 느리고 발음도 분명하게 해야 돼. 목소리도 크고 내용도 쉽고 간결해야 하지. 그게 습관이 되면 어른들 앞에서도 큰 목소리로 여유 있게 자기 자랑이 가능해져. 한 번 해보라고! 처음이 어려운 거야. 처음부터 한 방에 해결하려 들지 말고 작은 성공을 쌓아 자신감으로 연결시키라고."

역발상으로
내 아이디어
어필하기

투자자 혹은 상사에게 내 아이디어를 어필해야 하는 상황이라면 심리학이
제시하는 몇몇 효과적인 역발상을 응용해보자.

1. 약점부터 말하라(사릭 효과)

내 아이디어의 장점만 강조하다 보면 어느 순간부터 내 말이 약장수의 말
처럼 들리게 된다. 사람들은 말하는 이가 뭔가를 숨기거나 속이려 한다는
인상을 갖는다. 세상에 저렇게 완벽한 아이디어와 계획이 있다면 왜 지금
까지 아무도 시도하지 않았단 말인가!

미국 와튼 경영대학원의 조직심리학자인 애덤 그랜트(Adam Grant) 교수
는 책 《오리지널스(Originals)》에서 아이디어가 지닌 단점을 강조하는 '힘
없는 자'의 의사소통법이 훨씬 효과적일 경우가 있다고 말한다. 허구의 사
회학자 레슬리 사릭(Leslie Sarick)의 이름을 붙인 '사릭 효과'다. 사람들은
자기 아이디어를 피력할 때, 장점은 부각시키고 단점은 최소화해야 한다
고 생각한다. 하지만 이는 애초에 듣는 사람이 내 편일 때나 통하는 방법
이다. 새로운 아이디어를 제시하거나 변화를 일으킬 제안을 할 때 상대는
회의적일 경우가 많다. 투자자들의 경우 기업 소개서를 받아들고 허점을
찾아내려고 애를 쓴다. 상사들은 당신의 기획안이 왜 실패할지 이유를 찾
느라 혈안이 되어 있다. 이런 사람들 앞에서 마구잡이식의 열변은 반감만
더할 뿐이다.

약점을 먼저 내세우는 건 어떤 효과가 있을까? 일단 듣는 사람이 무장해

제된다. 공격하려던 포인트를 상대가 먼저 인정해버리면 마음속 돌담이 와르르 무너져 내린다. 장밋빛 낙관은 얄팍한 상술이며 정직하지 않다는 인상을 주지만 상대가 알고 내가 아는 결점을 솔직히 털어놓으면 듣는 이의 평가는 180도 달라진다. 사람들은 나를 솔직하고 겸손한 데다 스스로의 단점을 파악할 정도로 똑똑하고 그걸 공개할 정도로 자신감 있다고 느끼게 된다. 이런 상태에서 내 아이디어가 가진 장점을 말하면 사람들은 이를 더 적극적으로 수용하려 한다. 이때 주의할 점은 듣는 사람이 이미 짐작하는 단점이 아니라면 단점을 나열하는 방식으로 인해 역풍을 맞을 수 있다는 것이다. 그러나 충분히 짐작할 만한 대표적인 약점을 말한다면, 듣는 이들은 그 약점을 자신의 입으로 말할 기회가 없어진다. 그 외 다른 우려할 만한 점들을 생각해내는 것도 힘들어진다. 내가 먼저 약점을 거론하면 상대는 그 약점을 별것 아닌 것으로 넘어갈 가능성이 높아진다.

2. 한 방의 핵펀치보다 여러 번의 잽을 날려라

그런 경험이 있지 않은가? 일주일, 아니 한 달 이상 끙끙대며 만들어놓은 보고서가 있다고 치자. 우리 팀의 실적을 획기적으로 끌어올릴 비장의 카드다. 내 의견을 뒷받침할 근거와 데이터도 충분하다. 어찌나 문구 하나하나 공을 들였던지 밤에 자려고 눈을 감아도 첫 줄부터 마지막 줄까지 외울 정도로. 그런데 그 자신감 넘치는 제안서를 상사에게 들이밀면 상사는 고개를 갸우뚱하며 '무슨 소린지 모르겠다'고 한다. 대체 뭐가 잘못된 것일까?

애덤 그랜트 교수는 "아이디어를 낸 당사자는 자신의 아이디어에 너무 익숙해져서 처음 접하는 사람이 그 아이디어를 이해하고 수용하려면 얼마나 그 아이디어에 노출되어야 하는지를 과소평가한다"고 했다. 즉 우리는 새로운 아이디어를 사람들에게 자주 알리는 일을 소홀히 한다는 것이다. 상대 역시 나만큼 내 아이디어를 이해하고 애정을 가질 것이라는 가정을 무의식적으로 하기 때문이다.

내 독창적인 생각을 사람들이 받아들이게 하려면 사람들에게 지속적으로 알려야 한다. 잊을 만하면 알리기를 반복해야 하는 것이다. 심리학자 로버트 자이언스(Robert Zajonc)는 이를 '단순 노출 효과'라 불렀다. 어떤 걸 자주 접할수록 좋아하게 된다는 것이다. 왜냐, 우리 뇌는 수고를 덜 하는 걸 좋아한다. 익숙한 정보에 가까울수록 그 정보를 처리하는 수고가 줄어든다. 애덤 그랜트 교수에 따르면 대체로 사람들은 특정 아이디어에 대해 10~20회 정도 노출될 때 호감도가 늘어나고 다소 복잡한 아이디어의 경우 횟수가 그보다 조금 더 늘어날 때 호감도가 증가한다고 한다. 특히 어떤 아이디어가 단순하고 다른 아이디어들과 섞여서 전달될 때 노출이 훨씬 효과를 발휘한다고 한다. 이는 듣는 이들의 호기심을 유지하는 데 도움이 되기 때문이다. 또한 아이디어 소개와 평가 사이에 시차를 두어 아이디어를 이해할 충분한 시간을 주는 것이 좋다. 상사에게 어떤 기획안을 제안할 경우 화요일에 엘리베이터 안에서 30초 동안 설명하고, 그다음 주 월요일에 다시 짤막하게 상기시켜주고, 그 주 말미쯤 상사의 의견을 구하는 것이 좋다고 그랜트 교수는 조언한다.

3. 온화한 상사보다 까칠한 상사와 어울려라

까칠하고 직언하기 좋아하는 상사와 두루두루 원만한 성격의 상사. 당연히 우리는 후자 앞에서 느긋한 마음으로 내 아이디어를 어필하고 싶다. 그러나 애덤 그랜트 교수는 전혀 다른 이야기를 한다. 아주 원만한 성품의 사람보다는 독창적인 아이디어를 내본 적이 있는 사람을 대상으로 제안을 펼치는 것이 훨씬 낫다는 것이다. 원만한 사람은 본능적으로 고개를 끄덕이고 미소를 짓지만 갈등은 피하고자 하기에 상대의 의견에 대한 비판을 꺼린다. 당신에게 꼭 필요한 피드백을 주지도 않을뿐더러, 당신의 아이디어가 새롭고 도전적일수록 몸을 사린다. 크고 작은 갈등을 감수해야 하기 때문이다.

반면, 까칠한 상사들은 상대의 주장을 반박하는 경향이 높기에 직원들은 그 앞에서 긴장하며 효과적으로 자기주장을 하려고 한다. 맷집이 강해지니 아이디어를 어필하는 능력도 올라간다. 직언을 서슴지 않는 까칠한 상사는 자신 역시 도전장을 내밀어본 경험이 있기에 새로운 아이디어와 도전에 열려 있고 현상을 유지하기보다는 조직을 발전시키려 애쓴다. 부하뿐 아니라 상사와 조직의 결함에 대해서도 못 본 척 넘어가지 않는다. 크고 작은 갈등이 예정되어 있더라도 당신의 아이디어가 조직의 임무 달성에 득이 된다고 생각하면 그들은 기꺼이 당신 편이 되어줄 것이다.

"...and this was that really cute kitty cat video on YouTube."

"(얼핏 생산성이란 단어가 보이시죠? 신경 쓸 거 없습니다.)
사실 이거, 유튜브에 올라온 귀여운 고양이 영상이거든요."

6

슈거코팅을 피하라
—
불편한 소식을 전해야 할 때

*"심리적 압박에 부딪히면 많은 사람들이 나쁜 소식을 어떻게든
긍정적으로 포장하려는 유혹에 빠진다. 혹은 최대한 이야기할 시간을 미뤄서
기적까지는 벌어지지 않더라도 상황이 좀 더 나아지기를 기다린다.
상대에게 일말의 희망이라도 주고자 하는 건지는 모르겠으나 진실은 언젠가는 밝혀진다."*

고양이 목에 방울 달기

"저희 목표는 불량률을 올해까지 제로 선으
로 떨어뜨리고 납기 준수율은 두 배 정도 끌어올리는 겁니다. 팀원들이
밤낮 가리지 않고 협력사와 고객사를 뛰어다니면서 해결을 하고 있습니
다. 저도 매일 팀원들을 독려하고 있고……."

신임 팀장을 상대로 한 업무 보고. 신 차장에게 이번 보고는 자신을 세

일즈할 좋은 기회였다. 강렬한 인상을 주기 위해 목표와 계획은 대담하게 잡았고, 이를 달성하기 위해 자신이 어떤 노력을 기울일지 설명했다. 수십 장의 파워포인트 보고서를 들춰보던 팀장이 신 차장의 말을 자르고 물었다.

"지난번에 발생했던 불량은 기술적인 문제가 뭐죠? 경쟁사에도 비슷한 사례가 있었나?"

신 차장이 앞서 했던 중언부언은 바로 그 질문을 막아보기 위한 연막이었다. 이제 피할 수 없게 됐다. 신 차장은 침을 꿀꺽 넘기고는 해명을 시작했다.

"네, 팀장님. 협력사 관리가 철저하지 못했던 게 가장 큰 이유입니다. 그동안 사내에서 조직 개편이 수차례 진행됐지 않습니까? 그래서 협력사를 관리할 인원과 조직에 잦은 변동이 있었습니다. 최근에 핵심 부품의 생산 표준이 바뀌었는데, 담당자가 이동하면서 이를 제대로 공유하지 않았던 겁니다. 저희가 이번에 팀장님이 오시고 나서 추가적인 문제는 없는지 협력사를 대상으로 일제히 현장 점검을 실시해봤습니다. 기본적인 공장 환경이 갖춰져 있지 않은 곳이 많았고 그 뭐냐, 생산라인의 작업자 동선도 복잡하게 꼬여 있었습니다. 요즘 미세먼지가 많아졌는데 거기에 대한 대응도 미리 하지 못했고. 팀장님, 보고서 16페이지부터 관련 데이터를 보실 수 있습니다."

팀장은 미간을 한껏 조이더니 보고서를 덮었다. 각종 수치와 그래프 사이에서 어디를 어떻게 읽어보라는 건지 이해되지 않았던 것이다.

"그래서 일이 그렇게 된 게 회사 탓이란 겁니까? 회사가 조직 개편을 너무 많이 해서? 선제적인 대응을 했어야죠. 그거 하라고 회사가 신 차장한테 월급 주는 거 아니었나?"

수십 장의 파워포인트 슬라이드와 장밋빛 목표치에 묻혀 있는 진실을 어서 꺼내놓으라고, 팀장은 채근하고 있었다. 그것은 신 차장에 대한 비난이 아니었다. 문제를 제대로 파악하고 있는 게 맞는지, 이 상황을 개선할 계획은 있는지를 확인받고 싶은 것이었다. 그러나 신 차장의 얼굴이 벌게진 걸로 보아 팀장의 말을 질책으로 받아들이는 게 분명했다.

"팀장님이 타사에서 오셔서 잘 모르실 수도 있는데, 그간의 전사적인 조직 개편이 우리뿐 아니라 타 부문에도 비슷한 부작용을 일으킨 바 있습니다."

문제 해결에 꽂혀야 할 집중이 다른 곳으로 분산되기 시작했다.

직장생활을 하다 보면 불편한 소식을 전해야 할 때가 온다. 프로젝트 예산이 초기 예상보다 수천만 원 초과할 수도 있고, 경쟁사의 신제품이 우리의 시장점유율을 위협할 수도 있으며, 해외 매출이 60퍼센트나 급감했을 수도 있다. 신 차장의 경우처럼 제품에 문제가 있어 리콜을 해야 한다는 이야기를 꺼내야 할 수도 있다. 경영진도 예외가 아니다. 구조조정을 하거나 임금을 동결해야 겨우 돌파구가 보일 때 그들 역시 힘들게 입을 뗀다. 불편한 순간은 개인적인 규모로 찾아오기도 한다. 야근을 밥 먹듯 하는 팀원들을 뒤로하고 육아 휴직을 신청하겠다고 말하거나 자신을 지지해준 상사에게 "경쟁사에서 스카우트 제안을 받았다"며 사직서를 내미는 경우. 이런 이야기들을 꺼내기는 어렵다. 결과적으로 실패의 이야기이기 때문이다. 상대의 반응이 뻔히 보이기 때문에 일단은 미루거나 아예 피하고 싶다. 고양이 목에 방울 달기다.

이럴 때 많은 사람들이 저지르는 실수는 무엇을 말하지 않기 위해 다른 말들로 숨기거나 슈거코팅을 하는 것이다. 나쁜 소식의 충격을 흡수하기 위한 범퍼를 장치함으로써 상대가 문제를 있는 그대로 보지 못하게 막는 것이다. 그러나 당신의 상사가 그 자리에 오른 것은 연막과 장식을 걷고 사안의 본질을 간결하게 꿰뚫는 능력 덕분이었다. 대부분의 유능한 상사들은 당신의 입에서 별 중요하지도 않은 말이 늘어질 때, 숫자로 가득한 파워포인트 슬라이드가 책상에 놓일 때 눈치챈다. 무언가를 숨기고 있구나! 상사가 다른 채널을 통해 결국 문제의 본질을 파악하는 순간부터 당신은 발언권을 얻기 힘들어질 것이다.

포장하지 마라

그럼 불편한 소식은 어떻게 전하면 될까? 〈하버드 비즈니스 리뷰〉는 "단순하고 명료하고 직접적이고 중립적이어야 한다"고 조언한다. 말처럼 쉽다면 얼마나 좋을까? 커뮤니케이션 전문가들은 미국의 경제경영 매체인 〈패스트 컴퍼니〉를 통해 더 구체적인 지침들을 알려주고 있다. 일단 현실을 직면해야 한다. 심리적 압박에 부딪히면 많은 사람들이 나쁜 소식을 어떻게든 긍정적으로 포장하려는 유혹에 빠진다. 혹은 최대한 이야기할 시간을 미뤄서 기적까지는 벌어지지 않더라도 상황이 좀 더 나아지기를 기다린다. 상대에게 일말의 희망이라도 주고자 하는 건지는 모르겠으나 진실은 언젠가는 밝혀진다. 반 토막 난 매출이나 고객들의 불매 운동 같은 더욱 가혹해진 현실을 통해 진실이 밝혀질 경우에는 손을 쓸 수가 없다. 신뢰 어쩌고의 문제가 아니라 일자리를 잃을 수도 있다. 미루거나 피할 수 없는 현실을 제대로 직시하고 상대에게 적시에 알릴 각오를 하라.

이야기할 때는 핵심 위주로 하라. 파워포인트 더미 아래 나쁜 소식을 묻어두는 것은 혼란만 일으켜서 상대가 공격적인 질문을 퍼붓게 만든다. 그렇게 되면 당신은 문제를 알리는 사람이 아니라 비난과 문책의 대상이 되어버린다. 책임지려 하지 않고 실패의 원인을 외부에서 찾는 사람처럼 비쳐진다. 기대에 부응하지 못했다면 솔직히 말하고 어떻게 된 일인지 이유를 명료하게 설명해야 한다. 전해야 할 소식이 복잡할수록 이해하기 쉽게 정보를 가공하고, 숫자와 데이터를 나열하기보다 그것이 무얼 뜻하는지 번역해 전달하자.

이때 주의할 것은 과거가 아닌 현재와 미래에 초점을 맞추는 것이다. 문제의 원인은 정확히 밝히되 이를 실패의 프레임에 가두지 말고 해결 방법을 찾는 방향으로 관점을 전환하는 것이 필요하다. 현재 어떤 개선책 혹은 해결 방법이 있는지 제시하고 이에 대한 로직과 잠재적인 리스크까지 언급할 필요가 있다. 신 차장은 팀장 앞에서 이렇게 말했어야 한다.

"최근 불량 건은 협력사에서 TC-183 부품을 바꾼 표준에 맞춰 공급하지 않아 발생한 일입니다(문제 정의). 급작스러운 조직 개편으로 담당자가 바뀌어서 협력사와 정보 공유가 제때 이루어지지 않았습니다(문제의 원인). 저희 책임이 맞고 담당자들에게는 경고 조치가 내려졌습니다. 불량건에 대해서는 모두 회수했고 리워크 중입니다(사후 조치). 향후 이런 일이 재발되지 않도록 협력사와 본사가 생산 표준에 대한 정보를 실시간으로 공유하는 시스템을 구축할 계획입니다(향후 계획과 대안). 시스템이 구축되면 협력사들도 자신들의 생산 일정을 투명하게 공개해야 하므로 납기 준수율도 올라갈 것으로 예상됩니다(대안이 가져올 이득)."

　나쁜 소식을 알리는 데 기자만큼 적극적인 직종도 없을 것이다. 기자들에게 최악의 소식은 물 먹는 것, 즉 낙종이다. 내가 모르던 걸 경쟁사 기자가 크게 보도해 세상이 떠들썩해지는 일. 모두가 인터뷰하고 싶어 줄을 서는 인물의 인터뷰가 경쟁지 1면에 실리는 일. 꿈에서라도 마주하고 싶지 않은 상황이지만 현실에서 그런 일은 종종 일어난다. 기자들은 쓰린 마음을 뒤로하고 수화기를 집어 든다. 경쟁지의 특종 보도가 사실이 맞는지 확인하고 어떻게 취재가 성사된 것인지 조사해 이를 바탕으로 데스크에 낙종 보고를 하는 것이다. 나쁜 소식이지만 최대한 뻔뻔해지는 것이 포인트다. 실패에 대한 반성보다는 '나는 이제 어떤 특종을 할 것인가', '당장 내일 어떤 후속 보도로 경쟁지를 압도할 것인가' 하는 계획이 보고의 대부분이다.

　"D일보 A1면에 보도된 경찰 수사 내용이 대부분 사실로 확인됐습니다(문제 상황). 강남경찰서 출입인 최○○ 기자가 국토해양부 출입인 김

○○ 기자를 통해 건네받은 정보를 강력1반에 확인해 쓴 것이라고 합니다(문제가 발생한 경위). 오늘부터 국토부 출입에게 정보를 토스받고, 이 기사에 대한 인터넷 등 여론을 살펴본 후 후속 기사를 준비하겠습니다(후속 조치). 지금 준비할 수 있는 건 용의자로 지목된 A씨의 동료와 가족들의 인터뷰, A씨의 해외 출국 기록과 사법 당국의 허술한 공조체제에 대한 보도입니다. D일보의 보도 이후 A씨의 가족들이 D일보에 강력히 항의하고 있어 우리가 먼저 접근해 이야기를 들어볼 수 있을 것 같습니다. 11시에 1보를 올린 후 가족 인터뷰 여부를 최종 컨펌받겠습니다(대안과 옵션)."

엉망이 된 다음에
해야 할 일

나쁜 소식을 전하고 이를 해결할 방법까지 제안했다고 손놓고 있을 수는 없다. 사람들의 머릿속에서 '실패의 잔상'을 없애려면 문제를 해결해나가는 과정에서 어떤 진전이 있는지를 지속적으로 알려야 한다. 미국 경제 전문지 〈포브스(Forbes)〉는 이렇게 조언한다.

"문제가 어떻게 해결되고 있는지, 계속 업데이트해 '나쁜 소식'이 결국에 성과로 이어지도록 관리해야 한다."

나쁜 뉴스를 전한다는 것은 '지금 상황이 엉망이다(문제의 정의)', '문제가 된 상황을 이렇게 복구하겠다(문제 해결)'라고 말하는 것을 넘어 문제가 계획한 대로 해결되고 있음을 상대에게 알리는 것까지 포함한다. 신 차장의 경우 시스템이 제대로 구축되고 있는지, 기대했던 성과가 나오 는지를 지속적으로 팀장에게 알려 '유사한 사례가 재발하지 않도록 하겠 다'는 의지를 행동으로 보여줘야 한다. 유능한 기자들은 낙종 후 더 많은 특종과 후속 보도를 쏟아낸다. 결국엔 자신이 승리한 게임으로 만드는 것이다.

물론 불편한 소식이 자신의 실수나 태만 때문이었다면 이를 인정하고 사과하는 것이 먼저다. 기자들 역시 데스크가 취재하라는 인물을 빠뜨 려서 크게 낙종을 하거나, 팩트 확인을 제대로 하지 않아 결과적으로 오 보를 만들어냈을 때 경위서라는 것을 쓴다. 후자의 경우 '바로잡습니다' 라는 정정보도는 필수다. 내부 경위서는 절절한 사과로 얼룩진 반성문 이다. 경위서는 보통 세 파트로 구성된다. '내가 잘못한 것이 맞다(인정)' 고 받아들이고 '왜 그런 실수를 저질렀는지(원인)'를 짚어준 다음 '나로 인한 실패를 어떻게 복구할 것인지(해결)'를 밝히는 것이다. 이는 사과를 해야 하는 수많은 경우에 똑같이 적용된다. 이때 '내가 잘못한 거는 맞지 만……'으로 시작하는 변명은 데스크의 화를 돋운다.

기업 경영에서 나쁜 소식을 제때 적극적으로 알리는 것이 전화위복이 되는 경우가 있다. 1982년 미국에서 독극물이 투입된 타이레놀을 복용 한 소비자 일곱 명이 사망하는 사건이 발생했다. 그러자 존슨앤존슨사는 신문과 방송을 통해 이 소식을 소비자들에게 적극 알렸고(문제의 정의) 미 국 내에 유통된 1억 달러 규모의 타이레놀 제품을 즉각 회수했다. 제품 제조 과정에는 문제가 없었다는 조사 결과가 나온 뒤에도(문제 원인 규명) 존슨앤존슨사는 회수했던 제품을 다시 판매하지 않았다. 제품 포장 역시 독극물이 투입될 가능성이 없도록 완전히 바꿨다(사후 조치와 문제 해결). 그러자 소비자들은 더 큰 신뢰를 보냈다.

2010년 영국의 석유 회사 BP의 의뢰를 받은 석유 시추 시설 딥워터 호라이즌 호가 유정(油井)에서 작업하던 중 불길에 휩싸여 멕시코만 아래로 가라앉았다. 사고 초기, BP의 CEO 토니 헤이워드(Tony Hayward)는 이렇게 말했다.

"(원유 유출 규모가) 큰 바다에 비하면 상대적으로 작다."

헤이워드는 '작다'는 표현으로 심지어 '타이니(tiny)'라는 단어를 택했다. 당시 BP가 공식적으로 밝힌 원유 유출량도 하루 1000배럴이었다. 그러나 일주일 뒤 이는 거짓으로 판명됐다. 미국 국립해양대기청이 하루에 5000배럴 이상의 원유가 새어 나오고 있다고 주장한 것. 한 달 뒤, 미국 지질조사국이 원유 유출량이 하루 1만 2000~1만 9000배럴이라고 밝혔다. 이는 다시 2만~4만 배럴로 늘어났다. 미국 언론과 환경단체들은 BP를 거짓말쟁이라 비난했고 토니 헤이워드의 말은 끓는 기름에 불을 붙였다.

"이번 사태로 사람들의 삶에 막대한 피해를 끼치게 돼 유감스럽게 생각합니다. 나만큼 이번 사태가 마무리되기를 원하는 사람은 없을 겁니다. 나는 내 삶을 돌려받고 싶습니다!"

개인 차원에서도 마찬가지다. 상사와 약속한 마감 시간을 못 지켰거나 자신의 실수 때문에 팀 프로젝트가 엉망이 됐다면 사과부터 해야 한다. 일이 더 커지는 것을 막고 상대와의 관계를 복구해 일단은 업무에 미치는 영향을 최소화해야 하기 때문이다. 사과할 때 주의할 점은 초점을 내가 아닌 상대에 맞추는 것이다. 원래 의도는 좋았다느니, 그러려고 했던 것도 아니고 나도 노력을 했다느니, 일이 그렇게 될 줄 몰랐고 나도 힘들다느니 하는 자기 합리화는 곪아 있는 상대의 속을 아예 터지게 만든다. 상대는 당신의 심리 상태에 대해서는 아무 관심도 없다. 당신이 어서 나서서 이 엉망이 된 현실을 복구하고 피해를 수습하기 바랄 뿐이다.

상대가 당신과 가까운 사이일수록 좀 더 섬세한 접근이 필요하다. 상대는 '내가 지금 얼마나 멘붕인지, 배신감을 느끼는지, 실망했는지 쟤가 알기는 알까?' 신음할 것이기 때문이다. 그들은 보상에 앞서 공감을 원한다. 이 지점에서 필요한 건 당신의 상상력. 당신의 실수로 인해 상대가 어떤 영향을 받았을지, 얼마나 속상했을지 구체적으로 상상해봐야 한다. 또 문제 해결을 위해 상대가 무엇을 바라는지 물어보자. "힘들게 해서 미안해"나 "나 때문에 피해를 입게 해서 미안해"라는 모호한 표현은 사실 사과가 아니다.

"제가 제때 실사를 마치지 못해 투자 유치가 무산된 것, 정말 죄송합니다. 부장님께서 1년 전부터 공들이신 투자 유치 건인데 제가 너무 안일하게 생각해 철저히 준비하지 못했습니다. 부장님께서 정말 실망하셨을 것 같고 저 때문에 상무님을 볼 면목이 없으실 것 같아 제 마음이 너무 무겁습니다."

그런 후에 잘못에 대한 책임을 지겠다든지, 상황을 개선 혹은 반전시키겠다든지 하는 '미래'를 이야기하자. 비슷한 실수나 실패가 계속되는 걸 묵인할 상사는 없으니, 실천 가능한 계획으로 상대를 설득하고 이를 실제 성과로 연결시켜 관계를 점차적으로 복구해야 한다.

최고의 사과는
세 가지를 포함한다

미국 펜실베이니아대 와튼 경영대학원의 모리스 E. 슈바이처(Maurice E. Schweitzer) 교수 등은 〈하버드 비즈니스 리뷰〉에서 최고의 사과는 다음 세 가지를 포함한다고 썼다.

1. 솔직함

사과는 솔직해야 한다. 이는 한 치의 모호함이나 오해의 여지를 남기지 않는 사과다. 자신의 잘못으로 인한 피해와 책임을 인정한다는 메시지가 있어야 한다. 게임 기기 전문 업체 레이저가 2014년 게임용 노트북인 블레이드의 선주문 물량을 제때 배송하지 못했을 때 CEO는 이렇게 사과했다.

"우리 회사의 형편없고 미숙한 일 처리로 제품에 대한 수요를 정확히 예측하지도, 충분한 공급 물량을 확보하지도 못했습니다. 회사도, 저도 이런 일에 너무나 서툽니다. 우리가 신제품을 출시할 때마다 오랫동안 기다려야 했던 모든 고객께 사과드립니다."

사과가 방어나 정당화로 들려서는 안 되지만 자세한 설명과 정보 제공은 도움이 된다. 항공사가 기술적인 문제로 인한 지연에 대해 사과한다고 치자. 어떤 부품이 고장을 일으켰고 수리는 어떻게 진행되고 있으며 예상 소요 시간이 얼마인지를 정확히 설명하고 나서 수리 후에 안전상의 위험이 전혀 없는 이유 등을 부연해주면 더욱 효과적인 사과가 된다.

→ 개인 차원 : 자신의 실수가 어떤 결과를 초래했는지 솔직히 인정해야 한다. 실수로 인해 누가 어떤 영향을 받았는지 언급하고 이에 대한 자신의

미안함을 표현하자. 또 피해가 어떻게 발생하게 됐는지, 어떻게 해결해나갈지 등을 이야기할 필요가 있다.

2. 뉘우침

2006년 페이스북이 소개한 뉴스피드 기능에 대해 사용자들이 불만과 우려를 표시하자 CEO인 마크 저커버그(Mark Zuckerberg)는 "우리가 이 일을 완전히 망쳤습니다"로 시작하는 사과 성명을 발표했다. 사과문에는 '일을 제대로 못했다', '실수', '이 점을 몰랐다', '커다란 실수', '유감스럽게 생각한다' 같은 말이 사용됐다. 심지어 집단으로 항의해준 단체에 고맙다고 했다. 그가 선택한 단어들은 뉘우침을 담았고 자기 비하적이어서 효과가 있었다.

→ *개인 차원 : 자신이 어떤 부분에서 왜 실수나 태만을 저질렀는지에 대해 상대는 알 필요가 있다. 당신이 얼마나 뉘우치고 있는지를 통해 상대는 당신에게 해결 의지와 능력이 있는지 판단한다.*

3. 변화 의지

사과를 통해 위반 행위를 저질렀던 '옛 자아'와 확실히 선을 긋고 대신에 비슷한 행위를 저지르지 않을 '새 자아'를 창조해야 한다. 실수를 저지른 직원이 해고될 수도 있고, 기존의 문제를 개선할 새로운 프로세스가 도입되기도 한다. 어떤 기업은 외부 권위자에게 사건 조사를 맡기고 그들이 제안하는 권고를 실천하기로 약속함으로써 진정성을 증명하기도 한다.

→ *개인 차원 : 자신에게 변화의 의지가 있는지, 어떻게 어느 선까지 변화가 가능한지 먼저 파악하자. 그러지 않으면, '앞으로 잘하겠다'는 수준 이상의 변화 의지를 표현할 수 없다. 나로 인한 피해가 복구 가능한지, 대안은 무엇이며 언제 어떻게 완료될 수 있는지 설명하자. 문제 해결을 통해 실수가 어떻게 복구되고, 변화 후에는 어떤 모습이며, 이로 인해 상대는 어떤 이점을 얻을지에 대해 이야기하자.*

"Well, it is just my opinion, but it's
backed by the best rumor and
speculation the internet can provide."

"이건 제 변변찮은 의견입니다. 다만 이것만 알아두세요.
우리 회사에 떠도는 루머, 가십들을
종합해볼 때 크게 설득력 있는 내용이란 걸요."

7

카톡방에 불이 난 이유

—

#부장 #방언터짐 #대피

"가십은 중독성이 강하다. 현재의 문제로부터 잠시나마 벗어나게 하고
상대의 공감을 얻어내게 해주는 것만 같다. 그 순간, 나는 혼자가 아니다.
그러나 가십이 현실의 문제를 해결하는 경우는 별로 없다."

누가 누굴
싫어한다더라

찬바람이 불고 회사 앞의 플라타너스 잎이
하나둘 떨어진다. 남자들이 가을을 탄다는 건 이 부장을 보면 절로 알 수
있다. 출근과 동시에 그의 입에서 낙엽 떨어지듯 말이 쉴 새 없이 흘러나
온다. 머릿속의 생각이 입을 통해 그대로 출력된다고나 할까? 정녕 '의
식의 흐름'을 차용했다는 《소설가 구보씨의 일일》은 저런 사람에게서 영

감을 받은 건지도 모르겠다.

"아, 아침에 추워졌네. 무릎이 시려. 내 친구가 산을 타다가 십자인대가 나가서 그 고생을 하더니. 헬스클럽에서 어제 뛰는데 관절이 시큰거리지 않는 데가 없는 거야! 술도 좀 줄여야 되는데 이번 주에만 세 번이나 술자리가 있네. 이 과장은 왜 이렇게 얼굴이 빨개? 어제 한잔한 거야? 내가 뭔 기사를 봤는데, 술 먹고 얼굴 빨개지는 사람은 안 마시는 게 좋대. 그게 몸에서 보내는 신호라니까. 술이 약하면 정 대리한테 흑기사 하라고 그래! 어, 정 대리! 머리 염색했어? 아, 그거 눈에 안 좋다는데. 나도 흰머리가 너무 늘어서 한 달에 한 번 염색했더니 노안이 점점 심해져. 요즘 라섹은 안전한가? 장 신입이 라섹했다고 했지? 어디서 했어?"

수도꼭지에서 콸콸 솟는 물이라면 시원하게 목이라도 축인 후 잠그면 된다. 그런데 이건 고장 난 수도꼭지 같아서 쉼 없이 샌다. 쫄쫄 나오는 물이라 어느 누구의 갈증도 채워주지 못한 채 사람들의 신경만 긁는다. 모두들 두 눈을 화면에 박고 고개를 들지 않는다. 어쩌다 말 걸 구실을 주지 않기 위해서다. 카톡방에는 불이 났다.

'#부장 #방언터짐 #대피'

'저래놓고 자기는 소통하는 상사래. 저게 무슨 소통임?'

'외로워서 그런 듯. 과장님이 부장님 좀 데리고 나가서 커피라도 한잔하고 오세요?'

'야, 어제 내가 했잖아. 완전 기 빨려서 오후에 업무를 못 했음. 오늘은 최 대리 차례야.'

그러나 그 순간 아무도 이 부장에게 "차 한잔하실래요?"라고 말을 걸지 않았다. 뭔가 사내에 신속하게 알려야 할 사안이 있다면 이 부장에게 말하면 됐다. "부장님한테만 말씀드리는 건데요"라는 단서까지 달면 그만이다. 지켜지는 비밀이 없었다. 팀원 면담이라면서 다른 팀원의 험담을 하는 통에 모두들 입을 꾹 다물고 듣기만 했다. '다른 사람한테 내 험담도 하겠지'라는 추측은 신입 사원도 할 수 있었다. 뭐라도 한마디 벙긋하거나 맞장구를 쳤다간 '누가 누굴 싫어한다더라'고 퍼뜨릴 게 분명했다.

"그거 들었어? 옆 팀 정 부장이 이번 구조조정으로 나간다며? 다른 팀에 갈 자리가 없어서 그냥 퇴직한다던데. 아, 그 양반, 아직 애들이 어린데 어쩌려고······."

"다들 총무팀 서 대리랑 인사팀 고 과장이 사귀는 거 알아? 누가 그 둘이 강남역에서 팔짱 끼고 돌아다니는 걸 봤대. 나는 둘 사이가 이상하다고 진작부터 알아차렸어. 나 진짜 촉이 좋다니까. 그런데 서 대리는 우리 팀의 안 과장이랑도 연애한다고 하지 않았나? 능력도 좋아 하여튼."

모두들 입을 다물지 못했다. 구조조정됐다는 정 부장은 이 부장과 사내 '베프'였던 입사 동기 아니던가. 술자리에서는 도원결의라도 할 기세더니 남이 안 된 이야기를 듣자마자 속보로 내보내는 저 심리는 대체 어떻게 이해하면 될까. 게다가 사내 연애는 알아도 모른 척, 흐뭇하게 바라봐주는 게 어른의 도리였다. 이 부장의 가십은 '누구는 화장이 너무 진하네'부터 시작해 '어제 상무가 사장님한테 깨졌네'까지 대상과 영역을 가리지 않았다. '외로워서 그런다'는 동정론부터 '존재가 불안해서 말을 통해 세상을 확인하는 것'이라는 체념까지 다양한 해석이 나왔다.

결론은 하나였다. 이 부장과 말을 섞지 말 것! 언제부터였을까. 이 부장에게는 그 누구도 속내를 보이지 않았다. 신입 사원들도 입사 후 얼마간은 "부장님, 참 캐주얼하고 재미있는 분이네"라고 했다가 자신이 부장에게 했던 말을 선배들이 다 알고 있다는 사실에 경악하고 입을 닫아버렸다. 대신 고민이 생기면 남 얘기를 하지 않는 송 차장에게 달려갔다. 말이 들어가면 나오는 법이 없는 사람이었다. 때문에 그에게는 수많은 정보들이 입력됐다. 그것은 수십, 수백 개의 퍼즐과 같아서 송 차장의 머릿속에서는 회사 내의 여론과 임원들의 내밀한 네트워킹, 회사의 상황 같은 큰 그림이 잡히기 시작했다. 한 사안에 대해서도 다양한 입장과 의견이 종합적으로 그의 귀에 들어오니 누구보다 이해의 폭이 컸고, 이를 바탕으로 판단과 언행이 정해졌다. 기자 시절, 특종 제조기였던 한 선배가 2년 차였던 내게 이런 말을 했다.

"네가 들은 걸 쉽게 말하고 다니지 마라. 기자가 취재원을 고르듯 유능한 취재원일수록 오히려 그가 기자를 고른다. 떠벌리고 다니면 누가 너한테 값진 정보를 건네겠냐? 무엇보다 말이야, 축적해야 정보가 되는 거야!"

이 부장에게는 회사 내의 고급 정보가 끊긴 지 오래였다. 주위에 남은 사람이라고는 그와 비슷한 부류인 '인간 확성기'와 '빅마우스'들이었다. 그들끼리도 등만 돌리면 서로에 대한 이야기를 늘어놓았다. 이들이 과장과 억측을 덧붙여 재생산해내는 소문들은 스스로 덩치를 키우고는 발이라도 달린 듯 퍼져나갔다. 그들은 섬이었다. 매일 몇 편의 드라마를 찍어내는 소란스러운 가십의 섬. 조선 영정시대의 걸출한 문인이었던 성대중의 저서 《청성잡기(靑城雜記)》 가운데 이런 이야기가 나온다.

"내면이 부족한 사람은 그 말이 번다하고, 마음에 주견이 없는 사람은 그 말이 거칠다."

이 말을 한학자인 정민 한양대 교수는 이렇게 풀이했다.

"말은 곧 그 사람이다. 말을 들어보면 그 사람이 보인다. 말이 쓸데없이 많은 것은 내면이 텅 비었다는 증거다. 그들은 남들이 혹 자신을 간파할까 봐 쉴 새 없이 떠들어, 인정을 받으려 든다. 줏대가 없는 사람들의 말은 난폭하다. 함부로 떠들고 멋대로 말한다. 그래야만 남 보기에 주견이 있는 사람처럼 보이겠기에 하는 행동이다. 어느 자리에서든 말 없는 사람이 무섭다. 말수가 적을수록 사람값이 올라간다. 침묵 속에는 함부로 범접하기 힘든 힘이 있다. 말을 아껴라."

가십은 중독성이 강하다

물론 조선시대의 고루한 이야기라고 치부할 수도 있다. 직장생활에서 우리는 매일 가십이라는 형태의 스토리텔링을 하며 살아간다. 스토리란 무엇인가? 사회적인 동물에게 장착된 당연한 본능이다. 이야기는 사람이 서로의 체취를 확인하며 '혼자가 아니다'를 느끼는 해묵은 방식이다. 침팬지가 서로의 털을 골라주며 관계를 맺듯 사람은 이야기를 나눈다. 공공의 적에 대한 뒷말, 좋아하는 연예인에 대한 수다로 데면데면하던 사이가 급속히 친밀해지는 건 그 때문이다. 조너선 갓셜은《스토리텔링 애니멀》이란 책에서 이야기의 역할에 대해 이렇게 말했다.

"이야기는 삶의 커다란 문제에 대처하는 연습을 시킨다. 우리 삶의 시뮬레이션인 셈이다. 세상에 대한 사실을 가르치고 도덕적 논리에 영향을 미치고, 두려움과 희망과 불안을 불러일으켜 우리의 행동과 심지어 성격을 변화시킨다. 이야기하는 마음은 세상에서 의미 있는 패턴을 찾아내지 못하면 스스로 의미를 부여하려 든다. 한마디로 이야기하는 마음은 진실을 말할 수 있을 때는 진짜 이야기를, 그럴 수 없을 때는 가짜 이야기를 제조하는 공장이다."

그에 따르면 음모론이 퍼지는 것도 마찬가지 이유에서다. 그것은 이를테면 '세상에는 왜 이토록 나쁜 일만 일어나는가?' 같은 물음에 궁극적 해답을 제시한다. 바로 악의 문제에 대한 해답인 것이다. 갓셜이 주목한 이야기의 힘은 그것이 정보뿐 아니라 어떤 감정 상태까지 감염시킨다는 데서 나온다. 이야기를 통해 너와 나는 신경적, 정서적, 심리적 주파수를 맞추고 하나가 된다. 기업에서 가십이 쉼 없이 도는 것은 이야기야말로 집단을 정의하는 가장 강력한 방식이기 때문이다. 이야기는 종종 가십의 형태를 통해 무엇이 고귀한 행동인지, 무엇이 비난받을 행동인지 알려준다. 올바른 행동을 장려하고 사회적 마찰을 줄이고 공통의 가치를 중심으로 사람을 묶는다는 점에서 가십은 조직의 윤활유이자 접착제가 되기도 한다.

〈하버드 비즈니스 리뷰〉는 가십의 역할을 다음 세 가지로 정리하기도 했다. 그것은 공식적인 소통 채널이 불신받는 기업에서 사람들에게 내밀한 정보를 제공한다. '이번에 조직 개편이 있다더라', '사장이 곧 바뀐다더라' 하는 '카더라'가 사실로 확인될 때마다 가십의 파급력은 커진다. 때문에 사람들이 얼마나 가십을 주고받는지를 보면 안다. 직원들이 회사를 얼마나 신뢰하는지, 그 회사가 얼마나 투명하고 자유롭게 소통하는 곳인지. 그래서 회사 경연진은 가십이 난무하면 가십 자체를 타도하려 들기 전에 스스로를 먼저 돌아봐야 한다. 둘째, 가십은 분노나 좌절감 같은 부정적인 감정의 분출구가 되어준다. 옆자리 동료의 무례함, 상사의 부당한 요구, 회사의 답답한 의사결정……. 이를 동료와 나누며 감정을 추스르고 '누굴 조심할지', '무얼 비난해야 할지' 기준을 확인하는 것이다. 가십은 또 내부적인 갈등과 문제를 수면 위로 끌어올리는 역할을 한다. 쓴소리를 하면 불이익을 받는 회사 분위기라면 비공식적인 채널을 이용할수밖에 없다. 대한항공의 '땅콩 회항'으로 유명해진 익명 소통 앱 '블라인드'가 왜 인기인지 생각해보라. 지금 여러분이 몸담고 있는 기업의 블라인드 앱에서는 곪을 대로 곪은 조직 내의 문제들이 하나둘 드러나고 있을지도 모른다.

가십의 순작용에도 불구하고 절제는 필요하다. 당신이 인간 확성기를 자처할 필요는 없다. 기본적으로 조직의 꼭대기에 있는 사람들은 가십을 싫어한다. 진짜 일을 하는 사람들은 바빠서 가십에 쏟을 시간이 없다고 생각하기 때문이다. 탕비실에서 믹스커피 한잔을 손에 들고 기본 30분을 이야기하는 사람, 출근하자마자 메신저 창을 기본 세 개는 띄워놓고 '누구는 이렇대', '걔는 저렇대' 하며 키보드를 두들기는 사람, 틈만 나면 회사 주변 커피숍에서 혹은 길거리에서 담배를 피우며 떠도는 이야기를 주고받는 사람. 시간이 남지 않는 이상 도저히 그럴 수 없다고 상사는 생각한다.

가십은 중독성이 강하다. 현재의 문제로부터 잠시나마 벗어나게 하고 상대의 공감을 얻어내게 해주는 것만 같다. 그 순간, 나는 혼자가 아니다. 그러나 가십이 현실의 문제를 해결하는 경우는 별로 없다. 그로 인한 스트레스에서 잠시나마 벗어나게 할 뿐이다. 가십을 떠들 때는 즐겁지만 자리에 돌아왔을 때 무력감이 찾아오는 것은 그 때문이다. 그럴 때 사람들은 다시 가십을 시작한다. 피곤한 현실을 잊고 자신이 만든 허구 속으로 나른하게 빠져든다.

〈하버드 비즈니스 리뷰〉도 '과도한 가십'을 경계하며 다음과 같이 조언했다. 누군가의 가족이나 사생활까지 이야기하는 것은 선을 넘은 것이다. 메일이나 메신저 등 기록이 남을 수 있는 매체를 통해 험담이나 뜬소문을 전하지 마라. 다른 사람에 대해 이야기할 때 그 이야기를 스스로에게 적용해보라. '누구는 남한테 일을 떠넘겨', '누구는 인사철만 되면 상사한테 입속의 혀처럼 굴어'와 같은 이야기를 하면서 자신도 마찬가지는 아닌지 돌아보라는 소리다.

가십의 상당 부분은 상사에 관한 것이다. 하버드 경영대의 린다 A. 힐 (Linda A. Hill) 교수는 자신의 책 《보스의 탄생(Being the Boss)》에서 상사와 단둘이 나눈 이야기를 절대 발설하지 말라고 조언했다. 자기 언행이 부하 직원의 입을 통해 생중계되는 상황을 즐기는 상사는 별로 없을 것이다. 상사의 사소한 실수, 당신에게만 털어놓은 개인적인 이야기, 다른 이에 대한 평가 같은 것은 둘만의 얘기로 덮어두는 게 좋다. 당신이 말을 흘려 (과장과 윤색을 거쳐) 상사의 귀에 들어가면 관계는 거기서 끝난다.

온라인 속
가십이 위험한 이유

오늘날의 가십은 소리가 없다. 손가락 끝에서 소란스럽다. 휴게실, 탕비실, 흡연실에서 주로 유통되던 이야기들이 점차 사내 메신저, 카톡, 블라인드 등으로 자리를 옮기고 있다. 온라인상의 가십은 활동성이 더 강하다. '복사＋붙여 넣기'로 퍼뜨리기가 쉽고, 익명성이 보장되며, 삼삼오오 모이지 않아도 유통 가능하므로 눈치 볼 필요도 없다.

만약 당신이 온라인상의 가십, 그 은근한 중독성에 끌린다면 와엘 고님 (Wael Ghonim)이 2016년 1월 테드(TED) 무대에서 나눈 이야기에 귀를 기울여보자. 구글 직원인 그는 2011년 '카이로의 봄'이라 불리는 이집트 민주화 시위 당시 페이스북을 통해 시민들을 한 방향으로 독려하고 이끄는 역할을 했다. 그러나 그로부터 2년간 그는 SNS 활동을 접고 침묵에 빠졌다. 온라인상의 잘못된 정보와 루머, 그리고 증오의 말들이 어떻게 혁명 세력을 양극화로 몰아가는지를 보고 나서다. 물론 직장생활과 '카이로의 봄'은 차원이 다른 얘기지만 온라인상 '말의 폭풍'이 어떻게 극단으로 치달아 사람들을 피폐하게 만드는지 작동 방식은 크게 다르지 않다. 와엘 고님은 우리가 '온라인 세상 속의 이야기'와 관련해 다섯 가지 도전에 직면했다고 말했다. 곱씹어볼 만하다.

"첫째, 우리는 루머들을 어떻게 다뤄야 할지 모릅니다. 사람들의 편향을 뒷받침해주는 루머들이 지금은 수백만 명의 사람들 사이에 사실로 믿어지고 확산되고 있습니다.

둘째, 우리는 각자 자신의 울림방(echo chamber, 같은 의견만 반복해서 메아리치는 방)을 만들고 있습니다. 우리는 의견에 동의하는 사람들하고만 소통하는 경향이 있습니다. 소셜 미디어 덕분에 우리는 그 외 사람들은 '뮤트', '언팔', '차단'을 할 수 있습니다.

셋째, 온라인 토론은 빠르게 성난 폭도로 변질되고 맙니다. 우리 모두가 그런 사실을 알고 있을 것입니다. 그럴 때는 스크린 뒤의 사람이 아바타가 아니라 실제 사람이라는 사실을 잊은 것처럼 행동합니다.

넷째, 우리의 의견을 바꾸기가 정말 힘들어졌습니다. 소셜 미디어의 빠른 속도와 간결함 때문에 우리는 서둘러 결론을 내리고, 복잡한 세계 문제에 대해 140자로 날렵한 의견을 올려야 한다는 압박을 받습니다. 한번 그렇게 하고 나면 그것은 인터넷 공간에서 영원히 살아서 돌아다닙니다. 그러다 보면 우리는 그 견해를 바꾸고 싶은 동기도 점점 약해지게 됩니다. 심지어 새로운 증거가 나왔을 때도 그렇습니다.

다섯째, 제가 보기에 가장 중요한 점인데요, 오늘날 소셜 미디어의 체험이란 진정한 참여보다는 퍼뜨리기, 토론보다는 글 올리기, 깊은 대화보다는 얕은 촌평에 유리한 방식으로 설계되어 있다는 겁니다. 마치 이곳에서는 서로서로가 함께 이야기하는 게 아니라 서로를 향해 (일방으로) 말하기로 합의한 것 같습니다."

8

'프리사이즈'란 없다!
—
설득하는 방식을 바꿔라

> "회사는 안 과장의 개인 프로젝트를 하는 곳이 아니라
> 회사 돈으로 회사를 위해 회사 일을 하는 곳이라는 점을 잊지 마.
> 의욕도 열정도 다 회사의 바운더리 안에서 태워야 빛을 본다고."

• • •

차장님, 저 안 과장이에요. 잘 지내시죠? 저 오늘 한잔했습니다. 제가 과장 달고 꼭 해보고 싶었던 SNS 마케팅 프로젝트 기억하세요? 웹드라마랑 콩트 찍어서 우리 제품 간접 홍보하는 거……. 예전에 티타임 하면서 잠깐 말씀드린 적 있잖아요. 보고서 작성해서 부장님께 전달해드렸는데 오늘까지 한 세 번은 킬된 거 같아요. 도대체 이유를 모르겠습니다. 콘셉트도 확실하고, 우리 제품과의 연계성도 확실한 드라마 플롯에다가 영상을 어디에 태울지 플랫폼 연구도 치밀하게 했거든요.

아시겠지만 요즘 2030은 뼛속까지 SNS예요. 그걸로 세상과 소통한다고요. 게다가 직접 광고, 캠페인 요즘 누가 해요. 우리 같은 대기업은 그거 하면 너무 속 보이고 촌스럽고 다른 기업들 광고에 묻히기 딱 좋아요. 아무튼, 요즘 전 세계 미디어 소비 트렌드에 여러 경제연구소 자료들까지 붙여 보고서를 썼는데 부장님 마음에 안 드나 봐요. 술김이니까 우리 부장님 얘기 조금만 할게요. 별명이 '돌다리 열 번'이에요. 리스크 '극혐'. 제가 보고할 때마다 "이렇게 미적지근하게 광고해서 매출로 이어지겠어?", "그렇게 해서 성공한 기업이 있나? 전례가 있어?" 이러세요. 일도 시작하기 전에 결과부터 보여달라는 식이잖아요. 돌다리 두드리다가 제 손등에 멍 가시는 날이 없다니까요.

이전 강 부장님이 계실 때는 안 이랬잖아요. 근거만 확실하고 결과가 어느 정도 예측되면 '고(Go)!' 하셨죠. 강 부장님은 시원시원하신 데다 일단 의사결정이 나면 워낙 꼼꼼하게 챙기셔서 망한 프로젝트도 없었고……. 그때가 그립다니까요. 요즘 같아서는 일할 맛이 안 나요. 지금 부장님은 그냥 크게 일을 안 벌이고 현상 유지하는 게 제일인 줄 아세요. 이럴 때는 어떻게 하면 되는 건가요? 보니까 차장님 보고서는 매번 통과더라고요. 이전 부장님도 차장님 보고서는 매번 만족해서 큰 지적을 안 하셨어요. 저희 모두 비결이 궁금해요. 이전 강 부장님이랑 지금 이 부장님은 스타일이 완전 다른데 어떻게 두 분 모두 차장님의 보고서에는 만

족하시는 겁니까? 차장님같이 조용한 양반이 언변으로 구워삶으시는 것
도 아닐 테고. 차장님, 혼자만 알지 마시고 저도 좀 가르쳐주시죠?

♦ ♦ ♦

안 과장, 모든 것에는 적응 기간이 필요한 거 같아. 지금 부장님도 오신
지 반년밖에 안 되어서 업무 파악하시느라 뭔가 새로운 프로젝트를 시
작하는 게 부담스러울 수도 있어. 상사들이 왜 지금의 자리에 있는지 알
아? 회사 대신 의사결정을 하고 판단을 내리라고. 그리고 그 능력이 어
느 정도 검증됐기 때문이야. 상사들의 판단 기준은 대개 과거의 경험인
데 지금 부장님 같은 경우에는 새 팀을 맡은 지 얼마 안 됐어. 본인이 모
르는 새로운 걸 하자고 하면 조심스러울 수밖에 없지. 이건 안 과장이 이
해를 해드려야 할 것 같아. 업계 선례를 요구하신 것도 그런 맥락이 아닐
까 해.

  또 우리 부장님 스타일이 전에 모셨던 강 부장님과 확연히 다르다는
것도 안 과장이 알 필요가 있어. 보고서는 상대를 위한 것이지 작성자 입
맛대로 만들어지는 게 아니잖아? 보고서를 쓸 때는 같은 내용이라도 상
대의 특성에 따라 어떤 스타일로 작성하느냐가 굉장히 중요해. 내가 보
기에 우리 부장님은 다른 팀들, 다른 기업들이 어떻게 하는지를 지켜본
다음 움직이는 유형이야. 그래도 본인은 자기가 혁신을 좋아하는 리더라
고 늘 이야기하시지. 안전한 혁신 말이야. 나도 새로운 프로젝트에 대한

리뷰나 의사결정을 요청하는 보고서를 쓸 때는 반드시 과거의 경험과 타사의 사례를 풍부하게 넣어서 근거를 제시하곤 해.

이전 강 부장님은 워낙 이 분야의 전문가시라 후배들이 다소 막연한 큰 그림을 가져와도 금세 하우투(how-to)를 파악하고 실행 가능하게 잘게 쪼개곤 하셨지. 핵심만 간결하게 보고하는 게 잘 통했어. 지금 부장님께는 조금 다른 접근법이 필요해. 다른 회사의 SNS 마케팅 사례를 좀 더 찾아보는 게 어때? 분명 웹드라마나 비슷한 콩트 영상을 제품 광고와 연계시킨 예가 있을 거야. 선진사의 담당자들과 만나보면 수면 밑에서 준비되는 사항을 캐치할 수도 있을 거고. 안 과장이 정말 프로젝트의 성공을 확신한다면 그런 노력을 들여서라도 의사결정을 받아야 하지 않겠어?

회사는 안 과장의 개인 프로젝트를 하는 곳이 아니라 회사 돈으로 회사를 위해 회사 일을 하는 곳이라는 점을 잊지 마. 의욕도 열정도 다 회사의 바운더리 안에서 태워야 빛을 본다고. 부장님이 뭘 두려워하는지 안 과장도 알잖아? 일단은 다른 기업들의 동향을 지켜보는 게 어떨까. 커뮤니케이션 파트라든가 관련 부서 담당자들 의견도 좀 구해보고. 부장님을 불안하게 하는 보고서 말고 안심시키는 보고서를 쓰라고!

◆ ◆ ◆

차장님, 그런데 차장님은 사람을 딱 보면 어떤 스타일로 보고서를 써야 할지 견적이 나오세요? 저는 아직 모르겠어요. 제 눈엔 보고서의 ABC를 모두 갖췄는데 상대 스타일에 따라 합격 불합격이 갈리다니요. 그럼 다른 분이 부장으로 오시면 또 다르게 써야 한다는 소린가요?

• • •

안 과장, 사람은 낯선 것보다 익숙한 걸 좋아해. 확증 편향이라고 들어봤나? 사람들은 자기가 기존에 갖고 있던 생각을 강화시키는 정보에 더 귀를 기울이는 경향이 있지. 비슷한 걸로 보수주의 편향이란 것도 있어. 기존 증거들을 새로운 증거나 갓 밝혀진 정보보다 좋아한다는 거야. 우리는 모두 자신만의 안전지대가 있어서 여기서 벗어나는 것을 두려워하지. 부장님의 경우 그 경향이 좀 더 강하신 거고. 나도 안 과장 연차 때는 고민도 시행착오도 많았어. '내 자식 같은 보고서를 있는 그대로 평가받지 못하고, 상대 스타일에 따라 뜯어고치고 분칠해야 하나?' 싶었는데 내가 요즘 후배들의 보고서를 받아보니 이해가 되더라고. 일단 내가 익숙한 방식과 아이디어가 아니면 "얘는 왜 이렇게 성의가 없어?" 싶거든.

　내 짤막한 경험만으로 상사의 유형에 대해 이야기하는 건 부끄러운 일이야. 마침 〈하버드 비즈니스 리뷰〉에 실린 "설득하는 방식을 바꿔라(Change the Way You Persuade)"라는 기사를 소개할까 해. 미국의 투자분석 회사인 더블유레이팅스(wRatings) 사가 2000년대 초반 1600여 명의 기업 임원들을 조사해서 이들의 유형을 다섯 가지로 나눴어. 사람의 유형을 무 자르듯 구분할 수는 없더라도 디폴트 모드(default mode)라는 게 있다는 거지. 들어보면 아마 유형별로 주변 팀장들의 얼굴이 떠오를지도 몰라. 다섯 유형은 카리스마형, 사고형, 회의형, 추종형, 관리형으로 나뉘어.

당신에게 안된 이야기지만 이 부장님은 추종형에 가장 가까운데 조사 응답자 중 가장 많은 수인 36퍼센트가 이 유형이었다고 해. 추종형의 가장 큰 특징은 과거에 비슷한 결정을 내린 적이 있다든가, 혹은 믿을 만한 동료 임원들이 비슷한 상황에서 어떤 결정을 내렸는지를 기준으로 판단한다는 거야. 얼리 어답터와는 거리가 멀고 잘못된 선택을 내릴까 전전긍긍하지. 리스크를 줄이려고 노력하는 동시에 결과에 대해서는 책임질 줄도 알기에 이 유형들이 임원까지 오르는 경우가 많대. 다른 사람의 시각을 통해 세상을 보는 데 익숙한 사람들이야. 이런 상사를 대상으로 보고서를 쓴다면 '남도 이 방법으로 성공했다', '과거에 성공한 경우가 있었다'는 정보를 강화해서 안심시키라는 거야. 증명된 방법, 레퍼런스, 추천서 같은 것이 큰 설득 포인트지. 그런 게 없으면 아예 보고서를 들이밀려고 애쓰지 마. 추종형에게 가장 중요한 건 자기 자리를 지키는 거야. 그러니 아웃 오브 더 박스(out of the box)적인 의사결정은 내리기 힘들다는 것을 감안해야 해.

이전 강 부장님은 카리스마형이야. 새로운 아이디어를 좋아하고 새로운 정보를 쉽고 빠르게 흡수하는 사람들이지. 추종형 다음으로 많았다더군. 큰 아이디어도 구체적인 것으로 쪼개서 실행 가능하게 만드는 재주가 있어. 열정적이면서 끈기도 있지. 리스크를 피하지 않으면서 책임감도 강해. 뜨거운 사람들이야. 그렇지만 현실감각을 결코 잃는 법이 없어. 자신의 비전과 열정을 현실과 접목할 줄 알고 이를 지지해줄 팩트를 찾지 못하면 열정도 빨리 사그라지지. 즉 늘 균형 잡힌 정보 위에서 결정을 내리려 애쓴다고 해.

카리스마 유형에게 가장 중요한 건 가시적인 결과, 성과야. 다섯 유형 중 '이게 왜 중요하지?', '이게 회사에 어떻게 도움이 된다는 거지?', '그래서 결론이 뭐지?'라는 질문을 가장 많이 하는 사람들이야. 이런 사람들에게 보고할 때는 그의 열정에 같이 휘말려서 그가 좋아할 만한 정보, 내가 설득하고자 하는 포인트만 전달해서는 안 된대. 내 제안의 리스크도 함께 언급하고 이를 최소화할 대안들을 제시해야 상사가 당신을 믿게 되는 거지. 그리고 이런 사람들은 간결하고 명확한 보고를 좋아해. 참을성이 별로 없기 때문에 보고서 맨 앞에 정직하고 단도직입적으로 결론을 말해야 하는 거야.

◆ ◆ ◆

안녕하세요? 저 김 대리예요. '황크'라고 불리는 저희 황 부장님에 비하면 다들 천사 같으시네요. 우리 팀장님은 자기가 이미 판단을 내려놓고 보고서를 읽어요. 자기 생각과 다르면 그때부터 보고서에서 피가 줄줄 흐르는 거예요. '빨간 펜' 선생님도 아니고 자기 맘에 안 들면 죽죽 내리그어요. 성격이 어찌나 센지, 사회성도 떨어져서 다른 부장님들이랑도 잘은 못 지내는 거 같더라고요. 저번에 우리 팀원 중 하나가 못 참고 "부장님께서 다른 의견에 좀 더 오픈되셨으면 좋겠다"고 했더니 "아닌 걸 아니라고 말하는데 불만 있냐?!"라면서 소리를……

◆　◆　◆

회의형이네. 자신이 가진 관점에 반하는 정보라면 의심하고 딴지부터 거는 유형이야. 반골기질이 강해서 공격적이고 전투적인 스타일이지. 그런데 이런 상사를 설득하고 사랑받는 게 은근히 쉽다니까. 이런 사람들은 다른 사람의 눈치를 보지 않고 자기 감정에 충실하기 때문에 지금 기분이 어떤지, 무슨 생각을 하는지가 다 보여. 이 사람들은 보고를 받으면서도 잠시 자리를 뜨거나 전화를 받기 때문에 부하들이 보고 과정에서 시간과 인내가 더 필요하지. 질문도 참 많아. 그렇지만 이런 사람들이 개인적으로 무슨 감정이 있어서 그러는 게 아니기 때문에 상처 받을 필요 없어. 뒤끝 없는 성격들이야.

이런 상사한테는 최대한 침착하고 논리적으로 작성된 보고서가 유리해. 추상적인 개념에 대해 굉장히 회의적이기 때문에 현실에 어떻게 적용할지 구체적으로 밝혀줘야 해. 어떤 제안을 할 때는 액션 플랜과 이에 따른 일정까지 굉장히 구체적으로 붙여줘야 한다고. 회의형의 특징은 자기랑 비슷한 배경을 가진 사람들의 얘기를 잘 믿는다는 거야. 예를 들어 동향이나 동문, 같이 일해본 사람들 말이지. 당신과 상사의 연결고리를 찾아보고 그게 없으면 상사가 믿을 만한 사람의 레퍼런스를 확보하는 게 유리해.

이들은 '가오'가 굉장히 중요한 사람들이야. 사람들이 모인 회의 같은 데서 이런 상사에게 도전하는 건 짚을 메고 불길에 뛰어드는 것과 같아. 만약에 보고서를 읽어본 후 상사가 처음 주문과 다른 이야기를 한다면 (회의형이 종종 그래) 정면으로 반박해서는 안 돼. "부장님, 전에 이렇게 말씀하신 적이 있는데 제가 좀 다르게 해석한 것 같습니다"라고 운을 띄운 후 의견을 개진하는 게 안전하지. 회의형의 장점은 매우 혁신적인 아이디어를 추진하고 싶어 하고 결정이 빠르다는 것. 때문에 그들이 뭔가 의욕적으로 추진하는 게 있다 싶으면 그들의 특징을 파악한 뒤 치밀하게 보고서를 만들라고. 상사가 모를 만한 정보를 내밀 때는 겸손 모드로 "부장님께서 다 아시는 내용이겠지만"이란 문구도 붙여보고.

사실 가장 어려운 상사는 따로 있어. 사고형이지. 똑똑하고 논리적이고 학구적인 사람들이라서 어떤 보고서든 그게 몇십 장이든 질리지 않고 게걸스럽게 읽어 내려가. 엄청나게 꼼꼼해서 어휘 하나도 깐깐하게 따지지. 시장 조사, 고객 설문, 케이스 스터디, 비용-효과 분석 등 가능한 모든 정량적 데이터가 보고서를 꽉 채우는 걸 좋아해. 그 데이터를 어떤 가정 하에서 어떻게 수집했는지 방법론까지 밝히길 원하지. 논리적인 빈틈이나 직관적인 이야기들을 싫어하는 거야. 리스크를 아주 싫어하기 때문에 보고서에는 걱정과 고민을 솔직하게 담는 게 좋아. 이런 상사들은 피할 수 없는 리스크라면 가시적으로 만들어 미리 대비할 만한 수준으로 관리해야 안심을 하거든. 이런 사람들은 한 번의 보고서로 오케이 사인을 주는 경우가 거의 없어. 추가적인 정보와 수치를 채워 넣으라고 요구하곤 하는데, 중요한 건 그런 요구를 반영해서 다시 보고서를 쓸 때야. 맨 앞에 리뷰 페이지를 붙여서 그의 요구가 모두 충족되었다는 것을 요약 설명하는 게 좋아.

마지막으로 관리형이 있어. 조사 결과 가장 적은 9퍼센트가 이런 유형에 속했지. 이들의 가장 큰 특징은 자기가 최고라고 생각하고 자기 아이디어만 일방적으로 밀어붙인다는 거야. 다른 사람들의 이야기를 조용히 경청하고 참고하는 일 따위는 하지 않지. 게다가 책임지는 걸 싫어해서 일이 틀어지면 남 탓하기를 좋아해. 따라서 보고서를 쓸 때는 상사가 오너십을 쥔 듯한 인상을 주는 것이 중요해. 보고서를 준비하는 중간중간 상사에게 고객 리포트, 마케팅 조사, 재무적 예측 같은 정보들을 주기적으로 보내서 '우리는 같은 배를 탔다'는 신호를 주라고. 가랑비에 옷 젖듯 말이야. 시간을 두고 점차적으로 그가 정보를 축적하게 해서 나중에는 그냥 의사결정만 내리도록 하는 거야. 이런 사람들은 모호함과 불투명함을 아주 싫어해서 보고서를 쓸 때는 순수한 팩트와 분석 결과를 단선적인 포맷으로 전달하면 유리해. 특히 공인된 전문가가 제공한 자료를 아주 좋아하지. 이런 사람들에게 빨리 의사결정을 내려달라고 요구하면 그들의 눈에 당신은 문제 해결이 아니라 문제 그 자체로 비춰질 거야. 기억하라고. 가랑비에 옷 젖듯!

무언가를 원한다면 상사도 같은 것을 원하게 만들어야 해. 조용히 상사를 관찰하고 스타일을 파악한 후에 움직이라고. 보고서에 '프리사이즈(free-size)'라는 것은 존재하지 않아. 상사의 특징에 따라 같은 내용이라도 보고서는 다르게 작성되어야 하지. 안 과장, 김 대리! 이제 자기가 뭘 원하는지, 상대가 왜 안 따라주는지 그만 불평해. 자기 편한 대로 보고서 써서 욱여넣지 말고 부장님한테 딱 맞게 써보라고!

의사결정
스타일로 본
다섯 가지
상사 유형

미국의 투자분석 회사인 더블유레이팅스 사가 2000년대 초반 1600여 명의 기업 임원들을 대상으로 의사결정 스타일을 조사해서 이들의 유형을 다섯 가지로 나눴다.

카리스마형(charismatic)

▶ 특징 : 조사 대상의 25퍼센트가 이 유형에 속함 • 새로운 아이디어에 쉽게 열의를 갖지만 최종 결정을 내릴 때는 감정이 아니라 균형 잡힌 정보에 기초한다. ▶ 이들을 정의하는 단어 : 열정적인, 매혹적인, 수다스러운, 주도권을 쥔(dominant) ▶ 현실 속 인물 : 리처드 브랜슨(버진 그룹 회장), 리 아이아코카(크라이슬러 전 회장) ▶ 이들을 끌어들이는 단어 : 결과, 검증된, 행동, 보여주기, 쉬운, 명료한, 포커스 ▶ 공략법 : 이들을 설득하기 위해선 이들의 흥분에 휩쓸리지 않도록 해야 한다. 결과를 놓고 대화하는 데 집중하라. 의견을 말할 때는 단순하고 솔직해야 하고, 당신의 제안이 줄 이점을 강조하고 싶다면 시각적 도구들을 활용하라.

사고형(thinker)

▶ 특징 : 조사 대상의 11퍼센트가 이 유형에 속함 • 설득하기 가장 어려운 유형이다. 데이터에 의해 뒷받침되는 의견에 귀를 기울인다. 리스크를 아주 꺼려하며 의사결정 속도가 느린 편이다. ▶ 이들을 정의하는 단어 : 지적인(cerebral), 똑똑한, 논리적인, 학구적인 ▶ 현실 속 인물 : 마이클 델(델

컴퓨터 CEO), 빌 게이츠, 캐서린 그레이엄(〈워싱턴포스트〉 전 명예회장) ▶ 이들을 끌어들이는 단어 : 퀄리티, 학구적인, 사고, 숫자, 지적인, 계획, 전문가, 증거 ▶ 공략법 : 데이터를 많이 준비하라. 이 유형은 적절한 시장 조사 자료, 고객 설문, 케이스 스터디, 비용-효과 분석 등 가능한 많은 정보를 필요로 한다. 주어진 상황을 바라보는 모든 관점을 이해하고 싶어 하는 것이다.

회의형(skeptic)

▶ 특징 : 조사 대상의 19퍼센트가 이 유형에 속함 • 이들은 모든 데이터를 의심스러운 눈초리로 바라보는 경향이 있다. 특히 자신이 세상을 이해하는 방식에 도전하는 정보라면 더더욱. 이들은 공격적이고 전투적인 스타일이며 책임감 있는 인물이라는 평을 듣는다. ▶ 이들을 정의하는 단어 : 까다로운, 무뚝뚝한(disagreeable), 반골 성향의(rebellious) ▶ 현실 속 인물 : 스티브 케이스(레볼루션 LLC 회장), 래리 엘리슨(오라클 CEO) ▶ 이들을 끌어들이는 단어 : 느낌, 파악, 힘, 행동, 신뢰, 요구 ▶ 공략법 : 최대한 신뢰를 쌓아야 한다. 이 유형의 사람에게 영향을 미칠 만큼의 영향력을 갖고 있지 못하다면 회의 전에 다른 방법을 찾아야 한다. 회의형 의사결정자가 신뢰하는 사람과의 관계를 언급하는 등의 방법이 있다.

추종형(follower)

▶ 특징 : 조사 대상의 36퍼센트가 이 유형에 속함 • 자신 혹은 믿을 만한 동료들이 과거에 내린 결정에 기초해 결정을 내린다. 리스크를 꺼린다. ▶ 이들을 정의하는 단어 : 책임감 있는, 주의 깊은, 평판이나 브랜드에 끌리는 ▶ 현실 속 인물 : 더글러스 대프트(월마트 이사), 칼리 피오리나(휴렛팩커드 전 CEO) ▶ 이들을 끌어들이는 단어 : 혁신적인, 전문적인, 기존의, ~와 유사한, 신속한 처리 ▶ 공략법 : 이 유형은 검증된 방법에 집중하는 편이다. 레퍼런스가 이들을 설득하는 중요한 요소다. 자신이 올바른 결정을 하

고 있다는 확신이 필요하며, 특히 다른 사람들도 비슷한 방식으로 결정해 성공했다는 것을 확인받고자 한다.

관리형(controller)

▶ **특징** : 조사 대상의 9퍼센트가 이 유형에 속함·불확실성, 모호함을 극히 싫어하며 단순 사실이나 분석 결과에 주목하려 한다. ▶ **이들을 정의하는 단어** : 논리적인, 감정적이지 않은, 합리적인, 디테일을 좋아하는, 정확한, 분석적인 ▶ **현실 속 인물** : 마사 스튜어트, 잭 내서(전 포드 CEO) ▶ **이들을 끌어들이는 단어** : 디테일, 사실, 논리, 'Just do it', 파워, 이성 ▶ **공략법** : 당신의 의견을 잘 구조화하고 신뢰할 만하게 만들어 이야기하자. 이 유형은 디테일을 원하지만 그마저도 전문가가 제시해야 한다. 당신의 의견이나 주장을 너무 공격적으로 펼치지 마라. 그저 그가 필요로 하는 정보를 건네고 그가 스스로 확신이 들 때까지 기다리는 게 가장 좋은 방법이 되기도 한다.

PART 2

'듣기'에도 준비가 필요하다
듣기의 언어

①

'듣기'에도
준비가 필요하다

—

**상대라는 세계를
여행하기 위한 입장권**

> "상사와 동료에 대한 대탐구를 시작해보자.
> 왜 그런 말을 하는지 그들의 두려움과 욕망을 읽어내자.
> 어느 순간 잔소리와 자기방어는 줄어들고 그들이 오히려
> 당신에게 몸을 기울여 귀를 열게 될 것이다."

상대를 파악한
뒤에 들어라

월요일 아침 7시 커피 한잔으로 머리를 깨운
후 모두 회의실에 둘러앉았다. 다 같이 주간일정을 점검해보자면서 김
상무가 호출한 회의였다. 잊을 만하면 찾아오는 임원 인사 시즌이었고
최근 실적이 좋지 않은 김 상무에게 월요일 아침 회의는 일종의 '힐링캠
프'였다. 직원들을 다그치면서 자신의 내적 불안을 전가시켰고, 갑자기

| *어? 뭐였더라?*

바다라도 끓일 기세로 일을 벌임으로써 이미 많은 일을 해놓은 것 같은 안도감에 젖었다. 물론 그에 따른 약발은 오래가지 않았지만. 김 상무가 집무실에 라꾸라꾸 침대를 들여놓고 한 달째 야근과 토요일 근무를 자처하고 있었으니 아침 회의 정도는 불우이웃 돕기로 생각하자며 모두 자리를 잡고 앉았다. 한 시간 동안 의미 없는 낙서로 가득 찰 수첩과 펜도 준비해야 한다. 뭔가를 끼적거리는 행동이야말로 시선을 피하고 불시에 떨어질 추가 업무를 반사해내는 최고의 방어책이었다.

그런데 얼마 전부터 월요 회의에 균열이 생기기 시작했다. 영업1팀장이 김 상무의 황태자로 떠오르면서 이유 모를 다그침과 불시에 떨어지는 황당한 업무에서 열외되기 시작한 것이다. 1팀을 비껴간 업무가 2, 3팀의 숨통을 조여오자 "상무님은 왜 우리만 미워하냐", "팀장님 찍힌 거 아니냐"는 불만이 쏟아졌다. 급기야 "1팀장에게 특훈을 받고 오라"며 팀원들이 두 팀장을 떠밀었고 금요일 밤 세 명의 팀장이 맥주에 소시지 안주를 마주하고 앉았다.

"요즘 상무님이랑 사이가 좋대?"

"응? 내가 뭐?"

"요즘 우리 팀, 삽질하는 거 안 보여? 회의 때 우리 2팀 아니면 3팀한테만 황당한 업무가 떨어져. 1팀은 요즘 상무님이랑 뭐 있나 봐?"

계속되는 추궁에 1팀장이 입을 열었다.

"두 분, 회의 때 너무 준비 안 하고 들어오더라."

"주중 팀들의 일정을 공유하는 회의인데 뭘 더 준비해? 그나마 대부분

김 상무 혼자 떠드는데."

"그 떠드는 걸 들을 준비를 해야지. 상무님 요즘 위에서 쪼이는 거 알잖아? 컨설팅 회사 출신인 전무랑 일하는 스타일이 워낙 달라서 말이지. 그래서 우리 팀은 상무님을 구원할 만한 업무가 뭐가 있을까 한 달 전부터 준비를 시작했어. 우리 회사, 지금 중국 시장이 암담하잖아. 그래서 인도네시아랑 말레이시아에 대한 시장 조사도 시작했고 모든 보고 양식을 상무님이 아니라 전무님 스타일로 바꾸고 있어. 나중에 김 상무가 전무한테 보고할 때 점수 좀 따라고.

두 분은 김 상무랑 얼굴 마주치는 것도 싫겠지만 난 회의 전에 수시로 찾아가 이야기를 들어. 김 상무가 지금 뭐에 꽂혀 있는지, 뭘로 점수를 따려고 하는지. 그래서 뭔가 황당한 걸 시키려고 한다면, 그게 왜 안 되는지 근거를 충분히 만들어놓지. 수치나 케이스를 내밀면 김 상무도 무리하게 밀어붙이지 않아. 두 분은 김 상무 말의 행간을 읽어야 돼. 저 사람도 지금 되게 불안하거든. 정말 확신을 갖고 시키는 건지, 그저 불안해서 아무거나 던지는 건지를 알아야 그 업무를 받을지 거절할지 액션을 취할 수 있는 거라고. 아, 이런 걸 공짜로 가르쳐주면 안 되는데."

2팀장과 3팀장이 귀만 열어놓고 있는 사이 1팀장은 김 상무 말의 앞뒤 맥락과 행간까지 읽어내는 고도의 역동적인 작업을 하고 있었다. 이를 위해서는 준비가 필요하다. 상대가 어떤 상황에 처했는지, 무얼 원하는지, 그리고 내가 듣기를 통해 얻고자 하는 것은 무엇인지를 파악한 뒤 들어야 한다.

서열 1위가 회의 때마다 가장 수다스러운 원인이 자기도취에만 있는 것은 아니다. 나머지 인원이 충분히 준비하지 않아 그 어떤 선제적인 제안이나 리액션을 취하지 못할 때도 그렇다. 회의에서 상사가 말을 많이 하는 이유는 두 가지다. 자기가 원하는 대로 가고 싶어 부하들의 동의를 구할 때, 그리고 자기도 뭘 어떡해야 할지 모를 때. 근거 있는 맞장구로 상사에게 힘을 실어주든가, '노'라고 말해 상사와 본인을 구해야 한다. 듣기와 사전 준비는 반드시 한 세트여야 한다.

듣기 위한 지도를 준비하라

2002년 봄, 나는 신촌기차역 근처 '민들레영토'에 앉아 있었다. 졸업 후 취업 대비 스터디를 하는 백수들로 늘 가득한 곳이었고 그 백수들 중 하나가 나였다. 'OO일보 스터디'라고 아예 신문사 이름까지 특정해서 모인 다섯 명이 신문 기사를 스크랩해서 돌려 읽고 작문 연습도 했다. 서로의 글을 평가할 때는 진지함이 거의 논설위원 급이었지만 사실 큰 도움은 되지 않았다. 너나 나나 갓 대학을 졸업해서 수준도 비슷했고 기자들이 일하는 모습을 본 적도 없었으니까. 그래도 도서관에 혼자 우두커니 있는 것보다는 왠지 위로가 되었기에 매주 모여서 글을 쓰고 읽고 얘기했다. 매일 줄을 그어가며 일간지들을 정독하기 때문에 우리에게는 스타 기자들도 몇몇 있었다. "어떻게 이런 문장을 쓰지?", "어떻게 이런 얘기를 건졌지?" 탄성이 절로 나오는 사람들이었다.

그중 한 사람은 국내 최고의 인터뷰 전문 기자였다. 그는 몇 줄의 문장으로 독자의 오감을 인터뷰 장소로 가져다 놓았고 인터뷰이의 숨결마저 느껴지도록 글을 썼다. 나는 누구보다 그를 꼭 만나보고 싶었다. 어떻게 하면 사람들에게서 속내를 탈탈 털어내는지, 얼마나 달변이면 그렇게 사람들을 구워삶는지 궁금했다. 그로부터 1년 뒤 신기하게도 나는 그와 같은 사무실에서 일하게 됐다. 그가 나 같은 주니어 기자들을 교육하는 캡 역할을 맡은 것이었다. 첫 회의 때 나는 귀를 최대한 열고 그를 바라봤다. 기사처럼 내 영혼을 들었다 놓는 이야기가 한 번쯤 나오기를 바라면서. 그러나 그런 일은 일어나지 않았다. 최고의 인터뷰 전문 기자는 말수도 적고 달변도 아니었다. 게다가 경상도 사투리가 심해 그나마 몇 마디 하는 말도 해독이 어려웠다.

이 예상치 못한 반전에 나는 다른 선배 기자들을 관찰하기 시작했다. 엄청난 특종으로 연일 신문 1면에 자기 이름을 올려놓는 능력 있는 기자들은 죄다 그랬다. 그들은 입을 닫고 집요하게 들었으며 남보다 더 많은 시간을 '준비하기'에 쏟고 있었다. 기자들에게 주어지는 시간은 짧게는 몇 분, 길어봐야 한 시간이다. 그동안 상대가 감추고 싶어 하는 정보까지 빼내려면 골목골목 질문의 덫을 설치해야 한다. 상대에 대해 사전 정보를 많이 갖고 있을수록 그 덫은 날카롭고 깊어서 좀처럼 발을 뺄 수가 없다. 특종 기자들은 간단한 점심 식사를 하러 나갈 때도 반드시 상대의 프로필과 기사를 구해 읽고 주변에 그가 어떤 사람인지 물었다. 준비가 되어 있을수록 상대 역시 바로 본론으로 들어가 내밀한 이야기를 해준다. 듣기에서 사전 준비란 상대라는 세계에 입장해 여행하기 위한 입장권이나 마찬가지다. 대부분의 특종은 사전 준비의 치밀함과 비례해서 터졌다.

유명 작가들도 다르지 않았다. 파리에 있는 베르나르 베르베르(Bernard Werber)의 집에 갔다. 《신(Le Mystere Des Dieux)》의 한국어판 출간을 앞둔 단독 인터뷰였다. 맨 아래층에 갤러리가 있는 파리의 공동주택 3층이 그의 집이었다. 문을 열자 환하게 웃으며 베르베르가 집 안으로 나를 이끌었다. 거실에 놓인 커다란 테이블, 벽에 걸린 강렬한 색감의 그림, 역시나 사방을 책으로 채워놓은 서재…… 신간에 대한 인터뷰가 끝난 후 나는 서재를 가리키며 물었다.

"당신의 세계가 창조되는 곳이 저긴가요?"

베르베르가 어깨를 으쓱하며 답했다.

"글쎄요. 나는 밖으로 나가는 편입니다. 주로 카페에서 친구들의 이야기를 듣죠. 과학자, 기자, 예술가, 모델도 있고 사업가들도 있어요. 다양한 주제로 오가는 대화를 듣다가 아이디어가 떠오르고 풀리지 않던 장면도 선명해지죠."

서재는 듣기를 위한 준비의 공간이었다. 이야기의 밑그림과 방향을 가늠하고 누구를 만나 어떤 이야기를 들을지, 대화 중간에 어떤 질문을 세워놓을지 계획을 세우는 곳. 그런 면에서 베르나르 베르베르의 창작은 '들을 준비'에서 시작된다.

《정의란 무엇인가(Justice)》의 저자 마이클 샌델(Michael Sandel) 교수의 강의는 많은 부분 듣기로 채워진다. 그가 묻고 학생들이 답하는 방식이다. 그런데 그 답변들이 마치 퍼즐 조각을 맞춰가는 것처럼 강의의 목적을 향해 달려간다. 샌델 교수는 강의 홈페이지를 통해 미리 학생들의 질문을 받고 수업의 흐름을 짠다. 강의 중 자신이 질문을 던지면 학생들이 어떤 답을 말할지도 미리 예상하고 그 후 진행 흐름을 디자인한다. 수백 명, 때로 1000명이 넘는 청중을 일방적인 말하기로만 사로잡기는 힘들다. 게다가 강의 내용은 정의와 도덕에 관한 문제들이다. 샌델은 무대 위에서 '듣는 사람'을 자처한다.

듣기를 위한 그의 사전 준비는 젊은 시절 인턴기자 경험에서 나왔다. 브랜다이스 대학에 다니던 1974년 샌델은 지역 신문인 〈휴스턴 크로니클(Houston Chronicle)〉 워싱턴 지국에서 여름 인턴기자로 일했다. 당시 전국이 워터게이트 사건으로 떠들썩했고, 당시 데스크는 샌델에게 취재 지시를 내렸다. 상대는 닉슨 대통령의 탄핵안을 놓고 투표하게 될 국회 법사위원회 소속 여성 의원인 바버라 존스였다. 샌델은 무슨 말을 들어야 할지 몰랐다. 급작스러운 취재 지시에 준비 없이 존스 앞에 섰고 그가 던진 질문은 썰렁했다.

"지금 기분이 어떠십니까?"

존스의 대답은 외침에 가까웠다.

"뭐? 지금 이 순간 누구의 질문에도 답할 기분이 아니라고!"

그의 두 눈에 눈물이 그렁그렁했다. 샌델은 자신이 무엇을 들어야 할지도 몰랐고, 존스가 느낄 압박감과 감정적 동요에 대해서도 전혀 준비되어 있지 않았던 것이다. 샌델은 빈손으로 돌아왔을 뿐만 아니라 조용히 기자의 꿈을 접었다. 기자들 중에도 하수들의 질문은 대개 이랬다. "이번 사안에 대해 어떻게 생각하십니까?" "지금 심정이 어떠세요?" '아무에게나 뭐라도 맞기만 해라'라며 무책임하게 화살을 쏘는 것과 같은 질문이다. 많은 사람들이 말하기에는 공을 들이지만 듣기에는 무심하고, 듣기 전의 사전 준비에는 더더욱 고개를 갸웃한다.

조용히 듣는 능력을 '존재감 없다', '수동적이다'와 동일시하는 것도 목적 없이 귀만 열어놓기 때문이다. 그러나 당신이 대화나 인터뷰, 회의와 보고, 강연이나 협상 등에서 원하는 바를 얻고자 한다면 듣기 전에 준비해야 한다. 듣기의 목적뿐 아니라 어떤 흐름으로 상대가 이야기를 끌어갈지 그리고 듣기 이후의 결과까지 미리 시뮬레이션해봐야 한다는 이야기다. 이것은 적극적인 듣기를 위해 자신만의 지도를 준비하는 것이다. 상대의 말하기에 편견이나 선입관을 갖는 것과는 다르다. 세계에서 가장 잘나가는 경제학자 중 하나인 미국 조지메이슨 대학 타일러 코웬 교수(Tyler Cowen)를 만나기 전, 나는 그의 책과 기사를 샅샅이 찾아 읽었다. "일정이 너무 빠듯해 인터뷰를 30분 이상 진행하기 어려울 것 같다"던 그가 나와 한 시간이 넘도록 이야기하게 만든 키워드는 박찬욱이었다. 코웬 교수의 개인 블로그를 살피던 중 그가 박찬욱의 〈올드보이〉를 극찬해놓은 글을 찾은 것이다. 기사를 쓰기에 충분한 이야기를 해준 뒤, 그는 "우리 딸은 5개 국어를 하는 신동"이라는 등 개인적인 이야기도 들려줬다.

기사 속의 인물에 숨을 불어넣는 것은 그런 정보들이었다. 물론, 우리 앞에 앉아 있는 건 코웬 교수도 베르베르도 아닌, 어제 보고 내일도 볼 상사 그리고 동료다. 그들의 입에서 나오는 말은 무릎을 탁 치게 할 통찰이라기보다 잔소리나 자기방어일 경우가 많다. 그럴 때 상사와 동료에 대한 대탐구를 시작해보자. 왜 그런 말을 하는지 그들의 두려움과 욕망을 읽어내자. 어느 순간 잔소리와 자기방어는 줄어들고 그들이 오히려 당신에게 몸을 기울여 귀를 열게 될 것이다.

조언 듣기에도
준비가 필요하다

까다로운 상사에게 어떻게 점수를 따지? 원하는 부서로 옮겨갈 방법은 뭘까? 회사를 그만두고 새로운 일을 하고 싶은데, 이게 맞는 걸까? 직장생활에서 부딪히는 크고 작은 고민과 선택의 순간. 혼자 힘으로는 어쩌지 못할 때, 우리는 믿을 만한 사람에게 다가간다. 그들의 경험과 지혜를 빌리고 최선의 방법을 찾기 위해서. 늘 성공하는 것은 아니다. 적절하지 못한 상대를 찾아가고, 자신의 고민을 제대로 설명하지 못하며, 한참 동안 이야기를 나눴음에도 오히려 머리만 복잡해지는 경우가 그렇다. 조언 듣기에도 준비가 필요하다. 하버드 경영대학원의 데이비드 A. 가빈(David A. Garvin) 교수는 조언 듣기의 5단계를 제시하면서 단계별 준비가 철저해야 보석 같은 조언을 손에 넣을 수 있다고 말한다.

1. 적임자 찾아내기

① '위원회'를 구성하라 : 상사와의 관계, 진로, 가정생활 등 삶의 문제는 다양하다. 매번 한 사람만 붙들고 A부터 Z까지 조언을 구할 수는 없다. 가빈 교수는 나만의 '조언 위원회'를 만들라고 한다. 새로운 상황에 부딪힐 때마다 매번 새로운 조언자들을 찾아 나선다면 올바른 결정을 내릴 타이밍을 놓치기 때문이다. 다양한 강점과 경험, 관점을 가진 사람들로 위원회를 구성하라. 판단력과 무거운 입, 당신에 대한 애정은 기본이다.

② 어떤 유형의 조언을 구하는가 : 조언자를 고를 때는 그 사람이 어떤 식으로 나를 도와줬으면 하는지 분명히 해야 한다. 내 말을 주의 깊게 듣고

내 생각을 명확하고 날카롭게 다듬어줄 조언자를 찾는가? 아니면 내가 잠정적으로 내린 선택을 확인받거나 아니면 반대 의견을 듣고자 하는가? 혹은 풍부한 경험과 전문 지식을 통해 내가 보지 못한 것들을 보여주길 원하는가? 업무에 대한 세부적인 프로세스에 대해 조언을 얻고 싶을 수도 있고 새로운 아이디어를 만들어가는 데 필요한 도움을 원할 수도 있다. 그냥 가깝고 친한 선후배나 동기에게 다가가 조언을 구하는 건 상대에게 하소연처럼 들린다. 상대는 자신이 무얼 해결해줘야 할지 자기 역할을 고민하는 사이 당신에게 진정 필요한 조언이 무엇인지는 놓치게 된다.

2. 내 정보를 제공하라

조언을 주고 싶어도 못 줄 때가 있다. 지금 상대가 어떤 상황에 처해 있는지, 무얼 원하는지 모를 때다. 가빈 교수는 "조언자가 당신의 문제를 파악할 수 있도록, 왜 그 문제가 해결하기 어렵고 당신의 최종 목적은 무엇인지 이해할 수 있도록 충분히 정보를 전달해야 한다"고 말한다. 정확하고 충분한 정보를 통해 조언자는 편견 없는 충고를 건넬 수 있다. 자세한 설명과 맥락을 제공하되, 너무 장황하게 늘어놓거나 중요하지 않은 디테일을 이야기하느라 조언자를 지치게 하지는 말자. 불편한 진실, 자신의 단점이나 실수도 필요하다면 제공해야 한다.

3. 복수의 선택지를 준비하라

다양한 선택지가 있어야 의사결정의 질도 높아진다. 따라서 조언을 구하는 사람과 조언자는 서로 도와 복수의 가능성을 찾아내야 한다. 조언을 구하기 전에 어떤 선택지들이 있을지 파악하고 이에 대해 면밀하게 조사해보자. 당신의 생각을 분명히 전달하되 조언자의 제안도 경청해야 한다. 조언을 어떻게 적용할지 상상해보고, 여러 번 면밀하게 검토하라. 정말 실천할 의지가 있는 방안을 선택하기 위해서다. 조언에 따를 경우 비용과 이점, 핵심 근거, 그 조언과 당신 상황과의 관련성, 아이디어를 실행할 구체적인 방법, 이어질 영향, 대비해야 할 만일의 사태 등이 무엇인지에 대한 질문을 던져보자.

4. 하나의 결정으로 수렴하기

선택 사항의 폭을 좁혀서 하나를 골라야 할 때가 오면 조언을 구하는 사람들은 확증 편향(자기 신념과 일치하는 정보만 받아들임), '쉬운 길' 선택하기 등의 함정에 빠지기 쉽다. 그러므로 이미 포기했거나 일시적으로 고려했던 선택 사항을 다시 검토함으로써 조언자에게 의도적으로 반대 의견을 내달라고 부탁해보자. 그런 식으로 당신의 생각을 검증해보는 것이다. 무비판적으로 상대의 의견을 수용하거나 자기 생각과 다르다고 무시하는 것을 예방하기 위한 방법이다.

5. 조언을 행동으로 옮길 때

조언은 잠정적이고 임시적인 성격을 지녔다. 조언이란 지도, 행동, 학습, 추가 지도가 반복적으로 이뤄지는 과정이어야 한다. 어떤 고정된 방식이어서는 안 된다. 필요하다면 추가 조언을 받자. 당신이 상대의 조언을 바탕으로 어떤 행동을 했는지, 그 행동이 어떤 효과를 가져왔는지 알리는 것도 조언자를 배려하는 행동이다. 감사의 마음을 표현함으로써 관계는 돈독해지고, 조언자는 다음에도 당신에게 도움의 손길을 내밀 것이다.

"Go ahead! I'm listening. I just cannot keep my eyes off my super cute kids."

"계속하세요, 듣고 있어요.
내 아이들 사진이 너무 귀여워서
보고 있을 뿐입니다."

② 생각하지 않는 사람들

—

**왜 사람들은
제대로 듣지 않는 걸까**

"듣기 고수들은 겉으로는 조용할지 몰라도 뇌는 풀가동 상태인 겁니다.
말하는 사람의 메시지를 끊임없이 해체하고 재조립하고 자기 식대로 흡수하려고.
회사생활을 해봤으니 알잖아요. 말할 때보다 들어야 할 때가 훨씬 많아요."

| 대기업 병 하나 알려줄까

　　　　　　　　아침입니다. 오늘 교육이 세 차수나 잡혀 있
어요. 어제도 발표 자료를 준비하느라 얼마 못 잤더니 온몸이 쑤시네요.
첫 교육은 오전 9시에 6층 교육실에서. 아, 저는 오늘의 강연자예요. 직
급은 대리밖에 안 됐지만 정보 보안이라는 특수 업무를 맡고 있어서 관
련한 가이드라인을 직원들에게 전달하고 있습니다. 정보 보안이란 우리

회사의 중요 기술이나 정보가 경쟁사에 노출되지 않도록 하는 일이에요. 그동안의 위반 사례를 유형별로 설명하고 여러 지침을 설명하죠. 오늘은 팀장들 대상 교육이라 더 긴장되네요. 이분들이 제 말을 듣고 팀원들에게 전달해주셔야 하거든요.

9시인데도 자리가 꽤 비어 있어요. 게다가 왜 다들 뒷자리부터 채워 앉는지. 앞자리가 비어 있기에 "여러분, 앞으로 오세요!"라고 외쳐보지만 말발이 잘 안 먹힙니다. 저는 대리니까요. 강의가 시작되고 10분, 20분이 지나니 그제야 하나둘 빈자리가 채워집니다. 우리 회사의 기둥인 팀장들이니 얼마나 바쁘겠어요. 지각, 할 수 있죠. 그런데…… 앉자마자 아이패드랑 노트북을 여는 분들이 왜 이렇게 많아요? 급한 이메일 확인하는 거라고요? 저도 교육 업무만 3년째입니다. 모니터를 뚫고 들어갈 듯한 저분들, 어제 프로야구 하이라이트 다시보기나 웹툰 스크롤 다운하는 거 다 알아요. 남의 말에 집중하기 힘든 세상이죠. 수시로 카톡이 울리고 인터넷에 접속하는 순간 번쩍번쩍하고 입맛 당기는 헤드라인들이 가득하니까. 단 10초도 상대의 말에 집중하기 어려워요. 유명 IT전문가 니콜라스 카(Nicholas Carr)가 《생각하지 않는 사람들(The Shallows)》이란 책에서 이런 말을 했어요.

"많은 연구 결과, 단 두 가지 일 사이에서의 전환도 인지 과부하를 상당 부분 가중시키고, 사고에 훼방을 놓으며, 중요한 정보를 간과하거나 잘못 이해할 가능성을 높이는 것으로 나타났다."

요즘 팀장님들은 멀티태스킹도 능력이라고 하지만 최근 많은 연구들은 멀티태스킹이 집중력을 현저히 떨어뜨린다고 하네요. 2009년 미국 스탠퍼드대 연구자들이 미디어를 통해 활발히 멀티태스킹을 하는 그룹과 비교적 가끔씩만 하는 그룹을 대상으로 인지 테스트를 실시했어요. 활발히 멀티태스킹을 하는 이들은 주변의 자극에 의해 금방 산만해지고 집중력을 유지하는 능력도 떨어졌죠. 쉼 없이 모니터 사이를 오가는 분들, 교육이 끝난 후에 저한테 메신저나 이메일 보내지 마세요. 아무리 애원하셔도 오늘 실시한 교육 자료는 따로 드리지 않아요. 그러니까 노트북 좀 닫으시고요. 저기 저 뒤에서 둘째 줄 회색 잠바 팀장님, 카톡 푸시음 좀 꺼주세요. 어떻게 하는 거냐고요? 바탕화면 설정에 들어가셔서 '알림센터'를 클릭하시고……

  제가 잠깐 방심하는 사이! 저기 한 무리의 필기 군단이 보이네요. 저분들은 앉자마자 저랑 눈도 마주치지 않았어요. 무언가를 계속 쓰는데 그게 제 이야기인지, 아니면 자기 머릿속에 떠오르는 낙서인지 알 수 없어요. 뭔가 자기만의 세계에 심취해 있기 때문에 이런 분들을 만나면 벽 보고 얘기하는 것 같아요. 그나마 멀티태스커들은 제가 눈치 주면 가끔 시선도 주고 고개도 끄덕여주고 하거든요. 그런데 이분들은 노트 필기 자체로 '나 건들지 마'라는 사인을 보내요. 30~40분이 지나면 빠르게 잠에 빠져드는 유형도 이분들이에요. 아, 물론 팀장님들이 일제히 저를 쳐다볼 때가 있어요. 그동안 우리 회사의 정보를 반출하려다 걸린 사례들을 설명해줄 때. 위반, 경고, 징계…… 이런 단어들만큼 팀장님들 정신이 번쩍 나게 하는 단어도 없으니까요. 다 이해합니다.

제가 초창기에는 제 말 안 듣는 분들 때문에 상처가 많았어요. 그래서 강의도 더 재밌게 하려고 노력도 했죠. 그런데 내용 자체가 딱딱하고 분량이 많아서 한계가 있었어요.

왜 사람들이 제대로 듣지 않는 걸까 궁금해 뇌과학 책들도 찾아봤죠. 우리 뇌는 집중에서 벗어나 여기저기 떠돌아다니려는 성향이 강하대요. 뇌과학자들은 이를 두뇌의 초기 상태라 설명하더라고요. 그게 그냥 더 자연스러운 거죠. 그러고 보니 우리 사장님이 언젠가 한 이야기가 있어요.

"내가 대기업 병을 하나 알려줄까? 회의를 하면 다들 노트를 꺼내서 열심히 메모해. 내가 이해했냐고 물으면 조용히 고개를 끄덕거려. 그러고는 나중에 가져오는 결과물을 보면 다들 산으로 가 있어. 대체 왜 내 말은 다 적어간 거지? 아니, 내 말을 적기나 했을까?"

저나 사장님이나 크게 다르지 않구나 싶었죠. 제 강의를 듣는 팀장님들의 뇌도 초기 상태에 머물면서 끊임없이 독백을 이어갔을 겁니다. '점심에 뭐 먹지', '아까 내가 말실수를 했나?', '인사고과는 어떻게 나올까?'……. 듣기 위해서는 입을 다무는 것뿐 아니라 자신과의 대화 스위치도 꺼줘야 한다고요.

저를 가장 위축시키는 유형은 사실 따로 있어요. 이분들은 대개 벽 쪽 혹은 중간쯤 앉아 계시죠. 다리를 꼬거나 팔짱을 낀 상태로 말이에요. 갸웃한 고개에 미간에는 주름이 쫙 잡혀 있죠. 저한테는 그게 이렇게 읽혀요. '내 소중한 1분 1초를 낭비하지 마.' '지금 그걸 말이라고 하는 거야?' 혹은 '그 정도 얘기는 나도 하겠다'. 제가 오버하는 건지 모르겠지만 표정, 몸짓 같은 것들이 보내는 그 강렬한 신호를 저는 외면할 수가 없어요. 그런 사람들 앞에서 저는 그냥 최소한만 해요. 욕 안 먹을 만큼만. 이분들은 세상만사, 마음의 세팅이 '냉소'와 '부정'으로 설정돼 있는 것 같아요. 혹은 저나 제 업무에 대해 편견을 갖고 있던가요. 그렇게 되면 들어도 듣지 않게 됩니다. 들을 게 별로 없다고 생각하기에 제 말은 모두 튕겨져 나가죠.

편견을 버리는 것은 말처럼 쉽지 않습니다. 우리 뇌 속에서 새로운 정보는 이전의 정보를 기반으로 접수되기 때문이에요. 성별, 나이, 지역, 학벌, 경력 등에 대한 고정관념이 심한 우리 사회에서는 더더욱 그렇습니다. 하지만 팀장님들이 여기까지 오셨다는 건 제 말을 듣겠다는 결정을 내렸기 때문이잖아요. 최소한 팀장님 업무에 도움이 될 거라는 암묵적인 이해가 깔려 있는 거 아닙니까? 저뿐만이 아니에요. 아마 그런 팀장님 앞에서 팀원들은 말 한마디 꺼내기 힘들 겁니다.

"상사는 늘 편안하고 웃는 모습이어야 한다. 그래야 후배들이 다가와 말을 건넨다."

조직 관리의 화신인 저희 전무님이 그랬어요. 그런데 정말 그래요. 그분의 둥근 얼굴, 처진 눈매와 올라간 입꼬리 앞에서는 속마음까지 술술 나오거든요.

〈포천(Fortune)〉지가 선정한 '가장 영향력 있는 여성 경제인'에서 2년 연속 1, 2위를 차지한 사람이 있어요. 바로 펩시 회장 인드라 누이(Indra Nooyi)입니다. 그 사람은 자기 아버지의 조언이 큰 도움이 된다고 말했어요. 그 조언은 바로 '상대가 긍정적인 의도를 품고 있다고 믿으라'는 겁니다.

"그러면 마음 깊은 곳에서 '아마 그들은 내가 들어본 적 없는 중요한 이야기를 하고 있을 것'이라는 생각이 듭니다. 그러면 상대를 이해하고 귀를 기울이려 노력하게 되지요."

감성지능(EQ)의 창시자인 대니얼 골먼(Daniel Goleman)은 그의 책《포커스(Focus)》에서 "고정관념은 다른 이에게 관심을 기울이고 집중하는 것을 방해한다"고 했어요. 자기 이론에 확고한 믿음을 가진 과학자들도 종종 자신의 예측에 부합하지 않는 데이터들을 그냥 무시해버리는 실수를 저지른다죠. 예상 외의 데이터를 새로운 발견으로 가는 입구가 아니라 오류로 치부해 획기적인 이론에 도달할 기회를 놓치는 겁니다. 제가 일개 대리라도, 제 이야기가 우리 업무 현실과 조금 동떨어져 보이거나 당장은 필요하지 않은 것처럼 보여도 일단 믿고 들어주세요. 그리고 제가 말하는 내용, 팀에 돌아가서 전달하셔야 한다고요. 이것만큼 큰 듣기의 목적이 또 어디 있습니까. 팀장님이 제대로 전하지 않으면 위반 사례가 팀장님 팀에서 나올 수도 있다고요!

듣기 고수의 뇌는 풀가동 상태입니다

가뭄에 단비처럼 진정한 리스너(listener)가 나타나기도 합니다. 이런 분들이 몇몇 있으면 저는 그야말로 날아다녀요. 제가 회사에서 강의 평가 다섯 손가락 안에 들어갈 때가 있었는데 그때 만난 부장님이 있어요. 지금은 다른 계열사 상무로 승진해 옮기셨죠. 이분은 제가 강의하는 도중 계속 눈을 맞추고 고개를 끄덕여주면서 '이해했다' 혹은 '무슨 말인지 잘 모르겠다'는 신호를 주세요. 많은 사람들 가운데서 그분의 빛나는 두 눈이 저한테는 내비게이터예요. 나와 상대가 같은 페이지에 있는지(같은 것을 이해하고 있는지) 확인할 수 있는 내비게이터. 이분이 노트 필기 하는 타이밍이 또 죽여요. 제가 '요건 핵심이다!' 싶은 거, 그런 거만 딱딱 적어 가시거든요! 쉬는 시간에 저한테 다가와서 "수고 많다"는 말도 해주시고 궁금한 것도 물어보시죠. 이분이 우리 회사 업무 IT시스템을 기획하다 보니 가끔 마주칠 때가 있는데, 제가 용기를 내서 점심을 청했죠. 궁금했어요. 대체 이분은 어떤 종류의 보살일까. 이분처럼 회사생활하면 나도 회사에서 인정받을 수 있을까. 그분이 해주신 얘기는 이래요.

"이 대리, 사람들은 두 가지 이유에서 귀를 기울여요. 재밌거나 유익하거나. 그런데 그건 상대가 아니라 나 하기 달린 거거든. 내가 왜 들어야하는지 목적의식이 분명할 때, 내가 이야기에 달려들어 주도권을 쥘 때 듣기는 재밌고 유익해져요. 나는 이 대리의 강의를 들을 때도 '이 한 시간짜리 강의를 어떻게 하면 10분 내에 팀원들에게 전할 수 있을까'라는 생각을 했어요. 요즘 우리 팀이 출장이 많아서 다 한자리에 모일 기회가 드물거든. 이 대리의 말에서 핵심 메시지를 추려낸 다음 이걸 10분 안에 어떻게 말할지 구성하며 들었어요. 이게 머릿속에 일종의 그림을 그리는 겁니다.

회사생활에서 듣기가 참 중요해요. 초년병 시절 나는 회사가 하는 말, 선배가 하는 말이라면 그야말로 그냥 들었어. 내가 이걸 왜 들어야 하는지, 어디에 어떻게 써먹을지 목적의식이 없었지. 유명 심리학자가 그러더라고. 20대의 내가 그랬듯, 쏟아지는 정보를 우선순위 없이 처리하면 뇌가 금세 수동적으로 변해서 스스로 생각하기를 멈춘다고. 상대가 힘 있는 사람이라면 더욱 그렇지. 핵심을 읽고 행간을 간파하기는커녕 속거나 조종당하기 쉽다고. 때문에 집중해 듣기는 상대가 사장이든 대리든 수평적으로 소통하고 자기가 필요한 것을 얻어내는 일이에요. 상대의 이야기를 다 포용하고 흡수하는 게 잘 듣는 게 아니더라고.

우리 회사에서도 소통을 강조하면서 말하기 교육만 시키고 듣기 교육은 없어요. 그래서 내가 사내 강사 제도를 통해서 요즘 '잘 듣는 법'에 대한 강의를 몇몇 팀에게 했어요. 그때 얘기해준 듣기의 팁을 몇 개 알려줄게요. 〈하버드 비즈니스 리뷰〉에서 나도 찾아본 거야.

첫 번째, 말하는 이보다 앞서 생각하라는 거예요. 이야기가 어떤 결론으로 흘러갈지 시나리오를 예상해보라는 뜻이지. 두 번째, 말하는 이가 자기주장을 뒷받침하기 위해 제시하는 근거가 적절한지도 생각해보자는 거야. 누굴 판단하고 비난하자는 게 아니라 정확한 정보인지, 상대가 나를 잘못된 방향으로 이끌고 있지는 않은지 정신을 차리고 들으라는 거죠. 세 번째, 지금까지 들은 내용을 머릿속으로 요약해보고 핵심 메시지를 점검하는 과정도 필요하대. 마지막은 말하는 이의 행간을 읽으려고 노력하자는 거예요. 상대가 말하는 동안 표정, 손짓, 목소리 톤 같은 비언어적 요소를 참고해서 상대가 뭘 원하는지, 숨기고 싶어 하는 건 없는지 파악해보라는 거지.

듣기 고수들은 겉으로는 조용할지 몰라도 뇌는 풀가동 상태인 겁니다. 말하는 사람의 메시지를 끊임없이 해체하고 재조립하고 자기 식대로 흡수하려고. 회사생활을 해봤으니 알잖아요. 말할 때보다 들어야 할 때가 훨씬 많아요. 이왕 들을 거 재밌게 들어야 하지 않겠어요?"

미국 존스홉킨스 경영대학 학장이자 경영컨설턴트인 버나드 페라리 (Bernard T. Ferrari)는 자신의 책 《리슨(Power Listening)》에서 나쁜 리스너의 유형들 가운데 비교적 흔하게 나타나는 여섯 가지를 정리했다.

1. 고집쟁이형(opinionator)

어떤 이들은 자신의 신념과 능력에 강력한 믿음을 가지고 다른 이의 의견을 듣지 않으려 한다. 직원들이 새로운 아이디어를 발표할 때면 단 세 문장 만에 "내 생각엔 말이야"라며 발표자의 말을 끊는 습관을 가진 경영자도 봤다. 이런 유형은 늘 "들어봐"로 말을 시작해서 "맞지?"로 끝낸다. "당신의 견해가 필요하면 내가 요청하겠소. 그리고 당신이 무슨 말을 해야 할지 가르쳐주겠어"라고 말하는 유형이다. 이들의 가장 큰 문제는 상대의 말을 들을 때 상대방의 생각이 자기 생각과 일치하는지만 확인하려 든다는 것이다. 열린 마음으로 귀를 기울이기보다는 상대의 논리를 거꾸로 활용해 자신의 생각을 뒷받침하는 재료로 쓸 수 없을지 기회를 엿본다. 이런 상대 앞에서 사람들은 위압감을 느끼고 불편할 수밖에 없다.

2. 심술쟁이형(grouch)

고집쟁이형이 자기 생각이 옳다는 믿음에 갇혀 있다면 심술쟁이형은 상대방의 생각이 틀렸다는 확신으로 귀를 막는다. 상대가 내놓는 아이디어를 아무 거리낌 없이 대놓고 무시한다. 그의 반응에는 다음과 같은 메시지가 숨겨져 있다.

"터무니없는 소리 하고 있네. 당신은 바보야. 대체 무슨 근거로 내가 그따위 의견에 흥미를 느낄 거라 생각하지?"

나는 이런 유형의 상사 때문에 괴로워하는 직원들에게 다음과 같이 가르쳤다.

"회의가 시작되고 15분간은 지옥이겠지만 기죽지 않고 용감하게 설득하면 그도 결국 당신을 인정할 것이다."

실제로 그렇다.

3. 긴 서론형(preambler)

상대의 말을 경청하며 토론하는 것 같지만 별 내용도 없이 장황하기만 한 서론과 삐딱한 질문을 늘어놓는다. 그럼으로써 상대가 눈치채지 못한 사이 대화 상대를 그들이 의도한 틀 안에 가둬버린다. 긴 서론형 리스너는 이미 자신이 의도한 내용이 담긴 질문을 활용해 마치 사전에 각본이라도 써둔 것처럼 대화 방향을 조종하거나 경고를 보내거나 자기가 바라는 답을 이끌어낸다. 이런 일방적인 커뮤니케이션은 상대를 지치게 할 뿐만 아니라 설득도 어렵게 한다.

4. 돌림노래형(perseverator)

이들은 자기 말을 너무 많이 해서 대화 상대를 혼란스럽게 한다. 그들은 얼핏 보면 생산적인 대화에 열중하는 것처럼 보이지만 조금만 유심히 살펴보면 실제로는 대화를 전혀 진전시키지 않는다는 걸 알 수 있다. 상대의 말에 아랑곳하지 않고 같은 말을 끝없이 되풀이하며 그때그때 상황에 따라 조금씩 말만 바꾸는 것이다. 대화의 논점을 분명히 하는 게 아니라 자기주장을 더 강하게 내세우고 상대의 생각을 자기 편견과 선입견에 억지로 끼워 맞춘다. 결국 이들은 모든 사람들을 뻔하디뻔한 원점으로 데려다 놓는다.

5. 정답맨형(answer man)

문제가 무엇인지 합의도 되기 전에 해법을 거침없이 말함으로써 상대방의 이야기는 이미 다 알아들었다는 신호를 보낸다. 자신의 기민함과 총명함으로 상대의 인정을 받고 싶어 안달한다. 자기가 조직에서 가장 똑똑한 사람이 되어야 직성이 풀리는 욕심 많은 어린아이 같다. 그래서 문제가 생긴 즉시, 질문을 받은 즉시 해답을 내놓을 수 있어야 한다고 생각한다. 현실의 비즈니스에서 해결책을 조급하게 떠벌리는 것은 정보를 얻을 기회를 망쳐버리는 지름길이다. 정보가 부족한 상황에서 논의마저 충분히 이뤄지지 않으면 결국 지나치게 단순하게 상황을 이해하고 섣부르게 행동에 나서게 된다. 이 유형은 충분히 검토한 한 가지 해답이 아니라 해법이 될 수 있는 피상적인 답들을 준비해두고 속사포처럼 끼어들기 때문에 대화 상대로서는 짜증이 날 수도 있다. 그들은 상대가 그의 성급한 해법에 담긴 결함을 지적하면 즉각 다른 수정안을 내놓는다. 그들이 실패하는 원인이다.

6. 가식형(pretender)

상대는 내 말을 잘 들어주는 것 같다. 웃어주기도 하고 리액션도 적절하다. 하지만 회의가 끝난 후 문을 나서는 순간 당신은 상대가 자신의 말을 한마디도 듣지 않았거나 듣기는 했어도 별로 관심을 가지지 않았다는 느낌을 받는다. 이런 찜찜한 기분을 느꼈다면 당신은 가식형 리스너를 만난 것이다. 그는 당신에게 좋은 인상을 주기 위해 훌륭한 쇼를 했을 뿐, 당신 말에는 그다지 관심이 없다. 어쩌면 해당 문제에 대해 이미 결정을 내렸을 수도 있고, 다른 생각에 정신이 팔렸을 수도 있으며, 당신의 말을 듣는 시늉만 했을 수도 있다. 그저 듣기만 할 뿐, 결정을 내리거나 행동을 취할 때는 대화에서 얻어낸 소중한 정보를 전혀 활용하지 않는다. 그 결과 정보 부족으로 잘못된 결정을 내리는 일이 일어난다.

③

말 잘하는 게
뭐라고 생각해?

—

듣는다는 건 가장 큰 웅변이야

"말 번드르르하게 잘하는 사람은 자기 말만 하려고 덤빈다. 들어줄 줄 모른다.
탁동철은 아이 말이나 어른 말이나 끝까지 귀 기울여 듣는다. 탁동철의 글을 보면
그의 마음속에도 할 말이 가득했던 걸 안다. 그러나 거의 하지 않는다.
무릎 꿇고 귀 기울여 들어줄 뿐이다."

마이클 샌델의 무기

오 대리에게.

서로 팀이 달라 이렇게 마주 보고 얘기하는 건 처음이네. 간혹 마주치면 가벼운 목례만 하는 사이였는데. 워크숍 덕에 서울 밖에서 맑은 공기 마시고 다른 팀 사람들이랑 수다도 떠니까 좋은데 이거? 아무튼 지금 고민이 뭐랬지? 아, 맞다. 말 잘하는 법 좀 가르쳐달라고 했지. 자기 자신을

"말을 더 많이 할수록 네 점수가 더 올라가는 거야!
아이디어란 건 다른 사람의 생각을 막고 네 것을 표현하는 거라고.
그래야 네가 이기는 거야!"
"그런데 대화는 시합이 아니잖아?"

번듯하게 포장하는 말주변만 있으면 인정도 받고 동료들한테 리더십 있다는 얘기도 좀 들을 것 같다고. 오 대리 내성적이지? 흰 피부에 작은 눈, 길고 가느다란 팔다리. 게다가 철 지난 체크무늬 셔츠의 단추를 목 끝까지 채우고 있잖아. 얘기할 때도 눈을 오래 맞추고 있지를 못하지.

오 대리는 말을 잘하는 게 뭐라고 생각해? 말을 많이 하는 거? 카리스마 넘치는 언변으로 좌중을 사로잡는 거? 내가 기자 시절 인터뷰한 사람들 중에 마이클 샌델이라고 있어. 맞아! '정의란 무엇인가' 강의로 알려진 하버드대 교수! 정치철학이라는 어려운 주제로 수백 명의 청중을 쥐락펴락하잖아. '소크라테스의 재림'이라는 소리까지 들으면서. 만나기 전에는 압도적인 존재감을 예상했었지. 그런데 무대 위에서는 그렇게 커 보이더니 나랑 키가 비슷하더군. 사진 찍기가 힘들었어. 거장다운 대담한 포즈를 취해달라니까 자꾸 얼굴을 붉히지 않나, 넓게 벌린 두 팔은 살짝 떨리는 것 같았지. "저 멀리를 응시해주세요." "한 손으로 턱을 괴는 건 어떨까요?" "팔짱을 껴보시죠." 기자 생활을 하면서 이른바 힘 있는 이들을 만날 때마다 써먹었던 온갖 연출도 먹히지 않더라고. 10분 넘게 그러고 있으니까 손에 땀도 차고 카메라까지 초점이 안 맞아. 인터뷰를 시작하기도 전에 힘이 다 빠지겠다 싶어서 그만하자고 했지.

그때가 4월이었는데 하버드대 캠퍼스에 바람이 많이 불었어. 흐트러진 반백의 머리칼을 손으로 정리하면서 샌델 교수가 입을 열었는데 말이지, 목소리가 작고 온화하더라고. 그리고 되레 나에게 질문을 던지고 조용히 듣는 거야! 나는 알았지. 이 사람, 무대 위에서와는 달리 내성적인 사람이구나. 그런 거장이 내 이야기를 귀담아들어주다니.

일본 롯폰기에서 샌델 교수가 일반인들을 상대로 공개 강연을 했다고 해. 그런데 청중 속에 우는 사람들이 있는 거야. 그래서 한 기자가 물었어. 왜 우냐고. 그랬더니 그 사람 하는 말.

"그런 거장이 질문을 하고 내 이야기를 들더라고요. 그 많은 사람들 사이에서 내 이름이 불리고 내 이야기를 하는 그런 경험은…… 처음이었어요."

샌델 교수의 강의를 보면 청중에게 질문을 해. 누군가가 손을 들면 그 사람의 이름을 묻고 그의 이야기를 듣지. 몸을 기울여서 아주 유심히, 좋은 의견이라고 북돋아주면서 듣는 거야. 신기하게도 사람들이 그 모든 과정에 집중한다니까. 무대 위에서 샌델 교수가 혼자만 떠들었다면 그 대형 강의가 그토록 성공할 수 있었을까? 샌델은 청중을 기꺼이 무대 위에 올려 강의를 하나의 콜라보로 만들었지. 그 무기는 바로 말하기가 아니라 듣기였어.

상대의 마음을 여는 법

가만, 쉬는 시간이 몇 시까지지? 또 한 사람만 얘기해줄게. 이 사람을 처음 본 건 EBS 다큐에서였어. 몇몇 소문난 교사들이 어떻게 아이들을 가르치는지 보여주는 프로였지. 첫 번째로 강원도 속초 청호초등학교의 탁동철 선생이 등장했지. 카메라가 탁 선생이 출근하는 모습부터 비추는데 뭔가 이상하더라고. 보통 선생님들하고는 많이 달라. 카메라와 눈도 잘 못 마주치고 뭔가를 질문하면 머리를 싸매고 고민하면서 답은 몇 마디 안 되는 거야. 크로스백을 바짝 추켜 메고서 말도 띄엄띄엄 했고 웃음도 어색했어. 그 반전 때문에 채널이 자연스레 고정됐지. 그런데 아이들이 탁동철 선생 주변을 에워싸더니 졸졸 따라다니는 거야.

"탁샘, 우리 닭장 같이 가요."

"탁샘, 어제 경기도 다녀왔다면서요?"

"탁샘, 어제 샘이 안 계셔서 저희가 고생했잖아요. 5시에 애들이랑 저 닭들을 닭장에 넣었어요."

나 같으면, 빽 소리를 질렀을 거야. 아침부터 애들이 그렇게 귀찮게 굴면. 그런데 탁 선생은 하나하나 다 들어주고 대꾸하더라고.

"그래? 네가 했구나. 큰일 날 뻔했구나. 네가 없었으면."

그런데 요즘 애들 왜 그렇게 말이 많아? 교실에 들어서서 수업이 시작됐는데도 선생님한테 말을 걸어. 보다 못한 PD가 눈치를 주니까 탁 선생이 입을 열더라고.

"'조용히 해라', '자리에 앉아라'라고 하면 아이들이 가만히 앉아 있을 수도 있고 예의를 차릴 수도 있는데 대신 마음은 닫아버리잖아요. 자기 얘기를 꺼내지도 않고. 굳은 상태가 되는 거죠. 그러면 저도 손해고……
(아이들이 마음을) 안 꺼내면. 그래서 제가 아이들에게 떼를 쓰기도 하고 투정을 부리기도 해요. 그러면 아이들이 봐주기도 하고 (자기 마음을) 알려

주기도 해요."

탁동철 선생이 머리를 긁적이면서 한마디를 덧붙여.

"제가 좀 만만하죠. 놀려먹기도 좋고."

이게 핵심이야. 오 대리는 자기가 말을 못 해서 만만하게 보일까 봐 두려운 거잖아? 그런데 탁동철 선생은 그래야 상대가 마음을 연다는 거야. 이거 보통 내공이 아니다? 나도 처음에 '저렇게 애들한테 끌려다니는 게 무슨 선생이냐'고 했어. 그런데 탁 선생 수업을 듣는 아이들이 칠판에 적어놓은 시가 심상치 않더라고. 아이다운 마음이 투명하게 보이면서도 깊이가 있는거야. TV 보는 내 마음까지 움직일 정도로.

탁 선생이 다큐 마지막에 한 말을 들어보라고.

"제가 뭘 가르칠 게 있어요. 저절로 배우죠. 물론 가르치고 싶은 욕심이 나긴 하지만 제가 시켜서 하지는 않고 늘 제가 좇아가는 편이에요. 아이들이 하자고 먼저 말이 나오도록. 저는 은근히 힌트를 주죠. 그러면 아이들이 '그거 해봐요!'라고 해요. 직접 말을 한 거잖아요. 제가 그렇게 하자고 했으면 아이들이 주인이 아니죠. 아이들이 스스로 할 일을 결정하도록 도와주는 게 제 일이에요. 나는 교사고, 너는 학생이고 너는 어른 말 잘 들어야 해. 시키는 대로 해. 이렇게 하는 게 아니라. 그러면 함께하는 것 같지 않아요. 온종일 시간을 보낸다 해도. '무슨 시간이야? 몇 쪽 펴' 이러면 아이들에게는 난데없는 일이에요. 그걸 왜 배워야 하는지 아이한테 물어보지도 않았잖아요. 아이는 '이걸 왜 배워야 해?' 고통스럽죠."

오 대리, 내가 교육 담당 기자도 했던 거 알아? 무려 3년간! 전국을 돌아다니면서 수많은 선생님을 만났어. 교육청, 교육부에서 주는 교사상이 어떤 절차를 거쳐 돌아가는지도 알고, 아이들을 명문대에 보내기로 소문난 교사들도 많이 만나봤지. 아이들과도 이야기를 나눴고. 그런 후 좋은 교사를 알아보는 나름의 눈이 생겼는데 그건 자기를 낮추고 아이들의 이야기를 끈기 있게 들어주는 선생님이라는 거였어. '끈기 있게' 들어준다는 게 얼마나 힘든지 모를 거야. 선생님들은 정해진 시간 내에 많은 걸 가르쳐야 하거든. 게다가 상대는 초딩 아니면 사춘기 10대들이야. 그것도 수십 명! 아주 미치지. 그래서 '듣는 것'은 교사 입장에서는 아이를 존중하는 가장 고된 방법인 거야.

탁동철 선생도 "수수가 무엇인지, 쇠백로가 무엇인지 사실 (아이들이 스스로 알아가기 전에) 얼른 가르쳐주고 싶다"고 했어. 그런데 교사 욕심에 먼저 가르치고 먼저 말하느라 아이들이 정작 궁금해하는 것에는 답을 주지 못하면 아이들은 배움의 주인이 되지 못한다는 거야. 어른들도 마찬가지야. 자기 입으로 말해야 자기 생각 같지, 누군가가 잔뜩 주입하면 거부감부터 생기잖아. 탁동철 선생이 쓴 《달려라, 탁샘》이라는 책이 있는데 한번 읽어봐. 그게 교육서 같지만 굉장히 깊은 처세서이기도 해. 게다가 오 대리 최근에 아빠 됐잖아? 책 말미에 동료 교사들이 탁 선생을 설명하는 부분이 나오는데 오 대리가 좀 연상되기도 하거든.

"말 번드르르하게 잘하는 사람은 자기 말만 하려고 덤빈다. 들어줄 줄 모른다. 탁동철은 아이 말이나 어른 말이나 끝까지 귀 기울여 듣는다. 탁동철의 글을 보면 그의 마음속에도 할 말이 가득했던 걸 안다. 그러나 거의 하지 않는다. 무릎 꿇고 귀 기울여 들어줄 뿐이다."

"탁은 어눌하기 짝이 없다. 여러 사람들 앞에서 우리 모임을 소개해야 하는 일이 있었다. 탁은 몸을 비비 꼬며, 오른손은 이마를 문지른다. 이러기를 한참. 이야기를 한다. 뜸직뜸직 한마디 하고 한참 멎고 또 겨우 한마디 하고 다시 우물우물. 그러나 곱씹어보면 그 말이 보통 말이 아니다. 거기 할 말 다 들어 있다."

"처음 탁동철을 보고 깜짝 놀랐어요. 얼뜨게 보여서요. 선한 눈, 수줍은 모습, 조촐한 옷차림, 꾸미지 않은 매무새, 그러나 언제나처럼 편안한 그 무엇. 그래서 그냥 사람인 사람. 아무라도 녹아들 것만 같은 아주 편안한 그런 선생님. 다시 학생이 된다면 만나고 싶은 그런 선생님."

'당신의 말을 들어주겠다'는 신호

아까 팀별 토론 시간에 말이야. 모두가 오 대리 말에 집중하는 거 느꼈어? 물론 당신 말에 대단한 철학이 담겼다거나 오 대리가 엄청난 훈남이어서가 아니야. 오 대리는 다른 팀원들의 말을 진지하게 듣고 메모하고 기억해줬어. 사람들은 고마운 거야. 이제 자기가 들어줄 차례라는 걸 아는 거야. 할 말이 많아도 먼저 무릎 꿇고 들어줄 줄 아는 조용한 사람. 그 앞에서는 초딩들도 당당하게 시를 써내고 자기가 정말 궁금한 걸 눈치 보지 않고 물어봐. 어제 먹은 술이 덜 깬 40대

아저씨들도 자세를 가다듬고 집중한다고.

기업의 최고 경영자들이 직원들에게 품는 가장 큰 불만이 뭔지 알아? "왜 내 말을 잘 듣지 않는 거지?"야. 풀어 말하자면, 왜 사내엔 루머와 억측이 그렇게 많은 것이며, 왜 내가 이렇게 노력하는데도 알아주지 않느냐는 거지. 그 사람들도 노력은 해. 직원들의 말을 듣겠다며 '사장과의 대화'도 하고 설문도 돌리지. 하지만 우리 알잖아. '사장과의 대화'는 사장의 일방적인 메시지 전달이고 '설문'도 인사팀이 전체 이메일로 뿌리면 우리는 형식적인 답만 몇 줄 적어 화답하는 거. 물론 이런 워크숍에서 여덟 명의 이야기를 들어주는 거랑 수천 수만 명이나 되는 직원들의 이야기를 듣는 건 차원이 다르긴 하지. 그런데 본질은 같아. '당신의 말을 들어주겠다'는 신호에 사람들은 뭔가 더 잘 해보려고, 더 괜찮은 사람이 되어보려고 애쓴다는 거지.

2009년에 구글이 사내 인간분석조직을 소집했는데, 암호명이 '프로젝트 옥시전(Project Oxygen)'이야. 구글 수뇌부의 지령은 다음과 같았지.

"좋은 보스를 길러낼 방법을 찾아라. 좋은 보스란 성과를 높일 뿐 아니라 부하들도 행복하게 만든다. 구글의 차세대 검색 알고리즘보다 훨씬 중요한 문제다!"

인간분석조직은 팀장급 이상의 직원들에 관한 자료를 1만 건 이상 모았대. 대면 조사와 설문 등등 수집 가능한 모든 자료를 철저하게 분석했다지. 1년 후 좋은 보스가 되기 위한 여덟 가지 조건이 정리됐는데 1위가 뭘 거 같아? '부하와 1대1 만남을 가질 것' 그리고 '부하의 이야기를 잘 들어줄 것'.

　오 대리, 듣는다는 건 가장 큰 웅변이야. 사람이 얼마나 간사하냐 하면 누가 자기 이야기에 귀 기울여주지? 그러면 '우리는 서로 많은 이야기를 나누고 서로를 이해했다'고 느끼는 거야. 정작 떠든 건 혼자뿐이었는데도 말이지. 말 잘하려고, 많이 하려고 너무 애쓰지 마. 자신이 아닌 무언가가 되기 위해 자기 장점을 보지 못하는 실수를 저지르지 말라고. 조용하게 상대의 이야기를 듣고 기억해주는 것, 그건 오 대리가 가진 가장 큰 무기야. 말도 해야 하지 않느냐고? 맞아. 할 말만 해. 지금처럼.

최근 들어 조용함 혹은 내향성(introvert)은 입지가 점차 좁아지고 있다. 낯선 이들과 거리낌 없이 얘기하는 걸 어려워하고 다수의 청중 앞에 서는 것을 두려워하는 내향성은 극복돼야 할 장애로까지 여겨진다. 대신 화려한 언변과 강력한 오라가 리더십으로 읽힌다. 외향성과 내향성의 성격심리를 분석한 책 《콰이어트(Quiet)》에서 저자 수전 케인(Susan Cain)은 "내향성은 이류로 여겨지고, 실망스럽고 병적인 것 사이 어딘가에 있다"고 진단했다. 그는 "수다스러운 사람들은 더 똑똑하고 재미있으며, 빨리 말하는 사람이 느리게 말하는 사람보다 능력 있고 호감 간다고 여기는 경향이 있다"고도 했다.

언제부터 이렇게 되었을까? 외향성의 나라 미국의 역사학자들도 천착한 질문이다. 20세기 미국의 대표적인 역사학자 워런 서스먼(Warren Susman)은 "미국이 도덕성을 중시하는 인격의 문화에서 성격의 문화로 전환했다"고 진단했다. 인격의 문화에서는 다른 사람 없이 혼자 있을 때도 내가 어떻게 말하고 행동하는지가 중요했다. 동양의 '신독(愼獨)' 개념이다. 군자는 홀로 있을 때도 도리에 어긋나는 일을 하지 않고 삼간다는 것이다. 그러나 산업화된 20세기에 접어들며 도시화와 대규모 이민이 겹쳤고 사람들은 낯선 이들과 부대끼면서 좋은 인상을 주기 위해 노력해야 했다. 생판 처음 보는 사람들에게서 일자리와 기회를 얻어내야 했기 때문이다. 상품과 서비스가 경쟁에서 살아남으려고 분투하는 사이 사람들도 노동시장에서 스스로를 팔고 매력을 발산해야 했다. 연기하는 자아가 탄생한 것이다.

외향성과 유창한 언변을 '이상향'으로 삼는 자기계발의 광풍이 불기 시작한 것도 이때, 20세기 초반부터다. 자기계발계의 대부인 데일 카네기(Dale Carnegie)가 경력을 시작한 것도 바로 연설이었다. 그는 뉴욕시 125번가 YMCA 야간학교에서 대중 연설 강의 붐을 일으켰고, 그의 첫 책도 《데일 카네기 성공대화론(Public Speaking and Influencing Men in Business)》 (1913)이다. 카네기의 첫 고객들은 내향성이 사회적 야망에 걸림돌이 된다고 느끼는 이들이었다. 카네기는 자신의 책에서 "카네기 코스에 참가한 사람 중에는 사교적인 모임에서 내성적인 성격과 자의식 과잉에서 탈피하고 싶다는 것이 동기가 된 사람들이 많다"고 썼다. 이제 사람들에게 중요한 것은 '내면의 나'가 아니라 사람들을 사로잡는 '무대 위의 나'였다.

이는 20세기 라디오와 텔레비전의 보급을 통해 더욱 가속화됐다. 시어도어 루스벨트, 우드로 윌슨 대통령 등 최고의 정치권력도 연설을 주요 통치수단으로 활용하기 시작했다. 미국의 대통령은 의회와 주로 서면으로 소통하던 기존 방식을 버리고 끊임없이 국민에게 스스로를 변호하고 정책을 홍보하고 국민의 사기를 북돋기 시작했다. 1920년대에 최초의 대통령 연설문 작성자가 등장했고 1960년에는 미국 대선 토론이 텔레비전과 라디오로 중계됐다. 리더십이 '입'으로 완성되는 듯한 착시가 시작된 것이다.

우리나라를 포함한 유교문화권 국가들에서 후한 점수를 받았던 것은 사실 '조용한 입'이었다. 지배계층인 사대부는 말보다는 글을 높이 쳤고, 깊이 있는 논의를 할지언정 잡다한 수다나 말싸움은 피하려 했다. 그러나 단기간에 산업화와 도시화를 겪은 우리나라에서도 인격보다는 성격과 개성이 중시됐고 특히 '외향성 강박'이 곳곳에 침투했다. 자신의 특별함과 매력을 널리 큰 소리로 알리는 것이 유리해진 것이다. 말수가 적고 내성적인 것은 '존재감이 없는' '사회성이 떨어지는' 이류적 특성으로 분류되기 시작했다.

말하기 자체에 대한 이미지도 크게 변했다. 1990년대 이후부터 이른바 논객들이 텔레비전과 라디오를 점령하고 기업 HRD(직원재교육과 변화관리)

의 화두로 '소통'이 떠오르면서 말하기가 재평가되기 시작했다. 특히 대기업들은 덩치가 커질수록 소통을 강조하고 나섰다. 우리 팀이 하는 일을 옆 팀이 모르는, 정보의 단절이 곳곳에서 일어났기 때문이다. 상부의 메시지가 조직 내에 촘촘히 박히고 다양한 팀들이 일사불란하게 움직이려면 정보의 틈은 채워져야 했다.

외환위기 이후 주로 미국이 본사인 컨설팅 업체들이 국내 기업에 이식해 놓은 프레젠테이션 문화와 수평적인 토론문화도 가세했다. '보이스카우트' 스러운 외향성, 유려한 자기표현 능력이 이제 대다수 기업들의 인재상이 됐다. 나만의 시간 속에서 몰입을 즐기는 이들, 외부 자극에 쉽게 피로를 느끼고 갈등을 회피하려는 이들, 자신을 떠벌리는 것에 본능적인 거부감을 느끼는 이들은 자신을 개조해야 할지 혼란스럽기 시작했다. 너나 할 것 없이 스피치 강의에 몰리고 말하기 능력을 끌어올려준다는 자기계발서를 집어 든다. 스티브 잡스처럼 말하는 자신의 모습을 상상하면서!

기업은 점점 더 느낌표의 공간이 되고 있다. 말줄임표는 이제 신중함보다는 유약함, 무책임함으로 읽히기 쉽다. 야심가들은 기회가 있을 때마다 자신의 존재를 알리고 자기 일이 얼마나 회사의 성장에 기여하는지 소리 높여 이야기한다. 오늘날 사회 전반에 퍼진 '달변의 욕망'에는 사실 경쟁 사회에서 자신을 (실제 이상으로) 드러내 인정받고 싶다는 절박함이 깔려 있다. 이제 '조용함'이 들어설 자리는 별로 없어 보인다.

말하기에 대한 필요 이상의 좌절, 그리고 욕망을 경험하기는 기업 경영진도 마찬가지다. 스티브 잡스는 산업의 지도뿐 아니라 리더에 대한 대중의 기대치도 바꿔놓았는데 이는 상당 부분 잡스의 신제품 출시 프레젠테이션 덕분이었다. 흔히 스티브 잡스에게 따라붙는 수식어는 '비전을 가진 리더(visionary leader)'다. 시장 예측은 갈수록 어려워지고 단기간에 기업뿐 아니라 한 산업마저 통째로 사라지는 오늘날, 종교 지도자와 같은 확신을 갖고 자신의 비전을 전파하는 잡스를 보고 사람들은 환호한다. 사람들은 이제 리더에게 성과뿐 아니라 스타성까지 요구한다. 물론, 직원과 고객을 자기편으로 만드는 것이야말로 리더가 원하는 바다. 기업 최상부층의 고민은 언제나 한결같다.

"어떻게 하면 내 말을 듣게 할 것인가? 어떻게 하면 기업의 목표를 전 직원의 마음속에 살아 숨 쉬게 할 것인가?"

리더의 이야기가 강력하고 많아질수록 회사 곳곳의 근거 없는 소문과 루머, 비난은 사라질 것만 같다. 때문에 경영자들은 전보다 더 '말하기'로 바쁘다. 직원들을 대상으로 각종 타운홀 미팅과 강의에 적극 나서고 동영상 메시지를 사내 방송과 인트라넷에 올리기도 한다(직원들에게 의무적으로 시청하게 하는 곳들도 있다).

사람들이 말하기에 대해 간과하는 것은, 그것이 본질적으로 메시지를 만드는 작업이라는 것이다. 서점가에 가득 꽂혀 있는 스피치 책들은 대부분의 내용을 발성, 표정, 몸짓, 말투 교정으로 채우고 있다. 메시지보다는 외적 호감을 높이고, 아무리 조용한 사람이라도 단번에 외향적으로 돌변할 수 있는 방법을 소개한다는 식이다. 그런 조언들이 무익한 것만은 아니다. 하지만 말하는 사람이 충분히 매력적인 '매체'로 작동한다면 그 안의 메시지는 덜 중요한 것일까? 흔히 달변의 능력으로 여겨지는 즉흥성, 순발력 같은 것은 메시지의 정교함(속도는 느릴지 몰라도)보다 우월한가?

다시 스티브 잡스로 돌아가 보자. 신제품 출시 프레젠테이션을 위해 잡스는 자신의 집 서재에 틀어박혀 슬라이드에 들어갈 내용과 연설의 요점을 직접 써내려갔고 수정했다. 특히 수정 작업은 자신뿐 아니라 동료들의 검토를 거쳐 수차례 진행됐다.

"그는 슬라이드 한 장당 예닐곱 번씩 수정해요. 프레젠테이션 전날 밤늦게까지 슬라이드를 점검한답니다. 저에게 세 가지 버전을 보여주고 의견을 묻습니다. 사소한 부분까지 심하게 집착하는 편이에요. 발표 예행 연습을 한 차례 한 다음, 한두 가지 단어를 바꾸고 처음부터 다시 예행 연습을 한다니까요."

잡스의 아내인 로렌 파월 잡스(Laurene Powell Jobs)의 말이다. 터틀넥과

청바지 차림에 생수병을 들고 무대 위를 여유 있게 오가는 모습에 후광을 입힌 것은 완벽히 준비된 메시지였다. 준비하기, 홀로 틀어박혀 집중하기, 정교하게 다듬기……. 이것은 내향성, 즉 조용한 이들의 특징 아니었던가? 잊지 말자. 말을 잘하는 것이 궁극적인 목표가 될 수는 없다. 말하기는 도구일 뿐, 그것을 통해 얻고자 하는 것은 상황에 따라, 상대에 따라 달라진다. 달변에 대한 어떤 이상향을 정해놓거나 스피치 전문가들의 매뉴얼 안에 갇히면 스텝이 꼬인다는 소리다. 당신이 만약 말하기에 자신이 없는 조용한 사람이라면, 말하기가 도구일 뿐이라는 사실부터 깨달아야 한다. 브라이언 리틀(Brian Little) 케임브리지대 교수의 '자유특성 이론'에 따르면, 사람들은 특정한 기질을 타고나고 환경에 따라 이 기질이 강화되지만 개인에게 핵심 목표가 생기면 그 기질의 한계를 뛰어넘는다는 것이다. 핵심 목표는 바로 메시지와 닿아 있다. 무얼 왜 말하고 싶은가? 조용함은 장애는커녕 날개옷이 될 수 있다. 조용한 이들은 상황을 관찰하고 홀로 생각하는 것이 더 강력한 본능으로 작용한다. 이들은 남에게 피해를 주고 싶어 하지 않기 때문에 말하기 전에 생각하고, 자신 있는 아이디어를 말한다. 그리고 이것은 강력한 메시지를 조립하는 데 매우 적절한 토양이다.

4

부하의 욕망에
귀를 기울이면

—

존중해야 존중받는다

"T. S. 엘리엇은 듣는 귀를 통해 시를 썼지만
우리 주변 듣기의 달인들은 그 능력을 통해 조직의 사다리에 올라선다.
그런데 아무도 사다리를 흔들어 그를 떨어뜨리지 못한다.
왜냐하면 그가 먼저 내 말을 듣고 존중해줬기 때문이다."

**함께
머리 싸매고
고민해주는 상사**

간만에 만난 나 차장이 커피를 사면서 자기 얘기 좀 들어보라고 했다. 뭔가 자랑하고 싶을 때 사람들은 커피를 산다. 그러나 그 자랑하고 싶은 게 피아노 신동이라 소문난 딸내미가 아니라 자기 상사일 줄은 몰랐다. 얼마 전까지만 해도 다리를 꼬고 앉아 자기 팀은 막장인 것 같다고 고개를 젓던 그가 아니던가.

"우리 팀이 하는 일을 알고는 있나? 아, 맞다! 김 차장 문과 출신이지! 저번에 유압원리에 대해 얘기해주니까 멘붕되더만. 그래, 쉽게 얘기해줄 게. 공장 안에 있는 기계들이 고장 나면 수리하고 관리해주는 거야. 생산에 지장을 주면 안 되니까 장비에 이상이 생기면 밤낮없이 달려가야 하고 주말에도 대기 상태여야 해. 기자를 해봤으니까 알겠네? 얼마나 힘든지. 남 휴가 가고 명절에 쉬는 동안에도 우리는 일해야 하잖아. 그리고 일의 특성상 잘하면 본전이야. 불만이 많았지. 서로 힘드니까 팀원들끼리 말 한마디 곱게 안 나가고 내 일 네 일 가르고……."

아, 알았다고! 그 불만은 전에도 들었으니까 새로 왔다는 상사 얘기나 해보라는 말에 나 차장이 입맛을 다셨다.

"이 양반이 나타난 거야. 박 상무. 원래 임원들은 새로 부임하면 벌이는 일도 많고 시키는 것도 많잖아. 초반에 바짝 성과를 보여야 하니까 자기가 뭘 원하는지 말도 참 많고. 자기네는 안 그래? 그런데 이 양반은 좀 다르더라고. 말을 번지르르하게 할 줄 몰라. 수줍어하는 건지 말도 좀 어눌하고, 현장 사람들에게 먼저 인사하고 현장 이야기를 듣더라고. 그러기 쉽지 않거든. 보통은 팩(파워포인트 보고서) 만들어오게 해서 책상에 앉아 읽고 말잖아.

그런데 이분은 문제가 생기면 같이 고민해보자면서 우리 얘기를 참 많이 듣더라고. 사실 현장의 문제나 해결 방법은 일하는 사람들이 가장 잘 알잖아. 휴일에 일하고 그다음 날 출근하면 우리 상무님이 보낸 메일 한 통이 와 있어. 휴일에 수고 많았다고, 내 업무가 어떻게 현장에 도움이 되는지 사람들에게 많이 듣고 있다고. 아, 저 사람은 다르구나. 일을 할 줄 아는구나. 요즘 우리 팀 분위기 좋아. 일할 맛이 난대, 다들. 우리 팀이 회사 전체를 대상으로 한 업무 만족도에서 최상위 등급을 받았잖아. 얼마 전엔 타 계열사에서 벤치마킹하러 찾아오기까지 했다고."

그의 입에서 '우리 상무님' 소리를 들으니 귀가 다 간지럽다. 책상으로 돌아와 인트라넷의 인물검색란에 박 상무의 이름을 쳐봤다. 어떻게 생겼는지 얼굴이나 좀 보자. 아, 이분! 기억이 났다. 공장 내 단체줄넘기 대회 때였다. 웬 단체줄넘기냐고? 온종일 책상머리에 앉아 있는 사무직에게는 생뚱맞을 것이다. 제조 현장에서는 스킨십이 중요하다. 몸을 부대끼고 땀냄새를 맡으며 친해지고, 플레이하는 모습을 보며 서로의 인격을 짐작한다. 박 상무를 찾는 일은 쉽지 않았다. 검게 그을린 얼굴에 공장 잠바를 입고 현장 직원들 사이에서 줄을 넘고 있었으니까. 눈에 잘 띄는 곳에 뒷짐 지고 서 있을 누군가를 찾은 내 시야에 들어오지 않은 것이 당연했다. 작은 눈에 순박한 웃음, 많은 사람들 앞에서 말하는 것에 수줍음을 느끼는 사람, 나서기보다 다른 사람들을 무대 위로 올리는 사람이었다.

그러나 어째서인지 그가 말하면 사람들은 들었고 움직였다. 대규모 생산 현장(공장)은 누구에게도 결코 만만한 장소가 아니다. 한 사람의 무성의나 악의가 전체 생산라인에 엄청난 파급 효과를 미칠 수 있는 곳이다. 때문에 리더들은 현장을 촘촘히 파악하고 장악해야 한다. 문제는 그것이 쉽지 않다는 것이다. 현장에는 수십 년간 한 분야만 파온 장인들이 수두

룩하다. 미크론(1000분의 1밀리미터) 단위의 오차를 손끝 감각으로 잡아내는 사람들 말이다. 리더의 말과 행동을 지켜보는 귀와 눈들이 곳곳에서 번득인다. 이들의 인정을 받아야 현장이 제대로 굴러간다. 겉으로 보이는 모습과 달리 현장에서는 힘의 관계가 역전된다. 리더가 무작정 일을 시키고 닦달한다고 일이 되지 않는다. 우리 모두 알고 있지 않나? 오히려 그런 상사들을 속여먹는 게 쉽다는 것을. 그런 상사들에게는 웃으며 "알겠습니다"라고 답하고 나중에 '이런저런 그리고 요런조런 이유로 안 된다고 합니다'라고 말하면 결국엔 답답한 사람이 우물 판다는 것을. 상대의 경험을 존중하고 자세를 낮춰 이야기를 들어야 현장은 곁을 내주고 힘을 실어준다. 같이 기름때 묻혀가며 머리 싸매고 고민해주는 상사에게 등을 돌리기란 참 쉽지 않은 일이다.

자기 말에 도취된 대한민국의 흔한 상사

기자 시절 알게 된 김 대리를 만났다. 디자인 업체에서 일하는데 최근 페북 내용이 심상치 않았다. 그러다 결국에는 페북을 끊었다. 자기 상사가 페친을 요청해서 아예 문을 닫았다는 것이다. 디자인 업체는 뜬구름 잡는 니즈와 관념, 즉 '느낌적인 느낌'을 이미지와 언어로 보여줘야 하는 곳이다. 말도 많이 하고 아이디어도 나눠야 한다. 그런데 요즘은 입도 뻥긋하기 싫다고 했다. 상사가 문제였다.

"기자님! 참, 이제 기자 아니지. 언니! 우리 상무 올해 목표가 '소통의 리더십'이래요. 자기 방 문짝에다 그렇게 써서 붙여놨더라고. 부담스럽게 문도 활짝 열어놓고, 1대1 면담자 순번도 정해서 알려주고, 밥도 돌아가면서 같이 먹자는 거예요. 뭐, 임원이 나서서 소통하자는데 나쁠 거 없다고 생각했어요. 그런데⋯⋯ 예정에 없던 회의가 진짜 많아진 거예요. 갑자기 브레인스토밍을 하자면서 들어오라질 않나, 업무 중간 점검을 해야겠다면서 호출하질 않나. 또 본인이 궁금한 게 있으면 수시로 불러요.

처음엔 우리끼리 어리둥절했어요. '왜? 왜 들어오라는 거야? 너 뭐 잘못했냐?' 저 같은 일개 대리가 임원이랑 마주 앉을 기회는 많지 않잖아요. 처음에는 내가 중요한 사람이 된 기분이었어요. 소통하는 리더는 다르구나. 그런데 윗분들의 소통은 좀 다르더라고. 아, 물론 처음에는 의견을 묻기도 해요. 사원, 대리급한테 '자네 의견은?'이라고 물어요. 뭘 어떻게 답을 해. 아무런 준비 없이 들어갔는데. 우물쭈물하고 있으면 상무가 자기가 원하는 답을 이야기하는 거지. 처음부터 그냥 본인 하고 싶은 말이나 하면 되잖아요. 그러다가 이야기가 엉뚱한 데로 가요. 조직에서 성공하려면 어떻게 해야 하고, 지금 사내 정치가 어떻게 돌아가고 있고, 옆팀 누구누구는 별로고⋯⋯. 누가 궁금하대?

그렇게 시간을 뺏어놓고 일은 다 했냐고 독촉은 또 좀 하냐고요. 우리 상무는 그냥 말할 무대, 자기 말을 들어줄 청중이 필요한 거야. 우리는 이제 그걸 아니까 입 딱 닫고 있어요. 한 귀로 듣고 한 귀로 흘리죠. 그렇다고 '상무님, 저희가 일을 해야 해서요. 그만 나가보겠습니다' 이럴 수는 없잖아요?"

김 대리의 상사는 자기 말에 도취된 대한민국의 흔한 상사 중 하나일 뿐이다. 상사들이 모르는 게 하나 있다. 그건 바로 부하 직원도 자신의 중요 고객이라는 사실. 성과를 내도록 도와주는 사람들이니 일개미들의 의견과 욕망에도 귀 기울여야 한다. 우리 모두 경험으로 알고 있다. 내가 존중받아야 내 안의 가장 좋은 것을 주고 싶지 않던가? 물론 쉽지 않은 일이다. 내가 만난 장 전무는 그 어려움을 이렇게 이야기했다.

"매월 두 시간 사원급들과 이야기를 나누고 있어요. 솔직한 이야기를 많이 듣고 싶었거든요. 처음에는 다들 눈치만 보더라고. 내가 꾹 참고 가만히 있으니까 침묵을 못 견디고 이야기들을 꺼내는데……. 사내 교육, 평가, 업무 분담, 야근 등등 평소보다 두 배 이상 솔직한 이야기들을 들을 수 있었어요. 팀원들과 나 사이에 생각의 갭이 작지 않다는 깨달음도 얻었고. 문제는 회의가 끝난 후였습니다. 회의록을 정리해 팀원들에게 전달하려고 하는데, 자꾸 제가 제 이야기를 쓰고 있더란 겁니다. 팀원들 얘기보다 내가 구구절절 적어놓은 말이 더 많아. 아, 듣기란 이렇게 어려운 거구나 싶었죠."

공들인 경청의 효과

존스홉킨스 경영대 학장 버나드 페라리는 《리슨》에서 "수많은 연구 결과 성공한 리더들은 상대의 말을 들을 때도 탁월한 능력을 보여주는 것으로 나타났다"고 했다. 우선 그들은 침묵을 지킨 다음 사려 깊고 끈질기며 공들인 경청을 통해 필요한 정보를 입수하고 문제를 해결한다는 것이다. 미국 조지워싱턴 대학의 조지 하비 교수가 만든 '애빌린 패러독스' 역시 듣기 능력이 성공과 비례함을 보여주는 한 예다. 애빌린 패러독스란 모두들 목표가 바람직하지 않다고 생각하면서도 이럭저럭 합의에 이르는 상황을 말한다.

우리가 더 높은 지위에 있는 사람의 말(혹은 힘 있는 다수)을 따르는 것은 사실 본능에 가깝다. '좋은 게 좋다'는 문화가 강한 국내 대기업에서 이런 현상은 일상다반사다. 갈등을 피하고 싶고 책임을 지고 싶지 않은 것이다. 게다가 빨리 자리로 돌아가 못 마친 일도 해야 하고, 오늘 특식이 나오니 얼른 구내식당에 가서 줄도 서야 한다. 나의 상사에게 진심으로 듣는 귀가 장착된다면 이런 '허위 합의' 현상을 예방할 수 있다. 허위 합의는 결국 실무자들에게 '안 해도 상관없었을 삽질'을 안긴다. "당신들도 동의했잖아, 안 그래?"라고 물으며 슬쩍 발을 빼는 상사에게 할 말이 없어진다.

협상에서도 조용히 듣는 편이 빛을 발할 때가 많다. 하버드대 로스쿨에서 만난 협상 전문가 로버트 누킨(Robert Mnookin) 교수는 원하는 것을 얻기 위해서는 "철저히 상대가 되어 생각해야 한다"고 말했다. 그는 이 이야기를 할 때 내 눈을 뚫어지게 보며 침까지 튀겼다. 하버드 로스쿨에서 30년 가까이 협상 프로그램을 진행했고 수많은 상사 분쟁에 참여했던 누킨 교수가 보기에 기업들이 저지르는 가장 큰 실수는 자신의 요구만을 주장하는 것이었다.

"상대의 머릿속을 읽어야 합니다. 그들의 생각이나 니즈뿐 아니라 감정 상태까지 알고 있어야 해요. 또 상대가 어떤 부분에서 신뢰를 품는지도 파악해야 합니다. 상대에 대한 정보를 최대한 많이, 정확히 수집하는 것이 출발입니다. 그러기 위해서는 잘 들어야 하죠."

하버드 국제 협상 프로그램을 지휘하고 있는 다니엘 샤피로(Daniel Shapiro) 교수 역시 책 《원하는 것이 있다면 감정을 흔들어라(Beyond Reason)》를 통해 "상대를 인정해주면 그렇지 않는 경우보다 훨씬 더 좋은 결과를 얻을 수 있다"면서 경청의 중요성을 강조했다. 협상의 고수들은 상대를 깔아뭉개고 내가 전달하고자 하는 것에만 집중하지 않는다. 그렇게 하면 상대가 나의 의견을 존중할 리 없기 때문이다. 서로가 귀를 닫아버리면 더 강력히 자기주장만 내세우다 결국엔 분쟁과 소송으로 이어지는 일이 다반사다.

상대의 말에는 많은 정보가 숨어 있다. 행간을 누가 더 정확히 읽어내느냐에 따라 승패가 갈린다. 회의석상에서, 협상 테이블에서 홀로 집중하는 조용한 개인이 있다면 긴장하라. 모두가 서로를 악마화하며 감정을 불태우는 사이 조용히 듣고 정보를 읽어내는 그는 시간이 지날수록 공정한 중재자로 존재감을 드러낼 것이다. 조용한 성품을 통해 정확하고 아름다운 시구를 골랐던 T. S. 엘리엇은 이렇게 썼다.

"그저 당신을 관찰하기만 하고서도, 또는 마음껏 얘기하시게 내버려두고서도 얼마든지 알 수 있고, 말씀하시지 않는 것까지도 눈치챌 수 있습니다."

엘리엇은 듣는 귀를 통해 시를 썼지만 우리 주변 듣기의 달인들은 그 능력을 통해 조직의 사다리에 올라선다. 그런데 아무도 사다리를 흔들어 그를 떨어뜨리지 못한다. 왜냐하면 그가 먼저 내 말을 듣고 존중해줬기 때문이다.

회의를
잘못된 결론으로
이끄는
집단 오류들

회의할 때 잘 관찰해보자. 가장 많은 이야기를 하는 사람은 누구인가? 상사인 경우가 대부분이다. 그들은 끊임없이 이야기한다. 묻지도 않았는데 조언하고, 끊임없이 지적하고, 지시를 내린다. 한 얘기를 또 하는 경우도 있다. "각자 자기 생각을 이야기해보라"면서 결국 자기가 내린 결정을 피력해 은근한 압박을 가한다.

회의는 '백지장도 맞들면 낫다'는 집단 지성에 대한 믿음에 기초한다. 그러나 차라리 하지 않는 게 좋았을 회의들이 얼마나 많은가? 시간 낭비는 물론이고 리더를 포함한 소수의 이야기만 듣다가 결국엔 잘못된 결정을 내리는 '집단 오류'가 발생하는 회의들 말이다. 하버드대 로스쿨의 캐스 선스타인(Cass R. Sunstein) 교수는 이런 집단 오류가 생기는 이유 중 하나로 '평판에 대한 압박(reputational pressures)'을 든다. 이는 사람들이 다른 이들의 반감을 사지 않으려고 입을 열지 않거나 생각을 굽히는 것을 뜻한다. 특히 권력자의 반감을 사면 타격이 크다는 건 너무나 당연하다. 평판에 대한 압박이 세지면 아래 네 가지 현상이 발생한다.

1. 오류의 증폭
집단이 구성원의 오류를 바로잡지 못하고 오히려 증폭시키는 경우다. 리더의 말에서 뭔가 이상한 점이 발견되더라도 그의 심기를 거스를까 두려워서 고개를 끄덕이고, 심지어 이를 뒷받침하는 이야기까지 꺼내는 경우다. 리더의 오류는 시간이 지날수록 증폭된다.

2. 폭포효과

먼저 말을 꺼내고 행동을 시작한 사람을 따라 하는 현상이다. 리더가 먼저 자신의 의견을 피력하면 사람들은 비판적으로 생각하지 않고 거의 자동적으로 수긍하고 받아들인다. 그의 말에 반기를 들면 귀찮아진다. 심리적 압박 속에 무언가 대안을 제시하고 행동해야 하는 것이다. 그런 부담이 예상되면 아무도 선뜻 손을 들고 말하지 않는다.

3. 집단 극화

토론 전보다 후에 더 극단적인 성향을 보이는 현상이다. 힘 있는 사람이 어떤 의견을 절대적으로 지지하면 이에 찬동하는 무리가 생겨나고 토론 전보다 후에 분위기는 더 극단으로 치닫는다.

4. 숨은 프로필

모두가 알고 있는 부분에만 신경을 쓰느라 소수가 알고 있는 중요 정보를 간과하는 현상이다. 가장 힘 있는 사람이 어떤 정보나 관점에 꽂히면 그 외 중요 정보를 무시하게 된다. 만약 중요 정보를 가진 사람이 조직 내의 소수인 여성이나 낮은 직급의 사람들이라면 그들의 목소리는 빛을 보기 힘들어진다.

이런 집단 오류를 방지하기 위해 선스타인 교수가 제시한 첫 번째 방법이 바로 '과묵한 리더가 되어라'다. 리더가 처음부터 자기 의견을 말하면 다른 이들은 말을 삼가고 반론을 제시하지 못한다. 반면 리더가 경청의 자세를 갖고 다른 이들의 발언을 장려하면 토론에 큰 도움이 된다는 것이다. 처음부터 확고한 태도를 보이지 말고 다양한 정보가 나오도록 여지를 둬야 한다. 그래도 활발한 토론이 이루어지지 않는다면 구성원들에게 역할을 지정해주는 것도 좋다. 구성원마다 각자 전문적 역할이 있고 서로가 그 역할을 존중한다면 정보가 다각적, 합리적으로 수집될 확률이 높다. 또 악마의 변호인을 정해 집단의 의견과 반대되는 이야기를 하게 하자. 지목된 사람들은 자기 역할을 할 뿐이라서 집단 내 주류의 입장에 반대하는 데도 압박감이 적다. 이런 사람들을 모아 아예 '레드팀(red team)'을 만들어도 좋다. 레드팀이란 주류 논리를 반박하는 가상의 목표를 가진 팀, 어떤 제안이나 기획을 진행하는 과정에서 생길 만한 최악의 상황을 가정해 반문하는 팀을 말한다. 이들이 팀의 실수나 오류를 찾아내고 계획의 취약점을 드러낼 수 있도록 보상하는 것도 중요하다.

"It's not what you say, John, it's how you say it."

"무엇을 말하는지가 중요한 게 아니야, 존. 문제는 어떻게 말하느냐지."

5

그의 말, 그녀의 말

—

입장의 차이

"문과냐 이과냐, 여성이냐 남성이냐, 경상도냐 충청도냐, 50대냐 20대냐…….
다름이 소통의 벽이 되지 않게 하려면 상대의 말하기 스타일을 먼저 파악해야 한다.
어쩔 수 있나. 여기는 학교 동아리가 아니라 월급 받고 일하는 직장인 것을."

언어의 세계
vs
숫자의 세계

　　　　　　"이번 제품의 브랜드 콘셉트를 플렉서빌리티(flexibility)로 하면 어떨까요?"

　"무신 소린교? 플렉서빌리티? 아니, 우리 엔진 제품이 얼마나 강건한데. 플렉서빌하다고 하면 고객들이 '그거 엔진 휘어지는교?' 하고 묻는다 아입니꺼?"

"아, 아뇨. 이건 고객과의 관계를 뜻하는 거예요. 눈에 안 보이는 무형의 관계, 즉 고객의 요구와 니즈에 따라 우리 제품의 기능을 업그레이드한다, 언제든 고객의 요구에 맞출 준비가 되어 있다. 이렇게 고객을 대하는 우리의 자세를 뜻하는 겁니다."

"에이, 그래도 플렉서빌리티 안 된다 아인교. 마, 스트롱, 파워풀……이런 거면 모를까."

"이제는 감성 품질이 중요한 시대예요. 고객들이 받아보고 '아, 이거 내가 일하기에 참 좋게 만들어졌다'라고 느끼게, 이렇게 감성적으로 고객들을 만족시키는 거요. 플렉서빌리티는 그런 포인트로 잡아봤고요."

"에이, 우리 엔지니어들은 그거에 동의 못 합니더."

30분째 '플렉서빌리티'를 놓고 설왕설래가 이어졌다. 브랜드팀의 강 과장은 벌써부터 눈이 퀭해지는 걸 느꼈다. 영문학과 전공의 그는 입사 10년간 '느낌적인 느낌'에 언어를 씌워 브랜드라는 우리 안에 가두는 업무를 해왔다. 문과 순도 100퍼센트인 그는 공단이 밀집한 창원에 도착하자마자 주눅이 들었다. 바람결에 스치는 기름 냄새와 쇠 냄새는 그가 직관과 언어의 세계에서 숫자와 물질의 세계로 이동했음을 알려줬다.

그의 입장에서 엔지니어들은 굳게 닫힌 성문 같았다. "아이쿠, 반갑습니다", "어머, 말씀 많이 들었어요~" 같은 서울형 노크에 그 성문은 쉽게 열리지 않았다. '당신이 나랑 언제 봤다고 친한 척?' 뚱한 표정만이 돌아왔을 뿐. 최소한 다섯 번 이상은 얼굴을 보고, 세 번은 밥을 먹고, 한 번은 거하게 술을 먹어봐야 속내를 볼 수 있을 것 같았다.

그렇다 하더라도 과연 플렉서빌리티에 대한 입장 차가 좁혀질까? 강 과장은 요즘처럼 기술과 공학이 우대받는 시대에 문과를 선택한 자신의 단견 앞에 새삼 입맛이 썼다. 그래도 고교 시절로 돌아가 《수학의 정석》을 펴놓고 미적분을 풀고 싶지는 않았지만.

　엔지니어 외길 20년인 조 부장에게 '플렉서빌리티'니 '릴라이어빌리티 (reliability)'는 대체 뭐 하자는 수작인지 알 수 없는 암호였다. '불량률 제로', '납기 준수율 100퍼센트' 같이 손에 딱 잡히는 말이야말로 진짜였다. 제조업에서 허세는 망할 징조였다. 자신의 고객이 누구인지는 스스로가 가장 잘 알았다. 자기처럼 기계를 잘 아는, 잔뼈 굵은 고객사였다. 평생 살면서 '플렉서빌리티'의 플 자도 못 들어봤을 사람들이었다.

　사실 조 부장은 플렉서빌리티보다도 강 과장의 태도가 맘에 들지 않았다. 기계에 대해 아무것도 모르면서 나를 설득하겠다니. 아무리 귀찮아도 엔진의 설계 원리 정도는 알고 와야 하는 거 아니야? 토크(torque, 물체를 회전시키는 원인이 되는 물리량) 같은 아주 기본적인 원리를 설명해달라고 할 때는 '이거 환장하겠네'라는 소리가 입안에서 맴돌았다.

　직장에서 말하기란 상대와의 '밀고 당기기'에서 상대를 내 쪽으로 끌어당기는 기술이기도 하다. '상대의 입장이 되어보라', '공동의 목표를 어필하라', '경청하고 존중하라' 같은 일반론이 늘 먹히는 것은 아니다. 특히 우리나라 기업에 아주 흔한 두 가지 벽에 부딪히는 경우가 그렇다. 첫 번째는 문과와 이과 출신 사이에 존재하는 소통의 벽이다. 회사 일을 하는데 그게 대수냐고 생각할 수도 있겠지만 문 · 이과는 생각하고 관계를 맺는 방식이 서로 다른 상태에서 수십 년을 살아온 사람들이다. 말하기가 철저히 사회적 행동이라는 점에서 서로가 말하는 진의가 그대로 읽히기 어렵다는 뜻이다.

이해관계가 대립하는 가운데 긴밀히 협력해야 하는 상황이 오는 경우 현장과 스태프 인력(법무, 재무, 마케팅 등) 사이에 의견이 좁혀지지 않는 이유도 여기에 있다. 현업 사람들이 법무팀에 "고루하고 보수적이라 말이 통하지 않는다", 재무팀에 "업도 모르면서 오로지 숫자만 밝힌다", 마케팅팀에 "번지르르하게 포장만 할 줄 알지"라는 불평을 하는 걸 자주 본다. 대부분 문과 출신인 스태프 인력들은 현업에 대해 "전체 숲은 보지 못하고 자기 영역만 들이파는 오타쿠들"이라고 말한다. 결국 성과를 내서 회사가 잘되는 게 공동의 목표인데도 말이다.

스티브 잡스의 '현실왜곡장'은 문과 출신들에게는 말 그대로 왜곡이고 무례함이었지만 같은 엔지니어들에게는 축복이었다. 문과 출신이 점령한 신문사에서 제조업으로 자리를 옮기고, 나는 문·이과 사이 소통의 벽이 일의 진행을 늦추고 서로를 피곤하게 하는 경우를 많이 목격했다.

화성어와 금성어가 충돌하는 지점

두 번째 벽은 남녀 간의 말하기 차이에서 만들어진다. 평소 알고 지내던 대기업 임원 하나가 나를 붙잡고 "이유를 알고 싶다"고 했다.

"여성들이 뛰어난 건 알겠어요. 꼼꼼하고 책임감도 강하고 말이지. 그런데 가끔 '왜 이러나' 싶을 때가 있어요. 뭔가를 계속 나한테 물어. '상무님, 이건 이렇게 하는 게 맞을까요?' '어떻게 할까요?' '지금 진행해도 될까요?' 내 밑에 팀이 여덟 개요. 팀별로 업무가 어떻게 진행되는지 디테일까지 챙기지를 못 한다고. 그럼 나는 이런 생각이 드는 거야. '지금 나한테 책임을 떠미는 건가? 자신의 업무에 이렇게 자신감이 없어서야 내가 어떻게 팀장을 맡기고 승진을 시키지?'

남자들은 묻기보다 설득하려 해요. '이러이러하게 진행하는 것이 최선입니다. 상무님 의견 주시면 반영하겠습니다'라고 한다거나 내가 마음에 안 들어할 경우 선택할 수 있는 대안을 제시한다거나. 나한테 보고를 하려면 확신과 믿음도 같이 팔아야 하는 겁니다. 여성들이 자신감이 없는 건가요? 아니면 겸손해서 그런 건가요? 나는 헷갈려요. 회의 때도 자기 주장이 별로 없으니 아무리 능력이 있어도 존재감이 없어. 승진 시즌에도 자신을 충분히 어필하지 못해놓고 '여성이 불리하다'는 식으로 이야기하니, 원."

해묵은 이슈. 유리 천장 이야기가 나올 때마다 셰릴 샌드버그 같은 센 언니들이 "여성들이여, 들이대라!"고 외치는 이유다. 그렇지만 이는 사실 남녀의 말하기 스타일 차이에서 오는 오해다. 남성이 다수인 기업에서는 특히 조직의 위로 올라갈수록 남성어가 표준이 된다. 어릴 적부터 남성 또래 집단 사이에서 훈련된 언어 말이다. 이런 환경에서 수적으로 열세인(올라갈수록 더욱 열세인) 여성이 소수 언어인 여성어로 말하니 먹힐

방도가 없는 것이다. 여성이 금성어를 버리고 화성어를 배우든가, 남성이 금성어의 행간을 읽을 줄 안다든가 하지 않는 이상 말이다.

　미국 조지타운 대학의 언어학자인 데보라 태넌(Deborah Tannen)은 여성과 남성이 직장에서 다른 말하기를 구사하는 것은 어릴 적 또래 집단의 영향 때문이라고 했다. 그는 유아부터 성인까지 남녀의 말하기 전략을 분석했다. 그 결과 여성들은 동성 또래 집단 내에서 관계 측면에 집중하고 남성은 지위 측면에 집중해 말하기를 했다. 이는 유아기부터 만들어진 오랜 습관이다. 여자아이들은 소규모 그룹 혹은 한 명과 '베프'를 먹고 많은 시간을 이야기하는 데 보냈다. 상대에게 자신의 비밀을 어느 정도나 털어놓는지로 친밀함의 정도가 결정됐다. 여자아이들 사이에서 인기가 꽝인 애들은 스스로에 대한 확신이 너무 강한 아이들이었다. 한마디로 이래라 저래라 보스처럼 구는 여자애였다. 또래들은 "지가 뭔데?", "자기가 대단하다고 생각하나 보지?"라며 조롱한다. 그렇게 여성들은 자신의 니즈를 다른 이들의 니즈와 균형 맞추는 법을 배워갔고 서로의 체면을 지켜주는 방식을 택했다. 한국도 다르지 않다. 사실 이 자체로는 문제가 없다. 어찌 보면 수평적인 말하기 스타일이다.

　한편 남자아이들은 매우 다른 식으로 말하기를 배운다. 그들은 보다 규모가 큰 또래 집단에 속해 놀길 즐겼고 그 그룹의 규모가 클수록 좋다고 생각했다. 구성원 모두가 같은 취급을 받지는 않았다. 높은 지위의 아이들은 자신을 높이고 돋보이게 하는 걸 좋아했다. 집단 속에서 한 명 혹은 한 줌의 아이들이 리더가 됐고 다른 아이들은 그들이 명령을 내린다고 해서 비난하지 않았다. 때문에 남자아이들 사이에선 자신의 능력과 실력을 광고하고 다른 아이들에게 도전하는 것이 일상이었다. 높은 지위를 획득하고 그걸 유지하기 위한 방법으로 명령을 내렸다. 혹은 이야기나 재밌는 농담을 해서 그룹의 중심에 설 수도 있었다. 어쨌거나 그들은 돋보이고자 했다. 이렇게 커온 남성들의 눈에 자신을 낮추고 상대에게 의견을 묻는 여성들의 말하기는 자신감 없는 행동으로 비춰질 수 있다.

그렇다면 여성이 갑자기 남성어를 구사해야 하는가? 태넌 교수는 그렇지 않다고 말한다. 아니, 그렇게 단번에 변하기 어려울 것이다. 말하는 방식은 우리가 누구이고 어떤 사람이 되길 원하는가, 즉 정체성과 연결되기 때문이다. 그러니 최소한 서로가 왜 저런 방식으로 말하는지 이해하는 게 필요하다.

야심만만하고 카리스마 넘쳤던 나의 상사 중 한 명은 사회 초년병이었던 내게 '미안하다는 말을 자주 하지 말라'고 조언했다. 내가 남들에게 굽실거리는 것도 아니고 사과 역시 적절한 타이밍에 한다고 믿었는데 왜 그러지? 나의 '죄송해요', '죄송하지만'은 내가 상대를 배려한다는 신호, 호감의 표시였다. 석고대죄하겠다는 뜻이 아니라 관계를 맺는 일종의 의식에 가까웠다. 여자들이 모이기만 하면 "너 요즘 살 빠졌다"로 시작하는 덕담을 주고받고서야 본격적인 대화를 시작하는 것과 비슷하다고나 할까? 내 눈에는 그가 오히려 자기 잘못을 인정하지 못하는 캐릭터로 읽혔다. 남성인 그가 말했다.

"미안하다는 말은 자신감 없어 보여. 그 말을 많이 하다 보면 사람들은 실제로 너한테 무언가 잘못이 있는 것처럼 느낀다니까. 사과를 받아야 할 사람이 당연히 자기라고 생각하지."

이제야 알 것 같았다. 지위 측면에서 바라볼 때 '미안하다'는 말은 꼬리를 내리고 스스로의 지위를 격하시키는 말하기였던 것이다. 그 이후 나는 남자들과 함께 있을 때면 '미안하다'는 말의 빈도를 줄여갔다. 대신 팩트로 설명했다. "제가 답이 늦어져 번거롭게 해드렸네요." "이번 기획은 내부 사정으로 인해 예정대로 진행되지 못할 것 같습니다." 같은 이유에서 여성이 다수인 조직에서 여성어에 능통한 남성은 대환영을 받을 것이다.

남성들이 알아야 할 여성어 중 하나가 칭찬이다. "너 요즘 살 빠졌다" 와 같은 의식으로서의 칭찬. 이에 대한 인식 차이가 직장 내에서 오해를 불러일으키기도 한다. 여직원들에게 일제히 '재수 없다'는 평가를 받는 남자 직원이 있었다. 신기하게도 남자 직원들 사이에서 그의 평가는 중상 정도 됐다. 여직원들은 그에 대해 "자기가 뭔데 가르치려고 해"라는 평가를 내렸다. 옆 팀의 여자 차장 하나가 어느 날 나를 붙잡고 하소연을 했다.

"상무님 앞에서 저랑 장 과장이 보고를 하고 나오는 길에 제가 기분이 후련해서 장 과장한테 '보고 좋았다'고 해줬어요. 근데, 이 인간이 고맙다는 말도 안 하는 거예요. '차장님도 좋았어요'라는 말까지는 기대를 안 해, 내가. 답답해서 내가 물었죠. '상무님이 제 보고는 어떻게 생각할 거 같아요? 과장님 생각엔 어땠어?' 으휴. 내가 등신이지. 걔한테 왜 그걸 물었을까. 암튼, 장 과장이 그때부터 가르치기 시작하는 거야. '이 차장님, 근데 5페이지 영업이익 수치가 좀 틀린 것 같더라고요', '오늘 말씀하신 건 지주사와 조율은 되신 거예요?' 등등……. 아니, 내가 지보다 직급이 위라고! 날 무시하는 거야 뭐야?"

화성어와 금성어가 충돌하는 지점이다. 여성인 이 차장은 칭찬을 주고받으면서 보고가 끝난 것을 기념하고 싶었을 것이다. 그건 그냥 '수고하셨습니다'와 같은 맥락이었다. 그리고 자신의 선의에 대한 상대의 화답을 기대했지만 듣지 못했다. 그녀는 한 발 더 나아갔다. '내 보고는 어땠어?' 남성인 장 과장은 그것을 '피드백을 달라'로 받아들였다. 순간, 그의 '지위 레이더'가 반짝 켜졌다. 자신이 높은 지위에 서서 상대에게 조언을 해줄 기회를 덥석 물어버린 것이다. 관계 중심과 지위 중심의 세계관이 쾅 부딪히는 순간이다. 서로의 다름을 이해하는 수밖에 없다. 남성은 의식으로서의 칭찬에 익숙해지면 되고, 여성은 남성들 사이에서 칭찬을 앞세워 잘 보이려고 너무 애쓰지 않아도 된다.

말하기는 오랜 세월 개인 내면에 축적된 문화적 경험의 산물이다. 말하기 스타일이 서로 다를 수밖에 없기에 나의 '어'가 상대에게 '아'로 들릴 수 있다. 문과냐 이과냐, 여성이냐 남성이냐, 경상도냐 충청도냐, 50대냐 20대냐……. 다름이 소통의 벽이 되지 않게 하려면 상대의 말하기 스타일을 먼저 파악해야 한다. 상대가 상사라면, 그의 기준에 맞게 나의 말하기 스타일을 점검해보자. 어쩔 수 있나. 여기는 학교 동아리가 아니라 월급 받고 일하는 직장인 것을.

그의 말, 그녀의 말

미국의 여성 리더십 계발 전문 컨설팅펌인 플린 히스 홀트(Flynn Heath Holt)는 〈포천〉이 선정한 500대 기업의 남녀 임원 300여 명을 대상으로 회의 시간에 남녀가 서로를 바라보는 시각의 차이를 설문조사했다. 조사에서 남성은 여성이 회의에서 자기 목소리를 잘 내지 못할 때가 많다고 인정했지만 그 이유에 대한 생각은 여성과 같지 않았다.

그의 말	그녀의 말
여자들이 비판에 어떻게 반응할지 잘 모르겠군요.	우리가 피드백을 달라고 해도 안 줘요.
여자들은 간단명료하게 말하면서 논점을 유지할 줄 알아야 합니다.	우리는 낡은 생각을 재포장하거나 뻔한 말을 되풀이하기 싫어요.
여자들은 자기주장을 더 강하게 해야 합니다.	대화에 끼어들기가 어려워요.
여자들은 격식에 구애받지 않고 즉흥적으로 말해야 해요.	우리는 (준비된) 프레젠테이션을 하는 게 좋아요.
여자들은 이의가 제기되면 방어적으로 변하죠.	우리는 며칠이 지난 후에도 계속 회의 때 일을 되새겨요.
여자들은 남자보다 감정적이에요.	감정적인 게 아니라 열정적인 거죠.
여자들은 남자보다 자신감이 부족해요.	그렇긴 하지만 우리는 5대 1로 수적 열세인 데다 '꿔다 놓은 보릿자루' 같은 기분이 자주 들어요.

설문조사에 따르면, 남성 임원들은 회의에서 남들에게 휘둘리지 않고 발언하기 위해 적극적인 표현으로 권위 있게 말하고, 얼버무리는 대신 당당하게 자기주장을 펼치며, 남의 생각에 그냥 동의하는 대신 거기에 살을 붙여 자기 생각으로 발전시킨다고 했다. 폴린 히스 홀트 사의 소통 전문가들은 여성들도 그렇게 할 수 있는 방법을 소개했다.

기존 화법	새로운 화법
~하는 것 어때요?	~하기를 적극 추천합니다.
내 생각도 비슷해요.	전적으로 맞는 말입니다. 그 이유는……
내 생각에는 혹시……	~하기를 강력히 제안합니다.
동의해요.	전적으로 동의합니다. 왜냐하면……
어쩌면 ~할 수도 있을 것 같아요.	내 계획은 이렇습니다.
저기, 혹시 ~하면 어떨까요?	~하기를 제안합니다.

입장 차를
줄이는 방법

성별이나 자라온 문화 차이만큼이나 좁혀지기 어려운 건 '입장의 차이'다. 협상에서 지루한 밀고 당기기가 지속되는 것도 입장의 차이 때문. '입장의 차이'가 우리의 삶에 큰 영향을 미치는 경우? 바로 일자리 협상이다. 평생 직장이란 개념은 일찌감치 사라졌다. 내 비전과 야망이 성장하는 대로 일자리를 갈아타는 것도 '오래' 일할 수 있는 방법이다. 이직을 결정하는 순간 당신은 협상 테이블에 앉게 된다. 상대는 이직하려는 회사의 인사 담당자일 수도, 장래 상사(고용주)일 수도 있다. 입장의 차이는 단순하다. 나는 보다 좋은 조건으로 옮기고 싶고, 상대는 보다 적은 비용으로 나를 받아들이고 싶어 한다. 나는 의지가 충만하지만 상대에게 나의 잠재력은 아직 검증되지 않았기 때문이다. 이런 입장 차를 줄여 양측의 만족도를 올리는 방법을 하버드 경영대 협상 전문가 디팍 말호트라(Deepak Malhotra) 교수는 다음과 같이 소개했다.

1. 호감의 영향력을 과소평가하지 마라

호감은 매우 중요하다. 협상 자리에서 호감을 주지 못하면 상대가 내게 더 나은 제안을 할 확률은 줄어든다. 단지 예의를 차리라는 것이 아니라 어느 정도의 긴장과 균형감각을 유지하는 게 좋다는 것이다. 정당한 대우를 요구하되 욕심 부리는 것처럼 보이지 않아야 하고, 제안의 부족한 점을 짚되 옹졸해 보이지 않아야 하고, 집요하되 성가신 존재가 되지 않아야 한다. 협상을 잘하는 사람은 대개 다른 사람이 자신의 접근 방식을 어떻게 받아들일지 면밀하게 살펴 이런 어려움을 극복한다.

2. 요구 사항이 왜 정당한지 설득하라

내가 바라는 대우를 받을 가치가 있다는 믿음을 상대에게 줘야 한다. 제안만 던지지 말고 스토리를 함께 줘야 한다. 즉 내가 바라는 사항(직급 상승, 급여 인상)만 얘기하지 말고 요구 사항이 왜 정당한지를 설명해야 한다. 요구 사항에 타당한 이유가 없으면 요구하지 않는 편이 낫다. 내가 가치 있는 사람이라고 어필하는 일은 그 메시지를 잘 전달할 방법을 고민하지 않으면 자칫 오만해 보일 수 있다.

3. 입사 의지를 확실하게 보여라

너무 오만하게 보이면 상대는 당신을 붙잡고자 하는 의지를 잃는다. 상대역시 당신이 원하는 파격적이거나 개선된 조건을 수용하려면 내부 설득을해야 한다. 그렇게 노력을 했는데도 당신이 다른 곳으로 갈 것 같으면 그는 아예 노력을 기울이려 하지 않을 것이다. 더 좋은 조건을 놓고 협상하려면 입사 의지가 있다는 걸 확실하게 보여라. 오라는 회사가 많다는 사실을 내비쳐서 당신을 붙잡게 할 순 있겠으나 당신이 이 방법을 강하게 쓸수록 상대방은 당신을 잡을 수 없을 것이라 생각할 가능성이 높다.

4. 테이블 맞은편 상대를 먼저 파악하라

협상은 회사가 아니라 사람이 하는 것이다. 그러니 맞은편에 앉은 사람을설득하려면 먼저 그를 파악해야 한다. 상대의 관심사는 무엇이고 개인적인 우려는 무엇인가? 상사가 될 사람과 협상하는 것은 인사부서 담당자와협상하는 것과 매우 다르다. 인사부서 담당자에게는 근무 조건에 대해 상세하게 물어볼 수 있겠지만 상사가 될지도 모르는 사람을 소소한 요구 사항으로 성가시게 하지는 말자. 인사 담당자에게 당신은 후보 중 하나일 뿐이고, 따라서 전례를 깨면서까지 당신에게 파격적인 조건을 제시하려 하진 않을 것이다. 그러나 당신의 합류로 직접적인 득을 얻는 상사는 당신의 요구가 받아들여지도록 도울 수 있다.

5. 상대에게 주어진 제약을 고려하라

협상 상대가 당신을 마음에 들어 할 수 있다. 당신의 요구 사항이 정당하다고 생각할 수도 있다. 그런데도 요구 사항을 들어줄 수 없다면 그 이유는 무엇일까? 상대가 어떤 부분에서 유연성을 발휘할 수 있고, 또 어디서 그렇지 않은지 파악하는 것이 당신이 할 일이다. 상대가 가진 제약을 잘 이해할수록 당신이 양측의 문제를 해결할 대안을 제시할 가능성이 높아진다.

6. 질문자의 의도에 초점을 맞춰라

누군가에게 허를 찔리는 질문을 받았다면 다음과 같은 간단한 규칙을 기억하자. 중요한 것은 질문이 아니라 질문자의 의도다. 답하기 곤란한 질문이라도 질문자에게는 별 뜻이 없는 경우가 종종 있다. 고용주가 "내일 당장 출근할 수 있는가?"라고 물었을 경우 이는 당신을 코너에 몰아넣으려는 것이 아니라 당신이 정말 그 일을 하고 싶어 하는지 궁금한 것일 수 있다. "다른 데서 이직 제안을 받았는가?"라는 질문은 당신의 플랜B를 캐내려는 것이 아니라 당신이 어떤 일을 찾고 있는지, 당신이 이 회사에 들어올 가능성이 있는지 알기 위한 것일 수도 있다. 질문이 어려우면 최악의 경우를 가정하지 말고 질문의 의도를 파악해서 답을 하거나 면접관이 해결하려는 문제점이 무언지 명확히 해달라고 요청해보자.

7. 한꺼번에 협상하라

어떤 제안을 받고 그중 일부에 우려되는 점이 있다면 변경 사항을 한꺼번에 제안하는 게 좋다. "연봉이 조금 낮으니 다시 생각해주시겠습니까?"라고 해서 연봉이 조정됐다면 "감사합니다. 그런데 두 가지 사항에 대해서 더⋯⋯"라고 말하지 말란 소리다. 처음에 한 가지를 요청하는 경우 상대는 그 요청만 받아들이면 당신이 제안을 받아들일 것이라 가정한다. 두 가지 이상을 요청할 경우 A, B, C, D…… 이런 식으로 요구 사항을 모두 언급하는 대신 각 사항의 상대적인 중요성을 넌지시 알려라.

8. 협상을 위한 협상은 하지 마라

장래의 고용주와 시시콜콜한 문제까지 협상하려 들지 마라. 정말 중요한 사항에 대해서는 철저하게 협상하되, 사소한 문제까지 일일이 흥정하려 들지 마라. 조금 더 얻기 위해 싸우다 보면 상대를 불쾌하게 만들 수 있다. 당신의 협상력을 평가받는 자리가 아니다.

9. 상대가 당신을 일부러 골탕 먹이려는 것이 아니라는 사실을 기억하라

연봉 협상이 힘들거나 공식적인 오퍼(offer) 확정이 늦어지면 장래 고용주가 당신에게 감정이 있다고 여길 수 있다. '나를 골탕 먹이려고 그러나?' '나를 고용하지 않으려는 걸까?' 이런 생각들이 꼬리를 문다. 그러나 절차가 이미 상당히 진행된 상태라면 당신을 마음에 들어 하는 것이다. 인사 담당자에게 다른 일이 많아 일처리가 늦어지는 것일 수도 있다. 계속 접촉하되, 인내심을 가져라. 더 이상 기다릴 수 없으면, 실망이나 분노를 드러내지 말고 연락을 해서 명확한 시기를 정해달라고 요청하거나 상황을 진행시키기 위해 무엇을 도와야 하는지 물어보자.

10. 인내하면 변화가 생긴다

오늘 협상할 수 없는 문제도 내일은 협상 가능할 수 있다. 시간이 지나면 관심 사항과 제약 조건이 변한다. 인내심을 갖자.

"We have lots of information technology. We just don't have any information."

"우리가 가진 정보 기술은 어마어마합니다
그런데 우리는 아무 정보가 없어요.
(정보를 제대로 메모하고 정리하는 법 없을까요?)"

6

프레지처럼
메모하라

—

**자기 언어로 메모해야
기억에 남는다**

"메모를 위한 메모를 하라는 소리가 아니라 당신의 아이디어를 정리하고 그 속에서
실행 가능한 목표를 설정하라는 겁니다. 메모해두지 않으면,
당신이 자리를 떠나기 전에 아이디어가 먼저 당신 머릿속을 떠날 겁니다."

냅킨 한 장에 담긴 메모

기자 시절 무언가를 홍보하고 싶은 사람을
만나 어쨌든 써야만 하는 기사를 쓸 때가 종종 있었다. 도대체 밀고 당
기는 맛이 없었다. 기업 홍보팀이 신제품 출시 보도자료를 건넬 때, 다른
언론들이 다 써서 안 쓸 수 없게 됐을 때, 이미 했던 말을 또 하느라 지쳐
버린 인터뷰이와 마주 앉아서도 마찬가지였다. "김 기자, 내가 ○○국장

과 잘 아는 사이야"라며 회사 윗선과의 친분부터 들이대는 사람들은 그 중 최악이었다.

권태기 애인을 만나듯 시들해진 마음을 감추기 위해서였을까. 녹음기와 노트북도 가져가고 (녹음기를 가져가는데도) 취재 노트와 펜도 챙겼다. 몸이 무거울수록 마음은 둔해졌지만 나는 그 장비들 뒤에 숨을 참이었다. 원하는 정보를 캐내기 위해 대화에 적극 달려들 열의가 별로 남아 있지 않았다. 어느 전직 장관을 만난 자리. 질문 하나에 별 상관도 없는 내용으로 홀로 40분을 이야기하는 그 앞에서 나는 그냥 녹음기를 켜놓았다. 물론 인터뷰 후에는 후회가 덮쳐왔다. 흘려들은 탓인지 토막 난 단어 몇 개 외에는 복기 가능한 게 없었다. 두 시간 길이의 녹음 분량을 재생하기 위해 '다시듣기' 버튼을 누르면서 한숨만 나왔다.

눈이 튀어나올 만큼 내밀하고 중요한 이야기를 들으러 가는 날은 정반대였다. 카메라, 노트북, 녹음기는 물론이고 취재 수첩같이 취재원이 조금이라도 경계할 만한 장비는 금지였다. 별 생각 없는 듯 무심한 옷차림에 펜 하나 뒷주머니에 쿡 찔러 넣고 나섰다. 식당이나 카페가 주 접선 장소였는데, 나는 그때마다 식탁 위에 놓인 냅킨을 찾느라 눈이 바빴다. 냅킨 한 장 바닥에 놓고 나서 상대가 입을 열면 초인적인 집중력을 발휘해 메시지의 핵심과 흐름을 기억한다. 상대가 잠시 자리를 비운 사이, 혹은 내가 화장실에 가는 척하며 냅킨 한 장에 핵심만 추려 적는다. 특종은 그렇게 세상에 나오기도 한다.

지금도 나는 집중해야 하는 대화나 회의에서 늘 '밥상 밑 냅킨 한 장'을 떠올린다. 신기한 것은 냅킨 한 장에 담긴 내용을 모니터에 옮겨 적는 사이 상대의 부연설명들이 마치 '다시보기' 하듯 생생히 재생된다는 사실이었다. 냅킨 한 장에 담긴 메모는 뇌의 이러저러한 기억 저장소를 톡톡 터뜨리는 바늘 역할을 했다.

장비 뒤에 숨는 것은 권태에 젖은 기자뿐만이 아니다. 칼 같은 성격의 최 팀장이 주재하는 회의에 참석자들은 노트북이나 태블릿 PC를 갖고 들어가지 못한다. 엉뚱한 걸 들여다보느라 회의에 집중하지 못할까 봐 그런 것은 아니다.

"요즘 20~30대들은 메모를 하지 않아요. 컴퓨터에 의존합니다. 그 안에 자료가 있고, 언제든 검색할 수 있으니까 중요한 정보를 기억하지 않아요. 핵심이 무언지도 모를 뿐 아니라 들은 것도 금세 잊은 채 회의실을 나가죠. 뭘 물어보면 '잠시만요' 하면서 컴퓨터에서 자료를 찾아요. 회의 분위기도 늘어지고 그나마 제가 원하는 답도 나오지 않고."

《생각하지 않는 사람들》에서 니콜라스 카는 인터넷으로 인해 우리 뇌가 망각에 익숙해지고 기억에 미숙해진다고 지적했다. 머리 나쁜 애들이 암기 과목에 강하다고 누가 그랬나. 뇌과학자들은 일련의 연구를 통해 우리가 새로운 정보를 기억할 때 지적 능력도 함께 향상되는 것을 밝혀냈다. 기억을 바탕으로 중요한 정보를 파악하고 연결한다는 것이다. 카는 "인터넷 사용으로 생물학적인 기억 장치에 정보를 저장하는 일이 더 어려워지면서 우리는 점점 더 피상적으로 사고하게 됐다"고 지적했다.

그렇다고 최 팀장처럼 노트북을 아예 금지하는 건 오버 아닐까? 노트북이 얼마나 편리한 메모의 도구면 랩톱(lap-top)이란 말 대신 '공책(notebook)'으로 불리겠는가! 미국 프린스턴대와 UCLA 심리학자들은 〈심리과학(Psychological Science)〉지를 통해 메모와 관련한 연구 결과를 발표했다. 들은 내용을 메모하는 사람이 컴퓨터에 메모하는 사람보다 훨씬 기억을 잘하는 것으로 나타났다는 것이다. 연구진은 300명의 학생들을 대상으로 15분간 테드 영상을 보면서 메모를 하게 했다. 절반은 손으로 기록했고 나머지 절반은 노트북에 들은 내용을 타이핑했다. 강연이 끝나고 30분 뒤, 강연 내용을 확인하는 테스트를 해본 결과 핵심 메시지를 더 잘 이해하는 쪽은 손으로 필기한 쪽이었다.

노트북은 받아 적기 쉽다. 강연자의 이야기 속도와 거의 비슷하게 타이핑할 수 있으니, 생각을 멈추고 손만 부지런히 놀려도 된다. 하지만 필기의 경우 속도가 느리고 힘이 든다. 메시지에 집중하고 요약해야 하며, 재빨리 핵심을 추려내야 한다. 또한 상대의 말 그대로가 아니라 자신이 이해한 바대로 자신의 언어로 적게 된다. 필기와 함께 생각을 구조화하고 우선순위화하는 사이 정보는 자기만의 것이 된다. 연구진은 "노트북 필기가 정보의 양은 더 많았지만 대부분 부차적인 정보들이라 핵심을 이해하는 데 큰 도움이 되지 않았다"고 했다.

당신, 속기사인가

메모는 들은 정보를 내 것으로 만들어줄 뿐

아니라 창조적 아이디어의 데이터베이스 역할도 해준다. 버진 그룹의 회장 리처드 브랜슨(Richard Branson)도 블로그를 통해 자신을 메모광이라 소개했다.

"한번은 30명의 경영자들과 저녁 테이블에 둘러앉아 기업 내의 성차별에 대해 이야기하고 있었죠. 눈이 확 뜨이게 하는 멋진 토론이었고, 가치 있는 통찰로 가득했습니다. 그 자리에서 발견한 건, 메모를 하는 사람이 오직 나뿐이란 사실이었습니다. 나는 종이가 부족해 호텔 메모지를 빌렸고 그것도 바닥나자 내 이름표에까지 메모를 했지요. 나는 메모하는 것을 정말 좋아합니다. 버진 그룹의 가장 성공적인 계열사들은 메모를 통해 태어났습니다. 아이디어가 크든 작든, 복잡하든 단순하든 간에 한 번 적어보세요. 메모를 위한 메모를 하라는 소리가 아니라 당신의 아이디어를 정리하고 그 속에서 실행 가능한 목표를 설정하라는 겁니다. 메모해두지 않으면, 당신이 (강연이든 회의든) 자리를 떠나기 전에 아이디어가 먼저 당신 머릿속을 떠날 겁니다."

솔직해져보자. 메모하지 않는 게 쿨해 보인다. 학창 시절, 맨 앞자리에서 선생님의 말을 열심히 받아 적던 '범생이'들의 절박함을 내가 재연하고 싶지는 않다. 비즈니스 면에서 가장 핫한 동네인 실리콘밸리의 젊은 CEO 벤 카스노카(Ben Casnocha)가 자기 블로그에 써놓은 풍경을 들여다보자.

"최근에 실리콘밸리에서 마크 저커버그가 젊은 창업자들을 상대로 대형 강의실에서 강연을 했습니다. 자신이 걸어온 여정과 인터넷 산업의 전망에 대해 이야기했죠. 창업에 대한 열망을 품은 20대 청년들로 자리는 꽉 찼고 다들 저커버그의 한마디 한마디에 초집중했습니다. 그중에 연배가 있는 사람 두 명이 맨 앞줄에 앉아 있었습니다. 바로 존 도어(John Doerr)와 론 콘웨이(Ron Conway)였습니다. 실리콘밸리의 전설적인 투자가들이죠. 그들이 눈에 띈 건 젊은이들 속에서 빛나던 은발 때문이 아니었습니다. 그들은 메모를 하는 유일한 청중이었습니다! 저커버그를 제외하곤 그 강연장에서 가장 성공한 사람들만이 메모를 하고 있었다는 것, 재밌지 않나요?"

메모는 들은 내용을 토대로 자신이 이해한 바를 자기만의 언어로 적는 행위다. 상대의 핵심을 잡아 내가 가진 정보와 결합하는 일종의 콜라보다.

CEO쯤 되면 메모 같은 건 필요 없지 않을까? 경영 구루 램 차란이 묘사하는, 미국 제조업체 하니웰의 전 CEO 래리 보시디(Larry Bossidy)의 회의 모습을 보자. 3억 달러 규모의 기술 투자를 할 것이냐를 두고 보시디는 부서장으로부터 보고를 받고 있었다. 큰 돈이 제 값을 할 것이냐 휴짓조각이 될 것이냐 하는 중요한 순간 보고를 받던 보시디는 종이 한 장을 꺼내 오른쪽에서부터 3분의 1 정도로 종이를 접었다. 왼편의 넓은 공간에는 자신이 듣고 있는 구체적인 정보, 데이터를 선택적으로 적었다. 그리고 오른편 작은 공간에는 정보의 핵심, 함의, 자신의 의견, 이슈 등을 두세 단어로 요약했다. 그리고 그 메모를 기반으로 질문해 이해의 빈틈을 채우고 보고자와 자신이 같은 페이지에 있는지 끊임없이 확인했다. 램 차란은 이렇게 말했다.

"간단해 보인다고? 그것은 중요 의사결정자들이 어떻게 정보를 이해하는지를 보여주는 강력한 장면이었다. 그리고 이는 고도의 훈련이 필요한 생각의 기술이기도 하다."

보고를 받는 동안 보시디는 메모를 기반으로 보고자의 말을 인용하고, 요점을 말하고, 아이디어를 발전시켜나갔다. 메모하기는 집중해 듣기를 위한 최상의 파트너다. 메모는 들은 정보를 더 잘 기억하고 핵심을 파악할 수 있도록 돕는다.

메모는 듣기 전부터 시작돼야 한다. 무엇을 듣게 될지, 내가 얻고자 하는 것 혹은 (회의나 보고 시) 결정해야 할 것은 무엇인지 적어본다. 메모할 공책 옆에는 질문 목록도 준비해보자. 자, 이제 이야기가 시작됐다. 이때 사람들이 가장 많이 저지르는 실수는 상대의 말을 모조리 받아 적으려는 것이다. 당신, 속기사인가? 자잘한 정보에 집착하는 사이 전체 흐름을 놓치게 된다. 듣고자 하는 메시지, 궁금증을 풀어주는 정보, 깊은 울림을 주는 메시지 위주로 적자. 가능하다면 자신이 이해한 바를 자기 언어로 메모해야 기억에 남는다. 기자들의 취재 수첩을 보면 대부분 낙서인지 메모인지 분간이 어렵다. 자신의 생각을 구조화한 그림과 수많은 동그라미, 화살표, 박스로 어지럽다.

'파워포인트 킬러' 프레지

내가 기업에 와서 놀란 것은 많은 이들이 '빠

짐없이 적는 정직한 필기'에 대한 강박을 갖는다는 것이다. 줄 쳐진 공책 위에 말하는 이가 이끄는 대로 줄 맞춰 필기하는 모습. 촘촘히 쳐진 정보의 막에서는 생각을 심화시키거나 한 발 앞선 시야로 문제를 제기하기 어렵다. 2015년 말 EBS 〈다큐 프라임〉에서 소개한 교육과 혁신 연구소 이혜정 소장의 연구 결과는 충격적이었다.

이 소장은 서울대 2~3학년생 가운데 2학기 이상 평점 4.0(A+)을 넘긴 상위 1퍼센트의 공부법을 분석했다. 상위 1퍼센트들이 공통적으로 말한 것이 있었다. 말을 문장의 형태로 적어야 된다는 것, 요점 정리를 하면 안 된다는 것, 키워드를 적어서는 안 된다는 것. 교수의 말을 녹취하고 농담까지 받아 적어 앵무새처럼 암기하면 학점이 높았다. 이 소장이 서울대생 1111명을 대상으로 설문한 결과 고학점자일수록 '비판적 사고력이 수용적 사고력보다 낮다'고 답했다. 한 학생은 이렇게 말했다.

"내가 교수님이 하는 말 하나하나를 배우는 건지 학문을 배우는 건지 헷갈렸다."

무비판적인 필기가 어떻게 질문을 죽이고 비판적인 사고를 가로막는지를 보여주는 예였다.

자신만의 언어로, 이해한 대로, 보다 자유롭게 그림 그리듯 메모하자. 메모에는 공백을 충분히 뒤서 언제라도 아이디어들을 연결하고 추가로 적을 수 있게 해야 한다. 자신만의 질문이 싹틀 수 있는 여지를 메모 중간중간에 둬야 한다. 램 차란이 소개한 보시디의 메모법도 유용한데 이는 사실 코넬 대학의 월터 퍽(Walter Pauk) 교수가 개발해 미국의 많은 대학에서 사용되고 있는 '코넬 노트'를 변형한 것이다. 코넬 노트는 간결하게 핵심어 위주로 메시지를 기록한 다음 그 옆에 핵심 생각, 질문, 기억에 남는 문구 등을 키워드 위주로 적는 방식이다. 코넬 노트의 마지막에 있는 요약 부분에는 들은 것을 3~4문장으로 요약한다. 회의와 보고라면 메모를 기반으로 무엇이 논의되고 결정됐는지, 이후 어떤 것들이 실행되어야 하는지 정리해야 한다. 그렇지 않으면 참석자들이 저마다 다른 생각을 갖거나 무엇을 해야 할지 모른 채 돌아가게 된다. 1대1 대화나 강연 후라면 메모한 내용을 요약해 다음 회의나 대화 전에 점검해보자. 이야기가 보다 깊어지고 상대는 자기 이야기를 기억해주는 당신을 새롭게 볼 것이다.

기자들의 '냅킨 한 장'은 마인드맵을 창시한 토니 부잔(Tony Buzan)이 제시하는 노트 작성법과 비슷하다. 부잔에 따르면, 우리 뇌는 중심에서부터 가지치기해서 뻗어나가는 식으로, 즉 핵심 메시지에서 연상 작용을 통해 정보를 확장하는 식으로 작동한다. 부잔은 이를 방사형 사고라 표현했다. 그러나 대부분의 사람들은 듣는 순서에 따라 단선적(linear)으로 메모한다는 것이다. 때문에 듣는 내용이 핵심 메시지를 중심으로 어떻게 연결되고 있는지 전체 흐름을 보지 못하고 정보의 파편 틈에서 길을 잃게 된다.

높은 데서 숲을 조감하는 것과 같은 방식의 이런 메모법은 '파워포인트 킬러'라 불리는 프레젠테이션 툴인 프레지(Prezi)와 같은 콘셉트다. 프레지는 테드의 공식 프레젠테이션 도구로 테드 측은 프레지 시연 25분

만에 투자를 결정하기도 했다. 2009년 서비스를 시작한 이래 20~30대들 사이에서 '전달력이 뛰어나다'는 입소문을 타고 매년 다섯 배 가까운 매출 성장을 보이고 있다. '위클리비즈' 인터뷰차 만난 프레지의 CEO 피터 알바이(Peter Arvai)는 이렇게 말했다.

"파워포인트는 무조건 앞 페이지에서 뒤 페이지로 진행합니다. 생각을 단선적으로 정리하는 이런 방식은 지루하고 기억에 오래 남지 않아요. 17세기 이후 무려 300년간 지속된 방식이죠. 우리는 '구글 어스' 개념에서 시작했습니다. 한 화면에 정보의 흐름을 조감해 아이디어들이 어떻게 연결되는지 보여주는 거죠. 그러면 자연스럽게 핵심 메시지가 무엇인지 파악할 수 있어요."

회의 결과를 바꾸는
'메모의 기술'

다양한 아이디어가 탁구공처럼 넘나드는 회의실이야말로 메모가 빛을 발하는 공간이다. 우리 집중력에는 한계가 있다. 넋 놓고 있다 보면 상대의 이야기는 금세 허공으로 날아가 버린다. 메모는 상대의 이야기 중 핵심만 잡아채 나의 머릿속으로 끌어내리는 작업이다. 잘된 메모는 아이디어를 발전시키고 비판적인 질문을 만들어낸다. 리처드 브랜슨 등 수많은 메모 전문가들이 들려주는 팁은 다음과 같다.

1. 메모는 회의 전부터 시작된다

회의 주제에 대한 기본적인 이해가 있어야 한다. 이는 그물 역할을 한다. 회의 시간 내 오가는 아이디어 중 목표에 부합하는 것들이 이 그물에 걸린다. 이를 위해서는 회의 전 반드시 무엇에 관한 회의인지, 내가 이 미팅을 통해 얻고자 하는 것이 무엇인지 점검해야 한다. 회의 시간에 던질 질문을 미리 준비해둬도 좋다. 이를 적은 노트를 들고 회의에 들어가는 것이다. 그 정도의 준비를 안 하고 누가 회의에 들어가느냐고? 국내 기업들에서는 업무 효율을 높이기 위한 각종 캠페인을 벌이는데, 그라운드룰(ground rule) 1번이 바로 '준비하고 회의에 들어가자'다.

2. 다 받아 적지 마라

도대체 무얼 위해 토씨 하나 빼놓지 않고 적는 것인가? 당신은 고3도, 학점을 잘 받기 위해 분투하는 대학생도 아니다. 상대는 교수가 아니라 당신과 동등하게 뛰는 동료이며 당신은 새로운 아이디어와 질문을 통해 성과를 내야 하는 프로페셔널이다. 당신이 미리 적어둔 질문에 대해 어떤 답을 얻을 수 있는지에 집중하자. 혹은 당신의 아이디어를 개선하는 데 필요한 이야기 위주로 적자. 상대가 아니라 당신의 언어로 당신이 이해한 대로 요점을 적는 것이 중요하다.

3. 리뷰는 즉시 할 것

메모한 순간에는 메모의 내용을 100퍼센트 이해할 수 있다. 그렇지만 24시간 후에도 그럴까? 필기왕들은 메모 후 노트를 덮지 않고, 메모 내용을 재구성하고 리뷰한다. 연관되는 개념들은 화살표로 연결하고 가장 중요한 내용은 동그라미나 별표를 해놓는 것이다. 혹은 상대의 이야기를 들었을 때 당신의 인상, 느낌, 생각 등을 간단히 메모로 남겨도 좋다. 메모 내용이 너무 어지럽다면 앞에서 소개한 코넬 노트 형식 혹은 당신의 방식으로 정리해봐도 좋다. 기억에 오래 남을 뿐 아니라 시간이 흐른 뒤 들춰봐도 쉽게 이해할 수 있다.

4. 중요한 메모 내용은 복습하라

중요한 메모라면 틈날 때마다 들춰봐야 한다. 벼락치기보다는 평소에 공부해둬야 시험 성적도 높고 기억에 오래 남는다는 게 검증된 연구 결과다. 회의 때 메모해놓은 내용을 틈틈이 들여다보면 다음 회의 때 훨씬 진전된 이야기들이 오갈 것이다.

PART 3

스티브 잡스의 화이트보드

표현의 언어

1

지금 읽는 거야?

—

말하기는 관계 맺기다

"발표자가 자기 자신에게만 집중하면 결국 망한다.
읽지 말고 이야기하라, 상대와 눈을 맞추라, 상대의 문제를 고민하라.
결국 메시지를 전달하는 것은 듣는 이와의 관계를 형성하는 일이다."

"자료는
가볍게 만들었습니다"

　　"첫째, 우리 회사는 귀사의 니즈를 정확히
파악해 가장 높은 수준의 보고서를 작성할 최적의 파트너입니다. 둘째,
우리 회사의 전문성과 프로젝트 추진력은 믿을 수 있습니다. 셋째, 우리
회사는 국내 유수 기업들의 통합 보고를 선도해온 강력한 전문가들로 이
뤄진 조직입니다."

"OK, I'm now going to read out loud every single slide to you, word for word, until you all wish you'd just die."

"좋아요. 지금부터
모든 슬라이드를 한 단어도 빼놓지 않고 큰 소리로 읽어드리겠습니다.
당신들이 돌아가실 때까지요."

또박또박 깍두기 자르는 듯한 말투가 울려 퍼지자 60장짜리 파워포인트 자료에 박혀 있던 여덟 평가위원의 고개가 올라갔다. 정직하게 슈트를 갖춰 입은 30대 초반의 발표자는 아마추어 아나운서 같은 발성으로 이야기를 계속했다. 평가위원들은 A사 직원들이었다. 내년도 기업 통합 보고서 제작을 맡길 외부 업체를 선정하기 위해 후보 업체들로부터 프레젠테이션을 받는 중이었다. 후보들이 '우리에게 일을 맡겨달라'고 어필할 시간은 20분.

'60장의 파워포인트라면 갈 길이 먼데, 왜 자기 회사 홍보 문구를 토씨 하나 안 빼고 읽는 거야? 저런 거 하나도 안 궁금한데……' 의아함에 평가위원들의 눈이 발표자의 시선을 따라갔다. 그러나 그의 시선은 청중이 아닌 허공 어딘가에 꽂혀 있다. 아마도 문구대로 한 자도 틀리지 않기 위해 외워놓은 머릿속을 더듬고 있음이 분명했다. 혹은 '시선은 청중의 머리 위 15센티미터쯤 두라'고 쓰인 데일 카네기의 책을 읽고 왔는지도 몰랐다. '초보네. 왜 이런 중요한 프레젠테이션을 초보한테 맡긴 거지?'

경쟁에 뛰어든 후보는 총 세 개 업체였다. A사는 사전에 후보들에게 평가 기준을 안내했다.

"이번 통합 보고서는 다섯 개 국어로 제작되기 때문에 해외 경험이 충분할 것, 국내 경쟁사들의 전략을 가늠할 수 있는 네트워크가 탄탄할 것, 통합 보고서에 대한 국제 표준과 트렌드를 정확히 파악할 것."

세 가지에서 얼마나 경쟁 우위를 가지는지 어필해야 통과할 수 있었다. 문제는 발표가 시작된 지 10분이 지났는데도 평가 기준에 얼마나 어떻게 부합하는지 모르겠다는 점에 있었다. A사가 아니라 어느 업체 앞에서 프레젠테이션을 해도 되는 개론 수준의 정보, '최고의 전문성', '업계 트렌드 장악' 등의 표면적인 구호가 가득했다. "A사는 현재 중국과 신흥국에서 공격적인 사업을 펼치고 있는 바, 이런 사업적 성과를 기업의 사회적 책임과 연결시켜……"라는 부분에서는 싸늘한 정적까지 흘렀다. A사의 중국 사업은 경기 침체 탓에 대폭 축소되고 있었던 것이다. '귀사의 니즈를 정확히 파악하고 있다'던 오프닝이 무색해지는 순간이었다. 프레젠테이션에 들어오기 전 한 달치 신문만 검색해봐도 알 수 있는 내용이었다.

단조로운 톤으로 읽어간 20분의 프레젠테이션이 끝나고 이어진 질의응답. 평가위원 중 김 대리가 손을 들어 물었다.

"다른 기업들과도 통합 보고서 작업을 한 경험이 있으신가요?"

돌아온 답은 이랬다.

"네, 앞서 말씀드린 것처럼 저희는 그동안 국내 다양한 업종의 기업들과 통합 보고서를 제작해, 이 분야에서는 저희가 선도한다고 말씀드릴 수 있습니다."

그건 파워포인트에 이미 적혀 있는 멘트였다. 김 대리가 다시 물었다.

"국내 기업 어디어디요?"

얼굴이 붉어진 발표자.

"B사와 C사 보고서를 제작한 경험이 있습니다."

업계에서 그다지 존재감이 없던 보고서들이었다. '전문성', '탄탄한 네트워크', '풍부한 경험' 등의 문구들이 갑자기 의심쩍어졌다. '구체적으로 얘기해달라'고 하고 싶은 내용이 한둘이 아니었지만 다음 후보 업체가 기다리고 있었다. 뭐 하나 기억에 남는 것 없이 주어진 시간이 지나갔다.

"다음 후보 업체 발표를 시작하겠습니다!"

진행 멘트와 함께 넥타이를 조금 느슨하게 맨 발표자가 들어섰다. 문을 여는 순간부터 그는 평가위원 한 명 한 명과 재빨리 시선을 맞추기 시작했다. 준비해온 발표 자료는 다른 업체의 반의반 수준이었다. 내용은 비슷하게 60페이지 분량이었지만 A4지 한 장에 파워포인트 두 장을 축소해 넣고 양면 인쇄를 활용한 덕이었다.

"미리 이메일로 자료를 드린 데다 제가 빔프로젝터로 쏠 거라 가볍게 만들었습니다."

가벼워진 자료에 왠지 평가위원들도 숙제가 줄어든 기분이었다. 보여주기 식의 낭비 없는 알뜰함이 꽤 마음에 들었다.

검은 재킷을 벗고 셔츠 소매를 척 걷어 올리더니 발표자가 이야기를 시작했다. 업무에 푹 빠져 있다가 시계를 보고 '시간이 벌써 이렇게 됐군!' 하고 황급히 달려온 듯한 설정이랄까. 두 볼은 상기돼 있었고 머리는 살짝 헝클어져 있었다. 평가위원들의 시선을 잡아둔 두 눈은 '여러분의 일이 바로 내 일'이라는 느낌으로 번득였다. 평가위원들은 생각했다. '선수다! 프레젠테이션 기술이 곧 능력이 아니니 정신 차리고 들어보자!'

"저희가 귀사의 기존 보고서들을 살펴봤는데요, 내용이 다소 평면적이었고 심지어 37페이지와 54페이지에는 데이터 오류와 오탈자까지 발견

됐습니다. 이제 트렌드는 사업 성과와 기업의 사회적 책임을 얼마나 자연스럽게 녹여내느냐거든요. 때문에 지금까지 해오셨던 방식으로는 한계가 있다는 생각입니다. 보고서 만드시느라 고생하셨을 실무자분들께는 죄송하지만 냉정하게 볼 때 그렇다는 겁니다."

그는 '다양한 기업들의 보고서를 작성한 경험이 있다'고 말하는 대신 5년치의 고객사를 리스트업해 보여주었다. 매년 고객사가 줄어들고 있었다.

"사실 통합 보고서 제작이 저희 업체로서는 크게 이익이 나는 영역이 아니라 자체적으로 일을 줄이고 있습니다. 양보다는 질을 우선하자는 게 저희 사업 방향이어서요."

쿨하게 인정할 건 인정하자 사실 여부는 둘째치고라도 믿음이 생기기 시작했다.

그는 곧바로 본론으로 직행했다. 자료 자체가 A사가 제시한 평가 기준에 맞게 작성·편집돼 있어서 어떻게 일이 진행될지, 이 업체에 일을 맡기면 뭐가 개선될지 쉽게 이해됐다. 무엇보다 그는 1대1로 대화하듯 청중과 눈을 맞추고, 읽는 것이 아니라 말하듯 편안하게 프레젠테이션을 해갔다. "글로벌 경기 침체로 중국 사업이 다소 부진하다는 것을 잘 알고 있기에 이를 보고서에 어떻게 녹여넣을지가 우리로서도 좀 고민이다"라는 말을 했을 때 평가위원들은 묘한 동지애마저 느꼈다.

대본을 들키지 마라

직장생활을 하다 보면 언젠가는 다수 앞에서 프레젠테이션을 해야 하는 때가 온다. 내부 보고용이든, 투자 제안을 하는 자리든, 신제품 출시 행사든 내가 가진 아이디어를 한정된 시간 안에 팔아야 하는 순간이다. 말하기가 가시적인 결과와 성과로 직결되는 순간이기도 하다. 발표자가 청중과 관계 맺기에 실패하는 경우 대개 프레젠테이션이 망한다. 아주 쉽게는 '읽느냐, 말하느냐'의 차이다. 테드의 큐레이터인 크리스 앤더슨(Chris Anderson)은 "연사들이 말할 내용을 (대본이나 프롬프터를 이용해) 읽는 것을 금지하고 있다"고 밝혔다. 테드는 세계적 명사들을 포함해 '함께 나눌 만한 메시지'를 가진 이들이 무대에 올라 자신의 아이디어를 한정된 시간 안에 전달하는 공간이다. 크리스 앤더슨은 내용이 아무리 좋아도 읽으면 헛일이라고 강조한다. 청중을 초대하지 않는 말하기는 독백일 뿐이라는 것이다.

"청중은 단박에 알아차립니다. 발표자가 지금 그냥 대본대로 읽고 있는지를. 그 사람의 눈을 보면 알 수 있거든요. 발표자가 읽고 있다는 감이 오는 순간, 무대와 청중 사이의 거리는 한참 벌어지는 거죠. 그가 말하는 모든 것이 피상적이고 형식적으로만 들리게 됩니다. 몇 년 전에 한 연사가 굳이 대본을 읽겠다고 고집을 피워서 청중 맨 뒤편에 스크린 하나를 설치해줬어요. 청중들이 스크린의 존재를 눈치채지 못하길 바라면서요. 처음 몇 마디는 자연스러웠지만 어느 순간부터 발표자의 말투가 읽는 투로 딱딱해지더군요. 훈훈했던 청중석 분위기가 착 가라앉았어요. 그 사람들의 표정은 이랬죠. '저 사람 지금 우리한테 읽어주고 있는 거야?' 이야기의 내용 자체는 좋았지만 발표는 아주 낮은 평가를 받았어요."

크리스 앤더슨에 따르면 테드 연설 중 가장 높은 점수를 받은 것들 대부분은 연사가 수십 번의 리허설과 연습을 통해 내용을 완벽하게 숙지한 경우였다고 한다. 내용을 장악하고 있어야 자신감이 생기고, 완급 강약 조절도 되며, 청중의 눈을 들여다볼 여유도 생긴다는 소리다. 그래야 상대가 메시지 안에 있는 의미와 진실함에까지 도달할 수 있다.

물론 '읽느냐 아니냐'가 다는 아니다. 성공적인 프레젠테이션은 대개 '청중 참여형'인데 그것은 발표자가 청중에 대해 얼마나 고민하는가를 뜻한다. '당신이 알고자 하는 정보, 당신이 원하는 솔루션을 나는 깊이 고민했고 이것이 그 결과'임을 말해야 한다.

통합 보고서 제작사 선정에 참여한 후보 업체들이라면 A사가 원하는 게 무엇인지, 현재 처한 상황은 어떤지, 상대가 이미 우리에 대해 알고 있는 정보는 무엇인지를 파악해야 했다. A사는 국제 표준에 맞아떨어지면서 동시에 다른 기업들과 차별화된 보고서를 원했다. 중국 사업 부진 등 경영 성과가 좋지 않기에 보고서 내용이 장밋빛일 수만은 없지만 기업의 잠재 가치는 충분히 어필해야 한다. 이는 A사의 현재 상황이다. 마지막으로, A사 담당자들은 후보 업체들과의 사전 미팅을 통해 업체들의 이력에 대해 간단히 알고 있었다. 그렇다면 후보 업체들은 자사 홍보가 아니라 바로 본론으로 들어가 A사가 가진 문제에 대해 솔루션을 제시해야 한다. 고민을 함께 나누는 동시에 자신들의 특장과 한계(이에 대한 대안)까지 터치해야 한다.

크리스 앤더슨에 따르면 발표자가 '제가 오늘 이야기할 주제는~'으로 서론을 늘어놓거나 상대가 궁금해하는 점이 아닌, 나 편한 대로 온갖 정보를 백화점식으로 나열하는 것, 혹은 자신과 자기 회사에 대해 뜬금포로 자랑하는 것은 청중의 마음을 닫게 한다. 그런 것들은 무엇보다 핵심 메시지를 제대로 전할 시간을 잡아먹는다. 가장 중요한 메시지를 청중의 머릿속에 남기려면 생생하고 디테일한 설명과 예시가 필요하다. 선택과 집중이 없다면 추상적인 언어, 매끈한 클리셰만 전달하고 빈손으로 나올 수밖에 없다. 크리스 앤더슨은 "최고의 테드 강연에는 반드시 '아하!' 하는 순간이 있다"고 말했다. 잘 짜인 이야기는 탐정소설 같아서 문제를 제시하고 이에 대한 해결법을 찾아가는 구조로 청중을 몰입시킨다는 것이다. 물론 이때의 '문제'란 발표자의 문제가 아니라 청중이 가진 문제, 청중이 관심 있어 할 문제다.

조직행동학 전문가인 미국 캘리포니아 대학(UCD)의 킴벌리 엘스바흐(Kimberly D. Elsbach) 교수는 〈하버드 비즈니스 리뷰〉에서 발표의 나쁜 사례를 몇 가지 소개했다. 그 하나는 로봇 유형이다. 한마디로 파워포인트 자료를 그대로 기계적으로 읽어 내려가는 유형이다. 이런 유형들은 청중에게서 질문을 받아도 파워포인트 안에 갇힌 (따라서 읽을 수 있는) 부연설명만을 내놓는다. 두 번째는 중고차 영업 사원 유형이다. 엘스바흐 교수는 이렇게 썼다.

"주로 컨설턴트나 기업의 영업부서에서 많이 보이는 유형으로, 이런 종류의 사람들은 자기 이야기만이 옳다고 고집해 상대를 기분 나쁘게 한다. 내가 아는 한 경영자는 컨설턴트의 제안을 듣고 있다가 '내가 원하는 방향과 다르니 수정해달라'고 요청한 적이 있었다. 컨설턴트는 그 경영자와 함께 대안을 고민하는 대신 논쟁을 벌였다. 그리고 경영자에게 자신의 제안이 최선이라고 거듭 강조하며 수정할 의지가 없음을 내비쳤다. 경영자는 즉시 그 컨설턴트와의 거래를 끊었다. 상대의 변덕에 따라 자기 의견을 금세 철회하거나 수정하는 호구(pushover)만큼이나 피해야 할 유형이다."

마지막은 자선단체 유형. 이런 발표자에게 가장 중요한 것은 자기 자신의 이익이다. 그것이 일자리를 얻는 것이든 일감을 얻는 것이든 마찬가지다. 그가 팔려고 하는 것은 상대에 맞춘 솔루션이 아니라 자기 자신이기 때문에 이야기 내용은 다 똑같다.

이 유형들의 공통점은 하나다. '발표자가 자기 자신에게만 집중하면 결국 망한다'는 것. 읽지 말고 이야기하라, 상대와 눈을 맞추라, 상대의 문제를 고민하라. 결국 메시지를 전달하는 것은 듣는 이와의 관계를 형성하는 일이다.

1. 당신이 무엇에 대해 말할 것인지 아주 긴 시간을 들여 설명한다.

2. 느리게 그리고 연극적으로 말한다.

3. 당신이 얼마나 중요한 사람인지 은근히 과시한다.

4. 당신이 쓴 책을 반복해 인용한다.

5. 들쑥날쑥한 크기로 쓰인 문장들로 발표용 슬라이드를 꽉 채운다.

6. 전문가로 보이기 위해 기술적 전문용어나 은어를 쓴다.

7. 당신이 속한 회사의 역사와 성과에 대해 길게 설명한다.

8. 리허설 따위는 하지 않는다. 당신의 발표가 실제 상황에서 시간이

    얼마나 걸릴지 체크하지 않는다.

9. 대본대로 외운 내용을 암송하는 투로 이야기한다.

10. 청중 누구와도 눈을 마주치지 않는다.

프레젠테이션
가이드라인
TED.COM

테드는 전 세계 유명 연사들이 18분 내에 가장 효과적으로 메시지를 전달하는 창으로 이용되어왔다. 테드는 연사들을 위해 일종의 가이드라인을 제시하고 있는데, 업무용 프레젠테이션을 준비할 때도 유용하다.

1. 형식에 익숙해지자
일반 프레젠테이션의 경우 시간은 어느 정도로 주어지는지, 청중은 어떤 식의 발표와 슬라이드에 익숙한지를 미리 조사해본다.

2. 아이디어를 발전시키자
① 한 편의 좋은 기사처럼 청중을 사로잡는 아이디어는 새롭거나 놀랄 만하거나 기존 통념을 뒤흔드는 것이어야 한다. 아이디어가 그다지 새롭지 않더라도 이를 뒷받침하는 근거가 새로우면 청중은 집중한다. 아이디어란 단순히 이야기를 뜻하는 것도, 사실을 나열하는 것도 아니라는 점을 기억하자. 좋은 아이디어는 탄탄한 근거, 그리고 발표자가 관찰한 바가 기본이 되어야 한다. 또한 아이디어 자체로 끝나는 것이 아니라 보다 넓은 의미의 결론을 이끌어낼 수 있어야 한다.
② 발표자가 제시하는 근거는 신뢰할 만해야 한다. 사실 확인은 필수다. 당신이 너무나 당연하게 생각하는 팩트일수록 그렇다. 통계, 역사적 일화, 연구 결과 등을 꼼꼼하게 점검해보고 확신이 서지 않는다면 전문가에게 자문을 구하라.

③ 아이디어를 한두 문장으로 적어보자. 그리고 다음 세 가지 질문을 던져보자. 내 아이디어는 새로운가? 흥미로운가? 사실에 근거해 있으며 현실적으로 가능한가? 어떤 행동을 촉구하기 위한 것이라면 청중이 실천 가능한 아이디어인지 점검해보자. 이 세 가지 질문에 하나라도 '아니요'가 나온다면 아이디어를 다시 정제해야 한다.

3. 효과적인 전달을 위한 이야기 구성

그동안 테드에서 큰 성공을 거둔 연설은 다음의 구성을 따르고 있었다. 도입부에서는 청중이 관심 있어 할 만한, 그리고 청중과 관련이 있는 사례나 아이디어로 시작하자. 아이디어는 확신을 갖고 명료하게 설명하라. 아이디어를 뒷받침하는 근거를 대고 청중이 당신의 아이디어를 실행해야 하는 이유를 이야기하라. 그리고 마지막에 청중이 당신의 아이디어를 수용했을 때 그들의 삶에 어떤 변화가 일어날지를 언급하며 마무리하라.

프레젠테이션이 어떤 구성을 취하든, 가장 중요한 목표는 아이디어를 효과적으로 전달하는 것이다. 그저 재미난 이야기를 하자는 것도, 단순히 어떤 감정을 불러일으키자는 것도 아니다. 그런 것들은 아이디어를 효과적으로 전달하기 위한 수단이지 그 자체로 목적이 아니다. 주의할 점은 이야기의 구성을 청중이 눈치채게 해선 안 된다는 것이다. 당신이 무엇을 어떤 순서로 이야기할지 소개할 필요 없이 그냥 준비해온 대로 자연스럽게 말하라.

다음은 프레젠테이션의 세 요소(도입-본론-결론)를 보다 구체적으로 설명해놓은 것이다.

① 도입 : 강력한 도입부가 필요하다. 청중이 관심 가질 만한 것을 꺼내라. 만약 청중에게 생소한 분야를 설명하려 한다면 그들에게 익숙한 소재와 연결해 이야기하라. 가능한 한, 빨리 핵심 아이디어를 꺼내들어라. 발표자 스스로에게 포커스를 맞추거나 통계 수치 더미로 시작하는 일은 피하라.

② **본론** : 아이디어를 뒷받침할 만한 근거를 마련할 차례다. 가장 먼저 할 일은 당신이 활용하고자 하는 근거를 목록으로 만들어보는 것이다. 이 중 청중이 이미 알고 있을 만한 것은 무엇인지, 당신이 청중에게 확신시켜야 하는 것은 무엇인지 파악해보자. 그리고 이 근거들을 가장 흥미롭고 중요한 것부터 그렇지 않은 것의 순서로 나열해보고, 불필요한 것 위주로 잘라내라.

청중이 이미 알고 있는 정보나 상식적인 이야기를 언급해야 한다면 간단히 하라. 실증적인 근거를 활용하되, 일화에 기초한 근거에는 제한을 두라. 당신의 주장을 비판하거나 의심하는 이야기들이 있다면 (존경을 담아) 언급할 필요가 있다.

③ **결론** : 청중이 당신의 아이디어에 긍정적인 느낌을 가질 수 있는 결론에 도달하게 하라. 본론에서 말한 걸 요약해놓고 그걸 결론이라고 하면 안 된다. 청중이 실천만 한다면 당신의 아이디어가 그들의 인생에 어떤 영향을 미칠지를 이야기하라. 뭔가 팔기 위한 멘트는 자제하라.

4. 대본 쓰기

개요를 만들었다면, 대본을 쓸 차례다. 구체적이고 정확히 쓰되, 당신에게 자연스럽게 느껴지는 방식으로 쓰라. 현재형으로 작성하며 강력하고 흥미로운 동사를 활용하라.

5. 발표 슬라이드

슬라이드는 청중에게 도움이 되는 한도 내에서 사용한다. 내 슬라이드가 청중에게 정보를 명확히 전달하는 데 도움이 되는가? 아니면 청중을 오히려 산만하게 하고 혼란스럽게 하는가? 단순하고 알기 쉽게 만드는 것이 가장 중요하다. 아무리 복잡한 내용이라도 그래프는 시각적으로 명료하게 만들자. 각각의 그래프는 하나의 포인트만 전달해야 한다.

슬라이드 한 장에는 핵심 메시지 하나만 전달하자. 글자 수는 최소한으로 해야 한다. 청중이 슬라이드를 읽기 시작하면 당신의 이야기는 귀에 들리지 않을 것이다. 크기가 42폰트 이상인 글자를 쓰라.

6. 연습

연습만이 살 길이다. 어떤 사람들 앞에서도 완벽하게 편안해질 만큼 연습하라. 그들의 비판을 경청하면서 연습해 나가야 한다. 청중의 입장에서 1대1로 대화하는 것처럼 들릴 만큼 연습하라. 자세가 의외로 중요하다. 몸을 이리저리 움직이지 말고 가만히 서 있는 연습을 해야 한다.

"Now THAT'S a presentation! Great delivery, great graphics, and he moonwalks from the room."

"엄청난 프레젠테이션이 배달됐습니다.
엄청난 그래픽이죠? 자, 박수 부탁드립니다.
발표자가 문워크로 회의실을 빠져나가고 있네요."

2

스티브 잡스의
화이트보드

—

슬라이드와 싸우지 마라

"사람들은 프레젠테이션 슬라이드를 만드는 것으로 문제와 대면하려 한다.
나는 사람들이 파워포인트 뭉치를 보여주기보다는 사고를 통해 문제에 참여했으면 좋겠고,
서로 치열하게 논의해 결론에 도달했으면 좋겠다."

– 스티브 잡스

사람들은 나를
팩돌이라 부른다

2016. 5. 23 _ 11 : 59 : 59 PM. 딸깍. 분침이 12를
가리키는 소리가 사무실의 정적을 뚫고 귀에 꽂혔다. 12시다. 낮이 아니
라 밤. 불 꺼진 사무실 구석구석에서 밤새 파워포인트를 가공하느라 젊
은 시절을 다 바쳤을 원혼들이 나를 지켜보는 것만 같다. 나는 입사 3년
차, 사람들은 나를 팩돌이라 부른다. 파워포인트 팩(슬라이드) 제작을 전

담하는 일꾼을 그렇게들 부른다. 3년 전 나는 패기 넘치는 신입일 뿐이었고 "상무님 보고 자료를 누가 파워포인트로 정리해볼래?"라고 묻기에 손을 들었던 게 출발이었다. 우리 엄마 말씀이 딱 맞다. 마음 약한 사람이 지는 거다.

아무튼 그 후로 나는 팀의 파워포인트 전담이 됐다. 회의와 보고뿐 아니라 잡다한 기획안을 작성할 때도 나는 꼭 호출됐다. 팀뿐 아니라 회사의 온갖 정보가 깔때기처럼 내게 모인다는 게 싫지 않았고 아무리 성격이 불같은 선배도 나를 장인 대접해줄 때면(물론 아쉬울 때만) '내가 이 맛에 한다니까'라고 위로도 됐지만 3년 내내 파워포인트 전담이라는 건 해도 해도 너무했다. 그건 곧 내가 나만의 업무 영역을 만들지 못했다는 뜻이었다. 내 밑으로 신입도 하나둘 들어오는데……. '최고의 마케팅 전문가'라는 입사 직후의 꿈은 이미 접은 지 오래다.

띠로로롱~. 지금 이 시간에 사무실 번호로 전화할 사람은 딱 하나, 우리 상무다.

"57페이지 그래프 있잖아. 색깔이 마음에 안 드니까 그림을 좀 넣어서 있어 보이게 만들라고. 46페이지 부분을 한 장으로 퉁 치지 말고 액션플랜과 타임테이블까지 추가해서 세 장으로 나눠봐."

한 시간마다 상무님 전화가 울린다. 내일 CEO보고라 잔뜩 긴장했는지 이 시간까지 깨어서 사람 피를 말린다. 문제는 상무가 자꾸 디테일을 추가하는 사이 원래 30페이지였던 보고서 분량이 60페이지를 훌쩍 넘겼다는 것이다. 그에게 묻고 싶었다.

"상무님이라면 이거 읽고 싶겠습니까?" 3일 밤을 새워 만든 자료지만 사실 CEO의 오케이 사인을 받을지는 알 수 없다. 상무는 CEO의 지시가 아직 아리송하고 그런 상무의 지시를 받은 나도 뭐가 뭔지 모르겠다. 그럴수록 이것도 중요한 것 같고 저것도 빠뜨리면 큰일 날 거 같고……. 혹시 모를 상황에 대비해 안전망을 설치하다 보니 슬라이드 분량은 늘어만 간다.

내가 보기에 60페이지는 오버다. CEO가 고객도 아닌데 제품 조감도가 왜 3페이지에 걸쳐 들어가야 하며 영업이익은 왜 5년치를 다 보여줘야 하는 건데? CEO가 설마 그 정도도 모르겠어? 이번 보고의 목적은 '2016년 신흥 시장 맞춤형 마케팅 전략'에 대한 의사결정을 받는 건데, 과거 사례는 왜 이렇게 장황하게 설명해야 하는 거고 선진 시장 마케팅 현황은 왜 넣으라는 거야? 이게 상무의 포상 신청서야? 나한테 일 시키는 거 보면 딱 안다. 상사들은 콘텐츠가 부실하면 그 빈틈을 포장과 분량으로 가리려 든다는 것을. 메인 디시가 허접하니 샐러드네 식전 빵이네 하며 정신없이 늘어놓는 거다. 아무리 그래도 밤 12시에 전화해서 그래프 색깔까지 지정하다니, 너무하는 거 아니야?

파워포인트가 내 특장이긴 하지만 솔직히 그중 3분의 2가 잉여다. 회의록 같은 거는 워드로 몇 줄 다다닥 쳐서 돌리면 되는 거고 단타성 보고는 한 장으로 충분할 때가 많다. 말로 해도 되는데 습관적으로 파워포인트를 찾다 보니 나 같은 주니어들이 만날 밤을 새우는 거다. 게다가 파워포인트는 '있어 보이는 게' 포인트라 내용이 충분한데도 여백이 많아서 좀 부실해 보인다 싶으면 그래프네 표네 쓸데없는 것들이 들어간다. 여기서 더 나아가 상사가 비주얼로 승부를 보겠다고 달려들면 이거 난감하다. 이 문구는 강조는 하되, 형광색이나 원색은 피해라, 눈에 띄면서도 은은한 색감으로 골라라, 글씨 크기를 0.5폰트 작게 하라. 가끔은 '이 사람들이 내가 디자인 특채로 들어온 줄 아나'라는 생각이 들 때가 있다. 가관은 내일 CEO 보고 때 이 60페이지가 넘는 파워포인트를 참석자 수만큼 인쇄해야 한다는 사실이다. 보고 전에 이메일로 파일이 넘겨질 테고 상무가 프로젝터 화면으로 똑같은 내용을 시연할 텐데도 어쨌거나 인쇄본이 필요하단다. 총 여덟 명 참석이니, 480장을 인쇄해야 한다. 대부분 파쇄기 안에 들어갈 자료인데. 열을 내뿜으며 480장을 토해내는 복사기 옆에서 나나 얘나 고생이 많다는 생각이 든다.

물론 파워포인트가 만악의 근원인 것은 아니다. 특히 우리 옆 팀에 기자 생활을 10년 하고 왔다는 사람이 파워포인트가 비효율이네 뭐네 떠드는 것은 좀 웃긴다. 다양한 이해관계자들에게 많은 정보를 구조화해 보여주는 데는 파워포인트만 한 것도 없지 않나? 특히 이 파워포인트란 게 한번 익숙해지면 굉장히 편하다. 이번 경우는 예외지만 나도 요령이 있어서 웬만한 자료는 선배들이 물려주는 파워포인트 틀에 내용만 업데이트해서 끼워 넣는다. 회사에 들어와서 파워포인트에도 족보가 있다는 사실에 놀랐다. 죽으라는 법은 없는 거 같았다. 내가 머리 아프게 정보를 구조화할 필요 없이 있는 틀에다 그냥 내용만 '복사하기+붙이기' 하면 되니까.

새벽 2시 반. 드디어 상무의 오케이가 떨어졌다. 회사 옆의 찜질방에서 잠깐 눈이나 붙이고 와야겠다.

"시간 없으니까 한 페이지로 요약해서 말해봐"

2016.5.24 _3:00 PM. 우리 상무가 깨지고 있다.

"그렇게 말귀를 못 알아듣나 그래?"

이거는 우리 CEO가 아주 열을 많이 받았다는 뜻이다. 저 말을 세 번 들으면 삼진아웃이다. 재계약이고 뭐고 짐을 싸야 한다. 아, 내가 어떻게 이런 장면을 볼 수 있느냐고? 파워포인트 제작자의 특전 중 하나는 파워포인트 세팅을 맡고 있어서 최상부층의 의사결정 과정을 올 라이브로 볼 수 있다는 것이다. 조직생활을 잘하고 싶으면 아주 높은 분들이 그냥 높은 분들을 깨는 걸 보면 된다. 회사 넘버 원의 업무 스타일을 한 번에 캐치할 수 있고, 깨지는 임원들에게는 미안하지만 반면교사도 된다. 이럴 때는 파워포인트를 해보겠다고 손을 들었던 내가 잠시 기특해진다.

CEO는 일단 60페이지짜리 보고서를 한 장도 들추지 않았다. 아, 내 고혈로 올올이 적신 저 60페이지! 그는 "이걸 지금 나한테 읽으라는 건가?"로 말문을 열었다. 오후 3시. 오전 6시부터 분 단위로 짜인 CEO의 하루에서 코앞에 송중기가 있어도 절로 눈이 감기는 시간이다. '죄송합니다. 저 양반 상무를 단 지 1년도 안 돼서 감이 없습니다!'라는 말이 내 목 끝까지 차올랐다. 침묵을 깨고 CEO가 입을 열었다.

"그래서 내가 뭘 하면 되는 거야?"

우리 상무가 콩알만 한 목소리로 말한다.

"저, 내년 신흥 시장에 출시될 신제품 라인업에 대한 현지 맞춤형 마케팅 전략을 의사결정 받으려 합니다."

"그래? 그게 몇 페이지부터 나오는데?"

상무가 재빨리 내게 시선을 돌린다. 내가 15페이지라고 사인을 주자 상무가 입을 열기도 전에 CEO가 "아니, 중요한 걸 앞에 보고해야지. 시간 없으니까 한 페이지 분량으로 요약해서 말해보라고."

상무의 두뇌가 풀가동 중인 게 느껴졌다. 그러나 너무나 많은 수치와 분석 자료가 머리에서 엉켜버렸다. 게다가 전략이 아홉 개나 되다 보니 보고서를 여기저기 들추며 얘기하는데 내가 다 정신이 없었다. 듣고 있던 CEO의 한마디.

"그런데 지난번 회의 때 마케팅 전략을 그런 방향으로 세우기로 했었나? 내가 기억하는 것과는 좀 다른데?"

드디어 올 것이 왔다. 그러게 초반에 매 맞을 각오로 우리 상무는 CEO에게 물어봤어야 한다. 자기가 이해한 바가 맞는지. 이대로 가면 되는지. 대충 더듬어보고 자료를 만드니 그게 지시한 사람의 마음에 찰 리가 있나. 저 보고서의 몸집이 커진 것도 다 그 탓인걸. 상무는 CEO의 시간을 30분이나 허비해버리고 다시 보고 일정을 잡아야 했다. 그것은 내가 또 며칠 날 밤을 새워야 할지 모른다는 의미였다.

스티브 잡스의
화이트보드

2016.5.25_12:10PM. 파워포인트라는 파리지옥에 다시 빠진 첫날. 점심 때 "파워포인트에 비효율이 많다"던 기자출신과 밥을 먹었다. 내 지금 상태? 파워포인트의 파 자만 들어도 뱃속이 울렁거린다. 처음 만들었던 파워포인트 프레임 안에 내 사고와 손이 꽁꽁 묶여서 뭔가 새롭고 획기적인 아이디어가 떠오르지 않는다. 우리 상무가 다시 받아온 시간은 단 3일. 기자들은 파워포인트를 진짜 안 쓰는지 물어봤다. 그랬더니 이런다.

"기자들은 보고를 하든 기사를 쓰든 핵심부터, 결론부터 얘기합니다. 아무리 복잡한 사안이라도 한 페이지에 그냥 문서로 끝내요. 파워포인트는 단선적으로 정보를 나열하거든요. 무조건 앞 페이지에서 뒤 페이지로 이동해요. 발표자는 읽고 청중은 따라가죠. 우리의 시선은 이미 구글 어스 수준에까지 이르러 단번에 목표점을 찾기를 바라는데 파워포인트는 본론이 나올 때까지 뚜벅뚜벅 걷기를 강요하니까. 게다가 슬라이드 한 장에 빼곡한 말머리 기호와 도표, 그림은 독해 수준의 집중이 필요하잖아요? 요즘처럼 바쁘고 산만한 시대에 그런 초집중을 요구한다는 것 자체가 말이 안 돼."

역시 예상했던 대로 기자들은 밥맛이 없다. 잘난 체하기는. 그래도 요즘 정부기관, 군, 기업체 중에 파워포인트 안 쓰는 곳이 어디 있느냐고 내가 물었다. 나도 아는 척 좀 했다. 〈블룸버그 비즈니스위크(Bloomberg

Businessweek)〉지에 따르면 파워포인트는 25년여 동안 10억 대가 넘는 컴퓨터에 설치됐으며 세계적으로 1초에 350건의 파워포인트 프레젠테이션이 진행되고 있다고. 프레젠테이션 소프트웨어 시장의 95퍼센트는 여전히 파워포인트라고. 파워포인트를 작성하느라 날밤 새우는 우리 같은 일개미들을 무시하지 말라고!

 "모르시는구나? 파워포인트를 만든 마이크로소프트사의 CEO 스티브 발머(Steve Ballmer)조차 자신이 참석하는 회의에는 파워포인트를 금지했다고요. 구글, 애플, 아마존 등 혁신 기업들에서도 파워포인트는 퇴출되고 있어요. 그들이 바보겠어요? 그 기업들의 논리는 이래요. '파워포인트 뭉치로는 핵심을 빠르게 공유할 수 없다!' 제가 '위클리비즈'에서 글로벌 기업들을 좀 취재했거든요. 기업 내부의 파워포인트 의존도를 보면 알아요. 소통의 속도와 더불어 직급을 초월해 얼마나 수평적으로 논의하는 곳인지를. 만약 그쪽 상무님과 CEO가 서로 격의 없이 질문을 던지고 얘기하는 사이였다면 대체 60페이지짜리 보고서가 왜 필요하냐고요.

 게다가 파워포인트는 형식이 콘텐츠를 압도하는 대표적인 예예요. 틀을 짠 후 내용을 넣기 때문이죠. 아까 말했잖아요. 선배들이 물려준 파워포인트 틀에 내용을 붙여 넣는다고. 업무에 대한 자기만의 질문을 만들지 못한 채 수십 장이나 되는 자료의 글씨체와 폰트를 조절하는 사이 사고의 발목이 잡히는 겁니다! 회의 때 파워포인트를 금지했던 스티브 잡스도 이런 말을 남겼어요. '자기가 무슨 말을 해야 하는지 아는 사람은 파워포인트가 필요 없다. 사람들은 프레젠테이션 슬라이드를 만드는 것으로 문제와 대면하려 한다. 나는 사람들이 파워포인트 뭉치를 보여주기보다는 사고를 통해 문제에 참여했으면 좋겠고, 서로 치열하게 논의해 결론에 도달했으면 좋겠다!' 잡스가 참여하는 회의에는 실제로 화이트보드가 파워포인트를 대신했다죠. 그는 자신의 아이디어를 간단히 적은 후 사람들과 논의를 통해 문제를 해결해갔어요."

여보쇼. 지금 여긴 실리콘밸리가 아니고 우리 회사는 애플이 아니거든요? CEO도 상무도 신입 때부터 파워포인트로 읽고 말하고 쓰던 사람들이야. 모국어를 어떻게 갑자기 바꾸냐고. 게다가 신입이 '파워포인트는 이러이러한 비효율을 만듭니다'라고 한들 바뀌는 게 있어? 너 어디 아프냐고 할걸? 기자들은 이런 게 문제야. 현실에 발가락 하나 담그지 않고는 감 놔라, 배 놔라. 게다가 외국 사례들은 얼마나 떠들어대는지. 잘된 기업들을 조사해서 '이런 공통점이 있더라' 하는 결과론적 얘기들, 이제 한물간 거 아닌가? 오징어 덮밥을 입에 한가득 물고 이런 생각들을 속으로만 끓였다. 그런데 말이지, 다음 말은 좀 찔리더라고. 나 이대로 팩돌이 10년 더 하면 내 모습은 어떻게 될까 아찔하기도 하고. 그 말은 이랬다.

"간결하게 핵심만 말하는 능력은 정보를 장악하고 비판적으로 사고해야 가능한 일이에요. 그래서 아마 CEO가 상무님한테 한 장 분량으로 얘기해보라고 하셨을 거예요. 복잡한 파워포인트 슬라이드 뒤에 숨는 건 오히려 쉬워요. 그렇지만 생각의 힘을 키우면 뭘 버릴지가 명료해져요. 당장 파워포인트를 쓰지 말라는 게 아니에요. 잭 웰치(Jack Welch) 같은 사람은 5페이지 슬라이드를 권해요. 그 어떤 복잡한 전략적 결정도 5페이지 슬라이드 안에서 해결을 봐야 한다는 거죠. 이 사람이 《잭 웰치의 마지막 강의(The Real-life MBA)》라는 책에 이렇게 썼어요. '시장은 하루가 다르게 움직이고 엄청나게 빠른 속도로 변화하고 있다. 다섯 장의 슬라이드면 된다.'

전략 보고서야말로 분량도 많고 엄청나게 복잡하죠. 그런데 슬라이드 다섯 장이면 된다는 거예요. 그가 말하는 다섯 장의 슬라이드는 다음과 같아요. 첫째, 현재 경쟁 상황을 엄밀하게 재평가할 것. 둘째, 경쟁자가 최근 내놓은 제품과 기술, 인재 영입으로 경쟁 판도를 어떻게 바꿔놓았는지 분석할 것. 셋째, 당신이 같은 시기에 동일한 항목들에서 무엇을 했는지 냉정하게 돌이켜볼 것. 넷째, 곧 어떤 상황이 닥칠지 분석할 것. 다섯째, 잠재적 경쟁자로 득실대는 시장을 바꿔놓는 동시에 당신을 승리하게 할 비장의 무기를 찾아낼 것.

이건 그냥 한 가지 예예요. 요점은 실리콘밸리 스타들뿐 아니라 올드스쿨인 잭 웰치도 파워포인트 슬라이드 위에서 의미 없이 낭비되는 말들을 경계한다는 거예요. 정보를 분석하고 정제해 테이블 위에는 간결한 핵심만 올리라는 거죠. 개개인도 그래야 생각하는 힘이 생기고 경쟁력이 생겨요."

파워포인트가
보내는
위험 신호들

파워포인트는 여전히 쓸모 있는 업무 도구다. 파워포인트는 내 아이디어
를 구조화해 상대에게 가장 효율적으로 보여주는 소통 방법이라고 생각하
는 사람들이 많다. 그러나 아래 열거한 신호가 감지된다면 파워포인트는
득보다는 실로 작용한다. 파워포인트 작성을 멈추고 '이건 누구를, 무엇을
위한 수고인가?' 스스로 물어야 할 순간들이다.

1. 파워포인트는 A급인데 현실은 C급

파워포인트 보고서의 완성도에 매몰되는 경우다. 자체 완결성에 집착하
느라 막상 보고서 내용을 실무로 어떻게 옮길지 생각해보면 엄두가 안 난
다. 보고서 자료 자체는 문구 하나 조사 하나 공을 들여 A급인데 막상 실
무를 들춰보면 실속 없는 경우도 있다. 보고서 작성에 치여 실무를 할 시
간이 없거나 현실을 그럴싸하게 포장하는 파워포인트 스킬만 늘어난 경우
다. 파워포인트 경진 대회가 아니지 않은가? 상대에게 명확하고 간결하게
메시지를 전달하는 것은 좋지만 파워포인트 작성 자체에 너무 과한 시간
과 에너지를 들이는 것은 개인뿐 아니라 조직 전체로서도 낭비다.

2. 여백을 채우기 위해 뭔가를 찾고 있다

파워포인트는 상자, 표, 그래프 등이 기본이다. 이런 것들 없이 텍스트만
나열하면 여백도 생기고 왠지 헐렁해 보인다. 파워포인트의 본류에서 벗
어난 듯한 느낌이 든다. 그래서 여백을 채우기 위해 표를 그리고 그래프거

리를 찾는다. 필수 정보를 다 넣었는데도 이른바 룩앤드필(look & feel)이 '있어 보이지' 않는다는 이유로 별 필요도 없는 정보를 추가로 집어 넣는 것이다.

3. 글씨 크기와 그래프 색깔을 두고 고민하고 있다

글씨 크기가 들쑥날쑥하거나 그래프 색깔이 총천연색이라면 문제가 있지만 그렇지 않다면 파워포인트 포장에 너무 집착하지 말자. 상사의 취향에 따라 그래프 색깔, 글씨 모양, 굵기를 거듭 수정하고 고민하는 직장인들이 많다. 이해는 하지만 그런 부가적인 일들 때문에 보고서 내용에 쏟을 에너지까지 빼앗긴다면 문제다.

4. 습관적으로 족보를 찾는다

스스로 생각을 구조화하지 못해 매번 선배가 전에 작성해놓은 '족보'를 열어야 한다. 이미 만들어진 파워포인트 틀에 자신의 콘텐츠를 끼워 넣는다. 언제까지 그럴 건가? 습관적으로 선배의 파워포인트 보고서를 열지 말고 종이와 펜을 들고 먼저 자신의 생각을 정리해보자.

5. 간단히 구두로 할 것도 파워포인트로 보고한다

회의 결과를 정리해 공유하거나 업무 진행 사항, 체크리스트 등을 보고해야 할 경우가 있다. 이메일로 몇 줄 정리해도 되고 구두로 보고해도 충분한 내용인데 파워포인트부터 열고 본다. 그래야 최소한 면피는 된다고 생각한다. 상사 앞에서 자기 업무에 대한 자신감이 없거나 상사와의 신뢰가 견고하지 않은 경우다.

3

이그제큐티브 서머리

—

상사는 늘 시간이 없다

*"이그제큐티브 서머리는 중요 포인트를 그저 나열해놓은 게 아니다.
중요 이슈들이 서로 어떤 관계가 있고, 우선순위는 어떻게 되는지,
상대는 무엇을 해야 하는지 밝혀야 한다."*

'소 왓'에 해당하는
문제의식

"새 부문장 결정됐다며? 외부 인사래. 미국에서 전자공학으로 박사 과정을 밟다가 B컨설팅펌에 현지 스카우트됐을 정도로 스펙이 어마무시하다던데?"

"이번엔 낙하산 아니고 우리 분야를 잘 아는 사람 같던데. 게다가 얼굴 보니 딱 아메리칸 스타일!"

©Elizabeth Wagele

"엘리베이터 스피치 해봐요(던져봐요)."
"아······ 그런데 너무 많이(던지지)는 말고요."

미래사업부문에 새 부문장이 온다는 소문에 부문 내의 세 개 팀이 술렁였다. 일주일 뒤 첫 출근이라니 새 부문장에게 할 업무 보고부터 준비해야 했다. 세 명의 팀장들은 자신의 첫인상을 결정지을 업무 보고가 벌써부터 신경 쓰였다. 아니나 다를까. 부문장이 첫 출근 전까지 각 팀의 업무 보고서를 이메일로 보내란다. 1, 3팀의 팀장들이 채근했다.

"예전에 우리가 썼던 보고 자료들 있잖아? 한 3년치를 모아서 지금 상황으로 업데이트해줘."

"이 과장, 우리 중장기 전략 짜둔 거에다가 시장 분석 자료를 합쳐서 일단 만들어봐."

올 게 왔구나! 각 팀의 팩돌이들은 C드라이브를 열어 빼곡히 담긴 파워포인트를 훑으면서 견적을 내기 시작했다. 지난 5년치 업무 보고 자료, 이전 부문장의 부임 시에 작성됐던 보고서⋯⋯. 1팀의 팩 담당인 서 대리의 눈동자가 바쁘게 굴러갔다. '팀 역할이 크게 바뀐 것도 없고 업무 보고는 어차피 서로 가볍게 인사하는 자리일 테니, 요 자료를 기본 틀로 올해 계획을 업데이트하면 끝?'

3팀 담당 이 과장은 보고서 맨 앞에 습관처럼 붙여온 팀원의 프로필 사진이 신경 쓰였다. '부장님 사진 이거 대체 언제 거야? 이때는 머리숱도 많았네. 사진 좀 업데이트해야겠어.' 그리고 팀원들에게 전체 이메일을 보냈다.

"업무 보고서 첫 페이지에 팀원 소개를 넣을 건데 프로필 사진 좀 업데이트해주세요. 각자 마음에 드는 사진 저한테 보내주세요!"

수선스러운 두 팀 사이에서 2팀만 조용했다. 팀장이 책상에 앉아 종이 위에 연필로 뭔가를 슥슥 그리기도 하고 지우기도 하는 모습을 팀원들은 지켜보기만 했다. 과묵한 데다 필요한 말만 하는 그를 팀원들은 어려워 했다. 어려워했다기보다는 믿고 의지했다는 게 더 정확하리라. 부스스한 머리에 알 두꺼운 안경은 늘 비스듬히 콧잔등에 걸려 있었다. 눈두덩이 두둑해 다소 꺼벙해 보였지만 두 눈은 늘 민첩하게 빛났다. 그의 별명은 '그림자'였다. 말수가 적었지만 상사의 의중을 가장 잘 읽어냈다. 이전 부문장은 눈앞에 그가 없으면 불안해했고 심지어 CEO 보고에까지 데리 고 다녔다. 2팀장은 부문장 바로 옆에 그림자처럼 앉아 있다가 자신의 상 사가 말문이 막히면 재빨리 백업하고 다시 그림자처럼 빠졌다. 넘버 원, 투의 의중을 정확히 읽어내는 넘버 스리, 그게 바로 2팀장이었다. 성인 아토피 때문에 회식 자리에서도 술 한잔 못해, 남들이 술김에 한다는 아 부도 못 했지만 어쨌든 그는 사랑받았다.

2팀장은 팀원들을 소회의실로 소집했다. 그리고 자신이 끼적였던 종 이 한 장을 복사해 팀원들에게 나눠줬다.

"우리 부문장이 컨설턴트 출신인 건 알죠? 이공계 출신이라 논리적이 고 명료한 거 좋아하신다고 들었어요. 컨설팅펌에서는 보고서에 꼭 이그 제큐티브 서머리(executive summary)를 작성하는데, 그런 업무 습관에 익 숙하시다 보니 우리한테도 그걸 원하실 겁니다. 장황하게 이 자료 저 자 료 취합하기보다는 일단 스토리라인을 만들어서 한 장에 담고 그걸 기반 으로 보고서를 작성해봅시다. 내가 일단 초안을 만들어봤어요. 다들 읽어보고 피드백 주세요."

반나절 동안 2팀장이 작성한 한 장. 그것은 부문장에게 무엇을 이야기할지 정리한 스토리라인이었다. '일단 만들어봐' 같은 말이 2팀장의 입에서 나온 적이 있었나? 그는 팀원들이 보고서를 작성할 때면 늘 한 장짜리 이그제큐티브 서머리를 맨 앞에 붙이라고 요구해왔다. 그 훈련을 받아온 팀원들의 머릿속에 세 가지가 떠올랐다. 주의점이었다.

첫째, 이그제큐티브 서머리는 보고서를 만든 뒤 작성하는 요약본이 아니라 보고서를 만들기 전에 잡아야 할 뼈대다. 단순 요약이 아닌 '소 왓 (so what)'에 해당하는 문제의식이 반드시 포함되어야 한다.

둘째, 이그제큐티브 서머리는 서론이 아니다. 1분 1초가 아까운 상사는 어서 결론을 보고 싶어 한다. 모두가 알고 있는 일반적인 소개글로 상사의 시간을 낭비하지 마라.

셋째, 이그제큐티브 서머리는 중요 포인트를 그저 나열해놓은 게 아니다. 중요 이슈들이 서로 어떤 관계가 있고, 우선순위는 어떻게 되는지, 상대는 무엇을 해야 하는지 밝혀야 한다.

보고서와 기획안이라고 하면 대부분의 사람들은 파워포인트를 떠올린다. 학교 글짓기 때도 글의 흐름을 짜보고 첫 문장을 써내려가던 사람들이 직장생활에서는 그 과정을 쏙 빼먹고 일단 파워포인트 프로그램부터 화면에 띄워놓는다. 1, 3팀장처럼 주먹구구식의 자료 취합과 '일단 만들어봐' 정신으로 영혼 없는 수십 장의 보고서를 양산해낸다. 집을 짓겠다면서 설계도 없이 벽돌에 시멘트부터 바르는 격이다. 그 집에 안내받은 사람은 설계도 없이 지어진 집에서 혼란에 빠진다. 문을 열고 들어갔는데 부엌과 화장실이 벽 없이 붙어 있고, 베란다를 거쳐야 거실이 나온다. 동선이 꼬여 어서 집 밖으로 나오고 싶다.

보고서도 마찬가지다. 왜 보고를 하는지, 핵심 메시지는 무엇이며, 상대에게 무엇을 요청하는지가 일목요연하게 정리되어야 보고서는 비로소 읽히고 설득한다. 이런 흐름을 정리한 것이 이그제큐티브 서머리다. 아무리 복잡한 내용이라도 한 장만 읽으면 이해되고 의사결정을 내릴 수 있게 보고서 앞에 이걸 붙인다. 사고력이 총 결집돼야 하는, 최고 난이도의 직장 내 글쓰기다.

2팀장이 이그제큐티브 서머리를 작성하는 버릇을 들인 건 과장 때였다. 투자 제안서를 2주 넘게 끙끙대며 작성했더란다. 마감에 맞춰 CEO 컨펌을 받아야 했다. 현장 인력들은 '고(GO)!' 사인만 숨 죽여 기다리고 있었다. 30분 일정을 받아놓은 보고 시간. 그런데 갑자기 해외 법인에 문제가 생겨 CEO가 출동해야 하는 일이 생겼다. 급박한 일정을 뛰어야 하는 CEO에게 30장의 보고서를 내민다? 30분이 아니라 10분도 시간을 내기 힘들다는 소식이 비서실을 통해 전해져왔다. 2팀장의 당시 부장은 팀원들을 바라보며 결연하게 외쳤다.

"30장을 한 장으로 줄여. CEO가 엘리베이터를 타고 차까지 이동하는 3~5분간 보고할 수 있도록! 지금부터 세 시간 준다. 빨리 만들어!"

'멘붕'에 빠져 대체 30장을 어떻게 한 장으로 줄였는지 지금 생각해도 신기했지만 교훈은 분명했다. 상사는 늘 시간이 없다. 중요한 보고일수록 한 장에 담는 습관을 들이자. 상대와 내가 함께 엘리베이터에 탄 1~2분간 상대를 이해시키고 설득해야 한다고 치자. 무엇을 어떻게 이야기할 것인가? 그 내용을 한 장으로 줄인 것이 바로 이그제큐티브 서머리다.

이그제큐티브 서머리가 '메이드 인 US'라고 누가 그랬나? 조선팔도에서 올라오는 각종 보고서를 읽느라 세종대왕은 만성적인 눈병에 시달렸다. 사람 사는 건 다 똑같다. 그래서 조선의 왕들은 보고서에 서목(書目)을 붙이라고 했다. 서목이란 왕에게 특정 문서를 올릴 때 해당 문서의 내용을 파악하기 쉽게 핵심만 간략히 적어 함께 올리던 문서다. 임금에게 올리는 장계에는 반드시 서목을 갖춰야 했다. 장계란 지방의 관직에 제수된 신하나 왕명을 수행 중인 신하가 임금에게 보고할 때 사용하는 문서를 뜻한다.

'핵심만 간단히'에 대한 욕구는 최근 더 강화되고 있다. 기본적으로 처리해야 할 정보가 폭증했기 때문이다. 이는 의사결정의 정점으로 올라갈수록 더욱 그렇다. 우리의 뇌는 지금 읽는 내용 중 새로운 정보를 받아들여 이를 기존에 알던 정보와 결합하는 방식으로 정신적 모형을 구축해 간다. 새로 입력되는 정보가 단순하고 핵심에 가까울수록 이 정신적 모형은 튼튼해진다. 그 단단함 위에서 신속한 의사결정이 가능해진다. 커뮤니케이션 전문가인 패트릭 G. 라일리(Patrick G. Riley)는 아예 한 장으로 충분한 보고서를 만들라고까지 주장한다. 국내에서도 많이 읽힌 책 《The One Page Proposal》에서 그는 아무리 복잡하고 방대한 정보라도 의사결정자의 책상 위에는 한 장의 보고서로 놓여야 한다고 주장했다. 라일리는 이렇게 말한다.

"원 페이지 보고서는 빨리 읽힐 뿐 아니라 결정을 내리는 데 필요한 결정적인 자료들이 모두 들어 있다. 오늘날의 거물들은 신속하기만 한 것이 아니라 영리하기도 하다. 새로운 정보를 재빨리 흡수해 전장이나 다름없는 세계 시장에 적용한다."

현실에서는 어려운 얘기다. 원 페이지 보고서가 통하려면 먼저 합의가 필요하다. 십수 년간 수십 장의 파워포인트 보고를 받아온 사람들을 한 번에 바꾸기란 불가능하다. 예고 없이 비죽 내민 한 장의 보고서는 읽어보기도 전에 거부감만 일으킬 것이다. 이그제큐티브 서머리야말로 부작용 없이 라일리가 주장한 원 페이지 보고서의 취지를 살리는 방식이다.

키이슈가 뭡니까

며칠 뒤 업무 보고 자리. 부문장 집무실의 테이블에 새 부문장과 팀장들이 마주 앉았다. 부문장은 "잘 부탁드린다"는 인사와 함께 태블릿 PC에서 보고서를 열었다. 다부진 몸집에 짧게 깎은 머리카락. 노타이에 소매를 살짝 걸은 새하얀 드레스셔츠 차림이었다. 1팀장이 "그럼 저희 팀원 소개를 먼저 드리겠습니다"라고 입을 떼자 부문장이 두 눈을 태블릿 PC에 박은 채 말을 막았다.

"보고서는 이미 다 읽어봤습니다. 1팀 역할도 이미 숙지했습니다. 그런데 말이죠……. 현재 기준으로 제가 챙겨야 하는 키이슈(key-issue)가 뭔지 우선순위화가 필요한 것 같습니다. 그리고 3팀장님, 올해 업무는 이미 CEO의 의사결정이 난 거라 특별한 이슈가 없는 한, 롤아웃 되겠더라고요. 그런데 내년 중점 전략이 딱 머리에 그려지지가 않습니다. 전사의 사업전략과 얼라인시켜야 한다는 기본 취지는 알겠는데 3팀이 뭘 해야 밸류애드(value-add)할지 명확하질 않아요. 올해도 3~4개월밖에 안 남았는데. 다시 디벨롭(develop)하셔야겠습니다."

첫 만남인데 좋은 게 좋은 거라고 가벼운 환담을 기대했던 자리였다. 부문장이 눈을 들어 2팀장을 바라보았다.

"2팀은 정리를 잘 해주셔서 이해가 빨랐습니다. 현재 바이오부문 신사업 발굴이 가장 큰 현안인데, 추가 R&D인력 투자 건이 홀딩(holding)되어 있는 거죠? 대체 플랜들도 봤는데, 제가 이건 더 검토한 뒤, CEO께 다시 보고드리겠습니다. 보고서 뒤에 붙인 타임테이블대로 제가 일정을 움직이면 되겠죠?"

1. 3팀장과 달리 2팀장이 보고서를 만드는 목적은 명확했다. 어떻게 하면 좋은 인상을 줄까가 아니라 어떻게 하면 새 부문장을 빨리 안착시켜 필요한 의사결정을 받을까였다. 2팀장이 작성한 보고서 역시 다른 팀과 다르지 않은 열 장 남짓한 분량이었지만 맨 앞에는 팀원 소개가 아닌 이그제큐티브 서머리가 붙어 있었다. 팀의 역할, 올해 중점 현안(as-is), 목표치와 기대 수준(to-be)이 한 장에 일목요연하게 정리돼 있었다. 중요한 이슈만 그 한 장에 담고 부차적인 정보는 보고서 본문에 붙여 필요하다면 찾아볼 수 있게 했다.

보고서나 기획안은 쓸모가 크게 세 가지다. 미래사업부문장이 받아본 것은 정보 전달을 위한 보고서였다. 이 외에도 문제 해결을 위한 보고서, 의사결정을 요하는 보고서가 있다. 이처럼 보고서를 쓰기 전에 그 목적 혹은 콘셉트를 정확히 파악해야 한다. 보고서의 목적은 늘 무 자르듯 나뉘는 것은 아니며 정보 전달과 의사결정, 문제 해결과 의사결정 등 목적이 혼재될 수 있다. 그러나 잊지 말아야 할 것은 이 보고서가 왜 지금 필요하며, 상대가 가장 알고 싶어 하는 것이 무엇일까 하는 점이다. 이그제큐티브 서머리에는 다음 네 가지가 자연스러운 흐름으로 담겨야 한다.

WHAT(무엇을 말할 것인가) : 상대의 니즈는 무엇이고, 달성해야 할 목표는 무엇인가. 이런 질문을 스스로에게 던져본 뒤 핵심 메시지, 즉 리드문(lead)을 작성한다.

WHY(왜 그것이 중요한가) : 내 메시지가 왜 중요한지 근거와 이유를 제시한다. 상대의 관심을 끌고, 보고서를 자세히 읽게 유도하는 부분이다. 근거에 대한 구체적인 수치나 자료들은 보고서 본문에 넣어 필요할 때 찾아볼 수 있게 한다.

HOW(어떻게 해결할 것인가) : 문제를 어떻게 해결할지, 목표를 어떻게 달성할지 방법을 간단히 언급한다. 이 경우 보고를 받는 상대가 문제 해결을 위해 무엇을 결정하고 행동하면 되는지도 적는다. 보고서 본문에는 구체적인 해결 방법과 일정 등을 적는다.

SO WHAT(해결된 후의 모습은?) : 문제가 해결됐을 때의 결과물, 기대 수준을 담는다. 상대에게 내 제안의 중요성을 다시 상기시키고 상대와 내가 같은 방향을 바라보고 있는지 확인할 수 있는 부분이다.

이그제큐티브 서머리에 특별히 정해진 양식이 있는 것은 아니다. 파워포인트로 할 것인가, 아니면 일반 문서로 작성할 것인가. 완결된 문장을 쓸 것인가, 아니면 말머리 기호로 간략하게 적을 것인가. 무엇이든 상대가 더 편하게 느끼는 방식을 택하면 된다. 내가 아닌 상대의 편의에 맞춰 상대가 핵심에 다가서게 하자.

나는 간결하게
메시지를 전하는
사람인가

'보보스(bobos)'라는 신조어를 만들어낸 〈뉴욕타임스(New York Times)〉의
유명 칼럼니스트 데이비드 브룩스(David Brooks)는 자신의 책 《소셜 애니
멀(The Social Animal)》에서 세계 정상의 엘리트들의 공통점을 다음과 같
이 묘사했다.

"······이 사람들에게는 특별히 '예외적인 천재성'이라 할 만한 구석이 없
었다. 깊이 있는 지식을 가지고 있지도 않았고, 그렇다고 창의적인 의견이
있는 것도 아니었다. 그들이 가지고 있는 최고의 장점을 하나 꼽는다면,
단순화 능력이었다. 이들은 복잡한 상황의 핵심을 아주 단순한 방식으로
정리하는 능력을 가지고 있었다. 이들이 어떤 문제의 핵심을 파악하고 나
면 그 문제는 그보다 더 선명하게 보일 수 없었다. 다른 사람들이 아무리
애를 써도 풀지 못하는 단순화의 공식을 이 사람들은 알고 있었다. 이들은
현실의 복잡한 실체를 바쁜 사람들이 힘들이지 않고 제어할 수 있도록 만
들어주었다."

미국의 유명 커뮤니케이션 전문가인 조셉 맥코맥(Joseph McCormack)은
《브리프(Brief)》에서 간결하게 핵심을 말하는 능력을 성공의 필수 요건으
로 꼽았다. 맥코맥의 일곱 가지 질문을 통해 당신의 간결함을 점검해보자.

1.   한 시간 분량의 복잡한 정보를 듣고, 이를 2분 남짓한 길이로 요약
      할 수 있는가?
2.   다섯 줄 안에 핵심을 담아낸 이메일을 쓰고 있나?

3. 프레젠테이션을 할 때, 그림이 많고 글이 적은 파워포인트 슬라이드를 열 장가량만 준비하는가?

4. 복잡한 아이디어를 간단한 이야기, 은유, 일화로 옮길 수 있나?

5. 중요한 소식을 기자처럼 전문적으로 전달할 수 있나?

6. 어려운 비즈니스 용어나 전문 용어가 아닌, 쉽고 명확한 단어를 사용하나?

7. 상대방의 '집중력이 떨어졌다'는 사실을 즉시 알아보나?

핵심을 전달하지 못하는 일곱 가지 이유

맥코맥에 따르면, 사람들이 명료하게 핵심을 전달하지 못하는 건 다음 일곱 가지 이유 때문이다.

1. 비겁함

자신의 입장을 분명히 밝힐 용기 없이 의미 없는 단어 뒤에 숨는 것이다. 누군가가 이의를 제기할까 봐 전문 용어와 유행어를 남발하며 전달하고자 하는 핵심 메시지를 숨긴 채 회색지대에 머무르려 한다.

2. 자만심

모든 걸 알고 있다고 자만하기에 성가시기만 한 온갖 세부 사항까지 설명해 상대를 지치게 만든다. 당신은 자기가 가장 좋아하는 주제를 가지고 강의도 할 수 있다고 믿는다.

3. 무심함

이기적이고 다른 사람들의 시간을 아낄 줄 모른다. 남들이 말할 때는 재촉하면서 자기가 발언권을 얻으면 시간이 멈춘 듯 행동한다.

4. 편안함

아는 사람들 앞에 있으면 긴장이 누그러지면서 말이 많아지는 당신은 익숙함을 핑계로 간결함을 내팽개친다. 이중 잣대다. 중요한 사람 앞에서는 간단명료하게 말하지만 친한 이들 앞에서는 장황하다.

5. 혼란

생각을 명확히 정리하지 못한 채 떠오르는 대로 말한다. 방금 떠올린 생각
은 조리도 없고 불분명하며 상대의 기억에 남지 않을 가능성이 크다. 그런
생각을 떠들지만 않는다면 문제가 되지는 않지만.

6. 복잡함

어려운 개념을 단순화하는 사람이 높은 평가를 받는다. 최고의 성공을 거
둔 사람들은 모두 그 능력을 통해 꼭대기에 올랐다. 그러나 당신은 간단
명료하게 다듬을 수 없을 정도로 복잡한 문제가 있기 마련이라고 합리화
한다.

7. 부주의

말이 어눌하고, 머릿속 생각과 전해야 할 메시지가 마구잡이로 엉키는 일
이 잦다. 사람들은 당신의 이야기를 제대로 알아듣지 못해 실망한다. 평소
에 말과 생각을 다듬을 필요가 있다.

④

아마존 CEO 제프 베조스의
글쓰기

—

**당신의 언어로 쉽게 쓰면
보고서의 맨살이 드러난다**

*"글이 쉬워지면 손에 잡힐 듯, 그 안의 정보가 만만해진다.
그럴 때 우리의 머리가 열리고 당연하게 보였던 것에도
'왜'와 '어떻게'를 물을 수 있게 된다."*

논리와 사고를
발목 잡는 기업어

"상무님이 차장님 의견을 바이인하셨어요.
잘됐네요."

"네? 상무님이 뭘 하셨다고요?"

"아, 차장님이 보고하신 걸 바이인하셨다고요."

"아아~???"

기업으로 자리를 옮겨 처음 몇 주간 나는 '기업어'라는 외국어를 익히느라 정신없었다. 아니, 아름다운 우리말로 "상무님이 차장님 의견을 받아들이셨어요"라고 하면 되지, '바이인(buy-in)'은 대체 뭔가? 미국 MBA 교재에서 구경하던 '바이인'을 일상 업무에서 마주칠 줄은 몰랐다. 기업 생활 3년째지만 누군가 그 언어를 쓰면 내 안의 삐딱함은 여전히 이렇게 말한다.

"야, 그렇게 말하면 일 못하는 네가 갑자기 외국 MBA 출신의 에이스로 보인다든?"

나도 떳떳하지만은 않다. 기자들도 외래어라면 좀 한다. 대부분 미국이 아니라 일본에서 수입된 말들이다.

"니가 사스마와리가 몇 년인데 니 나와바리에 있는 기사도 도쿠니끼당 하냐? 그리고 이렇게 와쿠도 야마도 없이 쓰면 손에 들어온 도쿠다이도 나가리되겠다. 쟤처럼 사와리라도 좋으면 기사 모치라도 물어올 거 아냐?"

이 말의 뜻을 짐작할 수 있는가? 해석해보면 이렇다.

"네가 경찰 기자가 몇 년인데 너의 취재 영역에 있는 기사도 놓쳐서 너만 못 쓰는 상황이 된 거니? 그리고 이렇게 정해진 구성도 핵심도 없이 쓰면 손에 들어온 특종도 사라지겠다. 쟤처럼 넉살이라도 좋으면 힌트가 되는 정보라도 물어올 거 아냐?"

가장 정제된 우리말을 써야 할 기자들이 일본식 은어를 즐겨 쓰는 건 자랑할 만한 일은 아니다. 이 말은 기자라는 소속감, 정체성을 확인시켜주는 일종의 증표였다. 수습 기자들은 그 말을 쓰는 것 자체로 진짜 기자라도 된 듯 우쭐해졌다. 거부감 없이 일본식 은어들을 흡수해 썼지만 아마도 기자가 아닌 이들이 들었으면 "그게 뭐가 대단하다고?" 했을 수도 있다.

그런 내가 기업어에 질렸다면 이중적일 수 있다. 그렇지만 기자 용어는 기업어와 달리 어휘가 몇 개 정해져 있다. 가장 많이 쓰는 게 야마(핵심), 사스마와리(경찰 기자), 나와바리(영역), 도쿠다이(특종), 도쿠니끼(낙종) 정도다. 기업어는 전방위적이다. 언제 어디서 얼마나 튀어나올지 모른다. 기업어에는 두 가지 유형이 있는데, 하나가 바로 '바이인' 같은 미국식 경영 용어다. 그거 좀 못 알아들었다고 수선 떠는 게 아님을 알아달라. 그 목록은 눈부실 만큼 현란하고 끝이 없으니.

디깅(digging) : 파고듦. 예: 인사관리 시스템 혁신안을 관련 부서가 모여 디깅하는 것이 필요.

레슨스러니드(lessons-learned) : 교훈. 예: 이번 FGI를 통한 레슨스러니드를 취합해 관련 부서에 전달할 계획.

롤아웃(roll-out) : 출시하다, 시작하다. 예: 비용 절감 TFT 결과는 9월부터 현장 롤아웃이 예정돼 있음.

스테이크홀더(stake-holder) : 이해관계자. 예: 추후 스테이크홀더들을 대상으로 한 설명회와 조정 작업이 이어질 전망.

애즈이즈(as-is), **투비**(to-be) : 현재 상태, 미래 모습. 예: 조직문화의 애즈이즈를 밝히고 극복해야 할 점들을 정리해 투비를 정립하는 것이 시급함.

얼라인(align) : 연관되다. 예: 전사 경영 전략과 얼라인된 실행안 절실.

인디케이터(indicator) : 지표. 예: 시장 침체를 알리는 인디케이터로는 다음 네 가지가 있으며……

임플리케이션(implication) : 함축, 암시. 예: 이번 상반기 영업이익 감소에 대한 임플리케이션 도출 작업 필요.

컨트롤러(controller) : 관리자(부서). 예: 법무부문의 컨트롤러를 박○○ 상무로 단일화.

타임테이블(timetable) : 일정표. 예: 보고서 맨 뒷장의 타임테이블대로 신제품 출시 진행되니 참고 바람.

핸들링(handling) : 다루다. 예: 고객 불만 핸들링 부서가 1, 2공장에 각각 배치됨.

이런 용어들이 가득한 보고서를 보고 있으면 뭔가 전체적으로 '있어 보이는' 그런 기운이 느껴지긴 한다. 보고서가 디자이너 슈트를 차려입고 건방을 떠는 것만 같아서, 역시 기업의 점령군은 MBA 출신인 것 같아서 살짝 주눅이 들기도 한다. 문제는 어떤 뉘앙스인지는 알겠는데 정확히 무얼 뜻하는지 알 수 없을 때가 많다는 것. 한번은 회의 때 보고서를 들춰보다가 옆자리 동료에게 물어보았다.

"저, 근데 인에이블러가 뭐예요?"

근엄한 표정으로 보고서를 훑던 동료가 "아, 그게 어떤 플랜이나 액션을 가능하게 하는 그런 제반 조건이나 뭐 그런 거…… 아닌가?"라고 멋

쩍은 듯 웃어넘겼을 때 나는 알았다. 누구도 '이게 정확히 무슨 뜻이에요?'라고 물어본 적이 없었다는 것을.

이런 예는 한둘이 아니다. AOP라는 말을 '너 밥 먹었냐?'처럼 자주 쓰기에 뭐의 약자냐고 물었더니 대답하는 사람이 별로 없었다. AOP는 애뉴얼 오퍼레이팅 플랜(Annual Operating Plan), 즉 연간 운영 계획이었다. 습관적으로 써서 대충 그런 뜻이겠거니 하고 넘어가는 사이 미국식 경영어는 사람들의 논리와 사고의 발목을 붙잡고 있었다.

실제로 보고서에 임플리케이션 항목을 만들어놓고 그에 합당한 내용을 채우지 못한 경우도 종종 봤다. 이런 식이다. '신흥 시장에서 상반기 매출 소폭 감소(임플리케이션: 중국 -3.5퍼센트, 브라질과 멕시코 -5퍼센트, 동남아 -5.6퍼센트 등으로 감소했으며……).' 임플리케이션은 더 자세히 풀어 쓰라는 말이 아니라 특정 정보가 함축하는 바, 즉 현상의 이면을 뜻한다. 원래의 단어 뜻에 맞으려면 임플리케이션은 이렇게 써야 한다. '유가 하락에 따른 것으로 보이며 저유가 기조가 이어질 경우 현지 마케팅을 강화할 필요가 있음.' 보고서 작성자는 선배들이 습관적으로 붙인 임플리케이션이란 항목을 기억해뒀다가 자기의 글쓰기에 적용했을 수도 있다. 사실 이 경우 그냥 '유가 하락으로 신흥 시장의 상반기 매출이 소폭 감소(중국 -3.5퍼센트, 브라질과 멕시코 -5퍼센트, 동남아 -5.6퍼센트). 저유가 기조가 이어질 경우 현지 맞춤형 마케팅을 강화하는 것이 필요함'이라고 적으면 된다. '원인-현상(혹은 현상-원인)-문제 해결'의 흐름은 우리 뇌가 기억하는 가장 자연스러운 이야기 구조 중 하나다.

한번은 회의 때 누군가가 보고서를 읽다가 "데피니션 오브 석세스(definition of success)가 뭐예요?"라고 물어서 당황했던 적이 있다. 데피니션 오브 석세스는 우리말로 하면 '성공의 정의'쯤 된다. 이는 어떤 프로젝트나 제안이 실행에 옮겨졌을 때 '이 정도면 성공이다'라고 할 수 있는 기준 내지 구체적인 이미지를 말한다. 어떤 이는 '성공의 정의' 대신 "엔드 이미지(end image)가 뭐예요?"라고 묻기도 했다. 엔드 이미지 역시 업무를 완료했을 때의 구체적인 효과, 결과를 의미한다. 나는 경영컨설팅 회사들을 통해 흘러들어온 것으로 보이는 그 단어들이 프로젝트의 목표와 무엇이 어떻게 다른지 솔직히 알 수 없었다. 프로젝트의 목표를 손에 잡힐 듯 구체적으로 적어놓으면 될 일이었다. 목표를 '기업 이미지 제고와 소비자 참여 강화'같이 너무나 뻔한 말로 적어놓으니 '성공의 정의'니 '엔드 이미지'니 하는 것들이 보고서 한편에 자리를 잡고 끼어드는 것이다.

'기업 이미지 제고와 소비자 참여 강화'라는 말이 나왔으니, 기업어의 두 번째 유형인 '압축어'에 대해 얘기해볼까 한다. 기업 내부 보고서에는 동사가 거의 등장하지 않고 조사가 빠져버릴 때도 많다. '기업 이미지를 좋게 만들고 더 많은 소비자들이 적극적으로 참여하도록 한다'는 31자이고, '기업 이미지 제고와 소비자 참여 강화'는 15자이니 16자나 아낀 셈이다. 지면의 낭비를 막으려고 했는지는 몰라도 보고서는 온통 명사 투성이다. 활성화, 제고, 강화, 실행, 수립 같은 명사형 한자어 말이다.

그런데 이 단어들은 그 자체로 너무 단단하고 당연해서 찔러보기가 쉽지 않다는 게 문제다. '기업 이미지 제고와 소비자 참여 강화'는 너무나 당연한 진리같이 느껴지지 않는가? 하지만 보다 쉽게 풀어쓴 '기업 이미지를 좋게 만들고 더 많은 소비자들이 적극적으로 참여하도록 한다'의 경우 일련의 질문들이 쏟아지게 한다. "더 좋게 만든다는 게 구체적으로 뭔데?" "소비자들이 어떻게 하면 더 많이 참여하는데?" "아니, 소비자들이 참여하는 게 우리한테 뭐가 좋은데?" 글이 쉬워지면 손에 잡힐 듯, 그 안의 정보가 만만해진다. 그럴 때 우리의 머리가 열리고 당연하게 보였던 것에도 '왜'와 '어떻게'를 물을 수 있게 된다.

제프 베조스의
6페이지 보고서

현란한 경영 외래어나 압축어 대신 쉽고 소박하게 보고서를 쓰는 경우 진짜 좋은 점은 뭘까? 그건 '왜'와 '어떻게'를 보고받는 사람이 아니라 보고서를 쓰는 사람이 먼저 생각하고 점검하게 된다는 것이다. 기사도 마찬가지다. 기자들은 '아무리 복잡하고 어려운 기사라도 평범한 중2가 알아듣게 쓰라'는 주문을 받는다. 선배들은 조사를 생략하지 못하게 하고, 외래어는 물론 한자어도 최소화하라고 조언했다. 수동형이 아니라 능동형으로 쓰고 이중부정 같은 꼬인 문장은 금지됐다. 신기한 것은 쉽게 쓰기가 더 어렵다는 것이었다. 쉽다는 것은 그저 평이한 단어를 쓴다는 것이 아니라 논리적인 빈틈이나 비약이 없도록 촘촘하게 설명한다는 것이었다.

이미 그걸 하고 있는 기업이 있다. 세계 최대 전자상거래 업체 아마존의 CEO 제프 베조스(Jeff Bezos)는 자신이 참석하는 모든 회의에서 파워포인트 보고를 금지했다. 대신 6페이지의 완벽한 문장으로 된 보고서인 '6페이지 내러티브스(6-page narratives)'를 요구한다. 베조스는 이렇게 말했다.

"완전한 문장은 쓰기가 더 어렵다. 동사가 있어야 하고 각 단락에는 핵심 문장이 담겨야 한다. 고도의 사고력 없이는 어려운 일이다."

6페이지 보고서는 다음 네 가지 요소를 채워 완전한 문장으로 작성된다.

1. 핵심 질문
2. 이 질문에 대한 답 : 누가 어떤 방법으로 해결할 것인가? 결론은 무엇인가?
3. 그 질문에 대해 답하는 당신의 시도가 기존 방식과 어떻게 다른가 (혹은 같은가)?
4. 그래서(now what)? 고객과 회사를 위해 그게 의미하는 것이 무엇인가? 그 답이 어떻게 혁신을 가능하게 하는가?

아마존의 중역 회의에서는 논의가 시작되기 전, 참석자들이 완벽한 침묵 속에서 30분간 이 6페이지짜리 보고서를 꼼꼼히 읽어야 한다. 베조스 역시 6페이지 보고서의 진정한 기적은 회의가 시작되기도 전에 보고자가 보고서를 작성하는 순간 일어난다고 했다. 완전한 글쓰기를 통해 보고자는 자신이 말하고자 하는 바가 무엇인지 철저하게 생각하고 검증하게 된다는 것이다. 어떤 질문으로 핵심을 꿰뚫을지 고민하고, 설득력 강한 해답을 만든다. 그리고 그 모든 과정에서 정보를 논리적으로 구조화하는 법을 생각한다는 것이다. 말끔하게 포장돼 자꾸만 손이 가는 경영 외래어를 뜯어버리고 첩첩이 쌓인 명사형 한자어를 무너뜨리자. 당신의 언어로 쉽게 쓰면 보고서의 맨살이 드러난다. 그것이 바로 당신 사고의 맨살, 보고서의 핵심이다. 회식 자리에서 상사에게 정말 중요하고 귀가 솔깃한 정보를 흘리듯 쉽고 명료하게, 보고서는 그렇게 쓰면 된다.

발표 자료를 보고 있다가 두뇌 가동이 뚝 멈추는 순간이 있다. 갑자기 숫자들이 툭툭 튀어나오는 순간이다. 특정 분야를 장악하고 있는 전문가 집단이라면 긴 설명이 없어도 숫자의 의미를 단번에 파악하겠지만, 이해 수준이 다소 낮은 청중에게 숫자 폭탄은 '외국어'나 다름없다. 종종 숫자가 진실을 가리는 경우도 있다. 고객 수가 1년 새 100퍼센트 상승했다고 치자. 이를 구체적인 사람 수로 뒤집어보니, 20명에서 40명으로 늘어난 것이다. 계산적으로는 맞지만 전혀 다른 이야기다. 1년 사이 고객 수가 겨우 20명 늘었다면 사업을 지속하는 게 맞는지부터 검토해야 한다.

어떤 숫자들은 발표자와 청중 간의 거리를 멀어지게 한다. 2008년 IBM이 내놓은 슈퍼컴퓨터 '로드러너'는 초당 1페타플롭으로 작동한다. 이는 연산 1000조 회를 말한다. 1000조 회가 짐작은 되는가? 기자들은 숫자를 다룰 때 그 숫자가 의미하는 바를 설명한다. 가령 이런 식이다. 특정 과자가 품귀 현상이 날 만큼 많이 팔렸다고 치자. 하루에 2만 봉지가 팔린 셈이라든가, 과자를 늘어놓았을 때 서울~부산을 두 번 왕복할 양이라든가 하는 식으로.

IBM, 인텔, 뱅크오브아메리카 등 세계적 기업들에서 커뮤니케이션 코치로 일하는 카마인 갈로(Carmine Gallo)는 청중의 이해를 높이기 위해서는 반드시 '숫자에 옷을 입히라'고 조언했다. 그는 스티브 잡스의 프레젠테이션을 분석한 책 《스티브 잡스 프레젠테이션의 비밀(Presentation Secrets of Steve Jobs)》에서 애플의 기술적 혁신을 소비자들이 체감할 수 있었던

것은 잡스가 숫자를 유의미하게 만들었기 때문이라고 했다. 아래는 스티브 잡스를 통해 살펴본 '숫자 다루는 법'이다.

1. 구체적이고 상황에 맞도록

"애플은 저장 용량이 30기가바이트(GB)인 신형 아이팟을 출시했습니다. 기존 8기가바이트에 비해 저장 용량이 세 배 이상 늘어난 것입니다."

스티브 잡스는 이를 다음과 같이 번역해 전달했다.

"30기가바이트는 노래 7500곡, 사진 2만 5000장, 동영상 75시간을 저장할 수 있는 용량입니다."

아이폰 출시 200일을 기념하는 2008년 '맥월드' 기조연설에서 잡스는 이렇게 말했다.

"지금까지 애플은 400만 대를 팔았습니다. 짧은 기간 동안 20퍼센트에 달하는 시장점유율을 달성한 것이지요."

일반 발표자들은 거기서 다른 내용으로 넘어갔겠지만 잡스는 이를 이해하기 쉽게 한 번 더 씹어 전달했다.

"400만 대를 2000일로 나누면 하루에 평균 2만 대를 판 셈입니다. 짧은 기간 동안 20퍼센트에 달하는 시장점유율을 달성한 것이지요. 전체 시장에서 이것은 무얼 의미할까요?"

그 후 잡스는 애플과 주요 휴대전화 브랜드인 RIM, 팜, 노키아, 모토로라의 미국 스마트폰 시장점유율을 비교해 보여줬다. RIM의 블랙베리가 39퍼센트의 시장점유율을 기록했고 2위인 아이폰의 시장점유율은 19.5퍼센트였다. 잡스는 나머지 경쟁사의 전체 시장점유율과 애플의 시장점유율을 비교했다. 애플은 90일 만에 하위 세 경쟁사의 전체 시장점유율에 맞먹는 수준을 달성했다고 밝혔다. 애플의 시장점유율이 구체적인 형태와 색을 얻는 순간이었다. 그는 경쟁사들을 지렛대 삼아 1분기 400만 대를 판매한 실적에 후광을 입혔다.

2. 비유를 통해 숫자를 이해시켜라

비유는 복잡한 현상을 단순 명쾌하게 전달하는 수사학 기법이다. 다시 IBM의 로드러너로 돌아가 보자. 초당 1페타플롭으로 작동하는 이 경이로운 기술 혁신을 일반인에게 어떻게 전달할지 IBM은 고민에 빠졌다. 그리고 다음과 같은 보도자료가 나왔다.

"페타플롭은 현재 가장 빠른 컴퓨터 10만 대를 합친 성능이라고 보면 된다. 로드러너의 성능을 낼 정도로 컴퓨터를 쌓으면 높이가 약 2.4킬로미터에 달한다. 로드러너가 하루에 하는 일을 60억 인구가 계산기로 하려면 초당 한 번씩 해도 46년이 넘게 걸린다. 그리고 이 슈퍼컴퓨터가 비용과 효율을 개선한 속도로 자동차 연비가 개선되어왔다면 현재는 리터당 약 8만 5000킬로미터가 될 것이다."

2008년 10월 미국 정부는 구제 자금으로 7000억 달러를 금융 산업에 투자했는데 7000억 달러는 우리 돈으로 840조 원이다. 체감하기 어려운 숫자다. 카마인 갈로는 7000억 달러를 알기 쉽게 소개한 신문 기사를 인용했다.

"7000억 달러는 구글 경영진의 자산을 모두 합친 것보다 25배 많고, 스타벅스 라테 벤티 사이즈 3500억 잔 혹은 아이폰 35억 대를 살 수 있으며, 모든 미국인에게 2300달러를 주거나 2300만 명의 대학 학자금을 댈 수 있는 액수다."

얼마나 큰 액수인지 확 와닿지 않는가? 내 주장을 뒷받침할 숫자를 제시하는 것은 중요하지만 숫자를 얼마나 제시할지, 어떻게 이해시킬지도 준비해야 한다. 상대의 손에 잡힐 수 있게 숫자에 구체적인 의미를 입혀보자.

"You can contact us 3 ways: an email that will be trashed, a fax that will be buried, and a letter which will be lost."

"우리에게 연락할 수 있는 세 가지 방법을 알려드리죠.
휴지통에 버려질 이메일,
묻힐 게 분명한 팩스,
그리고 잃어버릴 게 뻔한 편지."

내 이메일을 보기는 할까

—

응답하기 쉽게 써라

"직장에서 이메일 쓰기의 시작과 끝은
'어떻게 하면 상대의 수고로움을 최소화하고 그에게 도움이 될 것인가'를 아는 것에 있다.
상대가 언제 어떤 상황에서 이메일을 받게 되는지,
내가 그러면 도대체 왜 내 이메일을 읽어야 할지 고민하자."

'버릴 것', '복불복',
'지금 당장 열어볼 것'

#1 나는 오늘도 이메일을 쓴다 _강 차장

아니, 대체 이메일을 보내면 우리 팀장은 답이 'ㅇㅇ' 아니면 'ㅇㅋ'야. 뭘
어떻게 하라고 결정해줘야 될 거 아냐? 읽긴 읽는 거야? 어제 점심 먹은
직후에 얼른 보고했어야 했는데 막판에 파워포인트에서 고칠 게 생기는

바람에……. 대관 업무 25년, 외근 많은 우리 팀장의 얼굴을 보기가 얼마나 어려운데! 아무리 바빠도 그렇지 보고를 이메일로 받는 경우가 한두 번도 아닐 텐데 답이 'ㅇㅇ'이 뭐냐. 아, 저번 주에는 'ㅇㅋ'도 있었고 물음표 하나만 박혀 돌아올 때도 있었지. 하긴 답이라도 하는 게 어디야.

그런데 'ㅇㅇ'은 뭐지? 'ㅇㅋ'은 오케이니까 내가 말한 대로 업무를 진행하라는 소리잖아. 'ㅇㅇ'은 알았다는 뜻인가? 아니면 뭔가 마음에 안 든다는 신호인가? 아마존의 제프 베조스가 고객 불만을 접수했을 때 해당 팀에 물음표만 찍어 이메일로 보냈다던데 지금 그거 따라 하는 거야? 자기가 베조스야? 문자를 보내볼까? 메일은 자세히 읽어보신 거냐고? 이걸 결재 받아야 주말에는 발 뻗고 쉴 수 있는데. 에이, 말자. 지금쯤 공무원들 만나서 또 아쉬운 소리 하고 있을 텐데 괜히 기분 상하게 할 거 없잖아?

#2 나는 오늘도 이메일을 읽는다 _이 팀장

나는 지금 사천공항 대합실이다. 오는 길에 산 김밥이 차갑다. 내 마음도 차다. 몇 달간 공들였던 협상이 뜻대로 되질 않았다. 금요일 늦은 오후 가족과 친구들을 만나거나 여행을 떠나려는 사람들로 공항이 분주하다. 빈손으로 상무 얼굴은 어떻게 보나. 이메일이나 확인 좀 해볼까? 뭐야, 반나절 만에 32통이나 와 있잖아. 이거 이거는 열 필요도 없이 지워버릴 거, 이거는 월요일에 읽어도 될 거……. 가만, 강 차장이 보낸 메일 좀 열어볼까? 지난번 MOU건 때문인 거 같은데……. 아, 정말. 얘는 왜 이렇게 두서없이 이메일을 쓰는 거야? 말은 많아도 들을 거 없더니, 글을 써도 그래요. 뭐야, 한 문장이 두 줄을 넘어가니 숨 넘어가겠어. 게다가 첨부 파워포인트 자료가 세 건이나 있는데 이걸 요약해서 써줘야지 무작정 던지면 나더러 어쩌라는 거야? 나 노안인 거 알면서 손바닥만 한 휴대전화 화면으로 이걸 다 열어보라는 거야 뭐야. 이런 걸 꼭 내가 출장 간 날 금요일 오후에 보내는 이유는 뭘까? 얘 무슨 불만 있나? 나더러 주말에도 일하라는 거야? 참자. 끝까지 읽어보자. 그런데 아무리 읽어봐도 나더러 언제까지 무슨 결정을 하라고 하는 건지 알 수가 없게 써놨네. 아까보다 더 격렬한 피곤이 몰려온다. 나중에 읽든지 해야겠다. 일단 읽었다는 표시는 해주고. 이거 자판이 깨알만 해서 찍기도 귀찮아. 에라이, 'ㅇㅇ'!

  직장생활의 글쓰기, 8할이 이메일이다. "직접 만나라", "수화기를 들어라!" 같은 선배들의 조언은 무선전화로는 통화나 문자밖에 안 되던 때의 얘기다. 스마트 기기에서 회사 이메일로 작업할 수 있게 되면서 언제 어디서나 메일박스가 손 안에 쥐어지게 됐다. 이메일이 아니어도 요즘은 단톡방을 통해 사람들은 실시간으로 보고하고 지시한다. 많은 이들의 생각과는 반대로 이제 직장생활에서 글쓰기에 더 공을 들여야 하게 됐다.
  이메일은 사람들의 주의를 끌고(아이디어 제안, 회의 초청, 공지) 업무를 발주하며(지시, 제안) 관리하고(중간 보고, 리뷰) 마침내 완료하는(최종 보고, 결과 발표) 모든 공정에 촘촘히 자리 잡고 있다. 이메일의 궁극적인 목표는 설득이다. 상대로부터 원하는 답을 끌어내고, 내가 의도한 대로 상대를 움직이는 것. 그런데 많은 이메일이 설득은커녕 수신인에게 도달하지도 못한 채 메일함에서 잠을 자다 사라진다. 혹은 원래 의도와 다른 엉뚱한 방향으로 일을 끌어가고 종종 불화의 씨앗이 되기도 한다. 행간에 비꼼과 냉소를 잔뜩 품고서 상대의 심장을 향해 돌진하는 이메일이 얼마나 많은가! 오해를 풀고 이해를 돕기 위해 퇴근 후 매번 술잔을 권커니 잣거니 할 수는 없다. 처음부터 제대로 써야 한다.

기자 시절, 특히 산업부에서 유통을 담당하던 시절 세일 기간만 되면 백화점, 대형마트, 편의점, 아웃렛, 온라인쇼핑몰에서 이메일로 보도자료 폭탄을 터뜨렸다. 오전 반차를 내고 점심 때 메일함을 열어보면 200통 가까이 되는 이메일이 '나 좀 봐달라'며 아우성이었다. 마감까지 시간이 많지 않았다. 이 중 얘기가 되는 것만 추리고 핵심을 뽑아 데스크에 보고해야 했다. 내 뇌는 신속히 '보이지 않는 서랍장'을 가동하기 시작했다.

서랍장은 세 개의 칸으로 나뉘었다. '버릴 것', '남겨는 놓되 나중에 열지 안 열지는 복불복', '지금 당장 열어볼 것'. 이 분류에 따라 내 손가락은 '삭제'와 '열기' 버튼 사이에서 부지런히 클릭질을 시작했다. 안 그러면 내 메일함은 금방이라도 터질 지경이었으니까. 실시간으로 이메일이 계속 도착하는 중이었고 메일함에는 이미 빈 공간이 없다며 빨간 경고등이 켜져 있었다.

폭풍 마감 후, 늘 그렇듯 기진맥진해 메일함을 정리하다 '내가 무슨 기준으로 남기고 버린 건가' 되짚어보기 시작했다. 결국 사람이었다. 내가 읽지도 않고 버리는 이메일의 주인들은 대개 이런 식이었다. 본인이 홍보하고 싶은 내용만 구구절절 적다가 끝에는 '꼭 부탁드릴게요!^^'라고 압박하는 ○과장, 내용은 족히 A4 세 장은 될 것 같은데 읽을수록 야마(핵심 메시지)가 미궁 속으로 빠지는 ○주임, 제목은 경천동지할 것처럼 써놓고 열어보면 맥 빠지는 내용뿐인 ○대리. 그들은 내게 어떤 행위(기사 작성)를 요구하면서 내 상황과 내가 원하는 것에는 관심 없이 자신들의 이야기만 길게 늘어놓았다. 그렇듯 공동의 이해를 제시하지 못한 일방적인 요구에는 그 누구도 마음을 열지 않는다.

꽉 찬 메일함을 등에 업고 신음하는 것은 기자뿐만이 아니다. 당신 상사의 메일함도 언제나 풀 상태다. 왁자한 시장 매대와 같은 메일함에서 어떻게 당신의 이메일을 돋보이게 할 것인가? 상사가 모든 이메일을 독후감이라도 쓸 기세로 꼼꼼히 읽는다는 것은 불가능한 일이다. 사천공항 대합실에 앉은 팀장 역시 반나절 만에 30통이 넘는 이메일을 받았다. 메일함을 열어본 건 금요일 오후, 붐비는 공항 대합실이다. 시간도 마음의 여유도 부족하다. 이럴 때일수록 '보이지 않는 서랍장'은 더 빨리 작동한다. 발신인의 이름과 이메일 제목만으로 열어볼지 말지를 신속히 결정하게 되는 것이다.

'보내기'가 아니라 '일시 정지' 버튼을 눌러라

직장에서 이메일 쓰기의 시작과 끝은 '어떻

게 하면 상대의 수고로움을 최소화하고 그에게 도움이 될 것인가'를 아는 것에 있다. 상대가 언제 어떤 상황에서 이메일을 받게 되는지, 내가 그러면 도대체 왜 내 이메일을 읽어야 할지 고민하자. 정말 상대에게 필요한 내용이라면 제목 작성 단계에서부터 받는 사람에게 빙의를 시도해야 한다. 메일의 성격에 따라 제목 맨 앞에 '회의 요청', '중간 보고', '기획안' 등의 말머리를 붙이는 것도 상대의 시간을 아껴주는 방법이다.

상대가 내 이메일을 제때 열어보게 하는 데 성공했다고 치자. 이메일을 여는 순간 본 게임이 시작된다. 발신인의 첫인상이 드러나는 순간으로, 글쓰기뿐 아니라 업무 스타일과 캐릭터까지 읽힌다. 말 잘하고 옷 잘 입어도 이메일을 흐리멍덩하게 쓰면 다 소용없다. 강 차장처럼 서너 건의 파워포인트 파일을 그 어떤 요약 없이 '볼 테면 보라'는 식으로 던지는 경우, 맥락에 대한 설명 없이 어떤 행동(의사결정, 회의 참여, 협조)을 두어 줄의 글로 요구하는 경우, 아무리 읽어봐도 뭘 하라는 것인지 알 수 없게 두서없이 길게 쓰인 경우……. 모두 원래의 의도와는 달리 상대를 설득하는 데는 실패하는 전형적인 예다.

물론 요즘처럼 초 단위로 단문의 글을 올리고 지우는 세상에서 이메일에 자기 생각을 다 쏟아놓고는 당장 '보내기' 버튼을 누르고 싶어질 것이다. 그러나 신중한 당신이 눌러야 할 것은 '보내기'가 아니라 '일시 정지' 버튼이다. 써놓은 걸 다시 한 번 읽어보자.

경제 전문지 〈포천〉은 "최고의 이메일을 쓰는 일곱 가지 방법"이라는 칼럼에서 이메일을 보내는 이유를 명확히 하는 것이 가장 중요하다고 조언한다. 이메일을 왜 보내는지는 가장 먼저 설명되어야 하는 부분이지만 많은 사람들이 '알아서 이해하겠지' 하며 이 부분을 건너뛴다. 그러나 나의 상사는 오만가지 사안으로 머리가 복잡해 지시를 내리고도 깜빡하는 경우가 많다. 따라서 '내가 이런 이유로 이메일을 보내니 당신은 무엇을 해달라'고 앞머리에 분명히 밝혀두는 것이 좋다. 단순히 이해를 돕기 위한 목적이라면 이메일을 정독해달라고 요구할 수 있고, 의사결정 사안이라면 언제까지 어떤 결정을 내려달라고 요청하는 것이다. 이 경우 의사결정 이후 업무가 어떻게 진행될지(next step)도 써주면 더욱 좋다. 즉 상대가 이메일 앞의 몇 줄만 읽어도 '아, 그거!'라고 알아듣고 내가 의도한 대로 반응하기 쉽도록 만들라는 것이다.

1. "부장님, 첨부파일은 우리 팀의 업무 보고 자료입니다. 참고해주시기 바랍니다."

2. "부장님, 상무님과의 첫 미팅 시 참고하시라고 우리 팀의 하반기 업무 계획을 정리했습니다. 당장 상무님의 의사결정을 받아야 할 것이 있어, 업무 계획 중 일부(3페이지_딜러 콘퍼런스 건)를 자세히 작성했습니다. 보시고 보충해야 할 부분 있으면 말씀해주십시오. 수정해서 오늘 퇴근 전까지 최종본을 만들어놓겠습니다."

당신이 부장이라면 어떤 이메일에 믿음이 가겠는가? 부장은 신임 상무와의 미팅 때 당장 해결해야 할 것(의사결정을 받는 것)이 무엇인지, 자신의 역할을 상기하게 됐다. 또 '퇴근 전까지 최종본을 만들겠다'는 부하의 이메일은 상사에게 무언의 압박으로 작용한다. 피드백을 교환해 오늘까지는 준비해둬야 하니 이메일을 어서 읽고 검토하라는 것이다. 언어는 정중하나 일을 리드하는 것은 상사가 아니라 부하 직원이 됐다.

이메일을 보내는 이유를 확실히 밝힌 다음에는 이를 뒷받침할 핵심 내용(본문)을 적는다. 상대는 시간이 없다. 본문이 일단 열 줄을 넘어가면 읽는 사람은 지치기 시작한다. 만약 그 이상을 담아야 한다면 워드파일로 작성해 첨부하고 이메일 본문에는 첨부자료에 대한 요약을 붙이자. 아무리 하고 싶은 이야기가 많아도 수신인이 핵심 메시지에 당도하는 데 스크롤 다운까지 하게 해서는 안 된다. 장문의 텍스트를 보냈다면 상대는 정말 다급한 일이 아닌 이상, 앞의 몇 줄을 읽어보고 '나중에'라며 미뤄둘 것이다. 이메일을 열었을 때, 아무리 길어도 30초 안에는 상대가 핵심에 도달할 수 있도록 해야 한다.

아래는 수신인에게 지옥을 맛보게 하는 이메일의 예다.

안녕하십니까? 내일 2시 대강당에서 생산부문, 영업부문, 기술부문 등 유관 부서 관계자들이 모인 자리에서 당사 협력 업체 관리에 대한 상반기 개선 사항과 실적을 논의하고 하반기 핵심 목표를 설정하는 간담회가 예정돼 있습니다. 아시다시피 저희 부문에서는 2013년부터 2년간 당사 협력사 126곳을 대상으로 작업장 청결과 안전 수칙을 설명하고, 이에 필요한 기술과 코칭 인원(당사 임직원 단기 파견)을 제공하는 사업을 진행해 지난해에는 관련 부처로부터 상생실천우수기업 표창을 받은 바 있습니다. 올해 상반기에는 중점 개선 사항으로 작업장 동선 개선과 설비 유지관리보수 강화, 작업자 안전교육 주 2시간 의무화 등 총 15개 과제를 선정해 진행했으며, 이 중 일부는 타 계열사 모범사례로 선정되기도 했습니다. 하반기에는 상반기 과제 중 부진한 세 개 항목을 보충하고 신설되는 기술교육 프로그램에 당사 협력사 기술 인원을 초청해 집중적인 트레이닝을 지원하는 등의 열 가지 핵심 과제를 선정해 진행하려 합니다. 상기 과제의 타당성을 검토하고 유관 부서의 피드백을 받는 간담회 자리를 마련했사오니 이 메일을 받는 분들은 모두 참석해주시기 바랍니다. 상반기 중점 개선 사항과 하반기 핵심 과제를 파워포인트 문서로 첨부했으니 검토해주십시오.

같은 내용을 30초 안에 독파하도록 쓴다면?

안녕하십니까? 내일(3/8) 2시 대강당에서 열리는 '협력사 개선 간담회'에 참여 요청드립니다. 당사는 협력사 126곳의 작업환경을 개선하는 프로그램을 2년째 진행하고 있습니다. 간담회에서는 올해 상반기 실적을 점검하고 하반기 과제들에 대한 유관 부서의 피드백을 받고자 합니다. 아래는 간담회에서 논의될 주제입니다. 구체적인 내용은 첨부자료를 참고해주십시오. 여러분의 협조 없이는 진행이 어려우니 꼭 참여해주시고, 부득이하게 불참하시는 분들은 담당 임원 보고 후 통보 바랍니다.

▶ 상반기 과제 점검(첨부자료1)

• 작업장 청결, 안전 수칙, 기술 코칭, 세 부문 총 15개 과제

• 간담회 논의 사항 : 실적이 부진한 세 개 과제의 원인 분석과 대책 논의

▶ 하반기 핵심 과제 선정(첨부자료2)

• 생산부문 주도로 열 개 개선 과제 선정

• 간담회 논의 사항 : 타당성 검토, 유관 부서 협조 사항 논의

* 간담회에서는 과제 내용을 자세히 설명하지 않고 곧바로 논의로 들어가니, 미리 첨부자료를 읽고 오시기 바랍니다.

이 이메일의 목적은 '간담회 참여'를 요청하는 것이다. 때문에 상대에게 꼭 와달라고 강조하고, 불참할 경우에는 상사에게 보고를 하라는 강제 조항을 걸어두었다. 첫 번째 예에서처럼 간담회에서 논의될 내용까지 주저리주저리 써버리면 읽는 사람의 머릿속은 실타래처럼 얽혀버린다. 두 번째 예와 같이 논의될 자세한 내용은 문서파일로 첨부하되 키워드 요약을 해주고 '미리 읽고 올 것'을 강조하면 된다. 이 이메일을 닫고 난 뒤 수신인의 머릿속에 '간담회 참여 필수'와 '미리 자료 읽을 것'이라는 두 가지만 남아도 성공한 것이다.

형식도 중요하다. 내용의 질이 우선해야 한다는 것은 알지만 그것은 형식이란 기본기가 갖춰졌을 때의 얘기다. 오탈자가 보이고, 글씨체와

글씨 크기가 제각각이며, 생뚱맞은 이모티콘이 수시로 출몰한다면 이건 일단 태도의 문제다. 받는 사람은 그런 작은 균열에 반응해 산만해지고 최악의 경우 당신의 콘텐츠가 아무리 빛나도 무시해버리기 쉽다. 대부분의 작가들이 그런 것처럼 이메일도 초고 상태에서 보내기 버튼을 누르면 반드시 후회할 일이 생긴다. 받는 사람의 입장이 되어 읽어보고 고치자. 만일 상대가 까다롭고 어려운 사람이라면 막판에 소리 내어 읽어보자. 과공은 비례. 너무 예의를 차려 글을 치장하게 되면 핵심 메시지를 제대로 전달하기 어렵다. 이메일 글쓰기의 '친절'은 얼마나 길게 안부를 묻고 '감사합니다', '실례지만', '송구스럽지만'이라는 표현을 쓰느냐가 아니라 얼마나 상대에게 도움이 되고, 신속히 핵심에 도달하게 하느냐에 달렸다 (목적과 형식).

미국 경제 전문지 〈포천〉은 이메일 잘 쓰는 법 일곱 가지를 소개하면서 최우선적으로 고려해야 할 사람은 내가 아닌 '받는 사람'임을 잊지 말라고 조언했다. 수신인이 상사일 때는 더더욱!

1. 상사가 언제 어디서 이메일을 읽을지 고려하라

상사도 사람이다. 그의 심리에 영향을 미칠 수 있는 조건을 고려하자. 금요일 저녁, 사람이 북적이는 공항에 서 있는 상사에게 '두 달간의 휴가를 가고 싶다' 같은 이메일을 보내는 건 좋은 생각이 아니다. 아무리 정당한 요청을 한다 할지라도 시간과 장소가 따라주지 않는다면 잠시 기다렸다 최상의 타이밍을 노리는 것이 현명하다.

2. 꽉 찬 메일함에서 당신의 이메일을 돋보이게 할 장치를 마련하라

상사가 모든 의사결정에 하나같이 많은 시간을 들여 고민할 수는 없다. 많은 경우 자신의 과거 경험 혹은 이메일 내용을 근거로 자동반사적인 결정을 내리게 되는 것이다. 따라서 이메일 제목에서부터 상대의 니즈와 이해관계를 자극하고 어떤 도움이 될지를 고려해 작성하라. 수신자가 듣기 원하는 내용, 공통의 이해를 언급해야 상대는 솔깃해한다. 상대를 속이거나 조종하라는 것이 아니라 상대를 확신시키고 설득하려면 가장 먼저 호감도를 올려야 한다는 뜻이다.

3. 메시지를 수신인에 특화하라

여러 명의 수신인에게 똑같은 내용을 보내야 할 경우가 있다. 다양한 사람들로부터 필요한 데이터를 수집한다든지 설문을 한다든지 하는 경우다. 수신인란을 꽉 차게 해서 일괄 발송하는 것은 당신 입장에서는 편할지 모르지만 원하는 답을 얻을 가능성은 별로 없다. 남이 답할 것이라 생각해 아무도 회신을 안 한다든가, 다른 사람들의 답을 보고 어떻게 회신할지를 결정하기 위해 답을 미룰 것이기 때문이다. 이럴 때는 조금 수고스럽더라도 메시지를 개개인에 맞게 써야 회신율도 높아진다.

4. 베일에 가려진 수신인

다양한 이해관계자들이 관련된 경우 잘 알지 못하는 수신인에게 이메일을 보내야 할 때가 있다. 혹은 당신이 과거에 보냈던 이메일이 여러 차례의 포워딩을 통해 불편한 관계에 있는 누군가에게 전달될 수도 있다. 그런 경우도 고려해 이메일을 작성하자.

5. 포장도 중요하다

콘텐츠가 형식보다 중요하다는 것을 알기는 하지만 매력적인 레이아웃 등 포장이 '고퀄'이면 내용도 그 후광을 입는다. 포장이 좋다고 내용까지 좋다는 보장은 없지만, 포장이 별로면 콘텐츠 자체에 대한 호감도 떨어지기 마련이다. 프레젠테이션 자료를 보다가 갑자기 백분율 차트의 모든 항목을 더해서 100퍼센트가 되는지 안 되는지 확인해본 경험, 다들 있지 않은가? 그런 작은 것들이 핵심 메시지를 가리게 하지 마라.

6. 응답하기 쉽게 쓰라

왜 이메일을 쓰고 무엇을 기대하는지를 맨 앞에 써라. 비즈니스 글쓰기는 미스터리 소설이 아니다. 예를 들어, "월요일까지 답을 듣지 못하면 제 제안에 동의하시는 걸로 알겠습니다"라는 식의 넌지시 던지는 '강요'도 필요할 땐 써야 한다(물론 상사면 힘들겠지만). 그럴 필요까지는 없다면 언제까지 어떻게 답을 줬으면 좋겠다고 요청하면 된다.

7. 계속 써보자

쉬운 길은 없다. '고퀄'에는 노력과 시간이 필요하다. 공을 들일수록 상대는 당신의 이메일을 기꺼이 열어보고, 이해하고, 응답할 것이다. 원하는 바를 얻기 위해서는 글의 내용, 주변 조건, 형식적 완성도까지 신경 써야 한다.

6

단순하게, 명료하게,
정확하게

—

내가 이해한 대로 상대를 이해시켜라

*"말을 잘하는 건 나와 상대가 '같은 페이지'에 있도록 하는 거야.
내가 이해한 대로 상대도 이해시키는 거지. 그래야만 내가 원하는 방향으로
상대가 판단하거나 행동하게 할 수 있거든."*

자기 언어로
생각하고 표현하는 법

"기자만 10년 하셨다면서요. 저도 글을 잘
쓰고 싶은데 너무 어려워요."

"글 잘 쓰는 사람은 나 말고도 많아. 소설가나 학자들이 쓴 글쓰기 책
을 읽어봐."

"제가 쓰려는 게 소설이나 수필은 아니거든요?"

"하긴, 기업에 와보니 비즈니스 글쓰기와 가장 닮은 게 신문 기사던데. 이해시키거나 설득하거나. 설득하려면 제대로 이해시켜야 하고, 이해시키려면 설득해야 하지. 관점, 논리, 쓸모, 이 세 가지를 다 갖춰야 해. 김 대리는 보고서나 기획서를 잘 쓰고 싶은 거야?"

"네. 이메일로 간단한 보고를 하는 데도 후덜덜이에요. 머릿속에 있는 내용을 쓰는 건데도 손가락을 자판 위에 올려놓으면 생각이 엉켜버려요. 쓰다 보면 내가 무슨 소리를 하고 있는지도 모르겠고."

"흠. 뭘 쓰고자 하는지 모르면 자판 위에서 우왕좌왕하게 되는 법!"

"알아요! 제가 발제해서 추진하고 관리하는 업무들인데 저만큼 잘 아는 사람이 어디 있겠어요? 부장님이 지난번에 이그제큐티브 서머리를 작성해보라고 해서 시도했는데, 간단히 쓰는 게 더 어렵더군요."

"지금 뭐 보고해야 할 거 있으면 가져와봐. 봐줄게. 이건 지난번 해외 법인 사람들이 왔을 때 같이 워크숍한 내용을 정리한 거구나? 상무님께 워크숍 리뷰차 보고해야 한다는 거지?"

……장기적인 침체 국면 속에서도 해외 법인과의 영속적인 협력 증대와, 이를 기초로 빠르고 효율적인 서비스 제공을 통한 고객 만족도 제고를 목표로 추진 과제를 공유하였다. 특히 다양한 팀이 자신의 전략 과제와 계획을 공유하고 각 과제의 액션 플랜을 구체화하는 한편, 글로벌 협업을 강화해야 하는 과제를 도출하고, 본사에서 지원해야 할 사항들을 논의하였다. 올해 5회를 맞이한 워크숍은 해외 법인과 본사의 활발한

업무 교류 및 베스트 프랙티스 셰어링(best practice sharing)을 위한 중요한 행사로 거듭나고 있으며, 금번 워크숍에서 합의된 공통 추진 과제에 대해서는 해외 법인들과 비디오 콘퍼런스를 통해 진행 사항을 점검하고 추가 협력 사항을 지속적으로 공유할 예정이다.

"그래서 대체 워크숍 주제가 뭐야? 왜 모인 거야?"

"키워드는 협력이에요. 해외 법인들이랑 손발이 맞아야 일이 잘 돌아가는데 그동안은 서로 뭐 하는지 정보가 제대로 공유가 안 되어서 스텝이 꼬인 적이 많았거든요. 그래서 정기적으로 모여서 서로 하는 일을 점검하고 같이 업무 목표와 실행 계획을 짜는 거예요."

"그럼 그렇게 쓰지 왜 이렇게 꼬아서 썼어? 무슨 논문이야? 가만 보면, 김 대리 말고도 주니어들이 다 이렇게 영혼 없이 어렵게만 쓰더라. '내 언어로 단순 명료하게 전달하겠다!' 이런 기백이나 자신감이 하나도 없어."

"상무님이 보실 건데 어떻게 그렇게 캐주얼하게 써요. 워크숍에서 뭔가 중요한 걸 했다는 느낌도 줘야 한단 말이에요."

"상무님은 사람 아닌가? 이 글을 읽으면 나와 같은 생각이실 것 같은데? 가뜩이나 시간도 없는 양반인데 이런 글을 읽으면 참도 좋아하겠다. 좋은 기사의 첫 번째 원칙은 말하듯 쓰는 거야. 말할 때 아까 김 대리도 그랬지만 중요한 거 위주로 쉽고 간단히 말하잖아? 그걸 써보는 거야. 아까 김 대리가 줬던 글을 읽어보라고. 일단 문장이 길어서 숨이 차고,

읽다 보면 주어가 뭐였는지 기억도 안 나. 중언부언이라 핵심이 명료하게 잡히지도 않고. 김 대리는 말도 이렇게 하나?"

"참나. 글쓰기도 어려운데 말하기도 잘하란 말씀이세요? 말이랑 글이랑은 다른 거잖아요."

"말하기를 잘한다는 게 뭘 거 같아?"

"자기 생각을 청산유수로 늘어놓고 어려운 말도 섞어 쓰고 자기가 원하는 대로 화끈하게 사람들을 휘어잡고."

"아니, 말을 잘하는 건 나와 상대가 '같은 페이지'에 있도록 하는 거야. 내가 이해한 대로 상대도 이해시키는 거지. 그래야만 내가 원하는 방향으로 상대가 판단하거나 행동하게 할 수 있거든. 말은 많지만 뭐라고 하는지 모르겠고 중언부언해서 알맹이 하나 없고. 화려하고 어려운 말로 상대를 기죽게 하고. 그런 것들은 그냥 '피곤한 스타일'이지 말을 잘하는 게 아니야. 실제로 그런 사람들이 글을 쓰면 글도 말처럼 아주 춤을 춘다? 기자들이 처음 수습으로 들어가면 글쓰기부터 훈련받을 거 같지? 하지만 아니야. 매일 아침, 점심, 저녁 그리고 밤에 전화 보고라는 걸 해. 자기 취재처인 경찰서에서 있었던 각종 사건 사고를 건당 세 문장 이하로 구두 보고하는 거지. 그게 어느 정도 익숙해진 후에야 기사를 쓰는 거야."

"저희는 들어오자마자 파워포인트부터 배우는데……"

"파워포인트가 필요할 때가 있어. 하지만 신입 때부터 그 틀에 자기 생각을 끼워넣다 보면 핵심을 쉽고 명료하게 전달하는 감을 잃게 돼. 무엇보다 자기 언어로 생각하고 표현하는 법을 모르게 되지. 김 대리가 아까 보여준 글도 너무 장황한 데다 김 대리의 언어가 아니야. 영혼 없는 글이지. 내용에 비해 글이 길 뿐만 아니라 겹치는 내용도 있고, 불필요하게 어려운 말도 많아. 결론은 사실 하나잖아. 해외 법인과의 정보 공유와 협력이 절실하다는 거. 그래서 워크숍을 했고, 쉽고 단순하게 핵심을 쓰면 상대가 빨리 알아들어. 서로 시간 버는 거야."

내용은 쉽고
톤은 정중하게

"대체 얼마나 쉽게 써야 하는 건가요?"

"기자들 사이엔 룰이 하나 있어. 평범한 중학교 2학년생도 알아듣게 글을 쓴다. 그게 국제통상에 대한 기사건, 최신 로보틱스에 관한 글이건 아무리 복잡하고 어려워도 예외는 없어. 또 하나, 상대가 빠른 시간 안에 알아들을 수 있도록 늘 맨 앞에 핵심과 결론을 쓴다는 거야. 독자가 한 단락, 혹은 한 줄만 읽어도 '아, 이거 뭐에 대한 기사구나'라고 알 수 있도록 말이지. 기사 뒤로 가면서 정보의 밀도나 중요도가 점차 낮아지게 하는 거지. 만약 기사가 넘치면 편집자가 뒷부분부터 잘라낼 수 있도록 말이야.

김 대리, 보고서를 받아보는 상대가 김 대리 어머님이라고 생각해봐. 어머님이 지금 동창회에 나간다고 화장대 앞에 앉아 계셔. 화장은 어떻게 할지, 옷은 뭘 입을지, 어떤 가방을 들지 고민하면서 말이야. 그때 엄마가 단박에 눈을 돌리고 알아듣게 한다고 생각하고 써보라고. 말하는 것처럼 쓰는 거야. 너무 캐주얼한 것 같으면 톤을 좀 조절하면 되는 거지. 내용은 쉽고 톤은 정중하게. 많은 사람들이 보고서의 톤을 조절하면 될 일을 어려운 어휘를 집어넣고 내용을 꼬아놓는 것으로 '정중하다'고 생각하지."

"그럼, 제가 쓴 글을 한번 쉽게 고쳐보시든가요?"

"알았어."

워크숍은 해외 법인과 본사 간의 협력을 도모하고 정보를 공유하기 위해 열렸다. 고객들의 서비스 만족도를 높이는 것을 목표로, 해외 법인들은 지역별로 추진 과제와 올해 계획을 설명했다. 또 본사와 긴밀한 협력이 필요한 이슈를 정리해 본사 직원들과 해결 방법을 논의했다. 해외 법인과 본사가 공동 추진하고자 약속한 과제에 대해서는 이후 화상 회의를 통해 점검하고 함께 진행해나갈 계획이다.

"워크숍의 목적, 워크숍의 진행 내용, 앞으로의 계획이 단순하고 쉽게 정리되지 않았어? 장기적인 침체 국면이라든가 영속적인 협력 증대, 액션 플랜, 베스트 프랙티스 셰어링 같은 것들은 불필요한 내용이야. '영속적인'이란 표현이 기업 보고서에 나온다는 사실이 정말 놀라울 뿐이야. 쉽게 쓰는 또 하나의 방법은 한 문장이 한 줄을 넘지 않도록 훈련해보는 거야. 기자 출신 소설가인 김훈의 문장이 그런 경우지. 문장이 길어지면 쓰는 사람도 읽는 사람도 생각이 꼬이기 시작해. 주어와 술어의 호응이 맞아떨어지지 않고 '절실한', '혁신적인', '강력한'같이 불필요한 형용사가 끼어들기 시작하지. 절실하고 혁신적이고 강력한 건 자료와 데이터로 말하는 거야. 보고에 자꾸 자기 욕심이 끼어들면 형용사와 부사가 늘어나고 글이 너저분해져. 기자들이 형용사, 부사를 최대한 자제하고 팩트와 사실 묘사만으로 어떤 느낌을 전하는 이유지."

"그럼 차장님이 써준 걸로 상무님께 보고해야겠다. 감사해요."

"잠깐만! 그런데 내용이 그게 다야? 보고는 표면적인 것만 훑어서는 안 된다고. 그 속에 담긴 의의를 짚어줘야 해. 상사가 요구하지 않은 거라도 말이야. 기사를 보면 중요한 속보성 단신이 보통 종합 1면에 나가고, 이 기사의 자세한 의미를 설명해주는 해설 박스형 기사가 종합 3면에 나오지."

"이 보고에 그런 것까지 필요할까 싶은데요. 정기적인 워크숍에 글로벌 협력만 입힌 건데. 그건 상무님도 아세요."

"혹시 해외 법인 사람들의 이야기는 들어봤어? 워크숍을 진행하면서 그 사람들이 느낀 점 말이야."

"그런 말은 하더라고요. 직접 와보니 왜 한국 동료들이 그렇게 말하고 일하는지가 이해된다고. 일하는 방식의 차이에서 생긴 작은 오해도 풀린 거 같더라고요. 워크숍을 한국에서만 하지 말고 자기네 지역에서도 했으면 좋겠대요."

"그래, 그런 거! 글로벌 협력이란 게 이메일이나 전화 같은 걸로 다 해결되는 게 아니다. 정기적인 오프라인 관계를 통하면 서로에 대한 이해와 신뢰가 만들어진다. 그걸 워크숍의 의의로 언급하고 이후 워크숍을 해외에서 여는 것도 넌지시 제안할 수 있고 말이야. 보고서를 작성할 때 김 대리 혼자만의 머릿속을 옮겨놓는다고 생각하지 마. 그건 1차원적이야. 자신만의 관점을 갖되, 관계된 다른 사람들의 이야기를 들음으로써 보고에 균형과 재미를 더하라고."

"그렇다고 이 사람은 이런 말을 했다, 저 사람은 저런 제안도 했다. 이런 식으로 보고하란 말씀은 아니죠?"

"다양한 사람들의 말을 들으면서 자기 관점을 다듬으라는 거야. 하나만 보고 들어 편향된 보고를 하지 않도록 말이지. 보고서에 어떤 제안을 담을 때는 관련한 리스크와 한계를 언급하는 것도 좋아. 기자들이 기사를 쓸 때 너무나 당연해 보이는 사안에도 반론을 실어주는 것도 균형을 잡으려는 노력이지."

"글을 잘 쓴다는 것이 어떻게 하면 있어 보이고 '고급지게' 문장을 다듬느냐가 아니군요? 결국 생각하는 힘이네."

"맞아. 나와 인터뷰할 때 로드아일랜드 디자인스쿨의 존 마에다(John Maeda) 총장이 그랬어. 디자이너는 어떻게 하면 제품을 더 예쁘고 멋지게 보일까 고민하는 사람들이 아니라는 거야. 대부분의 사람들이 그렇다고 오해를 해서 안타깝대. 사실 디자이너는 어떻게 하면 사람들이 제품을 편하고 창의적인 방법으로 사용할 수 있을까 고민한다는 거야. 사고력과 논리가 기초되지 않으면 멋진 디자인도 나올 수 없다는 거지. 그러니까 김 대리, 글을 잘 쓰고 싶으면 먼저 신문 기사나 책을 읽어봐. 논리적인 글을 머리가 자연스럽게 익히면 김 대리가 글을 쓸 때도 손끝에서 자연스럽게 나올 거야."

**단순하게,
명료하게,
정확하게 쓰려면**

기획안이나 보고서 쓰기, 쉴 새 없는 이메일 작성……. 학창 시절보다 직
장생활을 하면서 훨씬 더 많은 글을 쓰지만 글쓰기를 제대로 교육받을 기
회도 없었고, 한번 고정된 습관은 수정도 어렵다. 그럴지만 같은 메시지라
도 효과적으로 전달하면 몇 배의 성과로 되돌아온다. 사람들은 글쓰기로
당신의 능력을 판단하며, 이는 당신의 평판과도 직결된다. 머릿속에 아무
리 탁월한 아이디어가 있어도 그걸 업무로 만들어 실현시키는 것은 소통
이며 많은 부분 글쓰기가 그 역할을 한다. 단순하게, 명료하게, 정확하게
쓰려면 어떤 점들을 기억해야 할까? 〈하버드 비즈니스 리뷰〉가 소개한 조
언을 참고하자.

1. 글쓰기 전부터 시작된다

습관적으로 키보드에 손가락부터 얹는 사람들이 있다. 글쓰기는 글쓰기를
준비하는 단계에서부터 시작된다. 당신이 무얼 말하고 싶은지 생각해보
라. 쓰는 동시에 생각하게 되면 글의 구조가 취약해지고 중언부언하게 된
다. 빠뜨리는 부분도 생긴다. 중요한 내용 위주의 우선순위화도 되지 않는
다. 스스로에게 물어보자. 내가 보내는 이메일, 기획안, 보고서를 읽은 후
상사가 꼭 알아야 하는 것은 무엇인가? 그에 대한 답이 단번에 나오지 않
는다면, 당신이 너무 성급하게 글쓰기로 직행하려는 것이다. 잠시 물러서
서 생각을 정리해보자.

2. 직접적이어야 한다

핵심을 맨 앞에 놓자. 학교에서 배운 서론–본론–결론의 글쓰기 형식은 잠시 잊자. 그건 정신없이 돌아가는 비즈니스 세계에서는 통하지 않는다. 당신의 주된 메시지를 앞에다 놓아야 읽는 이의 시간과 수고를 아낄 수 있으며, 당신이 말하고자 하는 바를 더 명확히 전달할 수 있다. 길이가 긴 보고서나 기획안을 쓸 때는 첫 번째 페이지의 한 단락 안에 주된 메시지와 솔루션을 담아야 한다. 글의 앞머리는 첫인상과 같다. 그 부분이 충분히 명료하고 매력적이지 않다면 이후에 나오는 장문의 본론을 고심해 읽어볼 의욕도 생기지 않는다.

3. 군살을 잘라내라

자신의 글을 엄격하게 읽어보고, 모든 문구가 당신의 핵심 메시지에 닿아 있는가를 확인하자. 불필요한 단어와 문장은 다 잘라내야 한다. 그렇지 않으면 장황하다는 느낌을 준다. 그렇다고 조사를 과하게 생략한 명사의 나열, 과도한 한자 어휘나 줄임말을 쓰라는 뜻이 아니다.

4. 전문어를 없애라

직장 내의 글쓰기에는 전문 용어도 많고, 약자어 표기나 유행어도 가득하다. 물론 이런 표현을 써야만 하는 때가 있지만 읽는 이가 보기엔 성의 없고 거칠게 느껴질 수 있다. "이거 정확히 알고 쓰긴 하는 거야?"라는 반응도 나온다. 어렵고 추상적인 언어 사용도 상대의 헛웃음을 유발한다. '자금 부족으로 유상증자가 필요함'이란 표현을 '재원 부족 해갈을 위한 유상증자 필요'라고 쓴다거나 '딜러와의 협업 강화'를 '딜러와의 영속적이고 견고한 파트너십 증강'이라고 쓰는 경우다.

5. 제발 자신의 글을 읽어보자

상대의 입장에서 자신의 글을 읽어보자. 내가 전하고자 하는 핵심 메시지가 명료하고 이해하기 쉬운가? 확신이 서지 않는다면, 자신의 글을 소리 내어 읽어보는 게 좋다. 기자들이 기사를 내보내기 전 가장 마지막 단계에 하는 것도 소리 내어 읽기다. 논리적인 엉성함, 중언부언, 빠진 부분이 보이는 데다 너무 긴 문장이나 어색한 단어 사용도 눈에 띈다. 눈으로 읽는 것과 소리 내어 읽는 것은 차이가 있으며, 내가 내 글을 소리 내어 읽을 때의 느낌이 상대가 내 글을 읽을 때의 느낌에 더 가깝다.

예술
수업

■ **일러두기**

1. 책 제목은《 》, 문학작품 중 단편이나 시, 음악, 미술, 영화 등의 작품은〈 〉로 묶었습니다.

2. 음악작품은 본문에 삽입된 QR코드를 통해 감상하시거나 유튜브 어크로스 페이지의 '예술 수업 음악/영상' 재생목록에서 확인하실 수 있습니다. http://www.youtube.com/user/acrossbook(2015년 1월 21일 기준)

3. 맞춤법과 외래어 표기는 현행 규정과《표준국어대사전》을 따랐지만 일부 관례로 굳어진 것은 예외로 두었습니다.

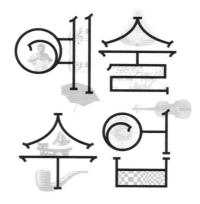

예술 수업

천재들의 빛나는 사유와 감각을 만나는
인문학자의 강의실

오종우 지음

어크로스

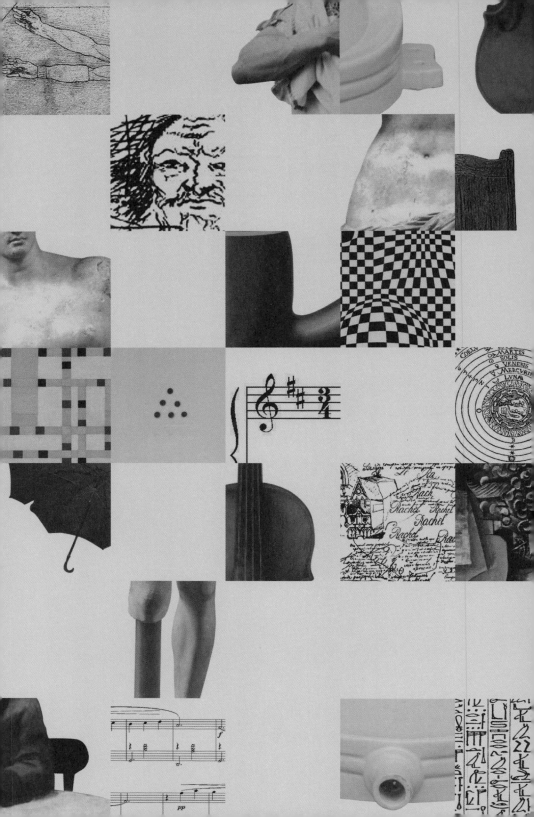

■ 차례

책을 내며 9

수업에 앞서 ┃ 피카소의 〈춤〉과 예술적 상상력   13
          진정한 창의성의 비밀 ┃ 예술의 충격

1부   새로운 생각은 어떻게 만들어지는가

1강 ┃ 세상을 해석하는 능력   25
    ─도스토옙스키의 《백치》와 만물박사
    예술은 왜 어려울까 ┃ 예술의 반대말은 무감각 ┃ 자기 삶의 주인이 된다는 것 ┃ 해석한다, 고로
    존재한다

2강 ┃ 예술은 어떻게 새로운 것들을 만들어내는가   53
    ─〈톨스토이의 초상〉의 비밀
    예술가의 초상 ┃ 플라톤의 침대와 고흐의 침대 ┃ 돈으로 환산되는 예술 ┃ 새로운 생각을 탄생시
    키는 원동력 ┃ 실용성에 대한 오해

3강 ┃ 경직된 생각을 파괴하는 일   83
    ─귀머거리 베토벤이 작곡한 〈합창 교향곡〉
    당연한 말, 뻔한 생각 ┃ 해가 동쪽에서 뜨다니 ┃ 야만과 교만 ┃ 생각하는 인간, 호모사피엔스 ┃ 원
    시의 사유, 예술의 흔적 ┃ 예술과 문자는 어떻게 갈라졌는가

2부   보이는 것 너머를 보려면

4강   불완전한 인간의 완전한 비극   115
       —《햄릿》의 재해석
       비례와 척도 | 드라마의 조건 | 대화의 정신 | 영웅의 파멸과 관객의 성장 | 정의(正義)의 예술
       | 햄릿이 우리에게 던진 진짜 질문

5강   꿈과 현실의 이중주   149
       —가구 같은 음악 〈짐노페디〉가 아름다운 이유
       우리가 꿈을 꾸는 까닭 | 피타고라스가 들은 망치 소리 | 음악의 탄생 | 윤이상과 현대음악 | '삶
       이 그대를 속일지라도' | 절망, 오래된 꿈의 다른 이름

6강   그림에서 무엇을 보아야 하는가   177
       —샤갈의 〈손가락이 일곱 개인 자화상〉이 그린 것
       미술관의 흔한 풍경 | 세상에 대한 착시현상 | 시선의 문화사 | 피카소가 보는 법 | 선율을 그리
       다 | 왜 사랑하는지 샤갈에게 묻는다면

7강   경험했지만 말하지 못했던 것들   213
       —타르콥스키의 〈희생〉이 남긴 것
       영화의 탄생 | 영화는 어떻게 예술이 되었나 | 그림은 이야기를, 말은 그림을 | 언어의 감옥을 탈
       출하는 법 | 의미 없는 일의 가치 | 상업영화 vs 예술영화 | 터무니없는 수도사의 전설

3부   삶을 창조한다는 것

8강 | 예술이 삶의 진실을 담는 법   **247**
       —**체호프의 〈개를 데리고 다니는 부인〉에 대하여**

       〈개를 데리고 다니는 부인〉 | 인간의 조건 | 백남준의 비디오카메라 | 의미가 구축되는 방식 |
       하나의 농담, 무한한 의미

9강 | 여행과 예술의 공통점   **299**
       —**호퍼의 〈간이휴게소〉에 그려진 '나'**

       일상은 왜 새롭지 못할까 | 죽은 토끼에게 어떻게 예술을 설명할까 | 샘, 뒤샹의 변기에서 분출
       하는 생각들 | 괴물과 좀비 | 현대예술을 반성하다

**수업을
마치며** | 로스코의 〈지평, 어두운색 너머 흰색〉과 예술이 스며드는 삶   **325**
       스며듦의 미학 | 예술적인 삶을 위하여

       참고문헌 334
       찾아보기 336

좋은 영화 한 편을 보고 극장을 나섰는데 거리의 풍경이 달라진 적이 있을 겁니다. 한 곡의 음악을 듣고 세상의 색깔이 변한 적도 있을 겁니다. 미술관에서 그림 한 점에 이끌려 한동안 바라보았던 감흥은 긴 여운을 남기죠.

베토벤의 교향곡을 들은 청중이 환호하며 연주자들을 다시 무대로 불러내는 장면을 이 책 안에서 볼 수 있습니다. 영혼을 울린 연주자들과 그 여운을 조금이라도 더 느끼고 싶은 거죠. 감동적인 연극이 끝난 후에 우리는 한참 동안 박수를 치며 배우들을 무대로 다시 불러냅니다.

문학작품은 또 어떤가요. 도스토옙스키의 《카라마조프가의 형제들》이나 톨스토이의 《전쟁과 평화》, 세르반테스의 《돈키호테》 같은 걸작은 몇 날을 빠져들어야 다 읽어낼 수 있는 장편입니다. 작품의 마지막 페이지를 덮으면 자신의 현실이 다시 보입니다.

예술작품에 흠뻑 젖는 일, 참으로 귀한 경험입니다.

어느 봄날에도 그런 경험을 했습니다. 지방의 한 도시에서 색소폰 사중주가 아스토르 피아졸라Astor Piazzolla(1921~1992)의 〈탱고의 역사, 카페 1930년〉Histoire du tango, Café 1930을 연주했지요. 〈탱고의 역사〉 2악장에 '카페 1930년'이라는 부제가 붙은 곡입니다. 이 연주는 각기 다른 선율이 독립적으로 흐르다가 서로 스며들고 이질적인 악기의 음색들이 충돌하면서 조화를 이루어, 공연장에 있던 사람들에게 큰 울림을 주었습니다.

예술작품이 주는 울림은 어디에서 비롯될까요?

예술은 사람들의 고뇌와 고통을 이해하고 인간의 가치를 해석해 삶의 전망을 밝히는 인문학의 전위(前衛)에 있습니다. 예술은 인문학적 사유의 출발점을 놓지요.

나는 예술과 현실의 상호관계를 탐구하면서 예술의 인문정신에 주목했습니다. 그리고 2009년부터 성균관대에 '예술의 말과 생각'이라는 교양강좌를 개설해 여러 전공의 학생들에게 예술의 현실적 가치를 강의해오고 있습니다. 특정 예술장르의 기법이 아니라 예술 전체를 관통하는 정신을 다루고자 했습니다.

그리고 2013년에 연구년을 맞아 잠시 강좌를 접고 강원도 원주에 있는 토지문화관에서 지내며 강의 내용을 글로 옮기기 시작했습니다. 그러나 강의를 글에 완전히 담을 수는 없었습니다. 글과 강의는 성격이 다르니까요. 그러던 중 그곳의 한 대학에서 한 달에 한 번 여는 콘서트에 갔다가 피아졸라의 음악을 들은 것입니다.

누에보 탱고Nuevo Tango 특유의 성격처럼 서로 다른 멜로디가 묘한 조화를 이뤘습니다. 이질적인 모티프들이 충돌하고 때로는 만나면서 하나의 완벽한 음악을 만들고 있었던 것입니다. 원래 기타와 플루트 이중주로 작곡된 곡을 사중주로 편곡한 이날 연주회에서 음색과 음역이 다른 네 대의 색소폰이 리듬과 선율의 공존과 소통을 엮어가고 있었습니다.

예술 수업

대도시의 큰 무대에서 저명한 연주자의 연주를 듣는 일도 좋았지만, 그 봄밤 지방 소도시에서 들은 색소폰 사중주의 콘서트가 주는 감동은 매우 컸습니다. 그때 그곳에서 막 시작한 이 글도 그렇게 쓰였으면 하고 바랐습니다. 서로 다른 주제들이 어울려 하나의 장을 이루는 글을 써야겠다고 생각했지요. 예술을 논하면서도 예술작품을 닮은 글이 되기를 바랐습니다.

강의실의 열기가 책에서도 느껴진다면 그것은 어크로스 출판사 여러 분들의 뛰어난 능력 덕분입니다. 이 시대가 요구하는 좋은 책을 열정을 쏟아 만드는 김형보 대표, 이상호 부사장, 서지우 편집자에게 감사드립니다. 무엇보다 강의를 들은 성균관대 학생들과 청강하러 다른 대학에서 온 학생들, 그리고 대학을 졸업하고도 수업에 참여하신 분들 모두에게 고마운 마음입니다.

부디 이 책을 읽는 일이 하나의 '사건'이 되기를 바랍니다.

피카소의 〈춤〉과
예술적 상상력

파블로 피카소, 〈춤〉(1925)

"모든 어린이는 예술가다. 문제는 어른이 되어서도
예술가로 남아 있을 수 있느냐는 것이다."

— 피카소

예전에 가끔 들르던 선술집이 있었습니다. 거기에는 파블로 피카소Pablo Picasso(1881~1973)의 작품을 복사한 그림 한 점이 한쪽 벽면에 걸려 있었지요. 아마도 어지럽고 선정적인 광고사진이 아닌 피카소 그림을 걸어둘 줄 아는 주인장의 감각이 술맛과 안주에 은근히 배어들어 그곳의 분위기뿐 아니라 음식 맛도 좋았을 거라고 생각합니다. 그래서 작은 모임이라도 될 수 있으면 그 선술집을 약속 장소로 정했습니다.

그날도 몇몇 친구들과 만났습니다. 술잔이 서너 순배 돌 때쯤 한 친구가 벽면의 피카소 그림을 보고 한마디 던졌습니다. "그래, 피카소, 저 정도는 나도 그리겠다."

그러고 보니 근대의 화가들 가운데 가장 널리 알려진 피카소가 제일 만만하긴 합니다. 자주 접할 수 있으니까 말이죠. 또한 그의 어린애 장난처럼 보이는 그림들을 보다가 동시에 그가 유명한 예술가라는 점을 떠올리게 되면, 심심치 않게 이런 소리를 하기도 합니다. "저 정도는 나도 그리겠다."

미술사학자인 에른스트 곰브리치Ernst Gombrich(1909~2001)가 쓴 《서양미술사》에 피카소와 관련된 일화 하나가 나옵니다. 피카소가 열차를 타고 여행할 때 일어난 일입니다. 그는 기차간에서 자신을 알아본 남자를 만납니다. 그 남자는 피카소가 유명한 화가

파블로 피카소, 〈첫 영성체〉(1896)
피카소가 열다섯 살에 그린 그림.

임을 알고 있어서 그를 반기면서도 한편으로는 불만스럽게 말했습니다. 왜 그림을 사실적으로 그리지 않는 건가요? 이 말을 들은 피카소는 잠시 생각하더니 그 사람에게 되물었습니다. 사실적이라면 어떤 것을 말하는 건지요? 남자는 즉시 지갑에서 아내 사진을 꺼내 보여주며 대답했습니다. 이런 것을 말하는 겁니다. 피카소는 사진을 받아 들더니 이리저리 살펴보고 나서 말했죠. 당신의 아내는 매우 납작하군요.

피카소가 사물을 보이는 대로 정확하게 그리지 못해서 그렇게 그린 것은 아닙니다. 열다섯 살 때 그린 〈첫 영성체〉에서도 확인할 수 있듯이 그는 처음에 다른 화가들처럼 사물을 정확하

예 술 수 업

게 묘사했습니다. 그러나 그런 그림이 사물을 정직하게 포착하는 것인지에 대해 점차 의문을 품게 되었습니다. 그는 대상의 진실을 그리고자 했습니다. 그래서 피카소의 그림은 차차 사물을 보이는 그대로만 담지 않게 되었습니다.

대상을 무조건 기괴하게 비튼다고 예술이 되는 것은 아니죠. 수련과정을 충분히 거치지 않고 깨달음을 얻지 못한 채, 창의성을 발휘했다는 미명 아래 나온 것들은 대부분 개인의 사적인 과시에 그치고 맙니다. 창의성은 바른 생각, 정직한 자세의 반대편에 있지 않습니다.

진정한 창의성의 비밀

요즈음 창의성이라는 말을 참으로 많이 씁니다. 그런데 과연 이 말의 뜻을 제대로 알고 사용하는지는 의문입니다. 창의성을 신념처럼 사용하고 있기 때문입니다.

우리가 창의력, 창의성이라고 할 때는 보통 남과 다르게 생각하고 기존에 없던 것을 창조하는 능력을 말합니다. 이렇게 단순히 새로운 시각만을 강조하는 것은 몹시 위험합니다. 그것은 자기 확대에서 비롯되는 자기 함몰, 즉 자신만의 세계에 유폐될 위험을 안고 있으며, 그렇지 않을 경우에는 자기 욕망의 발현에만 치중하는 탐욕을 부릴 가능성이 농후하기 때문이죠. 창의성은 단순히 남들과 다른 자기만의 독특한 생각을 뜻하지 않습니다.

망상과는 전혀 다른 것입니다.

진짜 창의성을 갖추기 위해서는 두 가지 전제조건이 꼭 필요합니다. 먼저, 전문성입니다. 피카소가 대상을 보이는 그대로 정밀하게 그리다가 대상의 진실을 확보하기 위해 자기 예술세계를 열었듯이, 우선 이전부터 축적된 능력을 학습하고 익혀서 전문적인 단계에 이르러야 합니다. 다음으로는, 그 대상을 향한 애착입니다. 애정 없이는 어떠한 대상도 제대로 볼 수 없으며, 그 일을 발전시킬 수도 없습니다. 창의성이 기존의 것을 버리고 또 그 일에 애정을 품지 않아야 집착하지 않게 되어 비로소 발현된다고 여기는 일반적인 생각은 거꾸로 창의력을 죽이는 셈입니다.

진짜 창의성의 두 전제조건을 쉽게 이해하기 위해, 인스턴트 식품의 대표 격인 라면을 예로 들어볼까요. 아무리 조리하기 간단한 즉석식품이라 해도, 라면을 맛있게 잘 끓이려면 아무렇게나 끓여서는 안 되겠죠. 많이 끓여보고 또한 라면을 좋아해야 어느 누구도 흉내 내지 못할 만큼 맛있는 라면을 끓여낼 수 있는 겁니다. 뭐든 제대로 알고 난 뒤에야 창의성이 나오는 법입니다. 전문성과 애착은 창의력의 기반인 셈이죠.

예술은 늘 새로운 관점을 만들어 세상을 열어내지만, 그러기 위해서 모든 예술가는 언제나 기존에 확립된 규범을 학습하고 수련합니다. 작곡가는 기존 음악의 복잡한 악보를 손쉽게 읽어내면서 자기 음악을 짓기 시작하며, 연주자는 오랜 시간 악기를 타며 훈련합니다. 진정한 예술가는 그러다가 저절로 기존의 것을 넘어서서 창의력을 발휘합니다.

예술 수업

예술이 문화를 형성하는 근본동력이면서도 문화에 갇히지 않고 문화를 새롭게 일궈내는 핵심이 되는 원리가 이러한 이치에서 나옵니다.

예술의 충격

이탈리아의 조각가 루초 폰타나Lucio Fontana(1899~1968)는 캔버스를 긴 시간 응시하다가 날카로운 칼로 단번에 확 그었습니다. 그 순간 이차원에 갇힌 평면은 상처를 딛고 무한한 공간을 향해 열렸습니다. 텅 빈 캔버스를 대하고 있는 작가의 모습은 암담한 현실을 마주하고 있는 우리를 떠올리게 하는데, 폰타나의 작업은 이런 상태를 부수는 사건이었습니다.

〈공간 개념, 기대〉는 갑갑하도록 천편일률적인 현실을 날카롭게 그어내고 틈을 만드는 사건이 예술임을 보여줍니다. 나아가 시대를 가르고 인류에게 인식의 전환을 가져다주는 예술의 충격을 생생하게 전해주지요.

폰타나는 50세까지 쌓고 세우는 조각작품을 만들었습니다. 〈공간 개념, 기대〉는 폰타나가 61세에 작업한 작품입니다. 이 작품을 보고 있으면 공간을 확장하는 강렬하고 격정적인 에너지를 느낄 수 있습니다. 캔버스라는 물질이 에너지로 전환되는 것이죠. 작가의 단 한 번의 몸짓으로 평면에 행위 자체가 들어왔습니다. 사막처럼 막막한 공간에 갑자기 인간의 동작이 들어와 생기

루초 폰타나, 〈공간 개념, 기대〉(1960)

가 솟았습니다. 통념에 묶여 있던 사람들에게 충격을 주면서 말이죠. 여기서 예술은 감상의 대상이 아니라 체험 자체가 되었고, 상상이 되었습니다. 작품을 이루는 긴장감은 세상을 다시 보게 했습니다.

창의성은 반드시 필요합니다. 세상이 시작되는 지점이면서 동시에 인간답게 사는 법이기 때문입니다. 그러나 지금, 마구잡이로 쏠려 창의력을 말하고 있는 모습은 천편일률적입니다. 사람들은 너도나도 독창적인 인간이 되겠다는 열망에 사로잡혀, 다른 생각을 바른 생각보다 더 높게 평가하고 특이한 행동을 정직한 자세보다 더 바람직하다며 칭찬하고 있지요. 이 시대에 창의성이라는 가치는 그 말이 오염되어 되레 창의성을 죽이고 있습니다. 많은 사람들을 혼란스럽게 할 뿐 아니라 타락시키기도 해서 우려스럽습니다.

이제 창의성의 원천인 예술의 인문적 가치를 돌아봐야 하겠습니다. 진짜 예술적 상상력을 만나볼 필요가 있습니다.

이 책에서 나는 다양한 예술작품들을 통해 새로운 세상을 열어내고 우리를 인간답게 살게 하는 예술적 상상력을 탐구하려 합니다. 예술의 인문정신을 살피기도 할 것입니다. 왜 예술은 인류 역사에서 단 한 번도 소멸하지 않았을까요. 함께 그 까닭을 밝혀봅시다.

그러기 위해서 첫 수업은 우리가 사는 세상이 어떻게 존재하는지 알아보는 것으로 시작해야겠습니다.

1 부

새로운 생각은
어떻게 만들어지는가

Raphael

Rach

Rachel

Rachel Rachel

Rachel Paris

Rachel Rachel

세상을
해석하는 능력

도스토옙스키의
《백치》와 만물박사

르네 마그리트, 〈이미지의 배반〉(1929)

"이것은 파이프가 아니다."

이반 투르게네프[1]의 장편소설 《아버지와 아들》에서 주인공 바자로프는 친구 아르카디에게 걱정스럽게 말합니다.

"내가 보니 자네 아버지는 푸시킨의 시를 읽고 있더군. 그런 건 아무 데도 쓸모없다고 설명해드리게. 어린애도 아니고, 그런 엉터리는 집어치울 때도 됐지. 뭔가 실질적인 것을 읽으시라고 권해드리게."

당대의 엘리트인 바자로프는 친구 아버지가 시와 예술을 즐기는 것을 진심으로 염려해서 충고한 것입니다. 그는 실질적이지 못한 일을 부정하는 니힐리스트[2]인데, 측량 가능한 것들로 새롭고 완벽한 세상을 만들 수 있다고 기대했습니다. 그러니 실재의 척도로 잴 수 없어 수치화할 수 없는 예술은 실리적인 삶에

---

1 **이반 투르게네프**Ivan Sergeevich Turgenev(1818~1883) 러시아 작가. 귀족가문에서 태어나 상트페테르부르크 대학과 베를린 대학에서 문학과 철학을 공부하고 에밀 졸라, 모파상, 빅토르 위고 등과 교유하면서 러시아 문학을 서유럽에 알리는 데 크게 기여했다. 주로 당시의 시대상과 지식인의 본모습을 사실적으로 예리하게 묘사한 작품들을 발표했으며, 《아버지와 아들》은 그의 대표작으로 꼽힌다.
2 **니힐리스트**nihilist 기성의 질서와 권위를 부정하고 초월적인 사변을 거부하면서 자연과학의 실험으로 검증할 수 있는 가치만 인정하는 니힐리즘을 따르는 사람들. 니힐리즘은 19세기 후반 러시아에서 기존 제도를 파괴하고 유물론에 입각해 새로운 세상을 건설하려는 혁명운동으로 전개된다.

인간의 심연을 그린 《악령》(1872)의 초고

도움이 되지 않는다고 보고 거부하지요. 이런 시대의 지성을 투르게네프와 같은 시대에 살았던 작가 표도르 도스토옙스키Fyodor Mikhailovich Dostoevsky(1821~1881)도 소설 《악령》에서 반복하고 있습니다.

"마돈나 그림은 아무짝에도 못 쓰니까. 이 컵이 유용한 건 그 안에 물을 부을 수 있기 때문이고, 이 연필이 유용한 건 뭐든지 쓸 수 있기 때문이지만, 그림 속 여인의 얼굴은 현실의 어떤 여자보다 훨씬 못생기기까지 했으니. 물컵이나 연필만 한 값어치도 없는 시스티나의 마돈나 말이야."

예 술 수 업

그렇다면 지금 이 시대에는 예술을 어떻게 생각할까요. 어디서 현대예술을 보거나 들으면 한숨을 내쉬며, 먹고살기도 바쁜데 이건 또 뭐야 하는 생각이 들지도 모르겠습니다. 시끄러운 소음과 다를 바 없는 현대음악, 괴상하기까지 한 현대미술, 그러한 현대예술을 접한다면 말입니다. 적어도 예술은 아름다워야 하지 않은가 하는 통념 때문에라도 이렇게 물을 수밖에 없을 겁니다. 도대체 예술이 뭐야?

그래도 그런 작품들이 우리 주위에 예술이라는 이름으로 존재합니다.

예술은 왜 어려울까

그렇다면 먼저 예술에 관한 편견 두 가지를 이야기하는 것으로 이 수업을 시작하는 게 좋겠습니다.

흔히들 예술은 어렵다고 여깁니다. 예술을 알려면, 또는 예술을 좋아한다고 말하려면 전문지식이 필요하다고 생각하기 때문이죠. 예컨대 피카소의 그림을 좋아한다고 말하려면 그의 생애와 사상, 예술사조 등을 알아야 한다고 여깁니다. 청색시대[3]니 큐비즘[4]이니 하는 전문용어들을 들먹여야 피카소의 예술을 안

---

3   **청색시대**blue period 피카소가 주로 삶에 찌든 사람들의 모습과 거기에 투영된 인간의 근원적인 고독을 어두운 청색으로 그린 시기(1901~1904년)를 가리킨다.

다고 할 수 있다는 거지요.

그런데 과연 안다는 것은 무엇일까요. 도스토옙스키는《악령》을 쓰기 전에 먼저《백치》를 발표했는데, 이 작품에는 만물박사에 관한 논평이 나옵니다. 여러 방면에 걸쳐 모르는 것이 없는 매우 박식한 사람, 만물박사. 우리는 이 논평에 빗대어 안다는 것이 무엇인지 다시 생각해볼 수 있습니다.

어느 11월 말 아침, 안개 자욱한 철도를 따라 바르샤바를 출발한 열차가 상트페테르부르크로 향하고 있었습니다. 이 기차간에서《백치》의 두 주인공 미시킨과 로고진이 처음 만납니다. 긴 여행에 지친 두 청년은 맞은편 좌석에 앉은 상대에게 호감을 느끼고 대화를 나누기 시작합니다. 이때 옆 좌석에 있던 레베제프라는 중년 남자가 대화에 끼어들었는데, 그는 청년들이 나누는 화제의 속사정에 대해 모르는 게 없는 그야말로 만물박사였습니다. 그가 끼어들어 어떤 이야깃거리에 대해서는 배경을 장황하게 설명했기 때문에 독자들이 두 청년의 이야기를 쉽게 이해할 수는 있었지만, 당사자인 청년들에게 간혹 귀찮을 정도로 참견하여 그들의 대화를 방해하기도 합니다. 이때 소설은 잠시 진행을 멈추고 그 만물박사에 대해 논평합니다.

---

4 **큐비즘cubism** 20세기 초 프랑스에서 피카소, 조르주 브라크 등에 의해 시작된 예술의 한 유파. 대상 내부에 숨어 있는 성향을 분해하여 기하학적인 형태로 추출한 뒤 재구성해서 화폭의 평면성을 입체적으로 극복하려는 경향으로, 이후 모더니즘 예술운동에 큰 영향을 주었다.

이와 같은 만물박사는 이따금, 심지어 사회의 어느 계층에서는 아주 빈번히, 만나볼 수 있는 사람들이다. 이들은 모든 것을 알고 있고, 호기심에 가득 찬 자신들의 지혜와 능력을 주체할 수 없을 정도로 일정한 곳에만 쏟아붓는다. 물론 이들이 몰두하는 곳에는 오늘날의 어느 사상가가 지적했듯이 삶에서 더욱 중요하게 여겨지는 관심과 견해가 결여되어 있는 것이 사실이다. 따라서 '모든 것을 알고 있다'는 말은 상당히 제한된 의미에서 이해돼야 할 것이다. 말하자면 누가 어디서 근무를 하는데, 어떤 사람들과 사귀며, 재산은 얼마나 있는지, 또 어느 군의 군수가 아무개인데, 그가 결혼을 했는지, 결혼을 했으면 여자가 지참금을 얼마나 가져왔는지, 누구와 사촌지간인지, 또 육촌은 누구인지 따위의 지식을 의미하는 것이다.

정말로 우리는 이렇게 잡다한 일에 큰 관심을 쏟고 그것을 속속들이 알고 있다고 자랑하는 사람들을 만나기도 합니다. 그 장관, 어떤 사람인데, 나와 친한 누구와 잘 아는 사이야, 그런데 그 장관은 어떤 취미에 얼마만큼의 재산을 가지고 있지 하며 자신이 그에 대해 모든 것을 알고 있기라도 한 듯 자랑스럽게 떠벌리는 사람들을 볼 수 있습니다. 또 요즘에는 어느 연예인이 어떤 옷을 즐겨 입고, 무슨 식당을 드나들며, 누구와 어울리는지 샅샅이 뒤져 알면서 마치 그것이 대단한 지식이라도 되는 양 뽐내는 사람들을 볼 수 있죠. 그들은 그러한 해박한 지식을 자신의 자랑으로 내세웁니다.

21세기 현대를 흔히 정보화시대라고 하지요. 그것을 이 시대의 첨병산업이라고 국가에서도 장려하고 있는 것을 보며 대학의 도서관도 무슨 정보관으로 이름을 바꾸기도 하는데, 혹시 그 정보라는 것이 널린 자료들을 뜻하고 그런 정보들을 많이 아는 것을 지적이라고 평가하는 것은 아닐까요. 인터넷을 클릭하면 쏟아지는 엄청난 양의 정보들, 그리고 그것들을 좇으면서 그것이 자신의 지식이라도 되는 듯이 여기는 사람들과 그것을 앎의 가치라고 평가하는 세태. 만물박사에 대한 논평은 계속됩니다.

> 이러한 흥밋거리에 전념하는 만물박사들은 자신들의 지식이 완전히 학문에 버금간다는 위안을 받으며 자존심을 세우고, 심지어는 고상한 정신적 만족감까지 느낀다. 그렇다, 그들에게 그것은 아주 매혹적인 학문이다. 나는 이러한 분야의 학문에서 최고의 목표를 달성하려 했고 또 달성했던, 또한 그러한 식으로 잘되어서 출세까지 한 학자, 문필가, 시인, 정치인 들을 본 적이 있다.

예술과 관련해서도 마찬가지입니다. 작가의 생애와 사상이 어떻고 또 무슨 사조에 속해 있는지 나열하는 정보들로 그의 작품을 아는 것이라 내세우기 일쑤입니다. 청색시대가 무엇이고 큐비즘이 어떻고 해야 피카소를 제대로 말할 수 있다는 태도도 그렇습니다. 그렇지만 그런 만물박사와 같은 자세로 예술작품의 본질을 다룰 수 있을까요. 그것은 작품을 덮고 있는 피상적인 지식에 그치고 말 가능성이 높습니다. 예술이 주는 감동을 제쳐둔 채 말이죠.

예술 수업

《백치》의 두 주인공은 상대방에게 관심을 기울이고 대화를 통해 서로 알아가는 가운데 그들에 관해 지나치게 많은 것을 알고 개입하는 레베제프를 불쾌하게 여깁니다. 그의 많은 정보들이 정작 그들이 알고자 하는 바를 왜곡시키기 때문입니다. 널리 알려져 떠도는 소문들이 때로는 진짜 모습을 변질시키고 있었습니다. 선입견이나 편견을 품은 타인이 자신을 대할 때 생기는 불편함 같은 것을 느끼며 로고진이 끝내 만물박사에게 한마디 툭 던집니다. "도대체 뭘 안다고 그러는 거요!"

어떤 정보나 지식이 있어야 예술작품을 알 수 있는 것은 아닙니다. 지적인 개념이 예술을 만드는 것이 아니라, 우리가 이 수업 전체에 걸쳐 차츰차츰 밝혀나가겠지만, 예술을 통해서 지식이 생산되기 때문입니다.

그렇다면 '진정으로 안다는 것'은 무엇일까요? 그리고 어느 것이든 많이 알고 있는 만물박사 레베제프는 나중에 어떻게 되었을까요? 예술에 관한 편견 하나를 더 이야기하면서 차차 밝혀보도록 하죠.

예술의 반대말은 무감각

예술가는 매우 특별한 사람이라며 거리를 두고 바라보는 경향이 있습니다. 평범한 보통 사람들과는 다른 세계에 살고 있다고 생각하기도 합니다. 그래서 파이프를 물고 폼 재며 기행을 일삼는 게 예술가라고 보며, 자기 자신은 예술과는 전혀 무관하다고 지레 판단합니다.

그러나 사람은 누구나 예술가입니다. 생활 속에서 리듬을 느껴 노래를 흥얼거리고 어떤 사물이나 풍광을 보면서 관련된 이미지, 즉 그림을 떠올리고 주위 상황에 반응하거나 내면을 표출하려고 낙서를 하기도 합니다. 낙서라고 하니 다른 것은 몰라도 그게 무슨 예술이냐고 할 수도 있겠습니다. 그렇지만 인류의 초기 예술활동 가운데 지금까지 남아 있는 중요한 흔적은 동굴이나 암벽에 그린 낙서, 즉 그라피티graffiti입니다. 인간의 근원적 감성을 여러 시각기호로 표현한 장-미셸 바스키아Jean-Michel Basquiat(1960~1988)의 작품들도 모두 낙서죠. 또한 우리는 관심 있는 대상을 다른 사물에 비유해 표현하기도 하는 예술가입니다. "아, 꽃처럼 아름다운 사람이야." 평상시에 누구나 문득문득 그런 말을 합니다.

4월은 계절상 봄이죠. 그런데 찬 바람이 옷깃 사이로 스며드는 어느 4월 새벽, 집을 나서면서 "꼭 겨울 같군" 하고 말한다면 그는 이미 예술가입니다. 4월은 봄이라는 통념을 깨뜨리고 자기가 느낀 감각을 다른 계절에 빗대어 표현하고 있기 때문입니다. '자기가 맞닥뜨린 현실', 곧 그날의 새벽을 능동적으로 표현한 것입니다. 예술을 업으로 삼아 예술가라 불리는 사람들은 단지 그 표현기교가 더 세련되고 더 적극적일 뿐입니다. 물론 그중에는 자기현시만 강하거나 명작을 슬쩍 따다 쓰는 사이비 예술가도 있지만요.

가벼운 예를 들었지만, 요점은 기성과 타성에 젖지 않고 세상을 바라보고 이해한다는 데 있습니다. 그래서 인생이라는 자신의 작품을 창의적이고 능동적으로 만들어나간다면 그 역시 예술가의 속성을 지닌 사람이라 할 수 있습니다. 예술의 근본성질 가운데 하나가 세상과 현실을 새롭게 바라보며 창조하는 행위이기 때문입니다.

주위를 둘러보면 우리가 사는 세상은 관념으로 구성된 게 아니라 색, 선, 도형, 모양, 소리 등으로 이뤄져 있습니다. 따라서 세상은 감각으로 알아차릴 수 있습니다. 음악은 청각, 미술은 시각 등과 같이 모든 예술 장르가 인간의 감각과 관련되어 있는 까닭이 바로 여기에 있습니다. 7강에서 살펴보겠지만 예술의 한 장르인 문학도 실은 인간이 지닌 다섯 개의 감각인 오감 모두와 관련이 있습니다.

세상을 잘 이해하기 위해서는 감각이 살아 있어야 합니다. 이성이나 논리는 감각에서 나온 이해와 정보를 바탕으로 구축됩니다. 그런데 머리에서 이루어지는 어떤 일에 대한 견해인 관념은 금세 타성에 빠지기도 합니다. 심지어 상황이 변해도 '틀에 박힌 생각', 즉 고정관념에서 벗어나지 못해 세상을 왜곡하는 일이 드물지 않죠. 그렇기에 세상을 이해하는 출발점이 되는 감각이 살아 있어야 하는 것은 무척 중요합니다.

예술을 다루는 학문인 미학을 가리키거나 심미적이라는 뜻의 단어aesthetics에 부정(否定)의 접두사an를 붙이면 마비, 마취anaesthetic, anaesthesia라는 뜻이 됩니다. 예술의 반대말은 추함이 아니라 '무감각'인 것이죠. 뛰어난 예술작품은 무엇보다 우리의 감각을 되살립니다. 그래서 그런 예술작품을 접하면 생각이 넓어지고 깊어집니다.

주위의 대상이나 상황 등 현실을 이해한다고 할 때 '이해하다'의 의미를 자칫 머리로 파악한다는 뜻으로 여기기 쉽습니다. 하지만 진정으로 이해하려면 온몸으로 '느껴야' 가능합니다. 그렇게 형성된 지식만이 삶에서 실천될 수 있습니다.

입으로는 좋은 가치를 말하면서 나쁜 짓을 하는 사람들을 드물지 않게 보게 되는 이유도 그들이 그 가치를 머리로만 알고 있기 때문입니다.

자기 삶의 주인이 된다는 것

우리가 사는 세상은 두 개의 영역으로 이루어져 있습니다. 실질세계와 여분세계.

실질세계는 쉽게 말해서 먹고사는 일들로 형성됩니다. 우리가 살기 위해 꼭 필요한 세계인 셈이죠. 그래서 이 영역에서는 사람들이 무척 바쁩니다. 요즈음은 특히 세상을 살아내기 위해 알아야 할 일도 적응해야 할 일도 너무나 많습니다. 끝도 한계도 없이 빠르게 발전하는 과학기술은 생활환경을 급속도로 바꾸고 있고, 사람들은 이를 따르느라 더욱 분주해진 것이죠. 그래서 질주하는 생활 속에서 지치면 휴식을 찾습니다. 오락이나 여행 등을 통해 여가를 즐기며 다시 실질세계를 살아갈 힘을 충전하기도 합니다. 그렇게 해서 여분세계가 형성됩니다.

사람들이 이런 식으로 세상살이를 생각하는 형태를 그림으로 간단히 표현하면 이렇습니다.

아주 오래전 아리스토텔레스Aristoteles(BC384~BC322)도 세상을 구성하는 두 영역을 구분하여 설명한 적이 있습니다. 그가 쓴 《정치학》이라는 책에는 다음과 같은 구절이 나옵니다.

질서가 잘 잡힌 국가에서는 시민들이 여가, 시간적인 여유를 가져야 하며, 그들은 생활의 필요사항에서 해방되어야 한다. 국가에는 서로 없어서는 살 수 없는 결합이 있다. 다 같이 생존하기 위한 자연적 지배자와 피지배자의 결합이 그것이다. 지력(智力)을 사용하여 앞을 내다보는 자는 주인 또는 지배자로 작정된 것이며, 신체로써 이러한 예견을 집행하는 자는 피지배자이며 본래 노예이다. 열등한 부류는 천성적으로 노예이며 이들 모든 열등한 자는 주인의 지배

아래 있는 것이 그들을 위해서도 좋다. 노예는 비록 분리되어 있다 할지라도 주인의 생명 있는 육체의 일부와도 같이 주인의 일부분인 것이다. 주인에게 적절한 지식과 노예에게 적절한 지식이 있다. 이러한 지식은 노역의 기술까지 포함하도록 확장될 수 있다. 그러므로 자유인은 철학이나 정치에 몰두하는 사이에 주변 일을 돌볼 노예를 둔다. 항상 실질적인 것만을 추구한다면 자유로울 수도 없고 또 정신이 고양되지도 않는다.

그 무렵 고대 그리스는 경제기반을 노예제에 두고 있었기 때문에 이 글은 주인과 노예를 구분하여 두 계층의 삶을 설명하고 있습니다. 실질세계에 얽매여 언제나 생활에 필요한 일들에 열중하고 있는 노예가 있고, 그들과 달리 실제적인 이해와 노동에서 벗어나 사색하는 삶을 사는 주인이 있다는 것입니다. 그런데 아리스토텔레스의 설명은 현대인들에게도 유효합니다. 21세기 현대에도 주인과 노예가 있습니다.

지금도 실질세계만 가치 있다고 생각하고 여분세계는 단지 오락과 휴식의 영역으로 알고 살아간다면 그는 노예와 다를 바 없는 생활을 하고 있는 셈입니다. 그런 사람은 직접 만질 수 있고 눈에 보이는 것만이 세상에 존재하는 전부라고 여기기 때문에 그것을 벗어나서는 도무지 제대로 살 수가 없습니다. 실질세계 밖에서는 불안하고 초조해서 어찌할 바를 몰라 안절부절못합니다. 그렇기 때문에 그는 자기 삶의 주인이 되지 못하고 언제나 규율처럼 제시되는 실질세계에 얽매입니다.

실질세계에 붙들려 사는 사람의 모습을 밀란 쿤데라Milan Kundera(1929~)의 소설《느림》에서 읽을 수 있습니다. 이 소설은 제목 자체만으로도 조급하게 사는 현대인에게 많은 점을 돌이켜 생각하게 하지요. 그러나 그 내용은 난해해서, 제목을 대했던 독자들의 기대와 달리 느림의 가치를 쉽게 발견하기 힘든 작품입니다. 그래도 찬찬히 읽다 보면 계산되지 않는 인간의 욕망 등과 관련해 은근히 느림의 미학을 느낄 수 있는 소설로, 도입부는 삶 속에서 누려야 하는 느림의 가치를 아주 가볍게 비유적으로 제시하고 있습니다. 소설은 다음과 같이 시작합니다.

성(城)에서 하룻밤을 묵고픈 욕구가 우리를 사로잡았다.

나는 자동차를 몰고 있고, 백미러를 통해 내 뒤의 자동차를 관찰한다. 왼쪽의 작은 등이 깜박거리며 자동차 전체가 조바심의 전파를 보내고 있다. 저 운전자는 나를 추월할 기회를 엿보고 있다. 맹금이 참새를 노리듯이 그 순간을 노리고 있다. 아내가 내게 말했다. "저들은 거리에서 어떤 할머니가 털리는 걸 보면 지극히 몸을 사리는 바로 그들이에요. 한데 어째서 운전석에 앉으면 두려움을 모르게 되는 거지?"

뭐라 대답할 수 있을까? 아마도 이렇게. 오토바이 위에 몸을 구부리고 있는 사람은 오직 제 현재 순간에만 집중할 수 있을 뿐이다. 그는 과거나 미래로부터 단절된 한 조각 시간에 매달린다. 나는 백미러를 바라본다. 맞은편에서 오는 차들 때문에 나를 추월하지 못하는 그 자동차. 운전자 옆에 한 여인이 앉아 있다. 어째서 저 사내는 그녀에게 뭔가 재미있는 얘기를 해주지 않는 걸까? 그러기는커녕 그는, 차를 빨리 몰지 않는 앞차의 운전자를 저주하고 있다.

자동차에 앉아 운전대만 잡으면 돌변하는 사람이 있기는 합니다. 그가 자동차의 실질세계, 즉 목적지를 향해 가는 기구라는 사실에만 충실하기 때문이죠. 도로 위에서 조급하게 달리는 자동차는 다른 차들이나 인도 위의 사람들에게 무섭고 폭력적인 존재입니다. 아무리 자동차의 용도가 목적지를 향해 가는 데 있다고 해도 말이죠.

소설 《느림》에서 아내가 하는 말은 울림이 큽니다. "저들은 거리에서 어떤 할머니가 털리는 걸 보면 지극히 몸을 사리는 바로 그들이에요. 한데 어째서 운전석에 앉으면 두려움을 모르게 되는 거지?" 이 질문에 바로 대답하지는 못했지만, 소설의 나는 타당한 이유를 생각합니다. 오직 자기의 현재 순간에만 집중하기 때문이라는, 그래서 그런 사람은 바로 옆에서 어떤 할머니가 강도를 당해도 자기 몸을 사리느라 모르는 척한다는 거죠. 먼저 저 살기 바쁘니까요.

그렇다면 그 운전자는 시간을 벌었을까요? 그렇게 운전해서 혹시 목적지에 일찍 도착했을지는 몰라도 그는 시간을 얻은 것이 아니라 그렇게 서둘러 가는 동안의 시간을 잃어버린 것입니다. 그에게는 목적지로 가는 길의 시간이 사라져버렸으니까요. 이는 실질세계만이 삶의 모든 가치라고 여기는 사람들이 사는 모습을 떠올리게 합니다.

예술 수업

이런 사람들에게는 실질세계만 보일 뿐입니다. 그들에게 여분세계는 실질세계의 한 부분이죠.

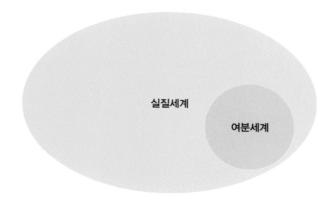

그러나 사람들이 그렇게 집중하고 있는 실질세계는 사실 픽션, 곧 꾸며 만든 세계입니다. 우리가 사는 세상의 질서는 절대자 신이 우리에게 강제로 부여한 절대규율이 아닙니다. 결함이 없는 완벽한 질서란 없다는 뜻입니다. 헤겔Georg Wilhelm Friedrich Hegel(1770~1831) 식으로 말하자면, 인간이 만든 모든 것은 이미 그 안에 본래부터 자기 고유의 한계와 결함을 안고 있다는 겁니다. 그래서 인간이 만든 모든 것은 자기 고유의 성질에 의해 언젠가 균열을 일으키며 붕괴됩니다. 사상도 사물도 모두 그러하죠. 내친김에 덧붙이자면, 그렇기 때문에 어떤 발명을 재난과 고난에서 인류를 구해낼 듯이 섣불리 찬양할 일이 아닙니다.

흔한 예로 스마트폰을 비롯한 각종 디지털 기기를 이용한 이른바 SNSsocial network service는 빠르고 편한 소통을 위한 대단한 도구로 평가받아야 하지만, 그럼에도 한편으로는 온갖 근거 없는 추문을 양산해서 소란스러운 세상을 만들기도 했으며 진정한 소통이 아닌 거꾸로 소외와 우울증을 유발하기도 한다는 점을 많은 연구 조사들이 밝히고 있지 않습니까. 사물만 그러한 게 아닙니다. 좀 거창한 예를 들자면 마르크스Karl Marx(1818~1883)의 사상은 첫 번째 사회주의국가 소련을 만들어 20세기에 세계의 절반을 지배한 체제를 이루었지만 결국 자체 모순으로 소련은 붕괴했습니다. 또한 자본주의의 기반인 자본과 시장경쟁체제는 자본주의마저 위협하고 있습니다. 아인슈타인의 이론은 과학뿐 아니라 철학의 발전에 엄청나게 기여했지만, 세상을 한순간에 잿더미로 만들 수 있는 핵무기의 공포를 남겼고요.

다시 말해서 실질세계는 절대적이지 않습니다. 그 질서는 사람들이 언제나 더 좋은 삶의 양식을 만들고자 능동적으로 구축한 고안품인 것입니다. 그러나 완벽하지 않기 때문에 실질세계가 늘 변하고 있음을 역사를 통해 금세 알 수 있습니다.

그런 실질세계를 만들 수 있는 관점은 실질세계 안에 함몰돼 있어서는 생기지 않습니다. 무엇이든 그것 밖에서 바라볼 때에야 비로소 그것의 모습이 제대로 보이는 법. 인상파의 그림은 가까이서 보면 물감 얼룩으로 보입니다. 거리를 두고 봐야 인물이나 정물 또는 풍경으로 드러나죠. 현실도 마찬가지입니다. 거리를 두고 봐야 제대로 보입니다. 여분세계는 실질세계 옆에 붙거나 안에 위치해서 수동적인 휴식과 오락만을 제공하는 세계가 아닙니다. 실질세계를 돌이켜볼 수 있는 세계, 그리고 실질세계를 만들 수 있는 여유를 제공하는 세계입니다.

아리스토텔레스가 한 말을 현대에 적용할 때 당시는 노예제 시대였다는 점을 염두에 두어야 합니다. 그래서 당시에 주인으로 표현되는 자유인은 노예를 부리며 여분세계에서만 자기 생활을 영위할 수 있었죠. 이제는 그런 시대가 아니기 때문에 모든 사람은 일을 하면서 자기 실질세계를 꾸려나가야 합니다. 그러면서도 노예와 같지 않은 삶을 살려면 어떻게 해야 할까요. 실질세계를 충실히 살면서도 실질세계에 함몰되지 않는 시선을 갖추는 것입니다. 현실을 살면서 현실에 갇히지 않을 때 진정으로 주인이 된 삶을 살 수 있습니다. 그것은 비현실적인 삶의 태도와는 완전히 다릅니다.

그렇다면 세상을 이루는 두 영역, 실질세계와 여분세계의 관계는 앞의 두 그림에서 제시한 것과 다를 테죠. 다시 그려봅시다.

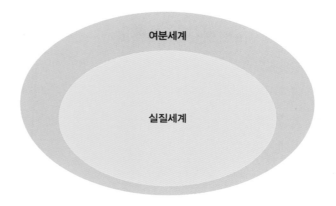

실질세계만을 세상의 전부로 알면서 그것에 전념하여 산다고 그의 실질세계가 더 풍요로워지지는 않습니다. 도리어 생기 없이 건조하고 팍팍한 삶이 될 터. 이러한 점은 니체Friedrich Wilhelm

Nietzsche(1844~1900)도 강조한 바 있습니다. 역설의 화법을 즐겨 사용하는 니체는 실질세계의 가장 큰 희생자가 실질세계라고 말합니다. 그러면서 실제로 살아가는 일을 더 살맛 나게 만들어주는 것은 실질세계 너머에 있다며, 예컨대 정의니 자유니 진리니 하는 것이 실제의 삶에 가치를 부여한다고 말합니다. 패러독스 paradox이면서 세상의 이치를 담은 진리죠.

그렇습니다. 여분세계가 실제로 살아가는 일을 의미 있고 넉넉하게 만들어줍니다. 따라서 제대로 된 사회는 즉각적인 실질에 얽매이지 않고 여분의 세계, 그 자유로운 정신을 소중히 여깁니다.

예술은 바로 그 여분세계에 자리 잡고 있습니다. 그래서 어떤 사람들은 "먹고살기도 힘든데, 예술 나부랭이가 다 무슨 소용이야" 하는 겁니다.

그러나 이 책 전반에 걸쳐 우리가 탐색하겠지만, 예술은 여분세계에서 가장 중요한 핵심을 이루며, 따라서 우리가 살아가는 실질세계와 긴밀하고 강력하게 연결되어 있습니다. 이어지는 2강에서는 그래서 예술이 실용적인지 여부를 따져보려 합니다.

지금은 안다는 것이 무엇인지 밝혀봅시다. 만물박사 레베제프는 어떻게 됐을까요.

해석한다, 고로 존재한다

우리가 흔히 쓰는 표현 가운데 '무슨 일이든 받아들이기 나름이다'라는 말이 있습니다. 이 일상어는 꽤 복잡한 철학을 쉽게 접근할 수 있게 해줍니다. 이 표현을 풀어보자면, 어떤 사물이나 상황은 받아들이는 관점에 따라 그 사람에게 다른 의미를 안겨준다는 뜻이라고 할 수 있습니다. 나아가 받아들이지 않는다면, 즉 아무 관심이 없다면 그 사물이나 상황은 그에게 의미가 없어 존재하지 않는 것과 다를 바 없다는 뜻까지 포함합니다.

사람이 세상을 인식한다는 것은 세상이 먼저 독립적으로 있고 그래서 나중에 그것을 파악한다는 의미로 여겨지지요. 이는 거의 모든 사람들이 당연한 상식으로 받아들이는 관점이기도 한데, 고대 그리스에서 서양철학이 시작되는 지점도 바로 이것이었습니다. 이를테면 세상은 물로 구성되었다느니, 공기로 구성되었다느니 하면서 그것을 통해 세상의 실체를 파악하려는 사고방식이 철학을 낳았습니다. 세상의 본질이 무엇인지 묻는 가운데 철학의 사유가 시작된 것이죠. 존재의 근원을 탐구하는 온톨로지ontology, 즉 존재론은 철학의 시작이며, 사람들이 세상을 인식할 때의 상식입니다. 세상이 먼저 있고 이를 인식한다는.

그렇지만 철학에서도 이러한 관점이 조금씩 변하기 시작합니다. 철학적 전회를 이룬 데카르트René Descartes(1596~1650)의 유명한 명제 '나는 생각한다, 고로 존재한다'cogito ergo sum는 함축하는 의미가 매우 크고 복잡하지만, 간단히 보면 세상 존재의 출발점을 질문하고 사유하는 자아에 두고 있다는 뜻입니다. 그 뒤 이런 태도는 주관과 의식에 따라 달리 인식되는 세상을 따지는 칸트Immanuel Kant(1724~1804), 니체 등으로 이어지면서 이제는 현대철학의 중요한 관점으로 대두했습니다. 세상이 인간의 의지와 무관하게 독립적이고 객관적으로 존재한다는 사고가 변한 것이죠.

이 자리에서 철학사를 구체적으로 거론하려는 건 아닙니다. 이에 빗대어서 세상이 어떻게 존재하는가를 따져봅시다. 앞에서 말했듯이 '무슨 일이든 받아들이기 나름'이라는 일상의 표현은 아주 심오하기까지 합니다. 우리는 세상이 먼저 있고 나중에 우리가 그것을 인식한다고 생각하지만, 잘 들여다보면 우리는 우리가 인식하기 때문에 세상이 존재한다는 사실을 알 수 있습니다. 따라서 거듭 말하지만 우리가 모르거나 관심이 없는 것은 존재하지 않는 셈입니다. 그런데 이때 중요한 점은 우리가 해석한 만큼 어떤 대상이 존재한다는 사실이랍니다.

같은 대상이라도 해석하는 데 따라 달라집니다. 유치하게 해석하면 그 대상은 유치하게 존재할 뿐이죠. 한쪽에 치우쳐 대상을 왜곡하는 편견은 또한 삶 자체까지 왜곡하기 십상입니다. 그렇기 때문에 대상을 판단하고 이해하는 능력, 즉 '해석능력'은 살아가는 데 중요합니다. 해석능력이 삶의 질을 결정하니까요. 한 개인에게도 그렇고 특정 사회에서도 그렇습니다. 또한 바로 이것이 '안다는 것'의 진정한 의미입니다.

만일 해석하는 능력이 전혀 없어서 다른 이들이나 어떤 시스템 또는 규범이 해석해준 대로 세상을 받아들인다면 그는 세상을 능동적이고 창의적으로 살아가는 것이 아니라 다만 피동적으로 살아지는 것일 뿐입니다. 시대를 떠다니는 가벼운 부표처럼 말이죠. 만물박사처럼 많은 정보를 알고 있다는 점이 지니는 문제가 바로 여기에 있습니다. 여하튼 이때는 삶의 주인이 되지 못하고 노예가 됩니다. 해석능력에 따라 삶의 주인과 노예가 갈립니다.

일상을 세심하게 보는 에세이를 주로 쓰는 알랭 드 보통이 《여행의 기술》이라는 책을 내놓은 적이 있습니다. 이 책에서 그는 자기가 사는 런던을 떠나 암스테르담, 마드리드, 프로방스 등지를 여행하고 다시 런던으로 돌아와 마지막 여행을 떠납니다. 일상의 공간을 여행하기. 오로지 지하철을 타기 위해 매일 지나다니던 길도 그런 실제의 목적 없이 걷다 보니 새롭게 느껴지기 시작했습니다. 건축물도, 주위 사람들이 사는 모습도. 일상으로 떠난 여행에서 그는 경이로운 세상을 봅니다. 날마다 반복되는 일상에 담긴 짜릿한 매력을 만납니다. 그리고 더는 일상이 권태롭게 느껴지지 않았습니다. 그러다가 그는 니체의 말을 떠올립니다.

어떤 사람들은 자신의 경험, 하찮고 일상적인 경험을 잘 관리함으로써 그것을 경작 가능한 땅으로 만들어 1년에 세 번 열매를 맺게 한다. 반면 어떤 사람들은, 아주 많은 사람들은 운명의 솟구치는 파도에 휩쓸리거나 시대와 나라가 만들어내는 혼란스러운 물줄기로 밀려들어가서 늘 그 위에 코르크처럼 까닥거리며 떠 있다. 이런 것을 관찰하다 보면, 우리는 결국 인류를 둘로 구분하고 싶은 유혹, 즉 적은 것을 가지고 많은 것을 만들어내는 소수와 많은 것을 가지고 적은 것을 만드는 다수로 구분하고 싶은 유혹을 느끼게 된다.

이런 유혹은 물론 위험합니다. 파시즘 같은 전체주의가 여기에서 나오기 때문입니다. 니체에게 큰 영향을 준 작가 도스토옙스키는 자기 소설들에서 이런 유혹이 실현되었을 때 나타나는 문제를 자주 다뤘지만, 그래도 세상에 이렇게 두 부류의 사람들이 있다는 것만큼은 어쩔 수 없는 사실이긴 합니다. 그래서 도스토옙스키의 《백치》에는 다음과 같은 구절이 나옵니다. 세상을 예리하게 꿰뚫어봤던 예술가 도스토옙스키는 이후 니체가 반복하는 말들의 원조인 셈이죠.

철저하게 남들과 다를 바 없는 사람이 되는 것처럼 안타까울 때도 없다. 말하자면 이런 경우들이다. 용모는 뛰어나되 표정은 풍부하지 못하다. 그럴듯한 교육을 받았는데도 그것을 써먹을 줄 모른다. 지성은 있되 본인의 사상은 없다. 가슴은 있되 관용이 없다……. 세상에 이와 같은 사람들은 부지기수로 널려 있다. 우리들이 생각하는 것보다 훨씬 더 많을 수도 있다.

사람들을 두 부류로 구분할 수 있다. 하나는 틀에 박힌 사람들이고, 또 하나는 그보다 훨씬 더 똑똑한 사람들이다. 전자가 후자보다 행복하다. 틀에 박힌 평범한 사람들은 아무런 심적 동요 없이 흡족하게 살고 있기 때문이다. 그들은 남에게 들은 사상을 추호의 의심도 없이 자기 것으로 받아들이거나, 어떤 책 한 쪽을 다짜고짜 잠깐 들여다보고 그것이야말로 자신의 독창적인 사상이며 자신의 머릿속에서 생겨난 사상이라고 즉시 믿어버린다. 순진함에서 나온 뻔뻔함이라 할까.

예술 수업

그렇다면 만물박사 레베제프는 나중에 어떻게 됐을까요. 레베제프는 알고 있는 정보들을 가지고 자기 이익을 최대한 얻기 위해 동분서주했습니다. 필요하다면 음모를 꾸미고 남을 속여 사기치는 일도 서슴지 않았죠. 그럼에도 그가 얻은 이득은 전혀 없었습니다. 왜 그럴까요. 소설은 마지막에 이르러 만물박사인 그가 인생에서 실패한 까닭을 말해줍니다.

> 레베제프는 참으로 분주했다. 이 인간의 속셈은 마치 영감을 받아 생겨나는 것 같았다. 그러나 그의 계산은 지나친 흥분으로 복잡해져서 이리저리 가지를 치다가 처음의 출발점에서 온갖 방향으로 멀어져갔다. 그가 인생에서 이렇다 할 성공을 거두지 못한 까닭은 바로 그런 이유에서였다.

눈을 자극하는 화려한 수십 가지 요리가 가득한 뷔페 식당에서 허겁지겁 음식을 먹었는데, 막상 식당을 나올 때는 정작 무슨 요리를 즐겼는지 모를 때가 있습니다. 레베제프는 지나치게 많은 정보와 지식을 얕게 알고 있었고, 그저 알고 있다는 점을 자랑스러워하면서 그런 잔머리로 자기 이득을 취하기 위해 경망스럽게 풀풀거리며 호들갑을 떨었죠. 무척 현실적인 것 같았지만 인생을 성공적으로 살지 못했습니다. 계산은 잘할지 몰라도, 현실을 묵직하게 직시하는 능력이 없었기 때문입니다.

인터넷에서 클릭 한 번으로 순식간에 얻은 지식은 살아가는 힘이 되지 못합니다. 남에게 얻어들은 정보들도 마찬가지죠. 오래 걸려도 궁금한 점을 풀어내고 알아가는 희열이 진짜 지식을 만듭니다. 머리뿐 아니라 온몸으로 느끼는 과정이기도 하고요.

진정한 예술작품은 현실과 직접 부딪쳐 탄생합니다. 그렇게 태어난 뛰어난 예술작품들은 인류에게 인식의 전환을 가져다줍니다. 예술을 통해서 우리는 인식하는 능력, 해석하는 능력을 키우고 창의성을 창출할 수 있습니다. 그렇게 예술작품은 그 자체가 창의적이면서 동시에 예술작품을 대하는 사람들을 창의적으로 만들죠.

실질세계에 함몰되지 않으면 우리 주위에 예술이 왜 존재하는지 그 까닭이 보이기 시작할 겁니다.

＊

투르게네프의 《아버지와 아들》에 나오는, 실질적인 척도로 잴 수 있는 세상만을 인정했던 엘리트 바자로프는 지난 시절의 인물이지만은 않습니다. 도스토옙스키의 《백치》에 나오는 다음과 같은 말이 현대에도 여전히 유효하듯이 말이죠. 이 구절은 바자로프를 설명한다고도 볼 수 있습니다.

"요즘에는 모두 다 저울과 계약에 의거해 살아가고 있습니다. 자유
로운 정신, 순수한 마음, 건강한 육체마저 그런 기준으로 소유하려
고 해요."

예술 수업

니콜라이 이예블레프, 《아버지와 아들》 캐리커처(1863)
그림 왼쪽의 아들 세대가 든 깃발에는 '전면 부정', '철도 무용(無用)' 등이 씌어 있다. 가운데는 곤혹스러운 표정을 짓고 있는 투르게네프.

　　그런 바자로프가 소설 뒷부분에서 한 미망인을 사랑하게 됩니다. 그러면서 그는 차츰 어떻게 해도 완벽하게 측량할 수 없는 자신의 감정에 흔들립니다. 그녀를 만나면 괜히 얼굴이 빨개지는 자신을 설명할 수 없어서 혼란스러웠습니다. 그러다가 그토록 믿었던 자연과학 실험 도중에 일어난 사소한 실수로 손에 작은 상처가 나고 균에 감염되어, 그런 하찮은 이유로 덧없이 목숨마저 잃습니다.

　　실재하는 척도만 믿었던 니힐리스트인 그가 니힐nihil, 즉 소멸된 것입니다. 허망하게 말이죠.

예술은 어떻게
새로운 것들을 만들어내는가

〈톨스토이의 초상〉의
비밀

니콜라이 게, 〈톨스토이의 초상〉(1884)

"만일 세상이 스스로 글을 쓸 수 있다면,
톨스토이처럼 쓸 것이다."

— 이사크 바벨(러시아 소설가)

모스크바에서 남쪽으로 200여 킬로미터를 내려가면 '숲 속의 밝은 땅'이라는 뜻의 야스나야 폴랴나Yasnaya Polyana가 나옵니다. 레프 톨스토이Lev Nikolaevich Tolstoy(1828~1910)의 기념관과 무덤이 있는 이곳은 예전에 그가 살았던 영지였죠. 여기서 톨스토이가 작품을 썼습니다.

1884년 1월 말, 화가 니콜라이 게[1]가 한겨울의 추위를 무릅쓰고 야스나야 폴랴나를 방문합니다. 그리고 그는 톨스토이가 글을 쓰고 있는 모습을 스케치한 뒤 이것을 가지고 상트페테르부르크로 돌아와 초상화 한 점을 완성했습니다. 이 초상화는 지금 모스크바의 트레티야코프Tretiakov 미술관에 걸려 있지요.

작가나 작곡가의 초상화, 화가의 자화상 들. 예술가의 초상을 만나는 일은 어렵지 않습니다. 톨스토이도 대문호답게 여러 화가가 그린 초상화들에서 볼 수 있습니다. 이반 크람스코이,[2] 일

---

1 **니콜라이 게**Nikolai Nikolaevich Ge(1831~1894) 러시아 사실주의 화가. 특정한 역사적 순간이나 종교적 상황에서 번민하고 고뇌하는 인물의 모습을 주로 그렸다. 〈톨스토이의 초상〉을 비롯해 그리스도와 빌라도가 만나는 장면을 그린 〈진리가 무엇이오〉가 유명하다.

2 **이반 크람스코이**Ivan Kramskoy(1837~1887) 러시아 사실주의 화가. 예술의 아카데미즘을 거부하고 미술의 대중화 운동을 이끌었다. 삶의 진실을 찾아 러시아 곳곳을 다니며 전시회를 열어서 이동파라고 일컫는다. 대표작으로 안나 카레니나를 그린 〈미지의 여인〉과 〈황야의 그리스도〉 등이 있다.

'숲 속의 밝은 땅' 야스나야 폴랴나로 가는 길

리야 레핀,[3] 레오니드 파스테르나크,[4] 파벨 트루베츠코이[5]가 그
린 초상화가 유명한데, 니콜라이 게도 톨스토이의 초상을 한 점

---

3   **일리야 레핀**Ilia Efimovich Repin(1844~1930)   러시아 사실주의 화가. 주로 민중의 삶을 그렸
   는데, 그의 그림 〈볼가 강의 배 끄는 인부들〉, 〈아무도 기다리지 않았다〉는 러시아 회화사의
   걸작으로 꼽힌다.
4   **레오니드 파스테르나크**Leonid Pasternak(1862~1945)   러시아 인상주의 화가. 《닥터 지바고》
   로 노벨 문학상을 받은 보리스 파스테르나크의 아버지로, 톨스토이의 초상뿐 아니라 소설
   《부활》의 삽화를 그리기도 했다.
5   **파벨 트루베츠코이**Pavel Trubetskoy(1866~1938)   화가이자 조각가. 이탈리아의 러시아 이민
   자 집안에서 태어나 러시아와 미국을 오가며 작업했다. 톨스토이의 초상을 그리고 흉상을
   제작했으며, 상트페테르부르크에 말을 타고 있는 알렉산드르 3세 황제의 동상을 만들기도
   했다.

남겼습니다.

　니콜라이 게의 톨스토이 초상화는 작가가 글을 쓰고 있는 순
간을 스냅사진처럼 묘사했는데, 이 독특한 초상화에는 알려지지
않은 비밀이 담겨 있습니다.

예술가의 초상

어느 누구의 초상이든 초상화를 보고 있으면 덧없는 세월의 한
계를 넘어서고자 하는 열망이 느껴집니다. 영원히 남고 싶은 순
간, 기억되고자 하는 갈구……. 예술가의 초상화가 유난히 많은
이유도 그 예술가가 세상에 던진 의미를 오랫동안 붙잡아두려는
바람 때문일 겁니다.

　우리는 때로 증명사진보다 초상화에서 그 인물을 더 잘 알아
봅니다. 초상화에는 인물의 외적인 모습뿐 아니라 내면의 세계
까지 담기기 때문이죠. 그래서 초상화는 주로 인물의 정면을 묘
사하면서 가능한 한 얼굴의 모든 면을 다루려고 합니다. 이때 특
히 인물의 시선에 그의 정신을 담고자 하는데, 그래서 많은 초상
화들이 그것을 바라보는 우리를 응시하고 있습니다.

　네덜란드의 화가 렘브란트Harmensz van Rijn Rembrandt(1606~1669)는
자화상을 많이 그린 예술가입니다. 유화로 그린 자화상이 60여 점
이며, 에칭화[6]와 소묘까지 포함하면 100점이 넘습니다. 20대 초
반부터 세상을 떠나는 63세까지 그는 자화상을 줄곧 그렸거든요.

렘브란트 판 레인, 〈자화상〉(1629, 1634, 1640, 1656~58, 1659, 1669). 왼쪽 위부터 시계 방향으로.

젊은 시절 렘브란트는 암스테르담 최고의 화가로 각광받으며 활동했습니다. 특히 명문가 출신 사스키아와 결혼한 20대 후반부터 30대 중반까지 대중의 주목을 많이 받았죠. 그러나 유행에 따라 잔재주를 부리지 않고 렘브란트만의 작품세계에 몰두하면서 차츰 사람들에게 외면당하기 시작했습니다. 그러다가 아내 사스키아가 병으로 세상을 떠나면서 그의 삶은 고통스러워지더니 50세가 되던 해에는 파산선고를 받기에 이릅니다. 난방은커녕 끼니를 잇기조차 어려웠는데도 그는 돈이 되지 않는 자화상을 줄기차게 그렸습니다.

그런데 렘브란트의 자화상들을 가만히 들여다보면 한 가지 특별한 점을 발견할 수 있습니다. 자화상들에 나타나는 빛의 변화입니다. 나이가 들어갈수록 빛이 점점 위쪽으로 올라가고 있죠. 그러더니 말년의 자화상에서는 빛이 아예 머리 꼭대기에 자리 잡습니다.

니콜라이 게가 그린 초상화에서 톨스토이는 특이하게도 정면을 바라보고 있지 않습니다. 초상화의 인물이 앞을 주시하는 것과는 달리 그는 글을 쓰는 데 열중하고 있죠. 기름이 흘러 착 달라붙은 머리카락, 거칠게 뻗친 수염. 즐겨 입던 검은색 농부복은 어두운 배경에 묻혀 하나의 정물이 된 듯합니다. 그래서 더욱 밝게 부각되는 곳은 톨스토이의 이마와 펜대를 잡은 손입니다. 책

---

6 **에칭화**etching畵 동판에 부식되지 않는 초나 왁스를 바르고 그 표면에 날카로운 도구로 그림을 그린 다음 질산으로 부식하여 요판(凹版)을 만든 뒤 잉크를 발라서 종이에 찍어낸 그림.

니콜라이 게, 〈톨스토이의 초상〉(부분)

상 위의 구겨진 파지와 원고들도 빛을 발하고 있죠.

　서재의 좁은 책상을 클로즈업한 이 그림에서 톨스토이는 온 정신을 작품에 쏟아붓고 있습니다. 지금 톨스토이는 어디에 있을까요. 화려한 궁전의 파티, 광활한 보로디노 전장, 말을 타고 있는 나폴레옹, 애절한 사랑에 빠진 안나 카레니나의 마음, 브론스키의 경마장, 카추샤의 법정, 우주를 바라보는 피에르의 시선, 네흘류도프의 양심……. 톨스토이가 쓴 글을 전집으로 묶었더니 90권이나 되는데, 아마도 지금 그는 그 어딘가에 있을 겁니다. 이 초상화는 매우 협소해 보이지만 그래서 역설적으로 더욱 넓습니다.

나폴레옹이 이끄는 14만 대군이 러시아에 쳐들어왔다. 러시아군과 주민은 충돌을 피하면서 스몰렌스크까지 퇴각하고, 이어서 보로디노까지 물러났다. 프랑스의 군대는 계속 속도를 가하면서, 목표인 모스크바를 향해 진격했다. 피에르는 베개에다 머리를 얹어놓자마자 깊은 잠에 빠져드는 것을 느꼈다. 그러다 별안간 생시처럼 또렷이 쿵, 쿵, 쿵 하는 포성이 들리고, 비명과 신음이 이어지고, 피비린내와 화약 냄새가 코를 찔렀다. 피에르는 죽음의 공포에 사로잡혔다.

《전쟁과 평화》 중에서

니콜라이 게가 그린 것은 톨스토이의 찌푸린 미간, 꼭 다문 입술, 내리깐 눈에 그치지 않고 그의 머릿속에 펼쳐진 광활한 서사의 세계, 거기에 담긴 깊은 정신세계입니다. 바로 그것을 우리가 이 초상화에서 보는 것이죠. 니콜라이 게의 톨스토이 초상화는, 사람의 머리는 물리적으로 작지만 그 안의 세상은 우주를 담고도 남을 만큼 넓다는 사실을 보여줍니다.

레빈은 테라스에 서서 난간에 팔꿈치를 세우고 하늘을 바라보기 시작했다. 이미 주위는 완전히 어두워졌다. 그가 바라보고 있는 남쪽 하늘에는 이젠 비구름이 없었다. 비구름은 반대쪽으로 몰려 있었다. 그쪽에서 이따금 번개가 번쩍거리고 천둥소리가 들려왔다. 레빈은 뜰의 보리수에서 규칙적으로 떨어지는 물방울 소리에 귀를 기울이면서 눈 익은 삼각형의 별자리와 그 한가운데를 지나가고 있는 은하수를 쳐다보고 있었다. 번갯불이 번쩍거릴 때마다 은하수만이 아니라 밝은 별까지도 그 빛 때문에 사라져버렸으나, 번개가 그치면 다시 제자리에 돌아와 있는 것이었다. '내 마음을 어지럽히는 것은 무엇일까?' 레빈은 아직 분명하게는 알 수 없었지만 자신의 의문에 대한 해답은 이미 마음속에 있다는 것을 예감하면서 혼자 중얼거렸다. '그렇다. 내 마음속에는 이성으로는 이해하기 어려운 지식이 틀림없이 계시되어 있는데, 나는 아직도 그 지식을 이성이나 언어로 표현하려고 애쓰고 있는 것이다.'　　　(《안나 카레니나》 중에서)

이성적인 추론을 넘어서 우주를 표현할 만큼 우리의 상상력은 큽니다. 그럼에도 우리는 자주 스스로를 축소합니다. 창의력을 무시하고 규범과 절차를 지나치게 의식함으로써. 톨스토이가 자신을 옥죄었다면 《전쟁과 평화》도 《안나 카레니나》도 《부활》도 없었을 겁니다. 그 귀중한 인류의 정신유산이.

예술가의 초상화는 단순히 그가 어떻게 생겼는지를 보여주는 게 아니라 그가 창조한 예술세계를 담습니다. 니콜라이 게의 톨스토이 초상화는 글쓰기에 열중하고 있는 작가의 모습을 통해서, 그리고 밝게 빛나는 이마와 펜과 손과 원고지를 통해서 우리를 톨스토이의 작품세계로 인도하고 있습니다. 그런데 이 초상화에는 아직 더 밝혀야 할 비밀이 남아 있습니다.

어쨌든 이번에는, 악보 위에 손을 얹고 있는 차이콥스키Pyotr Ilich Tchaikovsky(1840~1893)의 초상화는 어떤가요. 우리는 그의 〈피아노 협주곡 1번〉을 잘 알고 있지 않나요. 그에게서 이런 음악이 나왔습니다.

표트르 차이콥스키, 〈피아노 협
주곡 1번〉 by Orchestre de la
Suisse Romande

니콜라이 쿠즈네초프, 〈차이콥스
키의 초상〉(1893)

플라톤의 침대와 고흐의 침대

파리 오르세 미술관 3층 36번 홀에 가면 탐스러운 사과가 클로드
모네Claude Monet(1840~1926), 피에르 르누아르Pierre Auguste Renoir(1841~
1919), 에드가 드가Edgar Degas(1834~1917)의 그림 들 옆에서 우리를
유혹합니다. 그 앞에 서서 손을 뻗으면 정말 만질 수 있을 것 같
은 느낌으로 말이죠. 폴 세잔Paul Cézanne(1839~1906)은 유난히 과일
정물을 많이 그렸습니다. 그 가운데 오르세 미술관에 있는 〈사과
와 오렌지〉는 널리 알려져 있고 또한 많은 사랑을 받는 그림입
니다.

폴 세잔, 〈사과와 오렌지〉(1895)

그렇지만 세잔의 사과는 먹을 수 없습니다. 과일인 사과는 먹을거리입니다. 사과를 먹는 열매라는 관점에서 보면 세잔의 사과는 쓸모없는 붉은색 물감 범벅일 뿐입니다. 아무리 탐스러워 보인다 해도 먹을 수 없는 사과라면 실질적인 쓸모가 없다고, 즉 실용성이 없다고 해야 하지 않을까요.

예술을 맨 처음으로 규정하여 정의한 인물은 철학자 플라톤 Platon(BC428?~BC347?)입니다. 기원전 5세기에 그는 이상적인 국가상을 제시한《국가》를 쓰는데, 이 책에서 예술에 관해 다음과 같이 말했습니다.

여기 세 종류의 침대가 있다네. 첫 번째 것은 본성이 침대인 것으로, 신이 만든 거라 할 수 있지. 두 번째 것은 목수가 만든 걸세. 세 번째 것은 화가가 그린 것이고. 그런데 화가는 제작자가 아니라네. 본성에서 세 단계나 떨어진 것을 만들었으니 모방자라고 불러야 하지. 그는 진리에서 세 번째 떨어져 있는 자라네.

플라톤은 실제를 모방하는 것이 예술이라고 여겼습니다. 그래서 진정한 가치에서 동떨어져 있다는 거죠. 이 언급은 지금까지 가장 영향력 있는 예술에 관한 이론을 낳았습니다. 모방이론, 즉 미메시스mimesis, 예술이 현실을 반영한다느니 사회를 비추는 거울이라느니 하는 관점이 여기에서 출발했습니다. 나중에 플라톤의 제자 아리스토텔레스는 예술이 구체적인 현실보다 더 큰 보편성을 담을 수 있다며 예술의 모방이론을 발전시켰고, 이것은 현재까지 예술에 관한 모든 미학이론서나 교과서에 나오는 가장 중요하고도 가장 강력한 예술론이 되었습니다.

예술이라고 하면 대부분 실용성과는 전혀 무관하다고들 생각합니다. 예술작품을 대하는 일반 대중도 그렇게 생각하고, 직접 작품을 만드는 예술가들마저 그렇게 봅니다. 더 나아가 예술가들이나 예술을 연구하는 학자들 대부분이 예술이 실용적이지 않기 때문에 의미 있는 작업이라고 으스대기까지 합니다. 실용성이 없어서 오히려 가치 있다는 것인데, 글쎄요. 꼭 그렇게만 바라봐야 할까요.

지금까지 플라톤은 예술이 현실을 반영한다는 미메시스 이론의 첫 기초를 닦았지만 예술의 진정한 가치를 보지 못해 예술을 깎아내리는 태도를 취했다고 비판받고 있습니다. 이것이 플라톤의 예술 정의에 대한 평가의 주류를 이루고 있습니다. 그러나 플라톤은 예술을 무조건 폄하한 것은 아닙니다. 오히려 그는 영혼을 움직이는 강렬한 예술의 감응능력을 높이 샀습니다. 조화롭고 창의적인 인간이 되기 위해서 음악교육을 받아야 한다고도 주장했죠. 그는 다만 예술이 감각세계를 모방할 때의 문제를 제기한 것입니다. 이는 진리를 사물의 존재상태와 연관해 파악하려는 그의 철학체계에 따른 견해였던 셈입니다.

플라톤의 언급에서 문제 삼아야 하는 부분은 그가 실용성을 협소하게 이해하고 있다는 점입니다. 플라톤은 화가가 그린 침대가 목수가 만든 침대보다 못하다고 했는데, 그렇게 말한 까닭은 침대 그림에서는 잠을 잘 수 없기 때문입니다. 화가가 그린

예술 수업

빈센트 반 고흐, 〈아를의 침실〉(1888)

침대는 침대 본래의 용도로 활용할 수 없어서 실용적이지 못하다는 뜻이죠. 여기서 플라톤은 실용이라는 단어를 사용하지 않았지만 모든 사물의 유용성을 중시하는 그로서는 암암리에 실용성을 염두에 두고 발언했으며, 이때 그것을 도구로서의 기능으로 이해하고 있다는 점을 유추할 수 있습니다. 이처럼 실용을 좁게만 생각한다는 것이 문제죠.

빈센트 반 고흐Vincent Willem van Gogh(1853~1890)가 그린 〈아를의 침실〉에도 침대가 나옵니다. 그런데 우리는 이 그림을 보면서 침대를 잠자는 '도구'로 볼까요? 그러는 사람은 아무도 없을 겁니다. 잘 수 없는 침대여서 고흐의 그림이 가치 없다고 여기는 사람은 아무도 없을 겁니다. 이런 비교는 천박하지만, 별로 안락하지 않을 것 같은 침대가 그려진 고흐의 그림 〈아를의 침실〉을 팔면 세상에서 가장 비싸고 편안한 침대를 수천 개 사고도 남을 겁니다. 마찬가지로 세잔의 〈사과와 오렌지〉를 팔면 그 돈으로 최고로 맛있는 사과와 오렌지를 엄청나게 많이 살 수 있을 것입니다.

예술에 대한 첫 정의에서 플라톤은 그 쓸모를 도구나 기능의 차원에서 다루었기 때문에 그림을 당연하게 실용과는 거리가 먼 작업으로 이해했고, 그것이 지금까지 예술 일반을 받아들이는 바탕으로 은근히 작용한다는 데에 문제가 있습니다. 예술은 실용적이지 못하다는 통념은 예술을 처음으로 정의한 플라톤에게서 시작된 것입니다.

복잡한 현대예술을 보면 이제 더 이상 예술을 모방이론으로 바라볼 수는 없습니다. 오랫동안 예술을 규정한 미학의 개념인 미메시스는 더 이상 완벽한 예술에 대한 관점이 되지 못하는 것이죠. 모방이론은 예술을 이해하는 하나의 방식이기는 하지만 예술의 성질 전체를 아우르는 이론이지는 못합니다.

하긴 어떤 이론도 예술을 완전하게 정의하지 못합니다. 예술작품이 하나의 정의에 남김없이 포착되는 순간 예술성은 사라지기 때문이죠.

예술 수업

실용성을 이야기하려면 아무래도 프래그머티즘pragmatism을 언급
하지 않을 수 없습니다. 실용주의라고 번역되기도 하는 프래그
머티즘은 20세기 초 미국을 중심으로 크게 대두한 철학사상이
죠. 프래그머티즘의 핵심은 실용성이 곧 진리라는 시각입니다.
즉 실질적인 이득을 생산하는 가치가 진리라면서 추상적이고 관
념적인 이념을 부정합니다.

프래그머티즘에는 그래서 선험적인 절대진리가 없습니다. 어
떠한 의미도 실제의 활용에서 나오기 때문이죠. 절대진리를 상
정하고 그것에 현실을 맞추려고 한다면 현실을 왜곡할 위험이
매우 큽니다. 20세기 이데올로기의 시대를 지나 21세기 실용의
시대로 접어들면서 프래그머티즘은 다시 주목받고 있습니다. 그
런데 이 프래그머티즘에는 자기모순에 빠질 수 있는 논리적 한
계가 있습니다.

역사가 흐르면서 각 시대를 지배하는 가치도 변합니다. 도덕
적 기준이나 종교적 가치, 사상적 표준이나 정치이념 등등 그중
어느 하나가 그 시대를 지배하는 가치로 부각되는 것입니다. 예
를 들어 고대 이집트나 중세 유럽에서는 종교가 삶의 근간이 되
는 기준이었고, 20세기 냉전시대에는 정치 이데올로기가 핵심적
인 행동기준이 되었습니다.

그러므로 프래그머티즘에서 주장하는 실용성은 사실 이데올
로기로 변질될 가능성이 무척 높습니다. 고대 이집트나 중세 유

럽에서는 종교적인 신념에 걸맞은 행동이 그 시대에 가장 실용적인 삶의 태도가 됐고, 냉전시대에는 정치이념에 따른 생활이 실용성의 근간을 좌우했으니까요. 이처럼 실용성은 시대의 지배적인 가치에 따라 유동적이면서 동시에 이데올로기적인 성질을 띠게 되어 있습니다. 프래그머티즘이 절대진리 없이 실제생활에서 유익한 결과를 산출하는 것을 진리로 보고 실용성을 강조하고 있지만, 이는 아주 순진한 발상이기도 했습니다.

그렇다면 21세기 현대는 어떨까요. 프래그머티즘의 토대를 세운 사상가 가운데 한 명인 윌리엄 제임스William James(1842~1910)는 《프래그머티즘: 낡은 사고방식에 대한 새로운 이름》이라는 저술에서 실질적으로 널리 활용되는 가치를 '현금가치'cash-value라는 단어로 표현했습니다. 그런데 재미있게도, 비유적으로 사용한 그 단어가 이 시대에 그대로 지배적인 가치가 되어버렸습니다.

우리가 프래그머티즘의 방식을 따른다면 형이상학적 탐구를 끝내줄 개념을 찾을 수 없다. 우리는 각 개념들에서 그것의 현금가치를 끄집어내야 하고 우리의 경험 속에서 작동하게 해야 한다.

제임스는 현금이라는 단어를 어디에도 얽매이지 않고 쉽게 활용할 수 있다는 뜻으로 사용했습니다. 그런데 이 말이 지금 자본의 시대에는 그저 돈으로만 이해되고 있습니다. 정말로 요즘은 모든 가치를 돈으로 환산하여 무엇이든 일종의 상품으로 보

예술 수업

고 있지 않나요. 사람마저 연봉이 얼마짜리인가로 봐서, 예컨대 운동선수의 능력도 가격으로 평가됩니다. 스포츠맨십이니 경기 능력이니 하는 것은 돈에 종속되어, 운동선수도 하나의 상품인 셈입니다. 정육점의 고기가 1등급육이니 2등급육이니 하고 구분되는 것처럼 말이지요. 예술작품의 가치도 돈으로 환산해서 따지고 있습니다. 그렇게 실용성을 무조건 돈과 관련해서 생각하는 것이 이 시대에 널리 퍼져 있는 통념입니다.

통념이 정 그렇다면 구태여 부정할 생각은 없습니다. 오히려 돈과 무관한 척하면서 위선을 떠는 것보다 낫습니다. 그런데 한 가지만 생각하고 넘어갑시다. 기업체건 개인이건 우리가 돈을 버는 수단은 크게 둘로 나눌 수 있습니다. 우스갯소리로 돌고 돌아 돈이라 불린다는 돈은 일정한 규모로 운용됩니다. 국가재정이 어렵다고 조폐창에서 돈을 마구 찍어내지 못하는 법이죠. 어떤 이는 돈의 흐름을 잘 읽어 돈을 법니다. 그것을 재테크라고도 하고 투기라고도 하지요. 전체 자본은 일정하기 때문에 어떤 이가 그렇게 해서 부유해지면 다른 누군가는 그만큼 가난해집니다. 반면 어떤 사람은 세상에 필요한 가치를 창조해서, 즉 새로운 자산을 창출해서 돈을 법니다. 그 덕분에 세상은 이롭게 발전하지요. 물론 이 둘을 완벽하게 구분할 수 없는 경우도 있지만, 어쨌든 크게 말하면 그렇습니다.

새로운 프래그머티즘neopragmatism을 주창한 철학자 리처드 로티Richard McKay Rorty(1931~2007)가 문화사를 거시적으로 해석했는데, 여기에는 현대의 경제기반을 예견한 흥미로운 관점이 담겨 있습니다. 그는 인류의 문화가 신화의 시대, 철학의 시대, 종교의 시대, 과학의 시대를 거쳐 예술의 시대로 움직인다고 봤습니다. 로티는 상상력에 기반을 둔 새로운 어휘를 창안하는 것이 곧 실재의 생산이라고 주장합니다. 이것은 세상을 보는 새로운 시각을 창출하는 예술적 창의성이 경제의 토대를 새로 만들어낸다는 의미로 이해할 수 있습니다. 현대의 경영이론에서 거론되는 창조경제creative economy 또는 창조산업creative industry을 이미 전망한 것입니다.

예술이 돈과 무관하다거나 예술이 상업성을 띠어서는 안 된다는 것이 흔하게 주장되는 바이지만, 20세기 중반 이후 이른바 팝아트[7]가 나오면서 이는 성격을 좀 달리하게 됐습니다. 이를테면 앤디 워홀Andy Warhol(1928~1987)은 비즈니스를 예술의 최고 단계로 주장하면서 자기 아틀리에를 아예 공장factory이라고 불렀습니다. 또한 수요와 공급, 그리고 교환가치를 따지는 고전경제학을 무색케 하는, 명품 브랜드에 열광하는 대중을 봐도 그렇죠. 이제 고객은 디자인을 비롯한 예술감각을 구입합니다. 소비를 통해서 자기 문화를 생산하고자 하는 겁니다. 문화와 예술은 그렇게 경제가 되었고, 유용하다는 것의 의미도 변질되었습니다. 그래서

---

7 **팝아트pop art** 일상용품이나 광고 또는 만화 같은 통속적인 소재를 예술의 영역으로 수용하여 전통적인 예술 개념을 타파한 미술운동. 팝아트라는 명칭은 1950년대 영국에서 나왔지만, 1960년대 이후 미국에서 급격하게 성장하면서 현대예술의 중요한 경향 가운데 하나가 되었다. 대중의 예술이라는 속성이 있어서 상업성과 유리되지 않는 팝아트는 예술의 상품화, 상품의 예술화를 낳기도 했다.

예술 수업

기업체의 예술 마케팅은 이제 마케팅 분야의 대세로 떠오르고 있고요. 우리 시대는 또 그렇게 변하고 있습니다.

그러나 이러한 차원은 예술의 실용성이 드러나는 지극히 현대적인 현상일 뿐으로, 예술의 창의성이 실질세계에서 소모되고 있는 모습입니다. 예술이 여분세계에서 실질세계로 편입되어 소비되기만 하면 예술의 생산적 가치는 끝내 소멸하고 말 것입니다. 예술 자체의 실용성은 이를 포괄하면서 범위가 훨씬 큽니다.

새로운 생각을 탄생시키는 원동력

실용은 실제로 쓸모가 있음을 의미합니다. 달리 말하면 현실에서 생명력을 지니고 있다는 뜻입니다.

세상사 어디에나 적용되는 생물학의 진리가 있습니다. 쓸모가 없어지면 소멸한다는 점. 생물학에서는 그것을 퇴화라 하기도 하고 진화라 하기도 합니다. 퇴화와 진화는 상반된 단어가 아니라 유기적으로 얽혀 동일한 현상을 가리키는 용어인데, 요컨대 쓸모가 없어지면 퇴화하는 것을 진화라고 합니다.

그런데 그것은 생물학에서만 작용하는 진리가 아닙니다. 우리 삶에서는 어느 것이든 쓸모가 없어지면 소멸합니다. 한때는 널리 쓰였던 타자기가 지금은 더 이상 사용되지 않고 박물관에 간 이유가 그렇죠. 물건만 그런 게 아닙니다. 정신적인 가치나 정치적인 이념도 그렇습니다. 한때는 모든 것을 좌우하며 그것이 없으면 아무 일도 못할 듯했던 것도 실용성이 떨어지면 사라집니다. 실용적이어야 생명력이 있고, 생명력이 있어야 실용적인 것입니다.

예술은 어떠한가요. 인류의 역사에서 예술이 단 한 번이라도 소멸한 적이 있나요. 없습니다. 이는 예술이 매우 생명력 강하고 실용적이라는 점을 시사합니다.

문화는 인간이 자연의 상태에서 벗어나면서 탄생했습니다. 문화라고 하면 흔히 음식이나 의복 또는 주거 등을 이야기하는데, 그것들 자체가 문화가 아니라 그것들에 담긴 스타일이 문화입니다. 그래서 다른 나라에 가서 문화적인 충격을 받았다고 하면 그것은 그곳의 음식이나 의복 또는 주거가 원래 살던 곳과 달라서라기보다, 비사리온 벨린스키[8]가 적절하게 지적했듯이 의식주를 '이해하는 방식'이 달라서 받는 이질감을 말하는 겁니다.

그림이 한 장 있으면 무엇을 가리키는 지시성이 크지만, 같은 그림이 여러 장 규칙적으로 배열되면 그림의 지시성은 사라지고 뭔가를 상징하는 의미성이 강해져 무늬가 됩니다. 문화라는 것은 그런 무늬를 가지고 있습니다. 무늬를 영어로 표현하면 더 쉽게 알 수 있을 텐데, 일정한 패턴pattern을 지닌 것을 문화라고 합니다. 그래서 문화에는 질서가 있고, 그 질서는 문화체의 중심부

---

8 **비사리온 벨린스키**Vissarion Grigorievich Belinsky(1811~1848) 러시아의 문학평론가. 19세기 전반 러시아 문학계에 큰 영향력을 발휘한 평론가로, 문학의 사회참여를 중요시하여 비판적 리얼리즘이라는 용어를 즐겨 썼다. 도스토옙스키의 첫 작품 《가난한 사람들》을 높이 평가해 그의 등단을 돕기도 했다.

로 갈수록 더욱 견고해집니다. 귀족문화, 유목문화, 관료문화 등 구체적으로 특정 문화체를 지칭해보면 문화가 자신들만의 일정한 무늬, 곧 패턴을 가진다는 점을 더 뚜렷이 알 수 있겠죠. 모든 무리에는 문화가 있습니다. 모든 시대에도 문화가 있습니다. 한국 문화, 미국 문화, 일본 문화 등등, 그리고 백제 문화, 고려 문화, 조선 문화 등등처럼 시간과 공간, 즉 시대와 지역에 따라 문화가 형성됩니다.

그런데 인류의 역사를 보면 문화가 고정되지 않고 변화하는 패턴이라는 것을 알 수 있습니다. 고대문화, 중세문화, 근대문화, 현대문화. 같은 지역의 문화, 예를 들어 도시문화나 농촌문화도 시대가 변하면서 성격이 달라집니다. 그렇다면 문화의 변화는 어떻게 가능할까요. 문화체가 질서를 유지하는 속성을 지니고 있는데 말이죠.

문화가 탄생하는 데 결정적인 역할을 하는 것이 예술입니다. 예술은 원시시대에 처음 등장했을 때부터 지금까지 무척이나 다양하게 전개되면서도 하나의 동일한 일을 합니다. 인간이 자신이 처한 삶과 환경에 의미를 부여하는 행위가 곧 예술이라는 점이죠. 이것은 근본적으로 변하지 않는 예술의 성질입니다.

원시시대에 인간은 자신들이 살아가는 자연을 인간적인 의미로 받아들이려고 노력했습니다. 파악하지 못해 무의미한 것에 공포감을 느꼈기 때문입니다. 사람은 실체가 없는 것을 대할 때 가장 큰 공포를 느낍니다. 맹수나 거인처럼 실체가 있다면 아무리 무서워도 어떻게든 대응방법을 찾을 수 있습니다. 이럴 때는 인간에게 내재된 심리적 본성인 어려움을 극복하고 미래를 낙관하려는 태도가 작동합니다. 그러나 어떻게 해도 알 수 없는 무의미는 그 자체로 공포를 낳습니다. 그래서 그 시대 사람들은 의미를 부여하는 무늬를 그렸지요. 지금까지 남아 있는 동굴벽화들이 그 흔적입니다. 동굴에 새긴 그림만이 꼭 원시예술의 전부는 아니었습니다. 그들도 이야기를 지었고 노래를 불렀으며 춤을 추었습니다. 행위예술 역시 인간의 삶에 의미를 만드는 작업이니까요. 세상을 해석하고 의미를 부여해서 양식을 생산하는 일입니다. 이처럼 인간이 자연의 상태에서 벗어나 문화를 형성할 때 예술은 그 중심에 있었습니다. 그것은 현대에도 마찬가지죠.

모든 문화는 처음에 자연상태에서 벗어나 이렇게 자기 색깔을 그려나갔습니다. 그런데 그렇게 형성된 문화는 자신의 패턴, 곧 질서를 차츰 견고하게 하여 자기만의 문화정체성을 확립합니다. 그러나 모든 인간은 특정한 질서나 일정한 양식에 갇혀 있는 것을 답답해합니다. 스스로 무늬를 그려 만든 문화도 마찬가지고요.

예술은 자유를 지향합니다. 자유로우려면 어떠한 질서나 양식에 얽매이지 않아야 하겠지요. 1강에서 말했듯이 예술은 언제나 여분세계에 위치해 있는 것입니다. 그리고 앞서 말했듯이 예술은 그렇게 여분세계에서 실질세계를 창출합니다. 문화의 실질세계 안에 안주하지 않는 것이죠. 또한 그렇게 함으로써 예술이 늘 문화의 패턴을 확장합니다. 요컨대 예술은 문화를 형성하는 핵심이면서도 그 패턴에 결코 종속되지 않고 새로운 사고를 탄

예술 수업

생케 하는 가장 능동적인 원동력인 것입니다.

세상을 창의적으로 해석해서 이해하는 일, 기성의 질서에 단순히 편입되기를 거부하고 주체로서 살아가는 일, 바로 이것이 예술의 근본성질입니다. 예술은 늘 그러한 일을 합니다. 예술이 인류의 역사에서 단 한 번도 사라지지 않고 존재하는 생명력이 여기에 있습니다.

예술은 정치혁명처럼 어떤 거창한 구호를 외치지 않습니다. 인간의 삶은 소소한 것들로 이뤄져 있습니다. 예술은 그 사소한 것들에 새로운 무늬를 그려나가 전체에 스며들게 하죠. 거창한 구호보다 큰 감동을 주는 작은 울림들로 세상을 움직입니다.

실용성에 대한 오해

도스토옙스키는 실용성이 무엇인지 우리에게 친절하게 설명한 적이 있습니다. 다음은 《백치》에 나오는 한 구절입니다. 여기에서 도스토옙스키는 실용성에 대한 왜곡된 관념, 그것도 아주 오래되고 광범위하게 퍼져 있는 일그러진 편견을 거론합니다. 실용성에 대한 우리의 오해도 여기에 담겨 있습니다.

우리는 소심함과 창의성의 완전한 결핍을 언제나 실제적인 사람의 가장 중요하고도 뛰어난 특징으로 당연시해왔다. 지금도 여전히 그렇게 생각한다. 이런 생각이 잘못이라면 왜 우리 자신만 탓하겠는가? 독창성 결핍은 전 세계 어디에서나, 먼 옛날부터 언제나, 실제적이고 실리적이며 실용적인 사람의 첫 번째 자질이자 훌륭한 요건으로 간주돼왔다. 품행이 단정한 소심함과 예의가 발라 독창성이 없는 것이 지금까지 사회통념상 실용적이고 올바른 사람에게 없어서는 안 될 자질이었기에, 아주 갑작스럽게 변하는 것은 지극히 무질서하고 심지어 무례하다고 해야 할 것이다. 그러나 독창적인 사람은 모든 일에 그저 안주하지 않는다.

우리는 정말로 주어진 규율과 질서에 순응하며 사는 게 실용적이고 실질적인 태도라고 생각하고 있습니다. 현실에 안주하여 규범화한 사람이 실용적이라는 생각은 시대와 지역을 뛰어넘어 광범위하게 퍼져 있는 통념이죠. 궤도를 이탈하지 않고 규범이 만든 절차에 따라 수동적으로 살아야, 현실과 충돌하여 문제를 일으키지 않으면서 살 수 있다고 보는 겁니다.

그러나 인용한 글의 뒷부분에 나오듯이 사실 우리가 사는 현실은 "아주 갑작스럽게 변"합니다. 그렇다고 현실이 부조리하고 무례하다고 화를 내며 살 수 없는 일이지 않습니까. 만일 그런다면 현실에서 온갖 사고가 발생합니다. 지금 인용한 부분 앞에 나오는 구절입니다.

우리에게 실질적인 사람들이 없다는 불평이 끊이지 않는다. 예를 들어 정치하는 사람들은 많고, 다양한 분야의 관리인들은 필요하면 원하는 대로 금방 찾을 수 있지만, 실질적인 인물들이 없다는 것이다. 모든 사람이 그렇게 불평한다. 심지어 몇몇 기차역에는 괜찮은 근무자 한 명 없고, 어떤 선박회사에서는 간신히 봐줄 만한 행정체계마저 세울 수 없다고들 말한다.

그래서 새로 개설한 어느 철로에서는 기차가 충돌했다느니, 어떤 철교에서는 객차가 떨어졌다느니 하는 소리가 들려오고, 기차가 눈 덮인 벌판에서 겨울을 날 뻔했다는 신문기사도 보게 된다.

규범만을 따르는 '정상적인' 사람들이 실용적이지 못한 이유는 경직되어 있어서 발생하는 사태에 능동적으로 대처하지 못하기 때문입니다. 상황을 해석하는 능력의 부재가 규범적인 사고에 담긴 문제지요.

그렇게만 정상적인 사람들이 많은 사회에서는 여러 사건이 발생합니다. 정말로 우리가 사는 현실에서는 각종 사고가 끊이지 않죠. 신문이나 방송은 하루도 거르지 않고 이런저런 사고들을 보도합니다. 그런데 그 까닭을 보면 대부분 사람들이 현실을 제대로 직시하지 못해 현실에서 발생하는 사태에 창의적으로 대처하지 못했기 때문이라는 사실을 알 수 있습니다.

현실은 주어진 매뉴얼대로 전개되지 않고 "아주 갑작스럽게 변"합니다. 그런데 여기서 도스토옙스키가 현실을 '아주 갑작스럽게 변한다'고 한 것은 현실이 그렇게 무조건 엉뚱하다는 뜻이 아니라, 규범화한 것을 정상적이라고 여기는 사람들의 관점에서 그렇게 보인다는 의미입니다. 그러니 현실의 사태를 매뉴얼, 즉 규정에 따라 대응하면 사고가 발생할 수밖에 없습니다. 그렇다면 현실적이라는 말의 진짜 뜻은 현실에 창의적으로 대처한다는 것이죠. 매뉴얼에 나오지 않는 일도 갑작스럽게 발생하는 것이 현실이기 때문입니다.

아주 갑작스럽게 변하는 현실을 창의적으로 해석해서 대처해야 실질적인 삶의 태도라 할 것입니다. 문화를 탄생시키는 예술의 근본동력인 해석능력이 세상을 '제대로' 살아가는 데도 중요합니다. 실질세계를 잘 살아내기 위해서는 여분세계의 시선을 갖춰야 하는 것이죠.

＊

야스나야 폴랴나 어귀에서 10분쯤 걸어 올라가면 아담한 이층집이 나옵니다. 그곳 2층 서재에는 톨스토이가 대부분의 작품을 썼던 작은 책상이 지금도 있지요. 호두나무로 만든 책상의 가장자리는 원고지가 바닥에 떨어지지 않게 나지막한 장식이 둘러싸고 있습니다. 니콜라이 게의 톨스토이 초상화에 나오는 그 책상입니다. 그런데 2층 서재는 내실이라서 창문이 없습니다. 글을 쓰고 있는 톨스토이의 왼쪽 벽에는 선반이 두 칸 있는데, 지금도 그때처럼 톨스토이가 참고했던 사전들 수십 권이 꽂혀 있고요. 따라서 빛이 들어오는 곳은 없습니다.

니콜라이 게가 한겨울에 야스나야 폴랴나로 톨스토이를 찾아간 것은 초상화를 그리기 위해서가 아니었습니다. 그즈음 화가는 예술이 세상의 진실과 어떻게 만날 수 있는가로 크게 고민하

예술 수업

니콜라이 게, 〈진리가 무엇이오〉(1890)
니콜라이 게는 톨스토이가 《안나 카레니나》에서
묘사한 예수의 모습으로부터 창조적 영감을 얻어
인간과 진실에 대한 고뇌를 담은 걸작을 남겼다.

여, 심지어 그림 그리는 일을 그만둘까 하며 낙담하고 있었습니
다. 그러던 차에 톨스토이의 작업실을 찾아간 겁니다. 그리고 그
곳에서 예술작업의 가치에 대해 확신을 얻은 그는 글을 쓰고 있
는 톨스토이의 모습에 그 깨달음을 담았습니다.

　니콜라이 게가 그린 초상화에서 빛은 톨스토이의 이마와 손
으로 떨어지는 것이 아니라, 바로 그 이마와 손, 그리고 원고들
에서 나오는 것입니다. 그 빛은 초상화 전체의 정적 속으로 차분
히 스며들며, 우리를 예술가의 심오한 상상세계로 들어서게 합
니다.

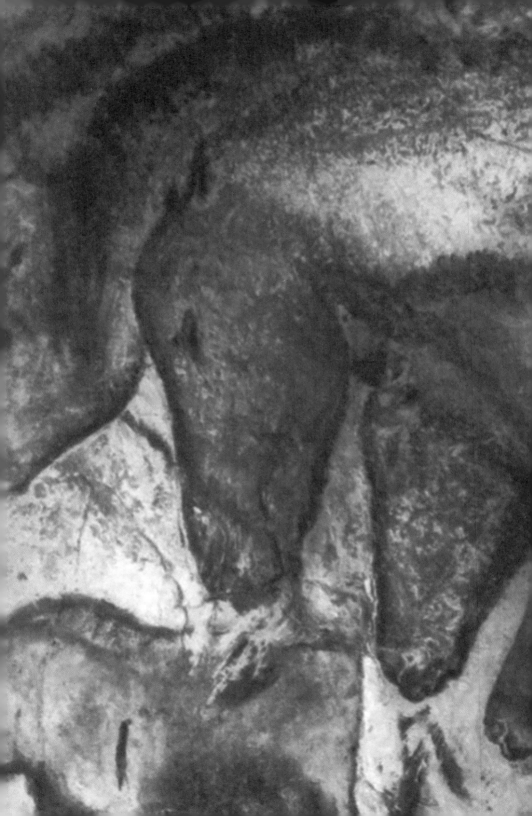

경직된 생각을
파괴하는 일

귀머거리 베토벤이 작곡한
〈합창 교향곡〉

요제프 카를 슈틸러, 〈베토벤의 초상〉(1820)

"피아노를 사용하지 않고 작곡하는 능력이 필요합니다.
우리가 바라고 또 느끼는 것을 머릿속에 그려볼 수 있는 능력이."

―베토벤

1824년 5월 7일 빈, 케른트너토어 극
장은 환희에 들뜬 청중의 열광과 박수
갈채로 떠나가는 듯했습니다. 지휘대
에 있던 루트비히 판 베토벤Ludwig van
Beethoven(1770~1827)은 알토 솔리스트가
이끌자 그제야 뒤로 돌아서서, 모두

**루트비히 판 베토벤,
〈교향곡 9번〉 4악장**
by West–Eastern Divan
Orchestra

기립한 채 환호하는 객석을 봅니다. 이날 초연된 베토벤 〈교향곡
9번〉[1]은 천상의 소리로 관객을 사로잡았습니다.

  지금도 한 해를 마무리하고 새해를 맞이하는 연말이면 어김
없이 전 세계 어디서나 울려 퍼지는 〈합창 교향곡〉. 이 마지막
교향곡을 작곡할 때 베토벤은 청력을 완전히 상실한 농인 상태
였습니다.

  국어사전에는 농인(聾人)을 '청각에 이상이 생겨 소리를 듣지
못하는 장애인을 이르는 말'이라고 풀고 있습니다. 그리고 장애
인을 '신체의 일부에 장애가 있거나 정신적으로 결함이 있어서
일상생활이나 사회생활에 제약을 받는 사람'이라고 풀어 말하고

---

1 **〈교향곡 9번 D단조〉(작품 125)** 프리드리히 실러의 시 〈환희의 송가〉를 가사로 쓴 성악의 합
    창이 4악장에 등장해 〈합창 교향곡〉이라는 별칭이 붙었다.

있습니다. 게다가 농인의 순우리말인 귀머거리는 '청각장애인을 낮잡아 이르는 말'이라 하고요. 국어사전에 나오는 농인에 관한 설명은 모두 정상적이지 못한 결함에 초점을 맞추고, 그마저도 낮춰 부르고 있습니다.

현대의 교양 있는 사람들이 두루 그렇게 쓰고 있어서 사전에 그리 나와 있으니 이 설명이 틀리다고 할 수는 없겠죠. 그러나 농인을 그렇게만 인식한다는 점이 안타깝습니다.

그런데 농인이 진짜 그런 뜻일까요. 베토벤은 신체적 결함이 있는 장애인으로 아무 소리도 듣지 못하는 귀머거리였을까요.

당연한 말, 뻔한 생각

'해가 동쪽에서 뜬다'거나 '가을 하늘은 파랗다'고 하면 듣는 이들이 피식하고 웃을 겁니다. 별 싱거운 소리 다 하고 있네 하는 표정을 지으면서 말이죠. 왜 그럴까요. 너무나도 당연한 말이기 때문입니다.

'봄이 와서 꽃이 피었다'고 하면 또 어떨까요. 마땅하다 못해 어이없는 소리라고 생각할 겁니다. 이러한 반응을 토대로 우리는 사람들이 말에서 어떤 정보를 듣는다는 사실을 알 수 있습니다. 당연해서 아무런 정보가 없는 말은 실없는 싱거운 소리로 흘려버리고요. 그렇게 '봄'이라는 단어를 아무 감흥도 없이 그냥 넘겨버리는 것이죠. 이러한 문제는 현대예술의 기이함이 출발하는 하나의 지점이기도 한데, 먼저 일상의 말이 얼마나 경직되어 사유를 억제하는지를 잘 보여줍니다.

'봄'을 한자 春이나 영어 spring으로 바꿔보면 어떨까요. 태양(日) 위로 새싹이 땅거죽을 뚫고 솟아오르는 이미지(夫), 아니면 스프링, 즉 용수철처럼 튀어오르다spring는 어떤가요. 봄의 느낌이 더 구체적이고 생명력 있게 다가오지 않습니까. 일상적으로 사용하지 않는 외국어는 낯설어서 도리어 그 의미가 생생하게 다가오기도 합니다. 봄은 단순히 특정 계절을 지칭하는 단어이기 이전에 그 계절의 생동하는 느낌을 안고 있습니다. 그래서 그 계절에 우리는 간혹 아무 꾸밈말 없이 "아, 봄이다!" 하면서 감동하기도 합니다.

우리말 형성에 많은 영향을 주었고 또한 실제 사물의 형상을 본떠서 만든 오래된 문자인 한자에서 몇 가지 예를 더 들어봅시다. 어떤 '사이'나 '틈새'를 間(간)이라고 씁니다. 문틈(門)으로 햇살(日)이 살며시 비칩니다. 이렇게 보니 추상명사인 '사이'의 뜻이 구체성을 띠고 확연하게 전달되죠. 사람이 걸터앉는 데 쓰는 기구인 '의자'(椅子)는 또 어떤 느낌일까요. 나무(木)로 만든 것에 앉아 크게(大) 하(可) 하고 숨을 내쉽니다(椅). 지친 몸을 이끌고 버스나 지하철을 탔는데 마침 빈자리가 있다면 어떨지 생각해보면 잘 느낄 수 있을 겁니다.

우리가 일상적으로 '사이'나 '의자'라는 단어를 사용할 때 그 낱말들은 아무런 감각 없이 어떤 상태나 사물을 가리킬 뿐이었습니다. 그러나 사실 모든 말은 원래 생겨날 때 어떤 것을 지시하는 데 그치지 않고 그 어떤 것과 관련된 감흥까지 담고 있었습니다.

그림만 있는 만화와 말풍선이 함께 있는 만화를 떠올려봅시다. 어느 만화의 내용이 더 풍부할까요. 그림만 있는 만화는 독자가 상상력을 발휘해 이야기를 꾸며나갑니다. 말풍선이 있는 만화는 독자가 글로 쓰인 이야기, 즉 말에 의미를 정박시켜 읽습니다. 그래서 그림만 있는 만화를 볼 때보다 해석의 풍요로움이 감소되죠. 말풍선이 함께 있는 만화를 볼 때는 말에 의해 그림의 내용이 제한되어 상상력을 자유롭게 펼치지 못하는 것입니다.

이처럼 어떤 그것의 의미가 명백할수록 상상력은 제한됩니다. 그림의 상황을 말로 확실하게 설명하거나 그림 속 인물이 어떤 말을 분명하게 하고 있다면 그 인물의 처지나 표정까지 살펴볼 필요 없이 그저 말로 전달되는 내용을 받아들이기만 하면 되죠. 게다가 위에서 언급했듯이, 이미 알고 있어서 아무 정보도 담지 못하는 당연한 말은 더 이상 생각해볼 필요조차 없습니다. 그것은 분명하다고 여기니까요.

그런데 자명한 것은 아무런 매력이 없는 대상입니다. 너무나 명백해서 어떠한 사유도 불러일으키지 못하기 때문이죠. 뻔한 것은 그래서 죽은 것과 다르지 않습니다. 있어도 있는 줄을 느낄 수 없으니까요.

예술 수업

그러나 이 세상에서 자명한 것, 너무나 뻔해서 정말로 당연한 것
은 결코 없습니다. 단지 우리가 그렇다고 지레 결정해버리는 것
일 뿐이죠. 심지어 '해가 동쪽에서 뜬다'는 말도 그렇습니다.

우리는 석기를 사용하던 선사시대라고 하면 아득하게 먼 옛
날을 떠올립니다. 지구상에 현생인류인 호모사피엔스가 나타나
널리 퍼져 살았던 때는 지금부터 약 4만 년 전이라고 하니 까마
득하게 느껴지죠. 사는 데 꼭 필요하다고 생각되는 지금과 같은
여러 문명의 이기(利器)도 없던 그 시절에 인류는 어떻게 살았을
까 생각하면 막막하기까지 합니다.

지구에는 인간을 포함한 여러 생물체가 살고 있습니다. 지금
은 사라진 매머드는 얼마 동안 지구에서 살았을까요. 여러 화석

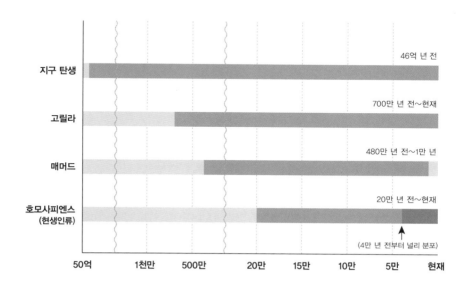

들이 전하는 기록에 따르면 약 480만 년 전부터 1만 년 전까지라고 합니다. 그렇다면 479만 년을 지상에서 존재한 거죠. 현생인류는 지금까지 20만 년쯤 존재하고 있으니, 매머드가 살았던 기간은 인류가 지구에서 살아온 기간의 24배 가까이 됩니다. 같은 영장류에 속하는 고릴라는 어떤가요. 약 700만 년 전부터 지금까지 존재하고 있으니 현생인류의 35배가 넘게 오래 살고 있지 않습니까. 이렇게 보니 아득하게 여겨졌던 원시인의 시대가 그렇게 멀게만 느껴지지는 않습니다. 지상에서 호모사피엔스가 산 기간은 그렇게 길다고 할 수는 없죠.

지구는 약 46억 년 전에 탄생했습니다. 이런 지구에서 20만 년을 살고 있는 현생인류의 기간은 지구 역사의 2만 3천분의 1 정도밖에 안 됩니다. 무척 짧죠. 다른 생물체에 견주어도 매우 짧은 편입니다. 우리는 원시인이 살던 때를 까마득한 옛날로 생각하지만 말이죠. 거기에 한 명의 인간이 사는 기간을 생각한다면 지구의 시간 도표에 점으로도 표시하기 어려운, 그야말로 순식간일 겁니다.

그런데도 어떤 사람이 세상을 전부 다 알고 있다는 듯이 군다면 얼마나 하찮고 우습겠습니까. 그럼에도 그러기가 쉽습니다. 지구가 도는데도 마치 태양이 지구 주위를 돈다는 듯, 해가 동쪽에서 떠서 서쪽으로 진다고 표현하는 것처럼 말이죠.

코페르니쿠스Nicolaus Copernicus(1473~1543)가 태양을 중심으로 지구가 돈다는 사실(지동설)을 밝혀낸 것은 1543년의 일이었습니다. 16세기가 되어서야 지구 운행의 진리가 밝혀졌으니, 지동설이

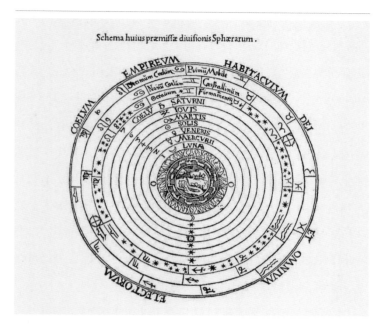

Schema huius præmiffæ diuifionis Sphærarum.

프톨레마이오스의 천동설을 묘사한 16세기의 그림
우주의 중심에 지구가 있고 달, 수성, 금성, 태양, 화성, 목성, 토성이 지구 주위를 공전하는 모습이다.

나온 지 500년이 채 되지 않았습니다. 그전까지 인류는 지구를 중심으로 해가 뜨고 지는 천동설을 진리로 받아들였죠. 말하자면 현생인류는 20만 년 전부터 자기가 지각하는 대로 천동설을 진리라고 생각했습니다. 이론으로 정립된 기간만 봐도 천동설을 진리라고 생각한 기간이 지동설을 밝힌 이후보다 3배 가까이 더 깁니다. 2세기에 프톨레마이오스Claudios Ptolemaeos(?~?)가 천동설을 체계적인 이론으로 정립한 이래 1400여 년 동안 지동설이 아니라 천동설이 학술적으로도 진리라고 수용됐으니까요.

500여 년 전 지동설이라는 진리를 밝혔지만, 그래도 여전히 천동설에 입각해서 표현합니다. 해가 아침에 동쪽에서 떠서 저녁에 서쪽으로 진다고 말입니다. 당연하다는 듯이 말이죠. 물론 이론상으로는 지동설이 진리인 것은 알지만, 매 순간 그런 것까지 따지지 않고 지각하는 대로 말하고 당연하게 여깁니다. 세상이 자신을 중심으로 돌아가고 있다는 듯이. 그러나 진리에 도달하기 위해서는 이러한 자기중심적인 시각을 넘어서야 합니다.

다른 여러 경우들에서도 그렇게 자기 한계를 인정하지 않고 자기 인식만으로 모든 것을 받아들인다면 우리는 얼마나 진리를 왜곡하겠습니까. 자기 관점으로 파악한 바가 전부라고 생각한다면 오류에 빠져들어 헤어나기 어렵습니다.

1강에서 세상은 해석한 만큼 존재한다고 밝혔죠. 그러하기에 편협한 해석에 갇힌다면 세상은 협소하고 답답해질 겁니다. 그것을 독단이라고 합니다. 한 사람의 독단은 그 자신을 파괴할 뿐만 아니라 그가 속한 사회도 파괴합니다. 자기만 옳다고 고집할 경우에는 나아가 여러 사회악을 낳기까지 하죠. '해가 동쪽에서 뜬다'는 것은 습관과 같은 말이지만 당연한 표현이 아닙니다.

우리는 얼마만큼 알고 있을까요. 사람은 알고 있는 것보다 모르는 것이 더 많습니다. 단지 그 사실을 모르는 사람들이 많을 뿐이죠.

예술 수업

인류 초기 석기시대에 살았던 사람들을 가리키는 원시인이라는 단어에는 야만인이라는 의미가 들어 있습니다. 인지능력이 발달하지 못해 거친 생활을 영위하는 미개한 사람들이라는 뜻이죠. 슬기와 지식이 부족해서 사리를 판단하고 일을 처리해내는 능력이 낮았다고 보는 겁니다. 그런데 과연 그렇기만 할까요.

원시인의 생활환경은 과학기술이 엄청나게 발달해 물질문명의 혜택을 거의 무한하게 누리고 있는 우리보다야 비교할 수 없이 열악했던 것은 물론입니다. 그렇지만 그들도 나름대로 자연을 개척해서 생활의 질서를 만들고 미지의 세계를 탐구하며 살았습니다. 그들은 지금 우리보다 훨씬 덜 알고 살았지만, 그렇다고 우리가 그들이 아는 것을 모두 다 알고 있다고는 말할 수 없습니다.

그들은 천체망원경은 없었지만 관찰과 체험으로 우주의 법칙을 나름대로 파악하며 살았습니다. 현대인은 특별한 경우를 제외하고는 밤하늘의 별자리를 바라보는 일마저 잊고 사는데 말이죠. 우리가 하늘의 별을 쳐다본 게 언제였던가요. 미학적인 관점에서 보면 원시인은 우리보다 훨씬 더 많은 것을 알고 느꼈습니다. 이를테면 현대인은 거의 바라보지 않는 구름을 보고 날씨를 짐작하고 그러면서 그 형상이 주는 신비감을 풍성하게 체험했을 겁니다. 발달한 과학기술 덕에 현대인은 자연을 직접 체험하지도 않고 느끼지도 않는지 모릅니다. 자연과학이 미적 체험을 방해하고 있는 것이죠.

그럼에도 현대인은 교만할 정도로 많이 알고 있다고 생각합니다. 더 나아가 자연현상마저 지배하고 있다고 착각하기까지 합니다. 그러다가 태풍이나 홍수를 겪고 산불이나 화산 폭발로 삶의 터전이 파괴되고 주위 사람들이 목숨을 잃는 것을 보고 나서야 비로소 자연 앞에서 인간은 미력하기 그지없다고 토로합니다.

원시인은 자신들이 살아가는 자연환경을 조심스러워했습니다. 두려움을 품고 대했습니다. 이는 모든 것을 다 안다고 덤비는 현대인의 교만과 대조됩니다. 알고 있는 것보다 모르는 게 더 많으면서도 단지 과학기술이 낳은 물질문명의 엄청난 발달에 힘입어 마치 자연을 정복한 듯이 살고 있는 모습은 더 큰 시야에서 보면 같잖고 가소로울 겁니다. 고전을 읽다 보면 우리는 옛날 사람들의 깨달음이 퍽 심오하다는 점을 알게 되는데, 따라서 현대인이 옛사람보다 정신적으로 더 발달하고 성숙했다고 말할 수 없을 겁니다.

이러한 점들에 비추어보면 모르는 게 많다는 사실을 알고 행동했던 원시인이 지금보다 더 거룩한 삶을 살았다고 할 수 있습니다. 교만이나 독단과는 대비되는 삶의 자세, 경외심을 지닌 그들은 거룩했습니다.

그런 원시인도 예술작품을 남겼죠. 원시인도 먹고사는 생존의 삶에 급급하지만은 않았습니다. 자연을 이해하고 인간적인 의미로 파악하고자 노력하는 가운데 예술이 탄생한 것입니다.

아래에서 곧 살펴보겠지만, 그래서 우리는 그들이 남긴 예술작품을 통해 그들의 사유체계를 알 수 있습니다.

뒤집어 말하면 예술작품은 곧 사유입니다. 협소한 의미의 미적 행위가 예술인 것만은 아닙니다.

생각하는 인간, 호모사피엔스

'생각하는 인간'이라는 뜻의 호모사피엔스Homo sapiens는 사람속 genus homo에 속하는 여러 인류 가운데 하나로 현생인류를 가리킵니다. 그러니까 우리가 호모사피엔스죠. 스웨덴의 생물학자 린네Carl von Linné (1707~1778)가 창안한 생물의 분류체계에서 호모사피엔스는 종명species name으로, 위 단계의 속명genus name인 사람속에는 가장 오래된 인류인 오스트랄로피테쿠스Australopithecus부터 호모하빌리스,[2] 호모에렉투스[3] 등 지금까지 밝혀진 27종 이상의 인류가 있었습니다. 이 인류genus homo는 순차적으로 전개되는 게 아닙니다. 다시 말해 일직선으로 진화하는 것이 아니라, 때로는 같은 시대에 다른 종의 인류가 함께 살기도 했습니다.

흥미로운 점은 여러 인류 가운데 호모사피엔스가 존재하는

---

[2] **호모하빌리스Homo habilis** 약 233만 년~140만 년 전에 살았던 인류로, 손재주 좋은 사람이라는 뜻이다.

[3] **호모에렉투스Homo erectus** 유인원과 현생인류의 중간 단계인 화석인류. 직립보행을 하고 불을 사용했으며 전기 구석기 문화를 이루고 있었다.

기간이 20만 년으로 짧다는 사실입니다. 네안데르탈인의 경우 40만 년 전부터 3만 년 전까지 살았으니 그 기간이 37만 년쯤 됩니다. 호모사피엔스보다 17만 년 더 지구상에 존재했죠. 거의 2배에 가까운 시간을 살았으면서도, 그리고 같은 인류이면서도 네안데르탈인이 이룩한 문명은 지극히 미약합니다. 석기를 만들어 이용한 정도. 반면 호모사피엔스는 지금까지 얼마나 엄청난 문명의 발달을 이루었는지 우리 주위를 둘러보면 잘 알 수 있습니다. 온갖 테크놀로지에 우주를 날아다니고 생명까지 복제하면서 말이죠. 호모사피엔스도 처음에는 석기를 사용하면서 시작했는데 지금의 문명으로 발전했습니다. 겨우 20만 년 만에.

호모사피엔스와 네안데르탈인은 약 17만 년을 지구상에서 공존했습니다. 그러나 빙하기를 거치면서 네안데르탈인은 더 살지 못하고 소멸했습니다. 이처럼 호모사피엔스가 같은 인류들 가운데 유독 혹독한 자연환경을 극복하고 살아남아 찬란한 문명까지 이룬 데는 한 가지 중요한 동력이 있었습니다. 호기심.

현생인류의 호기심은 무척 컸습니다. 초기의 그들은 강과 언덕 너머에 무엇이 있는지 궁금한 탐험가였고, 자연의 각종 조건들을 자기 필요에 맞게 변형해서 물건을 만들어내는 기술자였습니다. 세상을 탐구하는 과학자였고 살아가는 가치를 창출하고 숙고하는 철학자였습니다. 그래서 다른 인류들이 특정 지역에만 분포했던 것과 달리 세계 각지로 퍼져나갈 수 있었죠. 또한 여러 물질적인 이기와 사상적인 문화를 만들어냈습니다.

모르는 것을 알고 싶어 하는 호기심이 생기는 까닭은 무엇일까요. 그것은 모른다는 점을 인정하기 때문입니다. 즉 겸허하기 때문입니다.

현생인류가 겸허했기 때문에 강한 호기심을 품었고 이런 문명을 꽃피울 수 있었던 것입니다. 자기가 아는 게 전부라는 교만과 독단의 태도에서는 주위를 알고자 하는 궁금증이 생기지 않는 법이죠. 그들은 자연의 위력 앞에 선 인간의 무력함을 알았지만, 그렇다고 그것에 좌절하여 주저앉지 않았습니다. 원시인은 자신의 허약함과 무지를 인정하고 질문을 던졌습니다. 살기 위해서 세상을 탐구하고 의미를 얻기 위해서 질문을 했던 것입니다. 그래서 새로운 생각이 탄생했습니다.

고대 그리스의 작가 소포클레스Sophocles(BC 497/6~BC 406/5)는 《안티고네》에서 호모사피엔스의 모습을 다음과 같이 묘사했습니다. 소포클레스는 인간이 무서운 존재로, 그들이 굴복하는 것은 죽음뿐이라고 말합니다.

세상에 무서운 것이 많다 하여도
사람보다 더 무서운 것은 없다네.
사람은 사나운 겨울 남풍 속에서도
잿빛 바다를 건너며 내리 덮치는
파도 아래로 길을 연다네.
그리고 신들 중 가장 신성하고 무진장하며 지칠 줄 모르는 대지를
사람은 말[馬]의 후손으로
갈아엎으며 해마다, 앞으로 갔다가

뒤로 돌아서는 쟁기로 못살게 군다네.

그리고 마음이 가벼운 새의
부족들과 야수의 종족들과
심해 속의 바다 족속들을
촘촘한 그물코 안으로 유인하여
잡아간다네, 총명한 사람은.
사람은 또 산속을 헤매는 들짐승들을
책략으로 제압하고,
갈기가 텁수룩한 말을 길들여
그 목에 멍에를 얹는가 하면,
지칠 줄 모르는 산(山)소를 길들인다네.

또한 언어와 바람처럼 날랜 생각과,
도시에 질서를 부여하는 심성을 사람은 독학으로
배웠다네, 그리고 맑은 하늘 아래서 노숙하기가
싫어지자 서리와 폭우의 화살을 피하는 법도.
사람이 대비할 수 없는 것은 아무것도 없으며,
아무 대비 없이 사람이 미래사를 맞이하는 일은
결코 없다네. 다만 죽음 앞에서 도망치는
수단을 손에 넣지 못했을 뿐이라네.
하지만 사람은 고통스러운 질병에서
도망치는 방법은 이미 궁리해냈다네.

예 술 수 업

만일 수십 세기 뒤에 미래의 인간이 지금 우리를 본다면 어떨까요. 그들은 잘 알고 있어서 당연하다 못해 진부하게 여기는 어떤 것을 아주 먼 옛날인 21세기에 사는 우리가 아직 모른다거나 또는 겨우 발견하여 놀란다고 말할지도 모르겠습니다. 그러나 미래의 인간은 현대인이 지금 알아낸 것 때문에 '이미' 알고 있는 것입니다. 미래의 인간에게 현대인은 선구자인 셈이죠. 마찬가지로 원시인도 미개인이나 야만인이라기보다 선구자였습니다. 먼저 나서 앞장선다는 전위(前衛), 즉 아방가르드avant-garde는 예술의 기반이지 않은가요.

　인류의 역사는 사람들이 대면하는 자연과 우주, 그리고 살아가는 세상을 이해하고 해석한 자취를 말합니다. 미지의 세상은 언제나 인간의 관심을 끌었죠. 그래서 끊임없이 관찰하고 질문을 던졌습니다. 하늘과 땅, 낮과 밤, 눈과 비와 바람 등 자연을 자신들이 살아가기 위한 환경으로 바꾸기 위해 인간적인 해석으로 수용하려 했습니다. 그러기 위해서 질문했습니다. 예술이 탄생하는 근본동력도 바로 그 질문입니다.

　질문하는 일은 우리에게 지금도 여전히 중요합니다. 우리도 호모사피엔스이니까요. 묻는다는 것은 살아 있음을 뜻합니다. 기계는 입력된 정보를 아무 질문 없이 받아들일 뿐입니다. 연산 능력이 엄청난 컴퓨터도 마찬가지고요. 컴퓨터가 던지는 질문은 단 하나, 실행 여부를 물을 때뿐입니다. 예스 아니면 노, 실행할까 말까. 곧 질문하지 않는 사람은 기계에 불과합니다. 노예 같은 존재가 그렇죠.

질문한다는 것은 사람으로서 능동적으로 존재한다는 의미가 있습니다. 어린아이들이 왜, 뭔데, 하고 물으며 주위를 받아들이면서 한 명의 주체로 성장하는 것을 떠올릴 필요가 있습니다. 질문은 사유의 한 행위로, 이미 결정되어 있는 개념이나 미리 규정되어 내려오는 가치 들을 선험적으로 무조건 수용하지 않기 때문에 발생합니다. 질문은 삶의 가능성을 제한하고 한계 짓는 체제를 거스르면서 생명의 자연스러움을 회복하는 행위입니다. 세상의 단순 부속품이 되지 않으려면 질문해야 합니다.

또한 질문하는 일은 반성한다는 의미입니다. 반성한다는 것은 판단의 조건들을 성찰하고 사유한다는 것으로, 곧 돌이켜보는 일이죠. 반성은 모두가 확고하다고 여기는 현재의 질서에서 잠시 벗어나는 질문입니다. 물론 아주 벗어나는 도피는 아닙니다.

만일 관심이 없다면 질문이 생기지 않습니다. 타율과 타성에 젖은 행동으로는 어떠한 성취도 이룰 수 없죠. 어느 누구도 어떻게 살게 될지 정해진 채 세상에 태어나지 않습니다. 인생은 누구에게나 각기 부여된 숙제입니다.

원시의 사유, 예술의 흔적

석양이 깔린 저녁 무렵, 동네 공원에 난 산책로를 따라 노부부가 다정히 손잡고 걷고 있습니다. 그 옆으로 젊은이들이 열심히 대화를 나누며 지나갑니다. 노부부는 별로 말이 없습니다. 특별히

예술 수업

말하지 않아도 서로의 마음을 잘 알기 때문이죠. 오랜 세월, 즐겁고 행복했던 기억도 어렵고 슬픈 순간도 함께 나누며 이제 인생의 황혼에 접어들어 조용히 서로를 의지하며 산책하고 있습니다. 붉은 노을빛을 받으며 걷고 있는 노부부의 모습은 평화롭고 조화롭습니다. 아마도 세상에서 가장 아름다운 풍경일 겁니다.

플라톤은 사람에게 배꼽이 있는 까닭을 《향연》에서 이렇게 말했습니다.

제일 먼저 알아야 할 것은 인간의 본성이라네. 원래 인간은 둥그런 등과 원형의 옆구리, 네 개의 손과 네 개의 다리를 지니고 있고 완벽하게 둥그런 목 바로 위에 완전히 서로 똑같은 두 개의 얼굴이 반대로 놓여 있고 그 위에 하나의 머리가 붙어 있었다네. 그들은 대단한 힘과 능력, 그리고 오만함까지 지녀서 신들을 공격할 정도였지. 제우스는 한참 고민한 끝에 다음과 같이 말했다네. "나는 인간들이 지금보다 약해져서 더 이상 오만하지 않도록 만드는 방법을 발견했노라!" 이렇게 말하면서 제우스는 마가목 열매를 자르듯이 인간을 둘로 잘랐다네. 그리고 제우스는 잘린 부분들을 치료하도록 아폴론에게 명령했지. 그때 아폴론은 배꼽 주위에 약간의 주름을 남겨놓았는데, 그것은 인간들이 예전의 자기 상태에 대한 기억을 가질 수 있도록 하기 위해서였네. 이렇게 인간은 본래 상태가 둘로 나뉘었기 때문에, 그 나뉜 각각은 자기 자신의 또 다른 반쪽을 갈망하면서 그것과의 합일을 원하게 되었지.

라스코Lascaus **동굴벽화**
프랑스 남서쪽에 있는 동굴로 후기 구석기 시대에 그려진 벽화가 1940년에 발견되었다. 100여 점의 그림 중 말과 소를 묘사한 것이 가장 많다.

알타미라Altamira **동굴벽화**
에스파냐에서 1879년에 발견되었으나 그림의 수준이 높고 보존상태가 매우 뛰어나 당시에는 위조로 오인받았다. 20세기 초 다른 동굴벽화들이 발견되면서 뒤늦게 후기 구석기 시대의 유적으로 인정되었다. 1985년 세계유산으로 지정됐다.

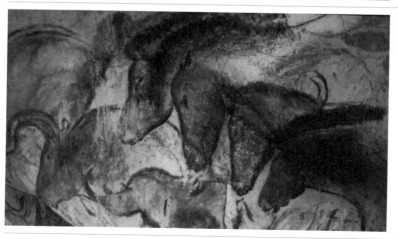

쇼베Chauvet **동굴벽화**
1994년 프랑스에서 발견되었으며 라스코나 알타미라 동굴벽화보다도 약 1만 5천 년 앞선 것으로, 현존하는 예술작품 중 가장 오래되었다. 300여 점의 사자, 코뿔소, 들소 그림이 생생하게 남아 있다.

우리는 원시인들의 사유체계를 그들이 남긴 예술적 흔적을 통해서 알 수 있습니다. 지금까지 잘 보존된 형태는 돌이나 바위에 새긴 그림이죠. 그들이 주로 살았던 공간인 동굴에 특히 이러한 암각화가 많이 남아 있습니다.

동굴벽화에는 유난히 들소가 많은데, 그들이 들소를 정밀하게 묘사하는 솜씨를 뽐내려고 새긴 것은 아닙니다. 들소는 인간보다 힘도 세고 빠르죠. 그 앞에서 인간은 무력하기까지 합니다. 그렇지만 그들이 생존하는 데 들소는 꼭 필요합니다. 필요한 영양소를 공급받는 먹거리고, 따뜻한 옷과 깔개를 만드는 가죽과 털을 제공받을 수 있습니다. 그래서 그들은 힘센 들소를 잘 사냥하기를 기원했습니다. 살고 있는 동굴의 벽에 그림을 그리면서 간절하게 바랐던 거죠.

그런데 놀라운 일이 벌어졌습니다. 들소를 정밀하게 그려놓은 뒤로 들소 사냥이 이전보다 더 잘되었습니다. 들소를 정교하게 그리기 위해서 세밀하게 관찰한 덕입니다. 대충 알고 덤벼들 때보다 사냥이 더 쉬워졌죠.

동굴벽화의 이미지들은 모방이 아니라 의미를 부여하는 행위였습니다. 미지의 세계를 만나 두려움이 있었지만 그래도 그것에 굴복하지 않고 적응하려고 노력한 결과였습니다. 나아가 그들은 보이지 않는 존재를 포착하려는 상징도 만들게 됩니다.

자연과 우주에는 서로 대비되는 쌍이 많습니다. 낮과 밤이 있고, 태양과 달이 있으며, 하늘과 땅이 있습니다. 그들은 차츰 추상적인 부분을 생각하게 되었는데, 영혼과 육체가 있어서 장례

의식을 치렀고, 안과 밖, 왼쪽과 오른쪽을 구분했습니다.

무엇이 쌍을 이룬다는 점은 서로 비슷하여 비교가 가능하고 또 그래서 공존할 수 있다는 것을 뜻합니다. 이를테면 낮은 밤과 어울리는 쌍이지 바다와 어울리지는 않습니다. 바다에는 낮도 있고 밤도 있지요. 바다는 땅과 어울리는 쌍입니다. 그리고 그중 어느 하나만 있다면, 예컨대 밤은 없고 낮만 있으면, 땅은 없고 바다만 있으면, 달은 없고 태양만 있으면 더 좋지 않다는 점을 알았습니다. 낮이 있기에 밤을 소중하게 생각할 수 있고 태양이 있어서 달이 귀중합니다. 그리고 그러한 쌍이 공존해서 조화를 이루면 생산력이 생긴다는 점을 보았습니다. 그들은 이분법적인 사고가 아니라 보완적인 사유를 했습니다.

이분법적인 사유는 교만과 독단에서 나옵니다. 투쟁은 자신만을 내세우며 상대를 제압하려 할 때 발생합니다. 반면 보완적인 사유는 자신이 불완전하다는 점을 인정하는 태도에서 가능합니다.

힘든 세월을 함께 보낸 노부부가 노을빛을 받으며 동네 공원을 산책하는 모습이 세상에서 가장 아름다운 까닭입니다.

예술과 문자는 어떻게 갈라졌는가

옛날 사람들은 문자를 신이 내린 선물로 간주했습니다. 무엇을 표기하는 일을 세상을 창조하는 행위로 여겼죠. 정말로 세상에 존재하는 모든 것은 이름이 붙어야 그제야 인간의 의식 안에 존재할 수 있습니다. 이름을 얻지 못한 것은 우주에 있어도 사람에게 있는 것이 아닙니다.

옛사람들은 언어의 이러한 창조성을 보고 문자를 신의 선물로 생각했던 것입니다. 이집트의 테우트 신, 바빌로니아의 나부 신, 인도의 사라스바티 신 등이 문자를 내린 신이었습니다. 성경의 〈창세기〉에서도 신은 최초의 인간인 아담에게 주위 사물과 생명체에 이름을 붙이는 권한을 주었습니다. 이름을 받아야 그것들은 인간의 무늬를 얻는 셈이었습니다.

> 여호와 하나님이 흙으로 각종 들짐승과 공중의 각종 새를 지으시고 아담이 무엇이라고 부르나 보시려고 그것들을 그에게 이끌어가시니 아담이 각 생물을 부르는 것이 곧 그 이름이 되었더라. 아담이 모든 가축과 공중의 새와 들의 모든 짐승에게 이름을 주니라.
>
> (〈창세기〉 2장 19~20절)

그런데 문자는 사람들이 소통하는 데 쓰이면서 점차 어떤 것을 가리키는 지시의 성질을 부각하기 시작했습니다. 그때부터 문자에서 처음 등장했을 때의 풍부한 상상력과 창의성이 줄어들게 됩니다.

장-프랑수아 샹폴리옹Jean-François Champollion(1790~1832)은 이집트 상형문자에 매료되어 평생을 그 연구에 바친 언어학자입니다. 그는 1822년에 처음으로 이집트 상형문자를 해독해냅니다.

로제타석

이집트 상형문자

로제타석은 기원전 196년에 고대 이집트에서 만들어진 비석으로 이집트 상형문자가 새겨져 있으며 프톨레마이오스 5세 에피파네스(BC204~181)의 치세를 칭송하는 내용을 담고 있다. 이집트 상형문자는 동물, 사물, 신체를 본뜬 글자로 신성 문자라 불린다.

오랜 세월 동안 이집트 상형문자는 풀 수 없는 암호처럼 모호한 그림에 불과했었죠. 상폴리옹은 1799년 나일 강 하구의 로제타 Rosetta 마을에서 발견된 로제타석의 상형문자를 놓고 유심히 관찰했습니다. 그러다가 비석에 있는 1419개의 기호에 동일한 것들이 반복되고 있다는 점을 파악합니다. 서로 다른 것은 66개뿐이었죠.

이집트 상형문자가 그림으로 표현된 어떤 대상만 가리키지 않고 추상적인 의미를 더 지니고 있다는 사실을 알아낸 것입니다. 예를 들면 새의 그림은 다른 기호들과 결합하여 여러 번 반복되고 있는데, 때문에 새 그림은 단순히 새를 가리키는 것이

예 술 수 업

아니라 새의 성질이 담긴 추상적인 의미를 포함하고 있음을 파악한 것입니다. 🦉은 부엉이를 가리키지만, 이렇게 🦉🦉 둘이 겹쳐 있으면 '~중에서'라는 추상 표현이 되고, 오른쪽 위에 입 모양인 ⌒이 그려져 🦉이면 '책임자'라는 사회적 직책을 뜻합니다.

이런 방식으로 진행된 샹폴리옹의 해독은 언어의 일반화 과정을 잘 보여줍니다. 문자는 반복을 통해 소통을 위한 도구로서의 특성을 구축하는 것입니다. 반복되는 과정을 거쳐서 차이를 없애고 동질의 부분을 견고하게 만드는 것이죠. 그래서 어법 grammar을 이룰 수 있었습니다. 말하자면 여분세계를 줄여 실질세계로 진입한 것입니다. 문자가 처음 탄생했을 때의 그 감각적인 상상력은 소통에 기여하면서 점차 마음과 감성이 아니라 이성에 작용하게 됩니다. 시적인 속성은 사라지고 차갑고 단순해집니다. 그래서 플라톤은《파이드로스》에서 이렇게 한탄했답니다.

오, 솜씨 좋은 테우트 신이시여, 발명의 재능이 있다 해서 자기가 발명한 것을 사용하는 사람들에게 그것이 유용한지 아닌지 잘 판단하는 법은 아니라오. 문자의 아버지이시니 문자에 대한 사랑이 넘쳐 판단이 흐려졌나 본데, 당신이 발명한 문자는 사람들의 기억을 담지 않아 그들의 영혼 속에 망각을 낳았소이다. 문자는 바깥에서 오는 낯선 흔적들에 의존할 뿐 자기 스스로를 상기하지 않기 때문이라오. 당신이 발명한 문자는 지혜의 겉모양이지 참모습은 아니지요.

"바깥에서 오는 낯선 흔적들에 의존할 뿐"이라는 표현은 일반화 과정을 말합니다. 장-자크 루소 Jean-Jacques Rousseau(1712~1778)는 《언어의 기원》에서 이러한 아쉬움을 더 구체적으로 표현했습니다.

> 철학 연구와 추론의 발전으로 어법이 완성되고 난 후, 처음 언어를 매우 음악적으로 만들었던 생생하고 열정적인 어조가 언어에서 제거되었다. 이제 말은 이성에만 행사하여, 정념에 행사했을 때 만들어냈던 경이로운 일들을 점점 하지 않게 되었다. 그리스에 소피스트와 철학자들이 넘쳐나자 유명한 시인과 음악가들은 더 이상 그곳에서 볼 수 없게 되었다. 설득하는 기술을 연마하면서 감동시키는 기술은 잃어버렸다.

이제 문자는 대상을 성찰하고 상상하는 것이 아니라 습관적으로 밋밋하게 가리킵니다. 문자가 탄생할 때 지녔던 생동감과 생명력은 흔적만 남고 상실된 거죠. 여분세계가 사라진 현상입니다.

그러나 언어를 조금 더 민감하게 받아들이고 세상을 더 깊이 성찰한다면, 언어의 근본속성으로 돌아갈 수 있습니다. 예술적인 성격으로 말이죠. 문자 깊숙한 곳에는 여전히 시적인 성질, 예술적인 상상력이 담겨 있는 것입니다. 그리고 그럴 때에야 일상생활에서 여분세계를 누릴 수 있습니다.

*

농인(聾人)은 원래 청각장애인을 낮춰 부르는 말이 아니었습니다. 지금은 듣지 못하는 사람을 가리키는 단어로 바뀌었지만 본래 '듣는다'는 뜻을 지니고 있었습니다. 농(聾)이라는 글자를 다시 볼까요. 용(龍)의 귀(耳)라는 단어입니다. 용의 귀를 가졌기에 사람의 소리는 못 듣지만 용이 듣는 다른 소리를 듣는다는 겁니다. 예술적인 상상력이 포함돼 있죠. 말하자면 농인에게는 일반인과는 다른 소리가 있을 거라는 상상이 포함되어, 그를 단순히 장애인이라고 업신여기는 것이 아니라, 어떤 점에서는 신비롭게 보며 존중하고 이해하는 것입니다.

사실 청력이 상실되었다고 모든 감각이 사라지지는 않습니다. 다른 감각이 더 발달하여 일반인과는 다르게 세상을 인지합니다. 평범한 일상에 젖어 있는 사람들은 듣지 못하는 소리를 듣습니다.

1915년에 노벨 문학상을 받은 프랑스의 작가 로맹 롤랑Romain Rolland(1866~1944)은 베토벤의 음악에 매료되어 그의 전기를 쓰기도 했는데, 그 책에서 〈합창 교향곡〉에 대해 유려한 문체로 다음과 같이 썼습니다.

'환희'의 테마가 나타나려고 하는 순간에 오케스트라는 갑자기 뚝 멈춘다. 별안간 침묵이 내린다. 그것은 노래의 등장에 신비롭고 거룩한 성격을 부여한다. 진실로 이 테마는 하나의 신이라고 할 수 있

바치치오, 〈성 이냐시오의 승천〉(1685)

"음악은 모든 지혜, 모든 철학보다 드높은 계시다."

— 베토벤

는 것이다. 초자연적 정적에 둘러싸여서 '환희'는 하늘에서 내려온다. 가벼운 숨결로 환희는 고뇌를 어루만져준다.

그러고는 성스러운 대축제, 사랑의 열광, 인류 전체가 하늘로 팔을 뻗치고 우렁찬 소리를 지르며 '환희'를 향하여 뛰어올라 그것을 품 속에 껴안는다.

베토벤은 청력을 완전히 상실하고도 〈합창 교향곡〉을 썼으며, 그 후 현악4중주 여섯 곡을 더 남기고 세상을 떠났습니다.

루트비히 판 베토벤,
〈현악4중주 16번 F장조〉(작품 135)
by Beethoven Quartett

베토벤의 마지막 작품을 들으면서 세 번째 수업을 마칠까 합니다.

베토벤이 세상을 떠나기 다섯 달 전에 완성한 곡으로, 4악장으로 이뤄진 〈현악4중주 16번 F장조〉, 작품번호 135입니다.

2 부

보이는 것 너머를 보려면

불완전한 인간의
완전한 비극

《햄릿》의 재해석

사라 베르나르Sarah Bernhardt(1844~1923)가 연기한 〈햄릿〉(1899)

"비극은 완전한 행동의 모방이다."
— 아리스토텔레스

윌리엄 셰익스피어William Shakespeare(1564~1616)의 《햄릿》 3막 1장에는 우리가 잘 아는 대사가 나옵니다.

To be, or not to be, that is the question.

그런데 이 대사는 번역하기 어렵습니다. 《햄릿》 전체의 의미를 안고 있는 문장이면서 나아가 인생의 가치를 함축한 표현이기 때문입니다.

널리 알려진 번역은 "사느냐 죽느냐, 그것이 문제로다"일 겁니다. 그 밖에도 여러 쟁쟁한 셰익스피어 연구자들이 조금씩 다르게 우리말로 옮겼는데, "있음이냐 없음이냐, 그것이 문제로다"라고 한 번역도 있고, "과연 인생이란 살 가치가 있느냐 없느냐, 그것이 문제로다"로 옮기기도 했고, "살 것이냐 죽을 것이냐, 그것이 문제로다"라는 번역도 있습니다. 모두 햄릿의 독백을 더 정확하게 옮기기 위해 노력하고 있습니다만, 어느 번역도 원문의 의미를 흡족하게 전달하고 있지는 못합니다.

그렇다면 이 대사가 도대체 어떤 의미를 담고 있기에 그렇게 번역하기 힘든 걸까요.

비례와 척도

익숙한 번역인 "사느냐 죽느냐, 그것이 문제로다"로 문제 해결의
실마리를 찾아봅시다. 이 대사는 삶과 죽음이라는 양극단 가운
데 하나를 선택해야 한다는 절박한 고민을 담고 있습니다. 이 문
제에서 삶도 아니고 죽음도 아닌 어정쩡한 중간은 존재하지 않
으며 존재할 수도 없습니다. 한 인간이 세상을 살아가는 가운데
이보다 더 큰 척도가 어디 있으며, 이보다 더 팽팽한 비례가 또
어디 있겠습니까.

예술은 자기 고유의 언어를 가지고 있습니다. 그 예술언어는
작품 내부에서 생겨나 작동하는데, 그것이 작동하는 토대가 바
로 비례와 척도입니다.

비례와 척도라고 하니 먼저 길이를 재는 도구인 자를 떠올릴
수도 있겠습니다. 그래서 외부의 시각적인 부분을 측량해 그 수
치를 비교하는 일을 말한다고 볼 수도 있을 겁니다. 그렇지만 그
러한 일 자체는 사실 대상의 가치를 평가하는 성격을 띱니다. 대
상 겉면의 길이 재기에 한정된 일이 아닌 거죠. 좀 더 쉽게 밝혀
보도록 합시다.

우리는 가끔 이런 체험을 말하곤 합니다. 어린 시절 살았던
동네의 골목을 커서 찾아가보고는 그 골목이 그렇게 좁았는지
몰라 놀랐다고 말이죠. 그렇게 말하는 까닭은 먼저, 아이가 성장
해 키도 크고 몸도 커져서 골목을 더 높은 눈높이에서 바라보았
기 때문입니다. 말하자면 척도가 달라졌기 때문이죠. 그렇게 무

엇을 가늠하여 재는 기준을 척도measure라고 합니다. 또 다른 이
유는 어린 시절 거의 유일하게 그 골목만을 접했던 아이가 자라
면서 수많은 다른 길들을 보았기 때문입니다. 비례가 달라진 것
이죠. 무엇을 다른 무엇과 마주 대어 견주는 일을 비례comparing라
고 합니다. 따라서 비례와 척도는 단순히 수치를 가리키는 게 아
니라 가치평가와 관련됩니다.

우리는 어떠한 대상도 그 자체로 파악할 수 없습니다. 특정 기
준을 가지고 다른 것과 대어보며 이해합니다. 그 대상을 이루는
내부의 여러 요소 사이의 관계를 통해서도 알게 됩니다. 이렇게
우리는 세상을 서로 견주어 재어보며 파악합니다. 절대적 인식이
란 불가능한 것이죠. 이때 척도와 비례는 대상을 인식하는 방식
이 됩니다. 그런데 예술은 어쨌든 인간의 행위입니다. 따라서 인
간의 행동양식은 예술에서 가장 중요한 재료이자 주제입니다.

매스미디어가 발달한 요즈음 현대인의 행동양식에 척도와 비
례로 작용하는 주요 인물은 이른바 스타인 경우가 많습니다. 스
타의 언어 구사, 외적 스타일 등에 환호하는 사람들을 자주 볼
수 있죠. 또한 행동요령이나 술수를 가르치는 처세서가 현대인
이 행동하는 기준이 되기도 합니다. 진정한 어른이 부재한 시대
의 쓸쓸한 모습입니다.

그런데 옛날에는 스타 대신 영웅이 있었고, 처세서 대신 연극
이 상연되었습니다. 연극에 나오는 영웅은 이전 시대에 행동양
식의 척도였고 비례였습니다. 특히 그랬던 시절이 고대 그리스
였습니다.

고대 그리스의 극장은 엄청나게 컸습니다. 오른쪽의 사진을 한 번 볼까요.

잘 보존된 옛 극장을 관광하는 사람들이 사진 곳곳에 보입니다. 관광객이 저렇게 조그맣게 보이니 고대 그리스의 극장 크기가 어땠는지 가늠할 수 있을 겁니다. 참으로 거대한 야외극장입니다.

현대의 어느 극장보다 크고 넓은 고대 야외극장의 객석에 앉아 무대를 바라보고 있으면, 그때는 지금보다 인구도 적었는데 무슨 이유에서 이렇게 큰 극장이 필요했을까 하는 궁금증이 저절로 생겨납니다.

지금은 연극이라고 하면 실내극이 주류를 이루고 또한 고상한 문화라는 폐쇄적인 생각이 널리 퍼져 있습니다. 그러나 연극은, 그리고 넓게 예술은 인간의 행동양식을 다룬다는 점을 상기할 필요가 있습니다. 고대 그리스의 큰 극장은 예술을 바라보는 우리 현대인의 이해를 넓혀줍니다.

고대 그리스 극장은 연극의 정치적이고 공민적인 성격을 실천하는 공간이었습니다. 국가의 의사 결정과 집행에 국민이 직접 참여하는 직접민주제로 운영된 당시 그리스에서 극장은 자유민의 행동양식을 토론하고 성찰하는 곳이었습니다. 그래서 극장은 지금 국회의 원형이라 할 수 있는 국민총회, 즉 민회(民會)가 열리는 광장 옆에 같이 있곤 했죠. 아테네의 야외극장도 아크로

고대 그리스의 에피다우로스Epidaurus 원형극장
기원전 4세기경에 지어진 야외극장으로 약 1만 4천 명을 수용할 수 있으며 맨 꼭대기 마지막 줄까지
배우의 육성이 고스란히 전달되는 뛰어난 음향효과로 유명하다.

폴리스 서쪽, 민회가 열린 프닉스[1] 옆에 있습니다.

이곳에서 공연되는 연극을 보면서, 때로는 영웅적인 행동을
하기도 하고 때로는 희극적인 양태를 드러내기도 하는 등장인물

들을 보면서, 어떤 사태에 직면하여 주인공이 다른 인물들과 얽혀 대처하고 처신하는 무대를 주시하면서, 그 시대 사람들은 국가 사회의 일원으로서 어떻게 행동해야 하는지 숙고했습니다. 그러면서 자신이 권리뿐 아니라 의무도 지니고 있는 공민이라는 사실을 확인했습니다. 평상시의 개인생활에서 어떻게 처신해야 할지도 고민했습니다. 그들은 여러 시민들과 함께 연극을 보면서 인간의 행동양식을 토론하고 평가했던 것이죠. 그 시대에 공연된 소포클레스의 《안티고네》에 다음과 같은 코러스의 합창이 나옵니다.

> 발명의 재능에서
> 기대 이상으로 영리한 사람은
> 때로는 악의 길을 가고
> 때로는 선의 길을 간다네.
> 그가 국법과, 신들께 맹세한 정의를
> 존중한다면 그의 도시는 융성할 것이나,
> 무모하게 불미스런 것과 함께하는 자는
> 도시를 갖지 못하는 법이라네. 그런 짓을
> 하는 자는 결코 내 화롯가에 앉지 말기를!
> 나는 그런 자와는 생각을 같이하고 싶지 않노라.

그리스 문명이 활짝 꽃핀 때는 기원전 5세기 무렵이었습니다. 이 시기에 현대문명의 중요한 개념들이 기초를 확립했죠. 민주주의, 자유시민, 철학, 수사학, 자연과학 등 정치, 사회, 학문, 과학 영역 모든 분야에 두루 걸쳐서 말이죠. 그래서 세계 역사를 다루는 거의 모든 저술이 이 시기를 특별하게 주목하는 것이기 도 합니다. 그런데 고대 극장에서 연극이 가장 활발하게 공연된 시절이 바로 이때, 기원전 5세기 즈음이었습니다. 무대에서 공연 되는 드라마를 보면서 행동을 성찰하고, 그러는 가운데 문명의 여러 근간이 견고하게 자리 잡은 것입니다.

극장의 무대에서는 드라마가 펼쳐집니다. 그렇다면 먼저 드 라마에 대해서 알아볼 필요가 있겠습니다. 드라마가 무엇이기에 사람들이 자기 행동을 성찰하고 고대 그리스에서 그런 문명의 바탕을 마련할 수 있게 만들었을까요.

명사로 굳어진 용어나 개념의 본질을 알기 위한 출발점은 그 것이 아직 굳어지기 전의 상태, 즉 형용사의 형태로 나타내는 의 미를 밝혀보는 일입니다. 드라마의 성질은 그 형용사인 드라마 틱dramatic에서 알 수 있습니다. 드라마틱은 극적이라고 번역할 수 있죠. 여기에 드라마의 속성이 담겨 있는데, 예컨대 극적인 만남, 극적인 탈출, 극적인 순간 등으로 그것이 표현됩니다. 말하자면 드라마는 극단성과 집중성을 내포하고 있는 겁니다.

드라마가 극적이기 위해서 기본법칙이 작동합니다. 그것을 이른바 3일치라고 합니다. 즉 드라마는 기본적으로 시간과 공간 과 행위의 일치를 요구합니다. 이 법칙이 딱딱하게 적용된 시절 이 예술의 고전주의 시대였는데, 그때는 문학 장르 가운데 희곡 이 가장 크게 융성했죠. 그 뒤로는 3일치가 느슨하게 적용됐으

며, 특히 현대극의 효시라고 평가받는 안톤 체호프_{Anton Pavlovich}
Chekhov(1860~1904)의 드라마 이후에는 거의 사라졌다고도 합니다.
그러나 겉으로 보기에만 그렇지 근본을 따진다면 꼭 느슨해지거
나 소멸했다고 할 수 없습니다. 체호프의 희곡도 그렇죠. 드라마
는 드라마이기 위해서, 즉 극적인 성질을 띠기 위해서 시간과 공
간, 그리고 행위의 일치를 요구합니다. 쉽게 풀어볼까요.

　드라마의 극적인 성질이 가장 잘 적용된 사례가 스포츠입니
다. 스포츠는 내부에 드라마의 속성을 안고 있어서 역전이니 반
전이니 극적인 승부니 하는 드라마의 용어가 많이 나오죠. 그래
서 우리는 운동경기를 보며 긴박감을 느낄 수 있습니다. 드라마
는 예술이라서 아무래도 설명하기 복잡하니, 드라마의 성질을
낳는 3일치를 스포츠를 통해서 편하게 이해해보겠습니다. 모든
스포츠가 그러한데, 여기서는 규칙이 단순하게 적용되어 대중적
이라 할 수 있는 축구를 예로 들어봅시다.

　먼저 시간의 일치. 전반과 후반 각각 45분씩 경기가 진행됩니
다. 그렇게 90분이라는 시간의 제한이 있기 때문에 축구는 재미
있습니다. 후반 시간이 거의 끝나갈 때 승부를 역전시키는 골이
라도 터진다면 그 흥분은 말할 것도 없죠. 만일 시간에 제한을
두지 않고 두 팀이 한없이 경기를 벌인다면 골이 들어가도 별로
감동하지 않을 겁니다. 언젠가는 또 만회하고 역전시키는 골을
넣을 수 있다고 생각하니까요.

　다음으로 공간의 일치. 축구는 최대 가로 110미터, 세로 75미
터 직사각형의 운동장에서 경기를 벌입니다. 필드에는 선이 그

　　　　　　　　　　　　예술 수업

어져 있고 공이 금을 넘어가면 경기가 중단됩니다. 축구장의 공간이 제한되지 않았다면 선수들도 지치고 관중도 지루하기만 했을 겁니다.

마지막으로 행위의 일치. 축구는 공을 상대의 골대에 몇 개나 머리나 발로 차넣었는지로 승부가 갈립니다. 손을 사용하면 반칙입니다. 그리고 경기장에서 뛰는 두 팀의 선수는 각각 11명으로 한정돼 있습니다. 그 밖의 몇몇 규칙이 있어서 이를 어기면 반칙으로 벌칙을 받습니다. 이러한 행동의 규칙과 승부를 가르는 규정이 있기 때문에 축구 경기의 흥미가 생깁니다. 공을 아무렇게나 다룬다든지, 골을 넣은 개수로 승부를 판정하지 않는다든지 하면 축구는 흥미를 잃을 겁니다.

드라마의 3일치도 이러한 방식으로 이뤄집니다. 특정한 기간에 일정한 지역에서 발생하는 어떤 사건에 얽힌 사람들의 이야기. 그것이 드라마입니다. 그렇게 시간과 공간, 그리고 행동이 집약된 상태로 드라마는 세계를 보여주고 인간을 알려줍니다. 인간의 본성은 평온한 상태에서보다 긴박한 상황에서 더 잘 드러나는 법이니까요.

시간과 공간은 그 자체로 균일한 성질을 띠고 있지만, 인간의 행위와 얽히면 결코 균질하지 않습니다. 시간과 공간이 누구에게나 수학적으로 고르게 분포되어 있다 해도 그것을 점유하는 감각과 의미는 천차만별인 셈이지요. 단 몇 초에 해당하는 시간이 운명을 좌우하기도 하고 아니면 아주 길어서 지루하기도 합니다. 몇 달, 아니 몇 년을 지속한 시간도 짧다 못해 지각되지 않고 덧없이 사라지기까지 합니다. 좁은 문턱에서 인생을 바꿀 일이 발생하기도 하고 광활한 지역이 아무런 느낌 없이 스쳐 지나가 소멸하여 부재하기도 합니다.

예술은 수리적으로 균일한 시간과 공간을 기계적으로 다루지 않습니다. 의미를 창출하는 시간과 공간으로 바꾸지요. 특히 드라마는 집중된 시간과 공간 속으로 인간의 특정한 행위를 몰아넣어 극적인 상태를 연출합니다.

대화의 정신

드라마는 대화체로만 구성되어 있습니다. 모든 예술의 형식 또는 형태는 의미를 담는 그릇이 아니라 그 자체가 의미입니다. 드라마를 이루는 대화체도 단순한 외형이 아니랍니다. 여기서도 비례와 척도가 작동하지요.

대화는 두 사람 이상이 마주 대하고 이야기를 주고받는 것을 가리킵니다. 그런데 그렇게 서로 말을 주고받는다고 무조건 대화가 될까요.

한 사람이 이야기를 합니다. 상대방도 말하고 있죠. 둘은 대화를 나누는 듯이 보입니다. 그렇지만 그들이 각자 서로 무관한 화제를 이야기하고 있다면 그것은 대화가 아니라 각각의 독백이 울리는 것에 지나지 않습니다. 자기 관심분야에만 집중하고 있어서 접점이 전혀 없습니다. 또 이런 경우도 있습니다. 두 사람

르네 마그리트, 〈대화의 기술〉(1950)
서로 다른 의견을 주고받으며 자신의 시야를 넓히는 대화의 정신은 듬성듬성 쌓아 올린 각양의 돌들. 그 사이에 깃들여 있다.

이 말을 주고받고 있고 또한 같은 주제를 다루고 있습니다. 그런 데 그 주제에 대해서 두 사람은 아무 이견 없이 똑같은 판단과 의견을 내놓습니다. 누가 말하면 다른 누구는 옳거니 하고 맞장 구를 칠 뿐입니다. 그럴 때 대화는 마치 한 사람이 하나의 의견 을 내놓는 것과 똑같은 독백에 불과합니다.

대화는 동일한 주제를 놓고 상이한 의견을 주고받는 것을 가리킵니다. 서로 다른 사람이기에 어떤 문제에 대해서 각기 다른 견해를 내놓는 것은 자연스럽습니다. 완전히 똑같은 사람은 아무도 없듯이 말이죠. 그럼에도, 즉 견해가 서로 다름에도 대화가 지속된다는 점은 의미심장하며, 바로 여기에서 대화의 정신이 나옵니다.

하나의 주제에 대해 서로 다른 의견을 내면서도 대화를 나누는 행동은 무엇보다 상대를 존중해야 가능합니다. 자기 견해와 다르다고 무시하거나 거부한다면 대화는 불가능합니다. 그리고 이때 그 주제에 대한 자신의 견해가 무조건 옳거나 완전할 수 없기 때문에 같은 주제에 다른 견해를 내놓는 상대를 보면서 자신의 시야가 넓어집니다. 이런 게 대화이고, 거기에 대화의 정신이 담기는 것입니다. 자기 주체성을 잃지 않으면서 동시에 타자를 통해 자기 시야를 넓히는 행위, 그것이 대화입니다.

그런데 연극무대에서 대화가 언제나 이렇게 마무리되지는 않습니다. 서로 다른 입장이 화해하지 못하고 어긋나 갈등이 유발되는 것이죠. 드라마drama는 고대 그리스어 드란drān에서 나온 단어인데, 그 뜻을 현대어로 옮기면 행동action을 지칭합니다.

그러면 드라마의 행동은 어떻게 나올까요. 처음 대화하는 상태에서 서로 어긋나 갈등이 발생합니다. 갈등은 여러 가능성이 충돌하기 때문에 나오는 것입니다. 이러한 갈등상황에서 이른바 주인공은 어느 하나를 선택해야 합니다. 그럴 때 선택하는 주인공의 의지가 발휘됩니다. 그러고 나서 주인공은 자기 의지로 선택한 바를 실천하여 행동에 옮깁니다. 여러 가능성 가운데 하나를 선택했기 때문에 그의 선택이 언제나 옳을 수는 없습니다. 그래서 때로는 실패와 좌절을 겪기도 합니다. 물론 선택이 옳아서 성공하기도 합니다. 그렇게 해서 갈등상황이 선택에 따른 행동으로 이어져 마침내 파국에 이릅니다.

파국, 이 마지막 부분이 드라마에서 중요합니다. 주인공은 자신이 선택했기 때문에 파국의 상황이 아무리 나쁘더라도 그에 대한 책임이 있습니다. 이 지점에서 비극과 희극이 갈립니다. 주인공이 책임을 지면 그 드라마는 숭고해집니다. 파국이 아주 나쁜 결과일 때마저 책임을 진다면 그 주인공은 영웅입니다. 그러나 주인공이 파국에 대한 책임을 회피하여 남에게 미루거나 핑계를 대어 합리화하려고 한다면 그 드라마는 우스꽝스러운 희극이 되고 맙니다.

이처럼 드라마는 파국을 통해서 작품 전체의 의미가 드러나 완결되는 성격을 띠고 있습니다. 그래서 나는 드라마를 우리말로 풀어 번역할 수 있다고 봅니다. '끝을 향한 힘'이라고 말이죠. 쉽게 이해하자면, TV 연속극도 드라마의 형식을 취하고 있는데, 시청자들은 다음에는 어떻게 될까, 그리고 마지막에 가면 어떻게 될까 하면서 연속극을 보죠.

그리고 다시 대화의 정신이 관객에게 수용됩니다. 극중에서는 비록 대화가 순조롭지 못해 갈등하고 투쟁하여 여러 파국에 이르더라도 객석에서는 그러한 연극을 보면서 대화의 정신, 즉 무대의 상황을 통해 자신의 견해가 넓어지는 일이 발생합니다.

기원전 5세기 그리스에서 인기 있는 공연 가운데 하나가《오이디푸스 왕》이었습니다.《오이디푸스 왕》은 소포클레스가 신화에 나오는 이야기를 연극대본으로 바꿔 쓴 비극작품이죠. 고대 그리스에는 여러 신들이 있었고, 그들과 인간이 얽힌 신화들이 많았습니다. 그중에 테바이의 왕 오이디푸스가 아폴론 신이 내린 신탁에서 벗어나지 못한다는 신화가 있었습니다.

소포클레스는 이 신화를 토대로 희곡《오이디푸스 왕》을 썼는데, 여기서 그는 신의 위대함과 인간의 한계를 다룬 신화를 인간의 강인한 정신적 가치를 부각하는 이야기로 바꾸었습니다. 내용은 같지만 주제가 달라진 것이죠. 또한 그렇게 신의 이야기를 인간 중심의 이야기로 전환한 것은 인류 문명의 기초가 당시에 세워질 수 있었던 이유가 되기도 합니다.《오이디푸스 왕》의 대본은 다음과 같이 전개됩니다.

테바이의 왕 오이디푸스는 강인한 체력과 정신력을 겸비해 누구나 인정하는 능력 있는 지도자였습니다. 그럼에도 그가 다스리는 테바이에 원인을 알 수 없는 역병이 번져 백성들이 도탄에 빠지는 지경에 이릅니다. 오이디푸스는 나라를 구하고자 처남 크레온을 아폴론 신에게 보내 역병이 도는 까닭을 알아보게 합니다. 그렇게 해서 국가를 파탄에서 구할 방도를 알아냈는데, 그것은 오직 하나, 선왕 라이오스를 살해한 자를 처벌해야 한다는 것이었습니다. 오이디푸스는 분노하며 사악한 살인범을 얼

예술 수업

른 찾아 처벌하여 국가를 그 더러움에서 정화해야 한다고 명령합니다.

오이디푸스는 선왕 살해자를 알아내기 위해 당대 최고의 장님 예언자 테이레시아스를 초빙하여 묻습니다. 모든 진실을 알고 있는 테이레시아스는 그러나 진술을 거부합니다. 그러자 오이디푸스는 테이레시아스가 범행과 관련돼서 진술을 거부하는 것이 아니냐며 질책하고, 이에 화가 난 예언자는 바로 당신 오이디푸스가 범인이라고 밝힙니다. 깜짝 놀란 오이디푸스는 그런 일은 있을 수 없었다며, 이번에는 그가 크레온과 작당하여 왕위를 노리는 게 틀림없다고 분개합니다. 눈이 멀어 진실을 볼 수 없다고 몰아붙이면서 말이죠. 반면 테이레시아스는 오이디푸스가 눈이 있어도 진실을 보지 못하는 자이며, 자식들의 아버지이면서 형제이고 아내의 남편이자 아들로서 선왕이자 아버지인 라이오스를 살해한 자라고 공표합니다.

그러나 자신은 이웃 나라에서 자랐기에 알리바이가 성립된다고 판단한 오이디푸스는 크레온을 왕위를 찬탈하려는 음모를 꾸미고 있다고 격리시키고 다시 선왕의 살인범을 찾아나섭니다. 이에 선왕의 부인이었다가 그가 죽은 뒤 새로 왕위에 오른 오이디푸스의 아내가 된 이오카스테는 불길한 예감이 들어 오이디푸스를 말리기 시작합니다. 오이디푸스도 왠지 불안했지만, 설령 자신이 연관돼 있다 해도 진실만은 꼭 밝혀야 한다고 밀어붙입니다. 마침내 살인범은 바로 오이디푸스 자신이라는 사실이 밝혀집니다. 선왕이 자신의 아들이 아비를 죽이고 생모와 결혼한

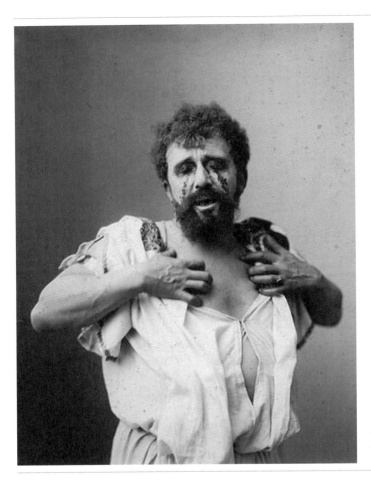

오이디푸스를 연기하는 네덜란
드의 배우, 루이스 바우메이스
터르Louis Bouwmeester(1896)

장-오귀스트-도미니크 앵
그르, 〈오이디푸스와 스핑크
스〉(1808)

다는 아폴론의 신탁을 받자 갓 태어난 아이의 발목에 구멍을 뚫어 발을 묶고는 데려가 죽이라고 명령했는데, 신하가 차마 죽이지 못하고 내다 버렸습니다. 그 흔적이 결정적인 증거로 남아 있었습니다. 오이디푸스라는 이름도 '부은 발'이라는 뜻으로, 증거는 자기 안에 있었던 거지요.

모든 진실이 밝혀지자 이오카스테는 목을 매어 자살하고 맙니다. 오이디푸스는 이오카스테의 브로치로 두 눈을 찔러, 눈이 있어도 진실을 보지 못한 자신을 자책하면서 견딜 수 없는 마음속 고통을 감수하며 거친 황야를 헤매는 고난을 스스로에게 부여합니다. 한때 테바이의 왕으로서 인간 가운데 가장 으뜸가는 인물이라 칭송받던 오이디푸스가 더럽고 치욕적인 인물이 되어 비참한 상태에 이른 것이지요.

지금도 공연되곤 하는 이 작품의 무대를 보고 있으면 인간에게 이보다 더한 고통과 고뇌가 있을까 하는 끔찍함에 온몸이 서늘해집니다. 차라리 그에게는 죽음으로 회피하는 자살이 가벼운 통증에 불과할 것이라는 생각마저 들지요.

비극은 이처럼 도저히 견딜 수 없는 고난과 슬픔을 다룹니다. 그렇다면 이상한 점이 있지 않나요. 당시에 왜 이런 비극 공연을 즐겨 보았을까 하는 것입니다. 아니, 지금도 마찬가지로 고통과 슬픔으로 마음을 괴롭히는 비극 공연을 사람들은 어째서 보는 걸까요. 비참함이 좋아서 그러지는 않을 겁니다. 게다가 비극은 이렇게 자기 일에 최선을 다하고 성품이 고결하기까지 한 인물이 스스로는 아무 잘못도 저지르지 않았는데 엄청난 고통을 겪

예술 수업

으며 몰락하는 이야기인데 말이죠.

악독한 인물이 파멸한다면 그것을 보는 우리는 비애감이 아니라 도리어 쾌감을 느낄 겁니다. 정의롭기 때문이죠. 말하자면 악인이 고통을 겪어 몰락하고 선한 사람이 행복하고 번영하는 것이 정당합니다. 그러나 비극은 아무 잘못도 없는 고상하고 순결한 인물이 몰락하는 이야기입니다. 그럼에도 비극을 즐겨 보는 것은 몹시 역설적인 일입니다. 왜 그럴까요.

사람의 정신력은 난관에 부딪혔을 때 발현됩니다. 즐겁고 행복한 상태에서는 특별히 정신력을 발휘할 일이 없으니까요. 더군다나 실없이 웃음을 흘리며 시시덕거리면서 고결한 정신력을 나타낼 수는 없습니다. 슬픔을 알지 못하면 경박해지기 쉬운 게 인간이니까요. 괴테Johann Wolfgang von Goethe(1749~1832)가 《빌헬름 마이스터의 수업 시대》에서 "눈물 젖은 빵을 먹어보지 않은 자는 인생의 참뜻을 알 수 없다"고 말했지요.

그런데 이때 그 난관은 어떻게 해도 결코 극복할 수 없어야 한다는 점이 중요합니다. 만일 극복할 수 있는 시련 앞에서 고통스러워만 한다면 그것은 정신의 나약함을 드러내는 하소연에 불과하니까요.

오이디푸스는 예언자 테이레시아스를 눈이 멀어 진실마저 못 본다고 질책했습니다. 그러나 진실이 밝혀진 뒤 자기 눈을 찌릅니다. 눈, 즉 '보다'에 담긴 인간 척도의 한계를 드러낸 것이죠. 《오이디푸스 왕》은 신의 위력, 즉 신탁 앞에서 무력할 수밖에 없는 인간 존재의 근원적 불완전성이 빚은 비극입니다. 그러나 그는 결코 나약하지 않았습니다. 그래서 오이디푸스는 자기 눈을 찌른 것입니다.

내게 이 쓰라리고 쓰라린 일이 일어나게 하신 분은
아폴론, 아폴론, 바로 그분이시오.
하지만 내 이 두 눈은 다른 사람이 아닌
가련한 내가 손수 찔렀소이다.
내 눈이 멀쩡하다면 저승에 가서 아버지와
불쌍하신 어머니를 무슨 낯으로 본단 말이오.
이런 오욕을 스스로
뒤집어쓰고도 내 어찌 이 백성들을 똑바로 쳐다볼 수 있겠소?
천부당만부당한 일이오. 그건 안 될 말이오.
내 고통을 감당할 사람은
세상에 나 말고는 아무도 없을 테니 말이오.

오이디푸스는 진실을 부단히 추구했습니다. 만약 사리사욕을 채우기 위해서 그랬다면 그 행동이 아무리 진지해도 뛰어나다고 할 수 없을 겁니다. 그러나 그는 백성에 대한 의무감을 안고 끝까지 진실을 밝히기 위해 어떠한 타협도 하지 않았습니다. 나중에 이오카스테가 말렸고 자신도 불안했지만 자기 운명을 회피하지 않았습니다. 오이디푸스는 의지를 지닌 행동하는 인물이었죠. 그러나 어떻게 해도 이길 수 없는 신탁에서 벗어나지 못했습니다. 그럼에도 굴복하지는 않았습니다.

그는 밝혀진 진실에 책임을 지고 스스로 눈을 찌른 뒤 황야로 나갑니다. 파멸했지만 패배하지는 않았습니다. 이처럼 비극은 꿋꿋하게 자존하는 영웅을 통해 인간의 가치를 체험하게 해줍니다. 오이디푸스는 비참한 인간이지만 그럼에도 그 부당한 운명을 거스르려고 온 힘을 다했으며, 끝내 벗어나지 못했지만 굴복하지는 않았습니다.

아리스토텔레스는 예술에 관해 다룬 《시학》에서 비극을 이렇게 정의했습니다. "비극은 완전한 행동의 모방이다."

비극의 행동이 '완전하다'는 뜻은 비례와 척도의 차원에서 이해할 수 있습니다. 즉 비극의 행동은 열정, 능력, 그리고 추구하는 가치가 조화를 이루어 인간의 고귀함을 보여줍니다. 영웅은 초능력을 지닌 슈퍼맨을 말하는 것이 아닙니다. 영웅은 극한의 상황에서도 인간의 가치를 보존하는 인물을 뜻합니다.

반면, 희극은 비례와 척도의 차원에서 조화를 이루지 못합니다. TV의 코미디 프로그램에서도 흔히 볼 수 있는데, 희극은 우스운 자의 웃긴 행동을 보여줍니다. 척도의 차원에서 웃음의 대상은 그것을 보는 사람보다 못나고 어리석습니다. 비례의 차원에서 보면 그런 하찮고 모자란 행동은 조화롭지 못한 데서 생깁니다. 예를 들어 열정은 있어 열심이지만 행위의 가치가 어긋나 있다거나, 능력은 있지만 열정이 없어 허무하거나 하면 우습죠.

물론 드물게 거룩한 몸가짐으로 완벽한 조화를 추구하여 마침내 축제를 이루는 희극이 없는 것은 아닙니다. 이러한 희극에서는 영웅성보다 더 뛰어난 인간의 가치를 발견할 수 있는데, 인간 스스로가 자기 한계 안에 갇히지 않고 그것을 뚫고 나아가 더 큰 가치와 만나는 모습을 보여줍니다. 비례와 척도의 차원에서 보면 더 고차원의 조화를 말하지요. 이런 작품을 '거룩한 희극'이라 할 수 있는데, 이 수업에서 다루기에는 방대한 설명이 필요합니다. 이전에 쓴 책《러시아 거장들, 삶을 말하다》에서 바로 이 점을 도스토옙스키의 대작《카라마조프가의 형제들》을 분석하면서 설명한 바 있으니, '거룩한 희극'에 관해서는 그 책을 참조해주면 좋겠습니다.

아무튼 희극은 완전한 조화를 이루어 행복한 결말을 보여주는 거룩한 작품도 있지만, 주위에서 흔하게 보듯이 대체로 비례와 척도의 차원에서 불일치를 이루어 우스꽝스러운 광경을 연출합니다. 반면, 비극은 고난과 파멸 가운데 빛나는 정신적 가치를 보여줌으로써 관객에게 인간이라는 자긍심을 느끼게 해줍니다.

고대 그리스인들은 이런 비극을 보면서 행동의 양식을 진지하게 숙고할 수 있었던 겁니다.

정의(正義)의 예술

1820년 4월 8일, 지중해 동쪽 에게 해의 밀로스 섬에서 봄을 맞아 밭을 갈던 한 농부가 미의 여신을 발견합니다. 〈밀로스의 아프로디테〉. 기원전 2세기쯤 대리석을 깎아 만든 여인의 전신상으로, 〈밀로의 베누스〉 또는 〈밀로의 비너스〉라고도 불리는 고대

〈밀로스의 아프로디테〉(기원전 2세기)

조각상입니다. 아프로디테는 그리스 신화에 나오는 미의 여신인데, 로마 신화에서는 베누스라고 불렀고 영어로는 비너스죠.

파리의 루브르 박물관에 가면 볼 수 있는 〈밀로스의 아프로디테〉는 2미터가 넘는 크기에 완벽한 균형을 이룬 몸매로 사람들을 사로잡습니다. 이 비너스를 보고 있자면 고대 그리스인들의 아름다움에 대한 생각을 알 수 있죠.

세상 만물에는 질서가 있으며, 그 질서는 각 요소들이 자기 고유의 성질을 지니면서 다른 요소들과 조화를 이룰 때 만들어집니다. 이때 비례는 조화로운 균형을 이루기 위한 가장 중요한 요인이죠. 고대 그리스에서 인체를 표현한 조각상은 사람들에게 쾌감을 주는 적합한 비례를 바탕으로 질서 있는 조화로운 모습을 갖췄습니다.

조각과 함께 고대 그리스 예술에서 부각되는 분야는 신전과 극장 등의 건축인데, 어떠한 건축물도 각 요소들이 균형을 이루지 못하면 금방 무너지고 맙니다. 비례를 엄격하게 적용했기 때문에 2500여 년이 지난 오늘날까지 건축물이 유지되고 있죠.

고대 그리스의 조각상은 처음에 이집트의 영향을 받았습니다. 아테네 국립박물관에 전시돼 있는 〈수니온의 쿠로스〉는 기원전 6세기에 제작된 전신상으로, 어딘지 부자연스러운 느낌을 줍니다. 이렇게 자연스럽지 못한 조각상이 나온 이유는 엄격하게 지켜야 하는 특정한 규범에 따라 조각됐기 때문인데, 잘 알려져 있다시피 고대 이집트에서는 파라오를 신성한 존재로 숭배하는 종교적 관점이 사람과 사물을 묘사할 때 기준이 됐습니다. 그러나

예술 수업

〈수니온의 쿠로스〉(기원전 6세기)   〈크리티오스의 소년〉(기원전 5세기)

〈수니온의 쿠로스〉는 가지런한 머리, 역삼각형이 강조된 상체, 선으로 표현된 근육과 도드라진 뼈, 경직된 자세에서 이집트의 영향을 강하게 받았음을 알 수 있다. 그에 반해 〈크리티오스의 소년〉은 무게중심이 한쪽 다리에 실린 S자형 자세와 신체의 각 부분이 다른 부분과의 관계 속에서 조화를 이루도록 엄밀히 계산된 비례법칙에 따라 조각되어 한결 자연스러워 보인다.

1세기 후인 기원전 5세기에 만들어진 〈크리티오스의 소년〉은 자연스럽습니다. 이 조각상은 인간의 시각이 중요하게 인정된 작품이며, 또한 가장 활발한 연령대의 인물을 묘사함으로써 이상적인 상태의 인간을 중시했음을 나타냅니다.

　이러한 최적의 조화는 학문과 제도와 법률의 각 분야, 정치와

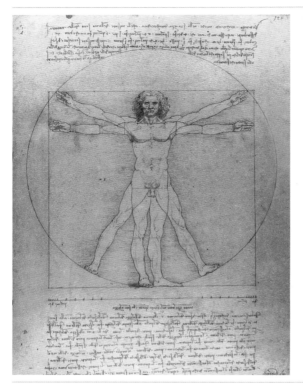

레오나르도 다빈치, 〈비트루비우스적 인간(인체비례도)〉(1490)
고대 로마의 건축가 비트루비우스 Vitruvius가 쓴 《건축십서》에서 '인체 조각상에 적용되는 비례규칙을 신전 건축에 사용해야 한다'는 내용의 글을 읽고 그렸다고 한다. 다빈치는 인체를 기하학적으로 수치화하는 고대의 방법론에 영감을 받아 실제 사람의 몸을 측정해 기록했다.

일상의 모든 면에 스며들었습니다. 인간이 더불어 살아가기 위해 필요한 정의(正義)justice도 이런 관점에서 고려됐습니다. 아리스토텔레스의 《정치학》에 나오는 구절입니다.

평등에는 두 종류가 있는데, 수적 평등과 비례 평등이 그것이다. 수적 평등은 수 또는 크기의 균등을 뜻하고, 비례 평등은 비율의 균등을 뜻한다. 이때 정의란 비례의 문제에 속한다.

예 술 수 업

평등을 수적으로 고른 것과 비율로 고른 것, 둘로 나누고 있습니다. 예를 들어 수적 평등은 5 : 4 = 2 : 1라는 식으로 두 항이 수적으로 1 차이여서 5 : 4가 2 : 1과 같다는 뜻이고, 비례 평등은 4 : 2 = 2 : 1처럼 비례를 따져서 4 : 2와 2 : 1이 고르다고 하는 것을 말합니다. 아리스토텔레스는 여기서 정의가 비례 평등에 입각한다는 점을 강조하고 있습니다. 우리가 봐도 어느 것이 더 조화로운지 금방 알 수 있지 않나요. 수적 평등보다 비례 평등이 더 조화롭습니다.

유물론에서는 수적 평등을 정의로 내세웁니다. 모두 똑같은 양을 지녀야 정의롭다는 것이죠. 그런데 이럴 때는 인간의 노력과 열정을 신뢰하지 않는다는 점이 바탕에 깔립니다. 즉 사람 자체를 믿지 않는 겁니다. 유물론이라서 그렇습니다. 이런 식으로 나가면 평등한 세상에서는 모두 똑같은 완전한 무인격성만 남게 됩니다. 도스토옙스키는 소설《악령》에서 그 무렵 유행하던 유물론과 이에 입각해 유토피아를 지향했던 사회주의 경향을 다음과 같이 말한 바 있습니다.

주된 건 평등입니다. 첫 번째 과업은 교육, 과학, 재능의 수준을 낮추는 겁니다. 노예들은 평등해야 합니다. 양 떼 속에는 반드시 평등이 있는 겁니다. 교육에 대한 욕망 자체가 이미 귀족적인 욕망이죠. 가족이니 사랑이니 하는 것, 그건 벌써 사유화에 대한 소망이라고요. 모든 것이 하나의 분모를 향해 가면, 완전한 평등이 되는 겁니다. 완전한 복종, 완전한 무인격성.

〈밀로스의 아프로디테〉는 미의 여신상으로 그 시대의 문명을 낳은 정신을 담고 있습니다. 그리고 추상적인 개념인 정의를 구체적인 조각상으로 구현한 모습이기도 하고요.

예술이 추구하는 미는 정의와 밀접했습니다. 예술은 현실의 정의 구현과 무관하지 않은 행위였던 것이죠.

햄릿이 우리에게 던진 진짜 질문

외국어를 우리말로 번역하기 어려울 때가 종종 있습니다. 언어 자체가 곧 문화이기 때문이지요. 영어의 유니버설universal과 제너럴general도 그런 단어 가운데 하나입니다.

사전을 보면 유니버설이나 제너럴 모두 '보편적' 또는 '일반적'으로 번역하면서 '세상에 두루 통하고 널리 퍼져 있다'는 뜻이라고 설명합니다. 의미가 비슷한 단어로 설명하고 있는 셈이죠. 그렇지만 두 단어는 사실 상반된 의미를 내포하고 있습니다.

어원을 살펴보면 유니버설은 단 하나의 것unus으로 귀결된다vertere는 뜻을 지녀서 하나가 곧 전체라는 의미입니다. 제너럴은 같은 종류genus가 널리 퍼지다rate로, 동일한 종(種)이 여기저기 많이 있다는 뜻입니다. 그러니까 유니버설은 하나가 세상에 두루 통하여 전반적이라는 단어이고, 제너럴은 같은 것들이 아주 많아 전반적이라는 낱말입니다. 표면상으로는 비슷하지만 사실은 다른 뜻을 내포하고 있죠.

예술 수업

세상에는 제너럴한 듯 보이지만 유니버설한 것이 세 가지 있습니다. 먼저 생명체가 그렇습니다. 세상의 모든 생명은 유일무이합니다. 아득한 옛날부터 아주 먼 미래까지 통틀어서 똑같은 생명체는 하나도 없죠. 벌레 한 마리도 그렇습니다. 사람도 마찬가지고요. 인간은 옛날에도 지금도 미래에도 많지만, '나'는 옛날에도 지금도 미래에도 오직 한 명뿐입니다.

사랑이라는 것도 그렇습니다. 사람이라면 누구나 사랑하고, 또 한 사람이 여러 번 사랑하기도 하지만, 각각의 사랑은 그 어느 사랑하고도 같지 않습니다. 사랑은 통속적으로 보이지만 모든 사랑에는 각기 자기만의 고유한 세계가 있습니다. 그래서 어느 정의(定義)도 사랑을 완벽하게 규정할 수 없습니다.

세 번째로 예술이 그렇습니다. 예술작품은 많이 있지만 어느 작품도 단 하나뿐입니다. 예술작품은 독창성을 근간으로 삼고 있는 것입니다. 그래서 모사는 작품을 이류나 아류로 만들어 예술적인 가치를 박탈하죠. 그렇기 때문에 사랑에 대해서처럼 예술에 대한 완벽한 정의가 없는 것입니다.

따라서 개개의 것을 일반으로 환원해서 보는 흔해 빠진 통념은 죽은 사고라고 할 수 있습니다. 사랑도 생명체도 그러하듯이 예술의 경우에도 그것 자체에 자신의 척도가 있습니다.

이에 반해 제너럴의 성격을 띠는 대표적인 예로 이데올로기를 들 수 있습니다. 다른 것을 용납하지 않고 같은 부류만을 허용하는 이데올로기는 20세기에 세계를 둘로 나누어 대립하게 했습니다. 또한 제너럴은 경쟁이라는 문제를 낳습니다. 같은 가치에 여럿이 동시에 매달리기 때문에 경쟁이 발생하지요. 누구는 경쟁해야 생산성이 높아진다고 주장하지만, 그것은 금방 한 계점에 도달합니다. 그리고 더 큰 피해는 지나친 경쟁이 사람을 황폐하게 만든다는 점입니다. 경쟁이 과도하게 강조되면 개인의 삶뿐만 아니라 사회도 거칠고 피폐해집니다. 왜냐하면 같은 종류가 널리 퍼진다는 제너럴에는 개인이 소멸되고 개성이 파괴된다는 의미가 담겨 있기 때문입니다.

*

그러면 이제 햄릿의 독백에 담긴 고민으로 돌아가볼까요. 덴마크의 왕자 햄릿은 혼란에 빠졌습니다. 왕인 아버지가 갑자기 죽고 숙부가 왕위에 올랐는데, 어느 날 아버지의 유령이 나타나서 숙부가 자신을 독살했다고 햄릿에게만 알려줬기 때문입니다. 그 뒤 홀로 진실을 밝혀가던 햄릿이 고민하며 독백합니다. "사느냐 죽느냐, 그것이 문제로다."

아버지 죽음의 진실을 아는 사람은 아무도 없습니다. 햄릿만 그 진실을 알고 있습니다. 이 독백은 햄릿이 진실을 지키는 존재로 남을 것인가 하며 자신에게 던지는 물음입니다. 풀어 말하면, 햄릿은 진실을 아는 유일한 존재로서 유니버설할 것인지, 아니면 다른 사람들처럼 제너럴하게 진실을 덮고 현실에 안주할 것인지 고민하는 것입니다. 그가 유니버설로 나선다면 숙부가 최고권력자가 된 지금 그에게는 큰 고난이 뒤따를 것이 분명하기 때문입니다. 그러다가 드디어 햄릿은 진실에 따라 제대로 존재하기to be 위해서 목숨을 잃는 비극적인 삶을 삽니다. 다음은 햄릿의 선택을 이해하게 해주는 또 하나의 독백입니다.

인간이란 무엇인가. 만일 그의 인생에서 최고의 이득과 거래가 단지 먹고 자는 것에만 있다면? 짐승, 그 이상일 수 없다. 신은 우리에게 앞 뒤를 살필 수 있는 그토록 넓은 판단력을 주시지 않았는가. 신과 같은 이성을 쓰지 않고 곰팡내나 풍기라고 주신 건 단연코 아니지 않은가.

셰익스피어의 《햄릿》은 우리에게 오직 하나뿐인 생명의 유니버설한 가치를 버리고, 흔한 제너럴에 묻혀 근근이 살아가는 삶이 진정한 삶인가 하고 묻고 있습니다. 허영이 열정을 대신하고, 짝퉁이 브랜드라고 속이며 범람하는 세상을 향해 인간이란 무엇인지를 묻고 있습니다.

"사느냐 죽느냐"로 번역되는 햄릿의 독백 "to be, or not to be"에서 '사느냐'to be는 목숨을 잃을지언정 진실에 따라 제대로 존재한다는 뜻이고, '죽느냐'not to be는 진실을 묵살하고 비겁하게 목숨을 부지하는 것으로, 살긴 살지만 죽은 것과 다를 바 없는 상태를 뜻합니다.

목숨을 부지하는 차원에서는 "죽느냐 사느냐, 그것이 문제로다"라는 뜻이고, 진실을 지키며 제대로 된 삶을 산다는 차원에서는 "사느냐 죽느냐, 그것이 문제로다"라는 뜻입니다.

5강

꿈과 현실의
이중주

가구 같은 음악
〈짐노페디〉가 아름다운 이유

윌리엄 하넷, 〈정물, 바이올린과 음악〉(1888)

"음악은 잠들지 않고 꾸는 꿈이다. 음악을 듣는 동안
우리의 자아는 새로운 단계로 전이되고 그 속에 사는 동안
그것은 현실을 지배하므로, 곧 꿈은 현실이다."

— 클라우스 슐츠(독일의 전자음악가)

1888년 가을, 프랑스 파리의 몽마르트르 언덕에 있는 작은 카페. 파리 음악원을 중퇴한 스물두 살의 젊은 작곡가가 거의 매일 나와 피아노를 쳤습니다. 그런데 카페 안에 있는 손님들은 음악 소리를 못 듣는 듯 대화를 나누거나 생각에 잠기거나 와인을 마셨습니다. 없으면 불편하지만 있어도 있는 줄 모르는 가구처럼 음악이 흐르고 있었던 것입니다.

에리크 사티Erik Satie(1866~1925)는 피아노를 위한 세 개의 〈짐노페디〉를 작곡하여 카페에서 연주하면서, 가구음악musique d'ameublement이라고 불렀습니다. 좋은 가구는 존재감을 드러내지

에리크 사티, 〈짐노페디 1번〉
by Lars Roos

않으면서 실내의 분위기를 이끕니다. 자기 존재를 주장하는 가구는 집 안의 주인이 되어 사람을 불편하게 하지요. 사람이 가구를 이고 사는 꼴이 되니까요. 사티는 연주회장에 정장을 차려입고 꼿꼿하게 앉아 언제 박수 쳐야 할지 고민하면서 연주를 듣는 모습을 달갑게 여기지 않았습니다. 그는 좋은 가구처럼 자기 음악이 일상의 일부로 있기를 바랐습니다.

그런데 그의 〈짐노페디〉는 단조로운 반복으로 듣는 이를 번잡한 현실에서 벗어나게 해줍니다. 묘하게도 일상의 음악이 탈(脫)

산티아고 루시뇰, 〈에리크 사티의
초상〉(1891)

현실을 유도하는 셈이지요.

생계를 위해 카페에서 피아노를 치던 가난한 작곡가는 과연
〈짐노페디〉에서 무엇을 연주했을까요. 많은 이들을 사로잡은 이
곡의 매력은 어디에 있을까요.

우리가 꿈을 꾸는 까닭

유난히 힘든 하루를 마친 뒤 지친 몸을 이끌고 버스나 지하철을
타야 할 때. 긴 퇴근길을 생각하며 이 순간 아늑한 나의 집, 나의
침실로 곧장 갔으면 좋겠다고 바란 적이 있을 겁니다. 시험장에

불편하게 앉아 있을 때 우리는 순간 그곳을 벗어나 평화가 깃든 휴양지의 호젓한 방갈로를 떠올리기도 합니다. 이렇게 우리는 때로 공간이동을 꿈꿉니다.

그렇다면 공간이동은 공상과학영화에나 나오는 허무맹랑한 이야기에 불과할까요. 누구나 한번쯤 공간이동을 바라는데 말이죠.

꿈은 공간이동의 속성을 지니고 있습니다. 왜 우리는 뭔가를 바라는 걸까요. 무엇 때문에 꿈을 꾸는 걸까요. 지금 놓여 있는 현실이 즐겁고 만족스럽다면 다른 뭔가를 꿈꾸지 않을 겁니다. 우리가 꿈을 꾸는 까닭은 지금 현실보다 더 나은 상태를 원하기 때문입니다. 피곤한 몸으로 만원 버스나 지하철을 타야 할 때 곧장 원하는 곳으로 가면 좋겠다고 바라는 것처럼 말이죠.

이렇게 꿈은 이원적이고 공간적인 사유형식입니다. 이때 머릿속에는 현실세계와 바라는 이상세계가 동시에, 겹을 이루면서 공존하고 있습니다. 이것을 달리 말하면 낭만적 사유라고도 하고 탈현실적 사유라고도 합니다. 현실의 형편에서 벗어나 어렴풋한 뭔가에 사로잡혀 있는 모습을 보면 우리는 낭만적인 상태에 빠졌다고 하지요.

예술은 꿈과 결코 떨어져 있지 않습니다. 근본적으로 낭만주의의 성격을 띠고 있는 것입니다. 그러나 그렇다고 해서 꿈이 자칫 몽상이나 망상에 그쳐서는 그 사람의 현실이 위태롭습니다. 비현실적인 세상에서 살아가기 때문이죠. 그렇다고 피곤하고 권태로우며 때로는 고통스러운 현실세계에만 안주할 수는 없는 노릇입니다.

그럼 어떻게 해야 할까요. 실제로 살아가는 가운데 어떤 행동을 취해야 할까요. 꿈이 몽상이나 망상에 머무르지 않고 실현되면 안 될까요. 이것은 실제생활에서도 중요하며, 또한 기본적으로 낭만적인 속성을 띠고 있는 예술에서도 긴요한 고민이 됩니다.

이 문제를 해결하기 위해서 먼저 예술이 지닌 공간이동의 속성을 확인해봅시다. 공간이동의 성질이 가장 큰 예술 장르는 음악입니다. 음악이 실제로 보이는 세계가 아닌 보이지 않는 세계, 때로는 추상적인 세계를 담기 때문입니다. 음악을 들을 때 눈앞에 뭔가 떠오른다고 해도 그 연주가 실제로 그런 이미지를 직접 보여주지는 않으니까요.

그런데 매우 감성적이고 추상적인 성격을 띤 음악이 뜻밖에도 논리적인 성질을 지닌 수학에서 출발합니다. 이성으로 감성을 담아낸 것이지요.

피타고라스가 들은 망치 소리

초기 인류가 숫자를 사용하기까지는 아주 오랜 세월이 걸렸습니다. 언덕 너머 벌판에 들소 일곱 마리가 무리 지어 살고 있는 것을 발견한 선발대가 건장한 사냥꾼들과 함께 수렵을 준비하기 위해 들소 일곱 마리 각각의 특성을 부각하여 동굴 벽에 자세하게 그렸습니다. 덩치가 큰 놈, 다리가 특히 강인해 보이는 놈, 큰 위협이 되는 뿔의 크기가 어느 정도인지, 수놈인지 암놈인지 아니면 어린 놈인지까지.

몇 천 년 동안 그렇게 해오다가, 드디어 동굴 벽에 들소 한 마리를 그린 뒤 그 옆에 일곱 개의 선을 그었습니다. 숫자로 들소를 파악하는 일은 그들 고유의 자연적인 특성을 넘어서서 대상을 바라보아야 가능합니다. 들소들은 생김새도 크기도 특징도 모두 다른데, 그것을 들소라는 하나의 범주로 포착하는 일은 추상적인 정신작용의 결과인 겁니다. 사람을 예로 들면 더 금방 알 수 있겠습니다. 플라톤, 렘브란트, 셰익스피어, 도스토옙스키, 톨스토이, 베토벤, 사티를 사람 일곱 명이라고 묶어 말하려면, 개성도 강하고 생김새도 제각각인 그들을 인간이라는 범주로 묶는 고도의 추상적인 사고능력이 필요하지요. 이렇게 추상화하는 사유행위는 마음, 감정, 나아가 상징 등 보이지 않는 세계를 표현할 수 있는 능력으로 발전하게 됩니다.

기원전 6세기의 그리스인 피타고라스Pythagoras(BC580?~BC500?)는 종교단체를 창립하여 이끈 교주였습니다. 이 교단은 영혼이 육체의 속박에서 벗어나 불멸과 지복의 상태에 이르러 구원받아야 한다는 교리를 내세우고 있었습니다. 영혼이 시간적으로 유한한 육체의 한계를 뛰어넘어 무한하게 반복하는 영원에 이르는 길을 모색했던 것이죠. 이 교리는 피타고라스가 우주를 완전한 하모니를 이루는 코스모스cosmos로 파악했던 점과 연결되어 있습니다.

해와 달과 별들은 일정한 궤도를 따라 주기적으로 나타납니다. 특히 달은 초승달, 보름달, 그믐달로 변했다가 다시 초승달,

보름달, 그믐달로 되풀이됩니다. 계절도 봄, 여름, 가을, 겨울이 다시 봄, 여름, 가을, 겨울로 순환하지요. 이처럼 만물은 규칙적으로 반복하며 조화를 이루고 있습니다. 여기에서는 끝도 없고 소멸도 없죠. 봄이 지나면 끝나는 것이 아니라 겨울 다음에 다시 봄이 오니 말입니다. 피타고라스는 이렇게 주기적으로 순환하는 우주의 근원이 수에 있다고 파악했습니다.

숫자도 주기적으로 전개됩니다. 하나부터 무한의 어떤 숫자까지 순차적으로 진행되는 듯이 보이지만, 사실 규칙성을 띠고 반복되고 있습니다. 우리가 흔하게 사용하는 십진법을 예로 들어볼까요. 10을 기준으로 삼고 숫자 0부터 9까지 전개된 다음 윗자리로 올라갑니다. 숫자의 원리는 이렇게 반복에 있지요.

영, 일, 이, 삼, 사, 오, 육, 칠, 팔, 구
십, 십-일, 십-이, 십-삼, 십-사, 십-오, 십-육, 십-칠, 십-팔, 십-구
이-십, 이-십-일, 이-십-이……
……
백, 백-일, 백-이……
……

또한 수학은 언제나 답을 추구합니다. 4 + 2 = 6이고, 4 − 2 = 2이며, 4×2 = 8이고, 4÷2 = 2라고 하면서 답, 즉 조화를 찾아냅니다. 따라서 주기적으로 반복하는 우주의 질서를 숫자로 파악

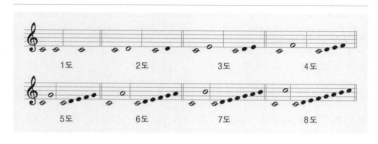

음정

할 수 있습니다. 그래서 피타고라스가 만물의 근원을 수라고 본 것이죠. 우주와 수는 시간적인 흐름, 즉 변화가 아니라 공간적인 변위의 속성을 띠고 있습니다.

어느 날 피타고라스가 대장간 옆을 지나가다가 울림이 다른 여러 개의 망치 소리를 듣습니다. 대장장이가 모루에 불린 쇠를 올려놓고 처음에는 커다란 망치로 두드려 대강의 모양을 잡은 뒤 작은 망치로 세밀한 부분을 다듬었는데, 망치의 무게에 따라 소리의 높낮이가 달라지는 것이었습니다. 이것을 따져보니 소리의 높낮이가 일정한 비율에 의해 결정된다는 점을 알 수 있었습니다. 숫자의 관계처럼 음정musical interval 역시 수학적인 비율에 달려 있다는 것이죠. 또한 일정한 비율이 더 높은 음의 단계에서 되풀이되는 것도 알아냈습니다. 말하자면 낮은음 '도'가 8단계 후에 다시 높은음 '도'로 같은 소리를 낸다는 겁니다. 거기에 더해 일정한 음정에서 서로 하모니를 잘 이루는 음들이 있다는 사실도 밝혀냈습니다.

피타고라스는 우주처럼 음악도 수학으로 정리할 수 있는 공간적인 속성을 띠고 있다고 밝힌 것입니다. 그래서 그는 교단의 교주로서, 영혼과 육체의 연결을 약화하고 영혼을 신적인 세계로 옮기는 데 기하학, 천문학과 더불어 수학과 음악이 중요한 학문이라고 봤습니다. 나중에 플라톤도 《국가》에서 음악을 영웅 교육에 꼭 필요한 수련으로 권합니다. 그 까닭은 음악이 인간으로 하여금 감각세계를 벗어나 그것이 미치지 못하는 우주의 섭리에 참여하도록 한다고 봤기 때문이죠.

음악의 탄생

우리는 심장의 고동 소리, 숨소리, 나뭇잎을 가볍게 흔드는 산들바람 소리 등 규칙적으로 들려오는 소리를 좋아합니다. 생명감을 느낄 수 있기 때문이죠. 시간의 흐름은 결국 마지막을 향할 수밖에 없어서, 죽음과 소멸이 곧 시간성의 속성입니다. 그러나 생명체가 살아 있음은 심장의 고동이 끊임없이 반복되기 때문이죠. 공간성은 생명감을 지니고 있습니다.

음악을 이루는 근본은 리듬입니다. 물론 화음과 선율도 중요한 요인이지만, 아프리카의 토속음악까지 모든 음악을 음악이라고 부를 수 있는 근본원리는 리듬인 것입니다.

그렇다면 리듬은 어떻게 발생할까요. 리듬은 동일한 요소가 주기적으로 반복할 때 나옵니다. 쿵짝짝, 쿵짝짝, 쿵짝짝……. 여

〈짐노페디 1번〉 악보
첫 장

기서 첫 번째 쿵과 다음에 나오는 쿵 사이에는 시간적인 변화가
없습니다. 동일함의 반복이죠. 그래서 이러한 리듬은 사람들을
은연중에 다른 세계로 이끕니다. 자장가도 그러한 경우고요. 음
악은 반복을 통해 소멸하지 않는 무한한 세계로 이끄는데, 바로
음악의 바탕이 리듬이기 때문입니다.

　　앞에서 들었던 〈짐노페디〉의 악보를 한번 볼까요. 이 악보를
간단히 분석해봐도 음악이 얼마나 조화를 지향하는지 알 수 있
습니다.

스파르타의 군무의식인 짐노페디를 묘사한 부조(기원전 4~1세기)

악보에는 조성tonality이 나옵니다. 이 곡은 '나단조'B minor이군요. 나단조의 으뜸음은 '시'B인데, 이 으뜸음을 중심으로 음들이 높낮이를 펼쳐 화음을 이루고 선율을 만듭니다. 그래서 조성을 곡의 열쇠라는 뜻으로 키key라고도 합니다. 다음으로 악보의 마디 크기를 표기하는 박자가 있습니다. 이 곡은 3/4박자이며 78마디로 구성되어 있습니다. 그리고 연주하는 빠르기와 느낌이 Lent et douloureux(느리고 비통하게)라고 악보 첫 상단에 지시되어 있습니다. 이러한 요소들이 하나의 곡으로 합쳐져서 리듬을 이룹니다.

예 술 수 업

〈짐노페디〉의 저음부에서는 솔G과 레D가 반복됩니다. 고음
부에서는 하나의 모티프가 선명한 선율로 흐르고요. G음과 D음
이 반복하는 저음부 위로 선율이 흐르면서, 이 음악을 듣고 있으
면 마치 무거운 현실에 덧붙여진 듯한 고음부가 우리를 다른 세
계로 이끌어가는 느낌을 줍니다. 여기서 곡의 명칭을 '짐노페디'
라고 한 이유를 알 수 있습니다. 제목으로 따온 '짐노페디'는 고
대 스파르타에서 나체의 젊은 남자들이 신을 기리던 군무의식을
가리킵니다. 현실에서 벗어나 신에게 기원하고 신과의 합일을
바라는 종교의식이 '짐노페디'였습니다.

이른바 클래식이라고 하는 고전음악은 이러한 방식으로 구성됩니다. 시대에 따라 분위기는 변화해도 클래식은 멀리 헨델Georg Friedrich Händel(1685~1759), 바흐Johann Sebastian Bach(1685~1750)에서 모차르트Wolfgang Amadeus Mozart(1756~1791), 베토벤, 슈베르트Franz Peter Schubert(1797~1828) 등을 거쳐서 차이콥스키, 라흐마니노프Sergei Vasilevich Rakhmaninov(1873~1943) 등 근대의 작곡가에 이르기까지 화음과 선율과 리듬에 의거해서 탄생합니다. 수학적인 엄격한 조화를 지향하는 것입니다. 그 가운데 안토니오 비발디Antonio Lucio Vivaldi(1678~1741)는 특히 화음을 부각한 작곡가입니다.

사제 서품을 받은 성직자이기도 한 비발디의 여러 작품 가운데 12개의 협주곡으로 이뤄진 〈화성(和聲)의 영감〉은 한정된 음들을 가지고서 무한한 음악을 만들 수 있다는 사실을 새삼스레 깨닫게 해줍니다. 그의 하모니는 천사

안토니오 비발디, 〈화성의 영감〉,
협주곡 8번 A단조 알레그로,
by Tafelmusik Baroque
Orchestra

의 소리 같다는 찬사를 받기도 하는데, 〈화성의 영감〉 가운데 한 곡을 들어볼까요. 알레그로, 즉 빠르고 경쾌하게 진행되는 작품으로 화성의 조화를 무궁무진하게 느낄 수 있습니다.

20세기에 들어 사람들은 두 차례에 걸친 세계대전을 겪으면서 인류의 지성이 만든 각종 이념이 도리어 인간을 억누르는 광기와 폭력을 목도했습니다. 무한하게 발전하리라 믿었던 물질주의가 삶을 공황 속으로 밀어넣기도 했지요.

조성을 정하고 이에 따라 음악을 작곡하는 방식은 무한한 작

품을 탄생시킬 수 있지만, 그런 조화를 지향하는 음악으로는 20세기 이후 광기와 폭력이 난무하는 현실을 견딜 수 없었습니다. 조성에 따른 음악이 현실과 조응하지 못해서 답답했습니다. 이때 아르놀트 쇤베르크Arnold Schönberg(1874~1951)는 조성의 갑갑한 틀에서 벗어난 음악을 작곡합니다. 반음계까지 포함해 12개의 음을 모두 독립적으로 존중하여 어느 조성에도 종속시키지 않으면서 말이죠. 이른바 무조음악atonal music이 탄생합니다.

유대인이기도 한 쇤베르크는 나치의 광기, 특히 홀로코스트를 목격하면서 그러한 믿을 수 없는 현실에서 아름다운 조성을 이루는 음악을 도저히 작곡할 수 없었습니다. 파시스트의 학살과 그에 따른 공포, 그 혼란스러운 현실의 카오스를 그것 자체의 속성으로 표현할 수밖에 없었습니다.

어떤 단조의 슬픈 음악이라도 그것이 이미 조화를 이루고 있는데, 홀로코스트를 표현할 수 있겠습니까. 그가 1947년에 발표한 〈바르샤바의 생존자〉는 무조음악과 조성음악이 뒤섞인 성악곡입니다.

아르놀트 쇤베르크,
〈바르샤바의 생존자〉
by Czech Philharmonic
Orchestra

비명이 난무하고 소음이 가득한 현대음악은 그것을 만들어낸 현실의 내적 속성인 것입니다. 끔찍한 일을 겪어 트라우마에 빠진 사람이 자기가 체험한 사건을 논리 정연하게 설명할 수 없는 것과 같은 이치죠. 그렇다고 괴성으로 가득 채운다고 무조건 현대음악이 되는 것은 아닙니다. 그러한 사이비 작곡가가 있다면 쇤베르크가 젊은 시절에 쓴 현악6중주 〈정화된 밤〉을 들어봐야 할 것입니다. 피카소의 초기 그림이 정밀했듯이, 쇤베르크는 조성음악을 잘 알아서 그 한계를 뛰어넘은 작곡가입니다.

윤이상과 현대음악

현대음악을 이야기할 때 반드시 언급하고 넘어가야 할 작곡가가 있습니다. 윤이상(尹伊桑, 1917~1995). 그가 단순히 우리 한국인이어서 그런 것은 아닙니다. 윤이상은 쇤베르크 무조음악의 영향을 받았으면서도 새로운 경지의 곡을 써서 현대음악의 지평을 넓힌 작곡가입니다.

한반도 남쪽 바다에 접한 통영에서 음악교사로 지내던 윤이상은 나이 마흔에 파리 음악원을 거쳐 독일 베를린 음악대학으로 유학을 떠났습니다. 벌써 여러 곡을 작곡한 음악가로 이름을 알리고 있었지만, 자신이 알던 기존 음악으로는 세상을 표현하기에 답답했습니다. 베를린 음악대학에서 그는 쇤베르크의 제자인 요제프 루퍼Joseph Rufer(1893~1985)에게 12음 기법을 배웁니다. 그런 후 고향의 음악을 떠올렸죠. 머나먼 이국 땅으로 떠나서 그는 늘상 들었던 고향 음악의 의미를 깨달은 것입니다. 그리움은 그의 예술에서 중요한 원동력이었습니다.

그동안 음악은 각기 다른 음들이 모여 작곡되었습니다. 그러나 윤이상의 음악에서는 하나의 음이 자기 고유의 존재를 끝까지 보여주다가 그 생명력을 다할 때 소멸합니다. 이를 주요음 기법이라고도 하는데, 각 개체가 전체 우주를 담고 있는 존재, 즉 소우주라는 점을 표현한 것입니다. 이런 특성을 윤이상은 운필(運筆)에 견주며 다음과 같이 말했습니다.

> 여러분은 두루마리에 그려진 동양의 붓글씨에 나타나는 폭넓은 붓의 필치를 알고 계실 겁니다.
>
> 서양음악에서는 하나하나의 음이 멜로디 속에서는 수평으로, 하모니 속에서는 수직으로, 무리를 이룸으로써 그 의미를 갖습니다. 서양음악에서 개개의 단음은 비교적 추상적인 존재로, 꼭 단음으로 들릴 필요는 없습니다. 서로 조합됨으로써 비로소 음악적인 현상이 일어납니다. 하지만 우리 동양에서는 개개의 단음이 음악적인 현상입니다. 음 하나하나가 그 자신의 고유한 생명력을 가지고 있습니다.

국악으로 현대음악을 창출한 것입니다. 그의 곡 가운데 〈바이올린과 피아노를 위한 가사〉라는 작품을 들어볼까요. 여기서 가사는 상춘곡, 관동별곡, 농가월령가 등 우리 고유의 문학양식을 가리킵니다.

윤이상(Isang Yun),
〈바이올린과 피아노를 위한 가사〉
by Filip Saffray & Silva Gama

그럼 이번에는 이와 비교하면서 국악을 들어보도록 하죠. 정악[1] 가운데 하나인 〈영산회상〉(靈山會相)의 첫째 곡 '상영산'(上靈山)입니다.

'상영산'에 윤이상이 말한 주요음 기법이 이미 사용되고 있음을 확인할 수 있습니다. 국악에서도 한 음역 안에 12개의 음이 있지요. 그것을 십이율[2] 이라고 하는데, 각 율은 자기 기운을

〈영산회상〉 중 '상영산'

담은 하나의 세상을 이루면서 다른 율과 만납니다. 국악에도 물론 느린 진양조장단부터 빠른 자진모리장단까지 리듬이 있는데, 그 리듬은 기계적인 박동보다는 호흡처럼 즉흥과 우연 같은 비합리적인 요소까지 포함하고 있습니다. 숨은 주기적으로 쉬지만 때로는 한숨처럼 긴 파격을 실행하기도 하죠. 국악은 인간의 정서를 드러내면서 동시에 자연의 이치를 닮았습니다.

'삶이 그대를 속일지라도'

문학과 예술 수업을 하다 보면 시를 잘 읽지 못하겠다는 말을 듣

---

1   **정악**正樂 국악은 크게 정악과 민속악으로 나뉜다. 정악은 주로 궁중과 선비들 사이에서 연주되었고, 민속악은 서민들이 생활 속에서 즐기던 음악이다. 정악에는 종묘제례악, 문묘제례악 같은 의례용 음악뿐 아니라 연회나 풍류를 즐기기 위한 작품도 있다. 민속악은 여러 가락이 결합하여 역동적인 반면, 정악은 일반적으로 정적이고 차분하다. 정악은 자기 수양의 음악이기도 해서 맑고 깊은 기품을 느낄 수 있다.

2   **십이율**十二律 국악의 음계를 가리킨다. 한 옥타브 안에 12개의 음이 있다는 점에서는 서양의 12음과 같지만 조율법이 달라서 음높이가 서로 정확하게 일치하지는 않는다. 십이율의 각 음을 황종, 대려, 태주, 협종, 고선, 중려, 유빈, 임종, 이칙, 남려, 무역, 응종이라고 한다.

곤 합니다. 가을도 깊어 시집 한 권을 샀는데, 그 짧은 글들이 잘 읽히지 않는다면서 말이지요.

시가 잘 읽히지 않는 까닭은 우선, 독자가 시인의 상상력을 좇아가지 못하기 때문입니다. 시험지에서 하나의 정답을 찾듯 세상을 받아들인다면 더 그렇게 됩니다. 다음으로 현실을 시간 적으로 사고하기 때문입니다. 시간적 사고는 우리가 일반적으로 생각하는 방식인데, 무엇은 어떻게 되고 그래서 무슨 일이 벌어 졌다는 식으로 원인과 결과를 따지며 전개됩니다. 이러한 인과 적인 사고방식은 논리적일 수는 있지만, 자칫 생각과 이해가 자 기 논리에 갇히기 쉽습니다. 그러나 시인의 상상력이 펼쳐지는 방식이나 시의 의미가 형성되는 방식은 주로 공간적입니다.

문학의 한 장르인 시는 음악과 친밀한 장르입니다. 그래서 리 라lyra라는 악기에서 시lyric라는 단어가 파생됐죠. 잘 알다시피 시 는 언어의 운율로 표현합니다. 음소나 억양을 주기적으로 반복 해서 운율을 만들어내지요. 그래서 시는 읊어야 제맛이 납니다. 노래해야 하는 것이 시니까요.

시인의 상상력이 발휘되는 메타포metaphor도 역시 운율의 일 종입니다. 메타포를 쉽게 알기 위해서 이제는 상투적인 표현이 된 '장미 같은 여인'을 예로 들어볼까요. 여기서 '장미'와 '여인' 은 전혀 다른 영역에 속하는 생물체입니다. 그런데 장미의 성질, 예컨대 아름답다, 가시가 있다, 붉다 등의 의미가 '여인'의 속성 을 더 확연하고 풍부하게 드러나게 해줍니다. 시간적인 사고방 식에 따라 '장미여서 여인'인 것이 아니라 공간적으로 '장미'와

'여인'이 연관되어 여인에 대해 더 풍요롭게 상상할 수 있게 해주는 것입니다. 그래서 '장미'와 '여인'은 서로 다른 것이지만 같은 계열 안으로 들어와 동일한 것의 반복이 낳는 것과 같은 의미상의 리듬을 만들어내지요. 이것이 바로 메타포입니다.

우리가 잘 아는 짧은 시가 있습니다. 푸시킨Aleksandr Sergeyevich Pushkin(1799~1837)이 쓴 시인데, 작가는 몰라도 누구나 알고 있는 시죠. 그런데 사람들은 이 시를 잘못 해석하고 있습니다.

삶이 그대를 속일지라도
슬퍼하거나 노하지 마라!
우울한 날을 견디면,
기쁨의 날은, 믿어라, 오리니.

마음은 미래에 사는 법
현재는 우울한 법
모든 건 순간이고 모든 건 지나가니
그래도 지나간 건 훗날 소중하리니.

고도의 메타포가 없어 까다롭지 않고 평이한 시입니다. 그래서인지 구전문학처럼 자주 애송되고 있습니다. 시골 버스정류장 옆의 점방에서도, 변두리 이발소에서도, 라디오 프로그램에서도. 널리 알려져 있다는 것은 그만큼 많은 사람들의 사랑을 받았다는 뜻일 텐데, 시를 보면 또 그만큼 사는 일이 고달팠기 때문일 거라고 짐작할 수 있습니다. 현재는 고달프고 우울하지만 그래도 견디면 기쁜 미래가 올 거라고 읽히면서 말이죠. 그러나 문제는 현실의 고단함을 벗어버리기 위해 막연히 미래를 꿈꾼다고 해서 그 밝은 미래가 찾아오지는 않는다는 것입니다.

얼른 보면 이 시는 즉각 현재와 미래로 대비됩니다. 그래서 그렇게 오독되는 것인데, 한번 잘 살펴봅시다.

현재에 걸리는 어휘는 '삶' '속이다' '슬프다' '노하다' '순간' '지나가다' '소중하다'입니다. 그리고 미래와 연결되는 어휘는 '기쁨의 날' '오다'입니다. 풀어 말하면, 현재는 실제로 우리가 살아가는 삶인데, 그것은 우리를 속여서 슬프게 하고 때로는 노하게 하지만, 순간으로 곧 지나간다. 반면 미래는 기쁨의 날로 올 것이다 — 여기까지는 일반적으로 읽히는 이 시의 의미입니다.

그런데 이상한 부분이 있습니다. 우리를 속이고 슬프게 하고 노하게 하는 현재에 '소중하다'라는 단어가 연결돼 있다는 점입니다. 속이고 슬프게 하고 노하게 하는 것이 소중하다니, 엄청난 패러독스입니다. 이 역설은 시의 마지막 두 행에서 해결됩니다.

모든 건 순간이고 모든 건 지나가니
그래도 지나간 건 훗날 소중하리니.

마지막 두 행에서, 현재는 과거가 되고 미래는 현재가 됩니다. 현재와 미래가 이 시에서 단절된 채 대비되는 것이 아니라 실은 연속적인 것이죠. 그렇게 두 행에서 미래는 현재로 혼합됩니다. 우리의 현실이 그러하듯 말이죠. 그래서 마지막 부분에서 미래에 걸렸던 '기쁨의 날'은 현재로 귀속됩니다.

이 시는 결국 현재의 소중함을 노래하고 있습니다. 다시 풀자면 현재는 우리를 속이고 슬프게 하고 때로는 노하게도 하지만, 그래도 우리가 살아가는 삶이며 따라서 소중하고 또한 그래서 기쁜 날이라는 겁니다. 요컨대 현재는 슬프더라도 실제로 살아가는 소중한 삶입니다. 그래야 기쁨도 맞을 수 있습니다. 시는 거듭해서 지금의 현실이 소중하다는 점을 강조하고 있는 셈입니다.

어느 예술작품이나 꿈의 속성을 지니고 있다고 했죠. 예술에는 낭만적인 성격이 은연중에 담겨 있습니다. 그렇다고 현실세계가 불만족스럽다며 무조건 꿈으로 도피하자고 하는 작품은 좋은 예술작품이라 할 수 없을뿐더러 심지어 예술의 가면을 쓴 허상이기도 합니다. 도피, 비현실, 탈현실은 예술이 될 수 없습니다. 그것은 망상만 안겨주니까요. 그렇다면 꿈이 이루어지려면 어떻게 해야 하나요.

꿈의 실현, 풀어 말해서 꿈이 현실이 되는 것, 그것은 꿈이 아니라 현실을 기반으로 해야만 가능합니다. 현실을 꿈으로 가져갈 수는 없습니다. 그것이 몽상이나 망상입니다. 꿈을 현실로 내려오게 해야 합니다. 그래야 꿈이 실현됩니다. 현실[現]에서 열매 맺는다[實]라는 실현(實現)이라는 말 그대로 꿈이 현실에서 열매 맺어야 꿈이 이뤄집니다.

20세기 중반 세계적인 베스트셀러에 사뮈엘 베케트Samuel Barclay Beckett(1906~1989)의 희곡《고도를 기다리며》가 올랐습니다. 2차 세계대전이 끝난 무렵의 혼란스러운 현실에 대해 이 희곡이 정곡을 찔렀기 때문일 겁니다. 막연한 기다림, 그리고 꿈의 상실이 가져다준 허망함 같은 것 말이죠.

절망, 오래된 꿈의 다른 이름

베케트가 쓴 2막극《고도를 기다리며》는 두 명의 등장인물이 뜻도 없고 논리에도 맞지 않는 거의 헛소리만을 세 시간 넘게 남발하는 길고 황당한 작품입니다. 조리에 맞는 말도 행동도 없어서 부조리극이라고 일컫죠. 그렇게 허무하리만치 싱거운 연극이 많은 관객들을 사로잡았고 또 고전으로 남았다는 게 이상할 정도입니다.

이 작품의 내용을 그나마 정리해볼 수 있다면 두 인물, 블라디미르와 에스트라공이 연극 전체에 걸쳐 고도Godot라는 어떤 인물을 기다리는 이야기라고 할 수 있습니다. 무대에서 블라디미르와 에스트라공은 하염없이 고도를 기다립니다. 그러면서 그 시간을 때우기 위해 무심코 아무 일이나 합니다. 그리고 아무 말이나 지껄입니다. 그러다가 문득, 고도가 언제 오냐고 묻죠.

> **에스트라공** 이제 무얼 하지?
> **블라디미르** 고도를 기다려야지.
> **에스트라공** 아, 그렇지.

닭다리를 뜯기도 하고 구두를 벗어 그 안에 뭐라도 있지 않나 흔들어보기도 하며 부산을 떨다가 그들은 또 중얼거립니다. 고도를 기다려야지……. 하루를 넘기고 또 막연하게 그다음 날이 되어도 그들은 반복해서 묻습니다.

에스트라공 지금 뭘 하고 있는 거지?

블라디미르 고도를 기다리고 있잖아.

에스트라공 아, 그렇지.

오랫동안 그들은 고도를 기다리지만 고도는 여전히 오지 않습니다. 그런데 무대 위에서 이상한 일이 벌어집니다. 등장하지도 않는 고도가 차츰 무대를 꽉 채우기 시작합니다. 없는 존재가 무대의 현실을 지배하는 것이죠. 그러다가 연극이 끝날 때 그들은 이렇게 말합니다.

에스트라공 안 왔어?

블라디미르 안 왔어.

에스트라공 이제는 너무 늦었군.

그처럼 고도는 끝내 오지 않습니다. 그런 뒤 관객들은 두 인물 블라디미르와 에스트라공보다 더 큰 상실감에 빠집니다. 이때의 상실감은 고도가 부재하면서도 무대를 꽉 채웠기 때문에 더 엄청납니다. 이 연극의 무대에는 앙상한 나무 한 그루만 덩

그러니 서 있습니다. 마치 황량한 세상 아무 곳이나 뜻하는 듯이 말이죠.

이 작품에서 고도는 특정한 인물만을 가리키지 않습니다. 해석하기에 따라서는 신일 수도 희망일 수도 자유나 해방일 수도 있습니다. 그렇다면 우리는 고도를 꿈이라고 불러볼까요. 지금 없기 때문에 꿈이라 불리는 그것. 그러면 이렇게 치환됩니다.

너의 꿈 언제 오니? / 응, 기다리면 이루어지겠지. 멋진 꿈이니까……. / 그래, 올 거야. / 그런데 언제 이루어지니? / 곧 이루어지겠지, 뭐. / 아, 그렇지.

그런 꿈은 고달픈 현실을 달래며 그 현실을 가득 채웁니다. 기다린다는 것은 그 자체만으로도 희망의 상태이기 때문이죠. 그러나 끝내 오지 않는 꿈은 현실을 점점 잿빛으로 물들입니다. 기대가 습관이 되면 더 이상 희망이 아니라 낙담이게 마련입니다. 그러다가 인생의 막이 내릴 즈음, 우리는 이렇게 말할 수밖에 없게 됩니다.

으음, 꿈, 이루어지지 않았어. 이제는 너무 늦었군.

꿈으로 가득 찬 인생의 마지막을 절망이 장식하는 셈입니다. 《고도를 기다리며》에서 우리가 주목하는 점은 두 인물이 고도를 막연하게 기다리기만 할 뿐 아무 일도 하지 않는다는 사실입니다. 동일하게 끝나는 1막과 2막의 마지막에서 이런 점은 선명하게 드러납니다. 차이는 단지 같은 말을 서로 바꿔 하고 있다는 것뿐입니다.

> **에스트라공** 음, 갈까?
> **블라디미르** 그래, 가자.
> 그들은 움직이지 않는다.   ― 1막 마지막

> **블라디미르** 음, 갈까?
> **에스트라공** 그래, 가자.
> 그들은 움직이지 않는다.   ― 2막 마지막

살아가면서 꿈은 언제나 필요하지만, 막연한 꿈은 희망을 안겨주기보다는 절망을 낳습니다. 절망은 꿈의 반대말이 아니니까요. 오래된 꿈이 절망입니다.

고달픈 현실을 탓하며 막연하게 꿈만 꾸던 사람들에게 《고도를 기다리며》는 무의미한 부조리극이 아니라 매우 충격적인 현실극인 셈입니다.

*

〈짐노페디〉는 똑같은 템포로 느리게 반복하는 저음, 선명하게 선율이 흐르는 고음, 이 둘이 묘한 조화를 이루면서 단순하고 무

덤덤하게 진행됩니다. 어떠한 악구의 발전도 없이 소리가 병렬되지요. 저음부와 고음부의 병렬은 마치 현실과 꿈의 세계처럼 분할되어 흐릅니다.

사티는 파리의 빈민촌에서 어렵게 살아가며 생계를 위해 카페에서 연주하고 있지만, 힘든 현실을 벗어날 꿈을 꾸었습니다. 그리고 그는 꿈이 현실과 만나야 이뤄질 수 있다는 점을 잘 알고 있었습니다. 그 점이 〈짐노페디〉의 마지막 부분을 장식합니다.

저음과 고음으로 나뉘어 나란히 진행되던 소리는 마지막에 이르러 완전히 합쳐져서 리듬을 끊고 간결하면서도 단호하게 두 번 함께 울리고 끝을 맺습니다.

6강

그림에서
무엇을 보아야 하는가

샤갈의
〈손가락이 일곱 개인 자화상〉이 그린 것

마르크 샤갈, 〈손가락이 일곱 개인 자화상〉(1913)

"예술은 보이는 것을 재현하는 것이 아니라
보이게 하는 것."

―파울 클레(스위스 태생의 독일 화가)

마르크 샤갈Marc Chagall은 1887년에 태어나 1985년까지 거의 백년을 살면서 자신만의 독특한 그림을 줄기차게 그린 화가입니다. 19세기 말부터 20세기 후반까지 그가 살았던 시기는 각종 예술경향들이 유파를 형성해 다양성을 화려하게 뽐내며 미술계를 이끌었죠. 후기 인상주의, 야수파, 표현주의, 큐비즘, 미래주의, 초현실주의, 팝아트, 미니멀리즘 등등. 뛰어난 예술가들은 여러 유파를 거치면서 각종 실험을 통해 지적인 기교를 드러내기도 했습니다.

그러나 샤갈은 격동하는 이 시기의 여러 예술경향을 조금도 기웃거리지 않고 누구에게나 통용되는 보편의 정서를 담아 자신만의 그림을 그렸습니다. 그리고 보편의 정서를 담은 그림들이 이 시대를 살아간 샤갈을 오히려 독특한 현상으로 만들었습니다.

분할이니 도식이니 하는 어떠한 지적 기교도 없이 사실적이기도 하고 환상적이기도 한 그림들은 한눈에 샤갈의 작품이라는 것을 알아보게 합니다. 그가 벽화를 그리든 성경을 모티프로 한 연작을 그리든 언제나 샤갈의 그림이라는 것을 금방 알 수 있지요. 또한 많은 사람들이 그를 가장 좋아하는 화가로 꼽으며 샤갈의 개성을 받아들였습니다.

샤갈의 그림 전체를 관통한 속성을 우리는 그의 자화상에서 볼 수 있습니다. 〈손가락이 일곱 개인 자화상〉은 많은 사람들이 샤갈을 사랑하는 이유를 담고 있을 뿐 아니라 덤으로 그가 장수한 까닭도 알 수 있게 해줍니다. 그렇다면 샤갈이 평생에 걸쳐 그린 것은 무엇이었을까요.

미술관의 흔한 풍경

상트페테르부르크에 있는 예르미타시Ermitazh 미술관을 찾았을 때의 일입니다. 많은 사람들이 미술관 이곳저곳에서 그림을 감상하고 있었습니다. 그 가운데 섞여서 전시된 그림을 보며 2층 67 전시실에 갔더니 유난히 많은 관람객들이 몰려 있었죠. 그곳에는 모네의 그림 〈워털루 다리〉가 있었습니다.

멋진 신사와 잘 차려입은 여인 한 쌍이 내 옆에서 같은 그림을 바라보게 되었습니다. 가까이 있었기에 그들의 말소리가 들렸습니다. 한참 동안 그림을 바라보던 신사가 말했습니다. "음, 다리네……"

몇 해 전 서울의 한 미술관에서 모네의 기획 전시회가 열렸을 때도 그랬습니다. 모네의 유명한 수련 연작이 여러 점 전시되어 있었고, 관객들은 그림을 보면서 수련을 그렸음을 확인하고 있었죠.

물론 한동안 그림을 보면서 무엇을 그렸는지 아는 것은 그림

클로드 모네, 〈워털루 다리〉(1903)

감상을 시작하는 지점이기는 합니다. 그런데 단지 그림에 그려
진 사물이 무엇인지 확인하는 데 그친다면 왜 그림을 보는가 하
고 묻지 않을 수 없습니다.

수련이나 다리, 연못이나 나무 따위가 뭐 그렇게 대단해서 모
네가 뛰어난 화가일까요. 마찬가지로 세잔은 사과와 오렌지 정
물을 여러 점 그렸는데, 과연 사과와 오렌지에 큰 의미가 있어서
세잔이 의미 있는 화가일까요. 아니, 사과와 오렌지가 귀하고 비
싼 과일이기라도 한가요. 오히려 주위에서 손쉽게 살 수 있는 과
일이지요. 그렇다면 그림에서 무엇을 봐야 하는 걸까요.

우리는 그림에서 화가의 시선을 봅니다. 거기에 그려진 사물

클로드 모네, 〈수련〉(1903, 1906, 1914, 1914~17, 1919). 왼쪽 위부터 반시계 방향.

이 무엇인지 확인하는 과정에서 그 대상을 바라본 화가의 시선을 보게 되는 것이죠. 그래서 그림에 그려진 대상이 진귀해서 접하기 어려운 사물이나 풍경이기보다는 주변에서 자주 봐왔던 것일수록 화가의 시선을 알아차리기가 좋습니다. 우리가 늘 보던 것과는 다른 화가의 시선을 얼른 알 수 있기 때문입니다. 특히 예술가의 새로운 시선을 느끼고 나서 다시 그 대상을 보면 없는 줄 알았던 새로운 세계가 열리게 됩니다.

모네의 그림에서 가치 있는 것은 수련, 다리, 연못이 아니라 그것을 바라본 화가의 시선입니다. 세잔의 사과와 오렌지 정물이 뛰어난 그림인 까닭은 사과와 오렌지가 귀해서가 아니라 그것을 보는 시선 자체가 빛나기 때문입니다.

세상에 대한 착시현상

인간의 오감 중 시각을 가장 으뜸으로 여깁니다. 그래서인지 시각과 관련된 표현이 많은 편이지요. 그런데 그 표현들을 가만히 보면 단순히 '보다'라는 감각에 그치지 않는다는 것을 알 수 있습니다.

이를테면 관점(觀點)point of view이 그러한데, '보는 지점'이라는 의미를 넘어 사물이나 현상을 판단하는 방향이나 처지를 뜻하지 않습니까. 또 인생관(人生觀)이나 세계관(世界觀)은 어떠한가요. 인생의 의의나 가치에 대한 견해를 인생관이라 하고, 세상과 현실에 대한 이해를 세계관이라 하는데, 그것에는 낙천주의나 염세주의를 비롯해 종교적 인생관, 과학적 세계관 등 여러 시각이 담겨 있습니다. 둘 다 '보다'라는 '관'(觀)을 전의하여 사용하고 있지요. '백 번 듣는 것보다 한 번 보는 게 더 낫다'[百聞不如一見]라는 오래된 말은 여러 번 듣기보다는 한 번이라도 직접 보아야 그것을 더 잘 이해할 수 있다는 점을 말해줍니다. 견물생심(見物生心)은 또 어떤가요. 보는 것이 욕망과 관련되어 있음을 함축하고 있습니다. 게다가 영어에서 'I see'는 '나는 본다'라는 뜻에서 '알았어'라는 의미로 전환되는데, 보는 것이 곧 아는 것이라는 뜻을 나타내는 일상어입니다.

이 밖에도 시선은 익숙함이나 낯섦, 애정이나 증오를 담기도 합니다. 같은 인형을 보더라도 그것을 보는 사람의 마음상태에 따라 인형의 표정이 기쁘기도 하고 슬프기도 하고요. 또한 관심이 있어야 대상이 제대로 보입니다. 그렇지 않으면 봐도 본 것이 아니죠. 같은 지역을 여행하고 나서도 사람들은 저마다 다른 것을 봤다고 말합니다. 심지어 어떤 이는 봤는데, 어떤 이는 그런 게 있었냐고 놀라기도 하지요. 인물사진에서 그 인물이 누군지 알리지 않기 위해 귀나 입을 가리는 게 아니라 눈만 검은 띠로 가리는 것도 가끔 봅니다.

모두 시각과 관련되어, 본다는 게 단순히 '보다'라는 사실에 그치지 않음을 알려줍니다. 따라서 시각은 이해하다, 익숙하다, 느끼다, 입장을 표하다, 사랑하다, 증오하다 등 여러 감정이나 가치평가와 폭넓게 어울립니다.

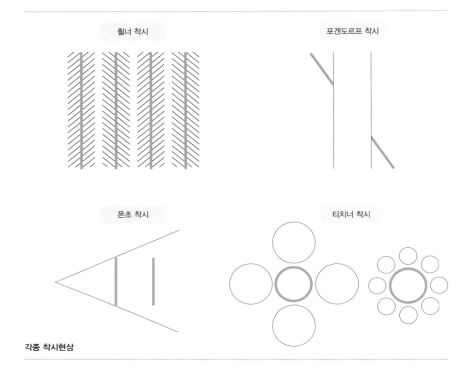

각종 착시현상

　　그럼에도 우리는 우리가 보는 것이 객관적인 사실이라고 여
기기 쉽습니다. 그러나 정말로 우리의 시각이 객관적인 정확성
을 지니고 있을까요. 위의 그림에 나오는 경우를 보면 어쩌면 객
관적인 시선이란 불가능하지 않을까 하는 생각이 들 겁니다. 여
러 착시현상에 관한 연구들입니다.

　　췰너 착시에서 수직선 네 개는 평행을 이루고 있지만, 그렇게
보이지 않죠. 포겐도르프 착시에서 사선은 곧은 직선이지만 꺾
여서 보입니다. 폰초 착시는 어떤가요. 두 막대는 길이가 같지만

　　　　　　　　　　　　　　　　　　　예 술 　수 업

빅토르 바자렐리, 〈직녀성〉(1957)
바자렐리Victor Vasarely(1906~1997)는 헝가리 출신의
프랑스 예술가로 착시현상을 활용해 평면에 입체감
을 주는 옵아트의 길을 열었다.

왼쪽 막대가 더 길어 보입니다. 티치너 착시에서 가운데 원은 둘
다 크기가 같지만 그렇게 보이지 않습니다. 이 시각심리학 실험
에서 알 수 있는 사실은 주변 환경과 맥락에 따라서 착시현상이
발생한다는 점입니다.

　이런 단순한 실험뿐 아니라 세상의 현실에 대해서도 우리는
착시현상을 일으킵니다. 객관적인 시선으로 객관적인 사실을
본다고 착각하는 것도 어쩌면 이 같은 착시현상 가운데 하나일
겁니다.

인간의 착시현상을 이용한 미술이 1960년대에 유행했습니다. 옵아트Optical Art, Op art라고 불리는 이 실험미술은 시각의 신뢰에 의문을 제기하면서, 고정된 관념이 낳는 의식과 실제로 체험하는 감각이 어긋나 동떨어져 있음을 보여줍니다.

이 예술작업은 그 뒤에 그래픽이나 패션 등에서 디자인의 호소력을 극대화하는 방식으로 차용되기도 했습니다. 디자인이 강한 인상을 줄 수 있다는 점을 옵아트는 알려주었지요.

시선의 문화사

창조는 전에 없던 것을 처음으로 만든다는 뜻입니다. 그렇지만 완전한 무에서 무엇을 탄생시킨다는 의미는 아닙니다. 그것은 신의 창조를 뜻하지요. 그렇다면 인간이 창조를 한다는 것은 무엇을 가리킬까요.

그렇습니다. 대상을 새롭게 이해한다는 뜻입니다. 전에 없던 새로운 물건을 만들어내더라도 그것은 완전한 무에서 나오는 것이 아니라 기존의 것들을 새롭게 이해해서 구성하여 나오는 것입니다. 대상이 새로운 시선으로 파악되어 이전과는 다른 대상으로 거듭나는 것이 창조입니다. 과학의 발견 역시 없던 것이 생성되는 것이 아니라, 있었지만 몰랐던 것을 알게 된 것을 뜻합니다. 그래서 창조성creativity은 독창성originality을 뜻합니다. 대상이 창조되는 것이 아니라 시선이 창조되는 것이죠.

미술사는 바로 시선의 변화사입니다. 사물을 바라보는 시선이 변하는 것을 미술의 흐름에서 읽을 수 있습니다. 그래서 미술사는 곧 문화사이기도 합니다. 시선에는 세계관이 담기니까요. 새로운 세계는 새로운 시선을 말합니다. 예를 들어 정밀한 원근법의 탄생은 과학적이고 휴머니즘적인 세계관이 도래했음을 알려줍니다. 그림에 원근법이 정착된 16세기부터 자연과학이 급속하게 발달했지요.

따라서 미술작품은 단순히 무엇을 가리키거나 전달하는 텍스트는 아닙니다. 혹시 그런 경우가 있다면 그것은 부수적인 효과일 뿐입니다. 수련이나 사과를 가리키려고 그린 것이 아니라 그것을 바라보는 시선을 담은 것이 예술작품이니까요. 예술은 무언가에 관한 것이 아니라 그 자체로 무엇인 것입니다.

그러므로 우리는 예술작품을 통해 새롭게 보고, 새롭게 듣고, 새롭게 느끼며, 새롭게 이해함으로써 이전보다 더 잘 보고, 더 잘 듣고, 더 잘 느끼며, 더 잘 이해하는 법을 배울 수 있습니다. 프랑스의 소설가 앙드레 지드André Gide(1869~1951)가 다음과 같은 말을 했습니다.

일반적으로 우리는 합의된 방식으로 자연을 바라본다. 우리는 자연 속에서 예술작품이 알아보도록 가르쳐준 것만을 인식한다는 것이다. 한 화가가 그의 작품 속에 개인적인 시각을 표현하고 발표하면, 초기에는 그가 제시하는 자연의 새로운 양상이 역설적이며 거짓되고 심지어 흉물스럽게 보인다. 그러나 곧 우리는 이 새로운 예술작

제임스 휘슬러, 〈야상곡 : 푸른빛과 금빛, 낡은 배터시 다리〉(1872~75)

품을 인정하고 이것에 익숙해진다. 우리는 그림이 우리에게 보여주는 바를 기억해내는 것이다. 이렇게 하여 새롭고 다르게 인식한 눈에 자연은 예술작품을 모방한 듯 보이게 된다.

이 글은 우리의 시각이 당대를 지배하는 가치체계에 따라 경직되기 쉽다는 점을 지적하면서 동시에 예술의 창조를 말하고 있습니다. 예를 들어 프로방스를 그린 고흐의 그림을 본 이후 프랑스 남부 지방을 여행하면 그곳 풍경이 다 고흐의 그림처럼 보인다는 겁니다. 오스카 와일드Oscar Wilde(1854~1900)는 제임스 휘슬러James Abbott McNeill Whistler(1834~1903)가 런던의 안개를 그린 뒤로 런던에 자욱하게 핀 안개를 볼 수 있게 되었다고 말하기도 했고요. 참으로 묘한 일이지요. 그래도 시선이란 그런 것입니다.

피카소가 보는 법

인류 초기부터 지금까지 지상에는 언제나 사물의 모양을 본떠서 만든 형상들이 존재해왔습니다. 보존이 용이해서 잘 남아 있는 동굴이나 암벽의 그림부터 조각상, 그리고 과학기술의 발달에 힘입어 등장한 사진, 영상 들까지 형상은 늘 있어왔습니다. 그런데 우리는 이러한 형상들이 그저 사물의 겉모습을 정확하게 재현한 것에 불과하다고 여기지 않습니다.

은연중에, 거기에는 대상의 영혼 또는 가치가 담겨 있다고 여기는 것이죠. 그래서 여전히 우리는 위대한 인물을 기려 동상을 세우고, 초상화나 인물사진을 내걸어 보존합니다. 장례식에는 어김없이 영정이 모셔집니다. 위인을 기리는 행진에는 그 인물의 초상화나 사진이 앞섭니다. 시위현장에서는 적대자의 인형이나 사진이 훼손되기도 하고요. 형상은 그 인물이 대체 어떻게 생겼는지 알고 싶어서 나온 것이 아닙니다. 또한 인물상에만 국한된 것도 아닙니다. 동물상도 쓰이고, 때로는 상징적인 추상의 형상도 있습니다. 어느 단체나 사용하는 로고타이프logotype도 이와 같은 성질을 띠고 있죠. 그렇기 때문에 형상은 단순히 거울처럼 대상을 비추어 모사하는 것이 아니라 그것의 정신이 각인된 것입니다. 새겨서 기억하는 것이죠.

3강에서 말했듯이 이러한 방식으로 선사시대에 들소의 형상을 동굴 벽에 새긴 것입니다. 암각화에 나오는 여러 형상도 마찬가지고요. 약 3천 년 동안 지속된 고대 이집트의 형상은 독특하고 개성이 강하지만, 파라오를 영원히 보존하기 위해 거대한 피라미드를 건설했던 시대정신과 연결됩니다. 오히려 기원전 5세기께부터 시작된 고대 그리스의 자연스러운 형상이 더 특이한 현상이었습니다. 자연스러워 보여도 비현실적일 만큼 이상적인 조각상에는 이상주의를 지향하는 사상이 담겨 있었습니다. 한편 우리나라를 포함한 동양의 형상은 기운spirit을 담습니다. 그림을 그리는 붓이 정신을 수양하는 서예의 도구이기도 한 것처럼, 동양의 형상은 만물의 기운을 표출하는 일이기도 했습니다.

중세 유럽의 형상은 거의 천 년 동안 현세보다 인간이 추구해

안드레이 루블료프, 〈삼위일체〉(1410)

야 할 저세상을 담아냈습니다. 이콘icon이라고 불리는 이때의 형
상은 신성을 체현한 것으로 기도와 숭배의 대상이 되기도 합니
다. 안드레이 루블료프Andrei Rublyov(1360~1428)가 그린 이콘을 한번
볼까요.

트레티야코프 미술관 지하 전시실의 거대한 나무판에 그려진
이 이콘 앞에 서면 엄숙해지는 동시에, 형상이 나를 내려다보며
편안하게 감싸주는 느낌이 듭니다. 루블료프의 이 성화에는 성삼
위(聖三位)를 표현하는 세 천사가 같은 크기로 배치되어 있습니다.

그들에게서는 후광이 빛나고 있죠. 날개를 비롯해 배경 색까지 전반적으로 고귀한 느낌을 주는 황금색이면서 천국의 색인 파란색이 두드러집니다.

중간 아랫부분은 안정감을 주는 사각 구도로 단단함을 느끼게 합니다. 윗부분은 삼각 구도로 저절로 하늘을 가리키고 있고요. 그러면서 이콘은 그것을 보는 나를 향해 집중하고 있습니다. 원근법을 거꾸로 쓰고 있어서 역원근법이라고 하는데, 먼저 확인할 수 있는 것은 천사들의 발판이 앞쪽으로 올수록 더 좁아진다는 점입니다. 고개를 숙이고 조용히 상대의 말에 귀 기울이고 있는 모습은 내 기도를 듣고 있다는 느낌을 줍니다. 내세에서 현세를 응시하고 있는 셈입니다.

흔히 그림은 어떤 대상을 사실적으로 반영한다고 생각하지만 꼭 그렇지 않은 것입니다. 차라리 19세기 후반의 인상파 그림이 가장 사실적으로 사물을 그렸습니다.

모네의 〈양산을 든 여인〉을 보면 한낮의 햇살, 바람이 전하는 촉감, 푸른 언덕의 향기를 생생하게 느낄 수 있습니다. 흰색 옷을 입고 하늘색 스카프를 두른 여인이 초록색 양산을 들고 바람 부는 언덕 풀밭 위에 서 있습니다. 파란 하늘에는 하얀 구름이 떠 있고, 초록 풀밭은 바람에 하늘거리고 있습니다. 하늘색 스카프도 파란 하늘을 배경으로 바람에 날리고 있죠. 밝은 햇살이 따뜻하게 내리쬐고 있습니다.

이 그림을 보노라면 우리의 시선이 관습에 얼마나 얽매여 있는지 알 수 있습니다. 흰색 옷은 꼭 흰색으로 칠해야 하고, 푸른

클로드 모네, 〈양산을 든 여인〉
(1886)

풀밭은 푸른색으로, 파란 하늘은 하늘색으로 색칠해야 대상을
정확하게 묘사한다고 생각하니 말입니다. 그러나 주위를 둘러보
면 모든 색은 그 색으로만 드러나지 않습니다. 사물에는 고유한
색깔이 있지만 우리 눈에는 여러 색이 혼합되어 보입니다. 그러
면서도 그 색으로 인지됩니다. 빛의 작용 때문이죠. 사실 색은
빛의 반사로 나타납니다. 모네는 그 사실을 과감하게 〈양산을 든
여인〉에 그렸습니다. 그럼에도 당시 인상파의 전시회에서 많은
사람들이 실제 사물을 왜곡했다고 심하게 비난했지요.

조르주 쇠라, 〈그랑드 자트 섬의 일요일 오후〉(1886)

　조르주 쇠라Georges Pierre Seurat(1859~1891)의 〈그랑드 자트 섬의 일요일 오후〉는 어느 일요일 오후 바닷가에 모인 사람들을 그렸습니다. 작은 배들이 떠 있는 바닷가에 사람들이 삼삼오오 모여 있습니다. 어린아이들도 있고 애완견에 원숭이도 있습니다. 멀리 오후의 햇살이 가득하고, 가까운 곳에는 나무 그늘이 짙게 드리워져 있습니다. 북적이는 모습인데도 소란스럽기는커녕 적막한 느낌이 듭니다. 시간도 문득 정지한 것만 같습니다.

　그 무렵 사람들은 산업화의 영향으로 노동에 시달렸습니다. 주일 미사나 예배를 마친 사람들이 바닷가로 나와 휴일의 끄트머리를 붙잡고 있습니다. 월요일이 다가오는 일요일 오후, 알 수 없는 불안한 적막감이 흐릅니다. 쇠라가 작품 제목에 굳이 '일요

블로 피카소, 〈게르니카〉(1937)

일 오후'라는 시간을 명기한 까닭입니다. 그림은 대상을 그리기
보다 풍경에 투영된 마음을 그렸습니다.

피카소는 2차 세계대전 때 독일의 나치스가 조국 스페인의
게르니카 지역을 폭격한 참상을 〈게르니카〉라는 그림으로 그렸
습니다. 그때 피카소는 프랑스 파리에 살고 있었는데, 이 그림을
본 독일의 대사 오토 아베츠Otto Abetz가 그에게 당신 그림이냐고
묻자 "이 그림을 그린 것은 당신들 나치요"라고 대답했다는 일
화는 유명합니다.

피카소의 그림은 평면적이지만 이차원의 화폭에 고정되지도
않고 삼차원의 허상을 담지도 않았습니다. 그의 평면성은 오히
려 입체적입니다. 대상의 진실을 포착하려는 것이죠. 〈바이올린

과 포도〉를 보면 피카소를 쉽게 이해할 수 있습니다. 이 그림을
두고 피카소가 한 말입니다.

오래전부터 우리는 사물을 눈에 보이는 그대로 재현하기를 포기했
다. 그것은 추구할 가치가 없는 도깨비불과 같은 것이다. 우리는 순
간순간 변해가는 가상적인 인상을 캔버스에 고정시키기를 원치 않
는다. 세잔처럼 가능한 한 소재가 가진 확고하고 변함없는 모습을
포착하여 그려보자. 우리의 진정한 목표가 어떤 것을 모사하는 것
이 아니라 구축하는 것이라는 사실을 철저하게 받아들이지 못할 이
유가 어디 있겠는가? 가령 우리가 어떤 물건, 예를 들어 바이올린을
생각할 때 신체의 눈으로 본 바이올린과 마음의 눈으로 본 바이올
린은 서로 다르게 나타난다. 우리는 여러 각도에서 본 바이올린의
형태를 한순간에 생각할 수도 있고 또 사실 그렇게 한다. 그 형태들
가운데 어떤 것은 마치 손으로 만질 수 있을 것처럼 분명하게 떠오
르고 어떤 것은 흐릿하다. 그러나 단 한순간의 스냅사진이나 꼼꼼
하게 묘사된 종래의 그림보다 이상스럽게 뒤죽박죽된 형상들이 실
재의 바이올린을 더 잘 재현할 수 있다.

사랑하는 사람이 몹시 보고 싶을 때 여러분은 증명사진처럼
정면에서 포착한 그/그녀의 얼굴을 떠올리나요. 아니지요. 정지
된 사진처럼 고정된 그/그녀를 떠올리지는 않을 겁니다. 그/그
녀의 옆모습도, 다리도, 엉덩이도 떠올립니다. 그/그녀의 손길이
스쳤던 촉감도 생각합니다. 그래야 그/그녀가 생동감 있게 그려

파블로 피카소, 〈바이올린과 포도〉(1912)

집니다. 이것이 대상을 바라보는 진실한 시선입니다. 이는 우리가 원래부터 지닌 시선인데, 피카소가 새삼스럽게 지각시켜주었습니다.

피카소의 형상을 보면 그동안 우리는 우리가 지각하는 시선이 아니라 관습적으로 그래야 하는 시선으로 사물을 봐왔다는 것을 알게 됩니다. 또한 이처럼 여러 개의 시점(視點)으로 대상을 지각하는 것은 대상의 본모습을 더욱 성숙한 관점에서 이해하는 일이기도 합니다.

어린아이와 어른은 단지 나이가 덜 들고 더 들고의 차이로 구분되지 않습니다. 만일 나이 차이라면 몇 살부터 어른일까요. 어른이 된다는 것은 시선이 많아진다는 의미입니다. 이해의 폭이 넓어지고, 타인을 받아들이는 포용력이 생긴다는 뜻이죠. 어린아이는 시선이 단순하고 단일합니다. 그래서 자기 뜻대로 안 되면 떼를 쓰죠.

그러나 어른은 자기주장에만 매몰되지 않습니다. 주위를 둘러볼 여유가 있죠. 타인의 관점을 받아들여 자기 시선을 넓혀나가기도 합니다. 가끔 애어른이라는 표현을 쓰지요. 이 말은 어른처럼 성숙한 태도를 보이는 아이를 이르기도 하고, 하는 짓이나 생각이 어린아이 같은 어른을 가리키기도 합니다. 자기의 협소한 시야에 맞지 않는다고 떼를 부리는 나이 든 사람을 심심치 않게 보는데, 진정한 어른이라면 다른 이들의 관점을 너그러이 받아들일 줄 알아야 할 것입니다.

예술 수업

선율을 그리다

활기차게 뻗어가는 선들과 부드럽게 율동하는 선들의 교차, 선명하게 드러나면서도 은근히 퍼지는 붉은색과 파란색과 노란색 등 갖가지 색들. 색깔이 공간을 만들고, 선들은 그것을 가로지르며 부수어 형태를 만들고 있습니다. 그 사이로 무채색이 자기 존재를 드러냅니다.

트레티야코프 미술관에 있는 바실리 칸딘스키Wassily Kandinsky(1866~1944)의 〈구성7〉 앞에 서면 형언할 수 없는 감동이 밀려옵니다. 가로 3미터, 세로 2미터의 캔버스를 꽉 채운 움직임은 그 자체로 생동감이 넘칩니다. 그런데 칸딘스키의 그림이 던지는 이 감흥을 어떻게 해석할 수 있을까요. 칸딘스키는 그림에 무엇을 그린 걸까요.

칸딘스키는 자신의 예술론을 정리하여 책으로 발간했는데, 《예술에서의 정신적인 것에 대하여》는 그의 새로운 그림들과 함께 현대예술에 적지 않은 영향을 주었습니다. 칸딘스키는 책 앞부분에서 먼저 예술이 우리에게 필요한 이유를 말합니다. 삶을 악함과 쓸모없는 유희로 변질시킨 물질주의 악몽에서 벗어나 우주 만물의 생명을 되살리는 일이라고 말이죠.

물질에 대한 지나친 의존, 정신활동의 물적 환산, 더 나아가 상상력마저 뇌의 물질성으로 환원해서 파악하려는 이른바 뇌과학을 포괄하는 자연과학의 급속한 발달 등 현대가 물질주의와 결코 분리될 수 없는 모습을 보이고 있기에, 칸딘스키의 예술론

바실리 칸딘스키, 〈구성7〉(1913)

은 특별히 주목받아야 할 것입니다.

칸딘스키 그림의 바탕에는 모든 생명체는 무엇을 대리하지 않고 저마다 자기 자신을 스스로 표현한다는 성질이 놓여 있습니다. 이러한 점에서 칸딘스키의 그림은 당대의 여러 추상적인 시도들과 구분됩니다.

회화예술에서 구상과 추상의 구분은 아주 모호합니다. 우리가 보는 사물을 사실대로 묘사했는지 아니면 변형했는지를 토대로 구상과 추상을 구분하는 관습이 있기는 하지만, 그것은 모호한 일입니다. 이를테면 피카소의 그림은 구상인가요, 추상인가요.

예술 수업

사실 모든 구상은 추상성을 띠고 있습니다. 즉 회화작품은 외부의 대상을 아무리 자연스럽게 있는 그대로 화폭에 옮겨놓았다 해도 추상의 성격을 띱니다. 그림은 삼차원을 이차원의 평면에 옮겼고, 또한 화가의 시각, 즉 관점에 따라 대상 사물을 단순화해서 일부를 생략했기 때문이죠.

반면 흔히 추상이라고 불리는 많은 작품들은 구상의 속성을 띠고 있습니다. 눈에 보이는 것만이 대상의 전부라고 생각한다면 피카소의 그림을 그저 추상이라 할 것입니다. 그러나 피카소의 그림은 앞에서 봤듯이 대상을 더 정확하게 알기 위해 여러 시점으로 본 모습을 담았습니다. 그래서 어쩌면 그의 그림은 더 구상적이라고 해야 할 것입니다.

구상과 추상의 구분이 모호한 이 맥락에서, 칸딘스키와 동시대에 활동한 화가들이 벌인 추상화작업이 담고 있는 차이를 언급할 수 있습니다.

당대의 화가 피터르 몬드리안Pieter Mondriann(1872~1944)도 수직선과 수평선의 구도로 평면을 분할하는 추상작업을 했습니다. 그런데 몬드리안의 기하학적인 추상은 세상의 모든 대상을 수직과 수평의 구도로 파악하고자 하는 작가의 의도에서 비롯된 것입니다. 1909년에 그린 〈빨간 나무〉에서 나무는 수직과 수평으로 캔버스를 분할하다가 1911년의 〈회색 나무〉에서 무채색으로 변하더니 1912년에 그린 〈만개한 나무들〉에서는 수직과 수평의 교차로만 표현되고 있습니다.

몬드리안의 대표작으로 꼽히는 〈브로드웨이 부기우기〉는 수

피터르 몬드리안, 〈빨간 나무〉
(1909), 〈회색 나무〉(1911), 〈만개한
나무들〉(1912)

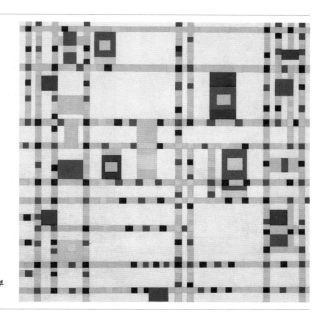

피터르 몬드리안, 〈브로드웨이 부
기우기〉(1942~43)

직과 수평으로 분할된 뉴욕의 거리를 재즈 연주기법인 부기우기
의 느낌으로 그리고 있습니다. 나는 이 그림보다 뉴욕을 구체적
으로 잘 묘사한 그림을 알지 못합니다. 이렇게 몬드리안의 추상
은 대상이 있는 구상이기도 합니다.

　동시대의 러시아 화가 카지미르 말레비치Kazimir Severinovich Malevich
(1878~1935)도 추상화작업을 했습니다. 그는 〈검은 사각형〉을 비롯
해 일련의 사각형을 다룬 자기 작품들을 절대주의suprematism라고
부릅니다. 이러한 그림들은 그가 이전에 그린 〈나무꾼〉에 나타
나기 시작한, 대상을 기하학적으로 분할하던 방식이 발전한 것
입니다. 그런데 말레비치의 추상은 그것을 일컫는 절대주의가

카지미르 말레비치, 〈나무꾼〉(1912), 〈검은 사각형〉(1915)

내포하듯이 이콘의 전통으로 이해할 수 있습니다. 이콘처럼 절대세계를 상징하는 것이죠. 요컨대 말레비치의 추상에도 대상은 존재합니다.

　그러나 칸딘스키의 추상화는 이들의 그림과 달리 대상을 그리고 있지 않습니다. 바꾸어 말하면 그의 추상화는 무엇을 대리하지 않습니다. 무엇을 재현하지 않아서 칸딘스키의 추상은 그림 밖의 어떤 사물이나 상징에도 얽매이지 않습니다. 그에게 중요한 것은 작품을 이루고 있는 선, 색, 형태 자체입니다.

　그렇다면 칸딘스키의 추상을 이루는 선과 색과 형태는 무엇일까요. 이를 밝히려면 그의 추상이 물질적인 환경과 조건에서 완전히 벗어난 것인지 따져봐야 합니다.

　　　　　　　　　　　예술 수업

그림을 그리는 일은 물질에 의존하기 마련입니다. 먼저, 그림은 캔버스라는 물적 환경에 구속됩니다. 만일 캔버스라는 화면의 실재가 강하게 부각되면 그림은 장식적인 디자인의 성격을 띠게 됩니다. 다음으로 표현재료인 선, 색, 형태의 물적 조건입니다. 순수예술을 표방하는 입장에 서면 예술가는 자기 손재주에 의존하는 현란한 기법들의 잔치를 벌일 가능성이 높습니다. 그러면 그림에는 어떻게 표현하느냐 하는 기법의 문제만 남습니다. 그림을 그리는 물질적인 환경과 조건에 얽매이면 장식문양 같은 영혼이 없는 추상을 낳을 뿐입니다.

칸딘스키의 그림이 물질주의를 배격하는 과정에서 그의 추상은 재현예술, 장식예술, 순수예술이라는 함정을 넘어섭니다. 칸딘스키는 영혼 또는 정신을 어떻게 스스로 나타나게 할지 고민할 때 그림과 음악의 접점을 고려했습니다.

음악은 외부의 어떤 사물을 재현하지 않고 자체 음들이 스스로 표현하며 감동을 주죠. 그리고 악기에서 나는 소리는 악기라는 물적 조건에서 벗어나 다른 음들과의 관계를 통해 의미를 획득합니다. 선과 색과 형태도 이처럼 자기 내부의 충동에 따라 발산하면서 서로 비율을 이루어 조형성을 띠고 오케스트라와 같은 울림을 낼 수 있습니다. 여기서 조형성은 하모니와 같은 역할을 하여 음악처럼 그것을 대하는 이의 마음을 움직입니다. 이때 형태가 추상적일수록 그 호소력은 더 명료하고 더 직접적입니다. 이것을 칸딘스키는 '영혼의 떨림'the spiritual vibrations이라고 표현하죠.

드미트리 쇼스타코비치, 〈재즈 모음곡 2번 왈츠Ⅱ〉 by Russian State Symphony Orchestra

바실리 칸딘스키, 〈노랑 빨강 파랑〉(1925)

그래서 칸딘스키의 그림은 음악을 들으면서 보면 더 잘 보입니다. 그의 다른 그림도 볼까요. 드미트리 쇼스타코비치Dmitry Dmitriyevich Shostakovich(1906~1975)의 음악과 함께 말이죠.

물화(物化)한 세계의 문제는 현실성을 상실한다는 데 있습니다. 물화한 인식은 대상을 계량화해서 보며 그것을 객관적인 현실이라고 주장하지만, 사실 대상의 본질을 덮는 수치로 사물을 파악하여 현실을 왜곡하고 있는 셈입니다. 그렇게 물화하면 각각의 개성은 없어지고 영혼도 소멸합니다. 이러한 연유에서 칸딘스키는 물질주의가 만물의 생명을 악함과 쓸모없는 유희로 변질시킨다며 추상예술 작업을 시작했던 것입니다.

예술 수업

그림이 단순히 대상을 묘사하는 작업이 아니라는 사실을 확인하고 나니 샤갈의 그림이 조금씩 보이기 시작합니다.

〈손가락이 일곱 개인 자화상〉에서 샤갈은 손가락이 일곱 개로 보일 만큼 그림 그리느라 바쁩니다. 그런데 자화상 안에서 그가 그리는 것은 농부가 소를 몰고 교회당이 있는 농촌 풍경입니다. 그 그림 위로 샤갈의 머릿속인 듯 농가가 보입니다. 그런데 창밖으로는 에펠탑이 보입니다. 지금 샤갈은 프랑스 파리에 있습니다. 그러나 그가 그리는 것은 고향의 풍경입니다.

우리가 체험하는 바인데, 만일 누군가를 깊이 사랑해서 그리워하고 있다면, 바로 앞에 펼쳐져 있는 세상보다 그리운 그 / 그녀가 더 선명하게 눈앞에 떠오릅니다. 그리운 대상은 현재 그저 보이는 대상들보다 더 또렷하게 보입니다. 샤갈이 자화상에 그린 것은 그리움입니다.

샤갈의 그림들을 보고 있으면 잠을 자면서 꾸는 꿈이 그럴 거라는 생각이 듭니다. 그리워하는 것은 꿈속에서 선명한 색채로 유동하지요.

샤갈은 고향 비텝스크를 떠나 파리로 와서 그림을 그렸습니다. 그런데 파리에서 그는 러시아의 고향을 그리워하고, 그곳에서 지낼 때는 무심하게 지나쳤던 풍경이 더 선명하게 떠올랐습니다. 〈손가락이 일곱 개인 자화상〉입니다. 재미있는 사실은, 나중에 그는 파리를 떠나 뉴욕을 거쳐 생폴드방스에 정착하는데,

마르크 샤갈, 〈마을과 나〉(1911), 〈에펠탑의 신랑 신부〉(1938)

이때 그가 그린 것은 에펠탑이 있는 파리의 풍경이라는 점입니다. 그는 그리움을 그린 거죠.

그리움을 낳는 것은 사랑입니다. 샤갈은 첫 아내 벨라를 끔찍이도 사랑하며 30년을 함께 살았습니다. 벨라가 죽자 샤갈은 한동안 삶의 의욕을 잃었다가 바바를 만나 활기를 되찾고 또 30여 년을 그녀와 살았습니다. 사랑할 줄 아는 사람이었죠. 사랑은 샤갈이 백 년 가까이 살면서 많은 사람들이 좋아하는 그림을 그린 원동력이기도 합니다.

예술 수업

*

왜 사랑하는지 묻는다면 샤갈은 뭐라고 대답할까요. 그의 그림들을 보고 있으면 그가 이렇게 말하지 않을까 하는 생각이 듭니다.

　이유가 있어서 사랑하는 것은 아니니 사랑이 뭔지 말하기 어렵다고. 진정한 사랑이란 왜 사랑하는지 그 까닭은 알지 못해도 살아가는 많은 이유를 만든다고. 사랑은 아마도 그런 것일 겁니다.

경험했지만
말하지 못했던 것들

타르콥스키의
〈희생〉이 남긴 것

레오나르도 다빈치, 〈동방박사의 경배〉(1481~82)

"인간 존재의 잃어버린 원천을 다시 찾으려 했다.
말이 한때 가졌던 신비한 역할이 사라진 오늘날,
이미지는 말보다 그 역할을 더 잘 수행할 수 있다."

—타르콥스키

안드레이 타르콥스키Andrei Arsenevich Tarkovsky(1932~1986)는 세상을 떠나면서 영화 〈희생〉을 발표합니다. 그의 나이 54세 때였죠. 스웨덴에서 찍은 이 영화는 그가 불치의 병에 걸린 후 만든 작품으로, 멀리 떨어져 살고 있는 어린 아들에게 남기는 유산이기도 했습니다. 영화 마지막에 다음과 같은 자막이 떠오릅니다.

> 나의 아들 안드류샤를 위해, 희망과 확신을 가지고 이 영화를 만들다.

〈희생〉은 레오나르도 다빈치Leonardo da Vinci(1452~1519)의 그림 〈동방박사의 경배〉를 배경으로 바흐의 〈마태 수난곡〉이 흐르면서 타이틀이 올라간 다음, 아버지 안드레이가 아들 고센과 함께 바닷가에 죽은 나무를 심고 물을 주는 장면으로 시작합니다.

첫 장면에서 아버지가 아들에게 전해 내려오는 이야기를 들려줍니다. 어느 수도사가 죽은 나무를 심고 3년간 꾸준히 물을 주었더니 그 나무가 살아났다는 전설. 그리고 마지막 장면. 아버지가 떠난 뒤 아들 고센이 혼자 그 죽은 나무에 물을 줍니다. 오랫동안 물을 주자 죽은 나무가 되살아났다는 터무니없는 전설이 영화의 처음과 마지막을 감쌉니다.

타르콥스키는 단 일곱 편의 영화를 만들었지만 영화예술에

죽은 나무를 함께 심는 첫 장면(위)과 홀로 남은 아들 고센이 나무에 물을 주는 마지막 장면(아래)

커다란 자취를 남긴 예술가입니다. 그의 작품에 대한 찬사는 끝없이 이어지는데, 잉마르 베리만[1]은 "타르콥스키는 20세기 후반의 가장 뛰어난 영화감독"이라고 했는가 하면, 레오 카락스[2]는 심지어 "타르콥스키, 그는 현대영화의 유일한 예술가이다"라고까지 말했습니다.

그런 타르콥스키가 세상을 떠나면서 어린 아들을 위해 희망과 확신으로 만든 영화, 이해할 수 없는 전설 이야기로 시작해서 끝나는 영화는 과연 어떤 희망에 대한 확신을 말하고 있는 걸까요.

영화의 탄생

1895년에 태어난 영화는 요즈음 대중의 사랑을 가장 많이 받는 예술 장르일 겁니다. 오락의 영역까지 아우르면서 복제를 통해 어디서나 접할 수 있는 강점 때문입니다. 또한 여러 예술 장르를 혼합한 종합예술의 성격을 띠고 있어서이기도 합니다.

---

1 **잉마르 베리만**Ingmar Bergman(1918~2007) 스웨덴의 영화감독. 성직자 집안 출신으로 신과 인간의 문제를 비롯해서 존재의 근원을 탐구하는 여러 형이상학적인 문제들을 영화의 주제로 삼았다. 〈제7봉인〉, 〈페르소나〉, 〈가을 소나타〉, 〈화니와 알렉산더〉 등 60여 편의 영화를 남겼다.
2 **레오 카락스**Leos Carax(1960~) 프랑스의 영화감독으로, 본명은 알렉상드르 오스카 뒤퐁 Alexandre Oscar Dupont이다. 영상의 효과를 극대화하는 연출을 중시하여 새로운 이미지라는 뜻의 누벨 이마주Nouvelle Image 경향을 이끈 감독으로 평가받고 있다. 〈퐁네프의 연인들〉, 〈홀리 모터스〉 등의 영화를 찍었다.

스크린에 비치는 영상은 미술의 영역을 포함하고, 배경에 음악을 사용할 뿐 아니라 음악처럼 리듬으로 흐르며, 인물들의 움직임은 연극과 춤을 아우르고, 영상으로 진행되는 스토리는 문학을 포괄합니다. 외형에서만 종합예술인 것은 아닙니다.

하나의 사진 프레임frame으로 시작해서 그런 사진 24장이 1초 안에 순차적으로 비춰짐으로써 움직임을 만들어내는 영화는 장면이 컷cut되어 쇼트shot를 이루고, 쇼트들이 합쳐져 시퀀스sequence로, 시퀀스들이 결합하여 신scene으로, 신들이 모여 한 편의 작품film을 이룹니다. 영화는 마치 현실처럼 연속적이라는 인상을 주지만, 실제 현실과는 달리 여러 단계에 걸쳐 분절돼 있는 조각들이 편집되어 만들어집니다.

이러한 구성은 특히 음악과 문학이 짜이는 방식과 같습니다. 예컨대 음악에서는 음표들이 모여 마디를 이루고 몇 개의 마디가 모여 모티프를 형성하여 일정하게 진행된 이후 하나의 악장을 만들고 네댓 개의 악장으로 교향곡이 완성됩니다. 문학에서는 알파벳 철자들이 모여 단어가 되고 단어들이 뭉쳐 문장을 이루며 몇 개의 문장은 주제를 가지고 단락을 형성하고 여러 단락이 진행되어 한 편의 소설이 마무리됩니다. 또한 영화를 그림으로 이야기하는 장르라고 말하기도 하는데, 그것은 곧 미술과 문학의 결합을 언급하는 셈입니다. 이처럼 영화가 종합예술이 되는 데는 테크놀로지가 크게 기여했습니다.

아예 처음에는 영화가 예술이 아니라 과학기술의 성과였습니다. 자연과학을 세상의 원리를 파악하려는 학문체계라고 한다면,

뤼미에르 형제, 〈시네마토그래프〉(1895)

그것을 실지에 응용해 생활에 유용한 여러 기구들을 만들어내는 것을 테크놀로지, 즉 과학기술이라고 합니다. 시네마토그래프 cinematograph는 과학기술이 낳은 발명품이었습니다.

1895년 12월 28일 밤 9시, 파리의 그랑 카페에서 뤼미에르 형제[3]가 처음으로 스크린에 영상을 투사해 보여주었을 때 각종 신문들은 새로운 발명품이 출현했다며 흥분하여 보도했고, 사람들은 테크놀로지를 통해 기록의 신기원을 이룩했다며 크게 감탄했습니다.

자연과학의 기반은 객관적인 사실에 바탕을 둔 신빙성입니다. 초기 영화, 즉 활동사진은 움직이는 실제 세계를 똑같이 재현했다는 점에서 사람들의 찬사를 불러일으켰죠. 현실을 정확하게 기록하여 신빙성을 높인 점에 놀란 것입니다. 그 기계를 시네마토그래프라고 했는데, 여기서 그래프는 기록이라는 뜻입니다. 뤼미에르 형제도 기계 시네마토그래프를 특허 출원함으로써 테크놀로지의 성과로 발표했습니다.

글자가 생기기 전에 인류는 신화를 가장 진실한 텍스트로 받아들였습니다. 온갖 자연현상들은 신화에 따라 해석됐죠. 글자가 생기고부터는 글로 쓰인 기록물들이 가장 정확한 기록으로 인정받았습니다. 그 뒤 오랫동안 인류는 사실들을 기록하여 역사를 남겼습니다. 사진이 등장하자 글은 거짓을 말할 수 있지만 사진은 현실을 정확하게 기록한다고 평가했습니다. 그러다가 곧 시네마토그래프가 나왔습니다. 움직임까지 그대로 담았으니 더 이상 확실한 기록은 있을 수 없다고 여겼습니다.

---

3   **뤼미에르 형제** 프랑스의 발명가인 형 오귀스트 뤼미에르Auguste Lumière(1862~1954)와 동생 루이 뤼미에르Louis Lumière(1864~1948)를 가리킨다. 이들은 최초의 촬영기이자 영사기인 시네마토그래프를 발명하여 1895년 2월 13일에 특허권을 받았다. 뤼미에르 형제는 이 기계를 이용해 프랑스 남동부 라 시오타 역에 도착하는 기차를 촬영해서 그해 12월 28일 파리에서 처음으로 대중에게 선보였다. 이때 상영된 50초짜리 흑백 무성영화 〈열차의 도착〉L'Arrivée d'un train en gare de La Ciotat을 본 관객들은 움직이는 기차를 보고 놀라 비명을 지르며 몸을 피했다고 한다.

그런데 이러한 과학적 정밀성과 신빙성은 영화가 예술로 발전하는 데 장애가 되었습니다. 예술은 의미와 해석의 문제로, 현실과 일대일로 정확하게 대응한다고 인지되는 영화는 예술이 되기 어려웠습니다. 관객은 현실을 그대로 재현하는 테크놀로지에 찬사를 보냈지만, 현실과 똑같으니 그다음에 어떠한 의미도 찾을 필요가 없었습니다. 기차가 도착하는 장면을 보면서 스크린의 기차가 객석을 덮치지 않을까 걱정했을 뿐입니다.

의미가 생기려면 선택이 가능해야 합니다. 자동적으로 그것이 그것이라면 의미는 없습니다. 그것이 이것이 아닌 까닭에서 의미가 생깁니다. 예컨대 A 다음에 B가 오고 다음에 C가 온다는 것을 안다면 Z까지 말하지 않아도 자동적으로 그럴 것이니 의미를 생각할 필요가 없습니다. 3강에서 말했듯이 당연하다고 여기는 곳에는 의미가 없죠. 그러나 A 다음에 B 또는 C가 올 수 있는데 A 다음에 C가 왔다면, Z까지 기계적으로 쭉 전개되지 않을뿐더러 B가 아닌 C가 온 까닭이 생기는 것입니다.

우리는 과학기술을 당연하게 여깁니다. 그렇지만 과학기술을 전적으로 신뢰할 수 있을까요.

현대는 과학과 기술의 시대입니다. 주위에서 급속하게 팽창하는 자연과학과 그에 따른 테크놀로지의 발전은 경이롭기까지 합니다. 이에 대한 현대인의 반응은 어떠한가요. 감히 넘볼 수 없는 과학기술에 찬사를 보내며 그것에 적응하려고 급급합니다.

뤼미에르 형제, 〈열차의 도착〉(1895)

"거기에서는 모든 것, 즉 지구, 나무, 물, 공기 등이 모두 회색의
모노톤을 띤다. 이것은 생명이 아니라 생명의 그림자일 뿐이고,
움직임이 아니라 움직임의 소리 없는 그림자일 뿐이다."

— 막심 고리키

그럴 때 과학기술은 이미 종교가 되어버립니다.

종교의 기본속성은 믿음입니다. 어떠한 의심도 없어야 종교의 세계에 들어갈 수 있습니다. 현대인은 테크놀로지의 편리함에 젖어서 그것 없이는 살기 힘들고, 따라서 과학기술에 절대적인 신뢰를 보내고 있습니다. 이러한 태도를 과학주의scientism라고 하는데, 이는 대단히 비과학적인 자세라고 할 수 있습니다. 이성을 가지고 따지는 태도에서 과학이 발전했다는 사실을 잊은 것입니다.

과학기술은 대단하긴 하지만 그렇다고 완벽하지는 않습니다. 쉬운 예를 들어 사람들의 시간을 절약해주는 여러 테크놀로지가 발달했는데, 과연 현대인은 시간의 여유를 즐기고 있을까요. 오히려 이전 시대 사람들보다 더 바쁘고 시간에 쫓깁니다. 이러한 아이러니는 과학기술이 마치 양날의 칼처럼 장점과 단점을 동반한다는 사실을 말해줍니다. 생명공학biotechnology의 발달에 따른 유전자 조작으로 식량의 증대를 이뤘지만, 어쩐지 그런 농산물은 먹고 싶지 않은 것도 마찬가지 이유에서입니다.

그럼에도 지금 자연과학과 테크놀로지는 자기 자신을 과신하며 한계를 모르고 폭주하고 있는 실정입니다. 현대인의 종교적인 믿음에 힘입어 성찰이나 반성은 자연과학 영역 밖의 일로 간주합니다. 그러면서 무한한 진보로 풍요로운 미래를 열겠다고 합니다. 그러나 우리가 주위에서 보는 것은 그것에도 부작용이 있다는 사실입니다. 생태계 파괴, 핵전쟁 위험, 인간 정체성의 혼란, 나아가 생명 자체를 소멸시킬 수도 있다는 걱정을 낳습니다.

이것은 자연과학과 테크놀로지의 자기중심주의가 낳은 결과이며, 인간 이기심의 또 다른 면모입니다.

영화가 탄생했을 때 과학기술의 신빙성은 영화를 예술로 보기 어렵게 했지만, 시네마토그래프가 현실을 아무리 정밀하게 기록한다 해도 그것은 진짜 현실일 수 없습니다. 의미를 찾을 필요가 생긴 것이지요.

그림은 이야기를, 말은 그림을

기호학자 유리 로트만Iuri Lotman(1922~1993)은 영화의 기원을 과학기술이 아닌 문화사에서 찾습니다. 영화가 말과 그림이라는 서로 다른 두 종류의 기호가 충돌하는 지점에서 나왔다고 분석한 거죠. 그의 책《영화의 형식과 기호》는 영화가 탄생한 기반을 테크놀로지가 아닌 문화사 차원에서 보게 해줍니다.

사람들이 뭔가를 표기하는 방식은 크게 두 종류로 나뉩니다. 하나는 그림기호인데, 그것은 대상을 자연스럽게 지칭합니다. 예를 들어 도로 표지판은 어느 나라에서나 비슷하게 횡단보도인지 자동차 전용도로인지 가리킵니다. 간판에 그려진 안경이나 빵의 형상은 그 가게에서 무엇을 파는지를 금방 알려줍니다. 또 하나는 오랜 세월 약속에 의해 만들어진 부호로, 그 대표적인 예가 단어입니다. 그런데 각 낱말은 다른 언어를 사용하는 지역에서는 소통되지 않습니다. 태양, 日, sun처럼 말이죠. 인습기호이

파벨 페도토프, 〈첫 훈장을
받은 관리의 아침〉(1846)

기 때문입니다.

이 두 기호는 자기 방식의 예술 표현을 만들어냅니다. 단어는
구문을 형성하여 이야기를 만들죠. 거기서 언어예술, 즉 소설이
나 희곡 등과 같은 문학이 나옵니다. 반면에 그림기호는 회화나
조각 등과 같은 시각예술을 만듭니다.

그런데 이 두 방식은 각기 자기 속성을 위반하고 상대의 특성
을 지향하는 성질이 있습니다. 그림은 이야기를 하려 하고, 말은
그림을 떠올리게 합니다.

파벨 페도토프Pavel Fedotov(1815~1852)의 그림 〈첫 훈장을 받은
관리의 아침〉을 보면 한 편의 소설을 읽는 듯합니다. 젊은 여자

가 남자의 구두를 들고 빛 독촉을 하고 있고, 이에 흥분한 남자는 자기가 누군지 아느냐는 듯 가슴에 달린 훈장을 가리키고 있습니다. 그러나 여자는 전혀 위축되지 않습니다. 사내는 정성껏 머리카락을 말아 올려 잔뜩 멋을 부렸지만, 실내화도 신지 않은 맨발인 데다 뒹굴고 있는 술병, 찢어진 휴지 조각, 줄이 끊어진 기타 등 그의 멋 낸 치장과 헝클어진 방의 환경이 어긋나 아이러니를 일으키면서 이야기를 만들고 있습니다. 가슴에 단 훈장은 구멍이 난 가운 탓에 의미를 잃어, 구두를 빼앗긴 관리가 과연 출근은 할 수 있을까 하는 생각이 들게 되지요. 그림이 이야기를 하고 있습니다.

반면 소설과 같은 언어예술이 꼭 스토리만 전달하는 것은 아닙니다. 우리는 소설을 읽으면서 거기에 나오는 인물과 상황을 머릿속에서 그림으로 그립니다. 황순원의 단편소설 〈소나기〉를 예로 들어볼까요. 우리는 이 소설을 읽으면서 도회지에서 온 하얀 피부의 소녀와 시골에서 자란 검게 그을린 소년을 떠올립니다. 갑자기 쏟아지는 소나기를 피해 짚단 사이에 웅크리고 있는 소년과 소녀의 모습도 그립니다.

이렇게 자기 속성과 달리 그림이 이야기를 하고, 문학이 그림을 그립니다. 인류가 뭔가를 표현하려고 사용한 각기 다른 부호가 서로 상대의 특성을 추구하고 있는 겁니다. 그러다가 19세기 말 테크놀로지의 발달로 그것이 구현되었습니다. 그림으로 이야기하는 장르이자 이야기로 그림을 그리는 장르인 영화가 나온 것입니다.

예술 수업

그러니까 영화는 인류의 오래된 두 가지 표현방식이 테크놀로지의 도움을 받아 하나로 합쳐진 것이라 할 수 있죠. 영화의 역사는 짧지만 그 표현의 문화사는 길다고 할 수 있습니다.

언어의 감옥을 탈출하는 법

셰익스피어의 《로미오와 줄리엣》에서 줄리엣은 자신과 로미오를 갈라놓는 두 가문 몬터규가와 캐퓰릿가, 그 가문의 이름으로 관습화한 세상의 벽을 향해 절규하듯 독백합니다.

> 그대 이름만 내게 원수일 뿐. 몬터규가 아니어도 당신은 당신인데. 몬터규가 대체 뭐란 말인가. 손이나 발, 팔이나 얼굴을 그렇게 부를 수도 있잖아. 이름이 무엇이기에! 장미꽃을 장미꽃이라 부르거나 말거나 그 향기는 마찬가지인데. 로미오를 로미오라 부르지 않더라도 그대는 여전히 소중할 거예요. 로미오, 그 이름을 버리고 나를 전부 가지세요.

장미꽃은 장미꽃이라 부르지 않아도 장미꽃입니다. 그렇듯이 로미오는 로미오라 부르지 않아도 줄리엣이 사랑하는 로미오입니다. 그럼에도 그렇게 부르는 말 때문에 줄리엣과 로미오는 사랑을 이루지 못하고 있습니다.

그렇다면 언어란 과연 무엇일까요. 일반적으로 언어는 소통의 도구라고 합니다. 그래서 언어는 내용을 대리하는 형식이라고 생각합니다. 20세기의 뛰어난 언어학자로 꼽히는 에밀 뱅베니스트Émile Benveniste(1902~1976)는 《일반언어학의 제문제》를 이러한 관점에서 저술하고 있습니다.

> 언어의 역할은 대체물의 자격으로 다른 사상을 환기함으로써 그것을 표상하는 것이며, 그렇게 함으로써 대리화하는 것이다.

이것은 모두가 동의하는 언어에 대한 견해입니다. 진짜인 실체가 따로 있고 언어가 그것을 가리키는 일종의 라벨이라는 것이죠. 그러니까 '빵'이라고 말한다 해서 배부를 수 없고, '자동차'라는 단어를 탈 수 없다는 겁니다. 그럼에도 언어가 사람들의 삶을 지배합니다.

그것은 인간이 언어 안에서 살기 때문입니다. 모든 것을 말로 표현하여 소통하고, 언어가 없다면 심지어 생각도 할 수 없습니다. 또한, 내용을 대리하는 언어의 형식에 많은 사람들이 오랜 세월 동의한 관례가 자리 잡고 있다는 점 때문입니다. 인간은 그렇게 자신이 속한 세상의 관습 안에서 살고 있죠. 그래서 롤랑 바르트Roland Barthes(1915~1980)는 이렇게 말하기까지 했습니다.

> 모든 언어는 분류이며, 모든 분류는 억압이다. 자유는 언어 밖에서만 존재할 수 있다. 그러나 불행하게도 인간의 언어에는 출구가 없다.

바르트는 줄리엣의 절규처럼 실재를 닫아버린 언어의 감옥을 말하고 있습니다. 그렇지만 그의 언급과 달리 언어 밖으로 나가는 출구는 있습니다.

지금까지 다룬 언어는 인습에 따라 세상을 재단하는 2차 언어라고 할 수 있습니다. 그러나 말해지는 순간 의미를 탄생시키는 언어, 즉 원초언어는 언제나 존재합니다.

연극 연출가 콘스탄틴 스타니슬랍스키⁴가 배우를 훈련하면서 유명한 과제를 낸 적이 있습니다. '오늘 밤'이라는 말을 마흔 가지로 표현해보라는 것이었죠. 그렇다면 이 단어를 어떻게 여러 상태로 표현할까요. '오늘 밤'은 특정한 시간대를 가리키는 말에 국한되지 않습니다. 그것을 말하는 사람의 상태와 감정에 따라 다른 의미를 띨 수 있습니다. 예를 들어 오늘 밤에 사랑하는 연인을 만날 사람, 오늘 밤에 힘겨운 시험을 치러야 하는 사람, 오늘 밤을 외롭게 혼자 보내야 하는 사람, 이런 사람들은 제각기 다르게 '오늘 밤'을 말할 겁니다. 억양도 뉘앙스도 자기가 놓인 상황에 따라 다르겠죠. 그래서 '오늘 밤'은 분명히 마흔 가지 이상으로 달리 표현될 수 있습니다. 수재민이 듣는 '비'라는 말과 사막에 사는 사람들이 듣는 '비'라는 단어가 다르듯이 말이죠.

---

4 **콘스탄틴 스타니슬랍스키Konstantin Stanislavsky(1863~1938)** 러시아의 연극 연출가이자 배우. 상투적이고 과장된 이전 배우들의 연기를 극복하고 맡은 배역의 내면을 진실하게 드러내는 연기법을 개발해 배우 훈련과 공연에 도입했다. 그가 만든 스타니슬랍스키 시스템은 지금도 배우들 연기의 교범이다.

우리는 상대의 말을 들으면서 그것이 가리키는 어떤 정보뿐 아니라 그 말을 하는 사람의 마음이나 상태까지 듣습니다. 말하자면 언어가 특정한 뭔가를 대리하여 지칭하는 데 그치지 않고, 발화(發話) 자체가 의미를 담고 있는 것입니다. 말은 탄생하는 순간 자신의 육체를 지니고 있는 것이죠. 그리고 그것은 소통이 아니라 교감을 위해 기능합니다. 이것을 원초언어라고 할 수 있습니다.

그럼에도 사람들이 원초언어를 잊고 2차 언어에만 집착한다면 역동적인 창의성을 상실한 채 판에 박힌 세계에 갇히는 꼴이 되기 쉽습니다. 2차 언어만 바라보는 사회는 궁핍할 수밖에 없죠. 《로미오와 줄리엣》은 관습적인 질서에 갇힌 세상에서 사랑을 잃은 연인의 비극이라고 해석할 수 있습니다.

모든 예술은 2차화하기 이전의 언어, 바로 원초언어를 사용합니다. 탄생하는 순간 의미를 부여받는 언어, 창조적인 속성을 지니고 있는 언어, 그 언어는 사변으로는 결코 도달할 수 없는 세계에 가 닿습니다. 형언할 수 없지만 체험할 수 있는 세상을 말해줍니다. 영화에서는 그 원초언어를 이미지라고 합니다.

이미지라고 하면 시각만을 뜻한다고 생각하기 쉬운데, 한 가지 실험을 해보도록 하죠.

나무

자, '나무'라고 했습니다. 그랬더니 여러분의 머릿속에 무엇이 떠오르나요. 네, 그렇습니다. 아주 다양한 나무들이 떠올랐을 겁니다. 사람들마다 다 다르게 말이죠. 자기가 살아온 배경과 지식에 따라 나무의 이미지는 모두 달라서 아주 풍요롭습니다.

그래서 많은 체험은 삶에서 무척 중요합니다. 그 사람의 상상력이 풍부해지니까요. 만일 힘들게 지내왔다면 그것은 기억을 더 넉넉하게 해주어, 앞으로 살아가는 데 큰 힘이 될 겁니다. 기억이란 그런 것이니까요. 기억은 옛날이 아니라 현재에 살아 있는 과거로, 미래를 여는 힘입니다.

그럼 이번에는 나무 그림을 보여주면 어떨까요.

카미유 피사로, 〈오스니의 밤나무〉(1873)

그림을 보니 나무라는 것을 누구나 알 수 있습니다. 그런데 이 그림을 본 사람들에게 '나무'라고 하면 그림과 같은 나무만 떠오릅니다.

그렇습니다. 이미지는 시각적인 영상만을 뜻하지 않습니다. 시각적인 자료를 보여주니 도리어 상상력이 축소되기도 한다는 점을 우리는 방금 실험을 통해서 확인했습니다.

원초의 언어인 이미지는 인간의 모든 오감과 관련이 있습니다. 촉각과 관련된 따가운 이미지나 차가운 이미지도 있고, 후각과 관련된 향긋한 이미지도 있으며, 달콤한 이미지라며 미각에 연관되기도 하고, 조용한 청각 이미지도 있습니다.

타르콥스키는 영화를 찍는 까닭을 말한 적이 있습니다. 2차 언어의 굴레에서 벗어나 원초언어를 회복하겠다는 겁니다.

우리 인간 존재의 잃어버린 원천을 다시 찾으려 했다. 말은 무술적(巫術的) 차원과 마법에 홀리게 하는 차원을 상실하고, 말이 한때 가졌던 신비한 역할이 사라진 오늘날, 이미지는 말보다 그 역할을 더 잘 수행할 수 있다. 말은 점차 내용 없는 잡담으로 변질되었다. 말은 더 이상 아무것도 의미하지 않는다. 우리는 질식할 정도로 많은 정보에 시달리고 있다. 그러나 정작 삶을 변화시킬 수 있는 가장 중요한 소식들은 우리에게 전달되지 않는다.

2차 언어가 관습에 따라 굴절된 세상이 사람의 인식으로 들어오는 언어라면, 원초언어는 세상을 곧바로 인식하는 언어입니

예술 수업

다. 그래서 이미지에는 상상력이 포함된 풍부한 해석과 사유가 함유돼 있죠. 이미지는 시각적인 영상이 아니라 그것에서 유발되어 울리는 근원적인 사유인 것입니다.

원초언어는 그래서 관례화한 2차 언어로는 도달할 수 없는 세상에 닿습니다. 인습과 같은 매개 없이 말이죠. 그래서 원초언어는 강렬하며 또한 솔직합니다.

의미 없는 일의 가치

타르콥스키는 자신의 예술관을 모아 《봉인된 시간》이라는 책을 냈습니다. 그런데 이 책에서 그는 '예술이란 무엇인가'라고 묻지 않고 '예술은 무엇을 하는가'라고 묻습니다. 이 질문은 예술의 실천과 관련된 물음입니다.

> 전문적인 영화의 문제로 들어가기 전에 나의 예술관을 표명하는 것이 중요하게 생각된다. 예술은 무엇을 위해서 존재하는가? 누가 예술을 필요로 하는가? 예술은 도대체 어떤 누구에 의해서 사용되는가? 일반적으로 한 예술작품의 의미는 그 작품에 대한 사람들의 반응과 작품과 사회 사이에서 맺어지는 관계 속에서 측정되어야 한다.

사람이 하는 모든 일은 실지에서 그 가치를 확인할 수 있습니다. 예술도 그렇습니다. 예술의 실천이 예술의 존재가치를 입증

하는 것이죠. 그래서 타르콥스키는 자신의 예술관, 나아가 예술의 본질을 예술의 실천을 통해서 밝히고자 합니다.

'예술이란 무엇인가'라는 물음과 '예술은 무엇을 하는가'라는 질문은 사실 상이한 차원의 문제가 아니라, 예술이 무엇이기에 무엇을 할 수 있는가 또는 예술이 무엇을 할 수 있기에 무엇인가로 연계되는 문제입니다. 어떤 것의 활동은 본래의 속성에서 나오며 때로는 본래의 성질을 규정하기도 한다는 점에서 예술의 실천은 예술의 본질에 관련된 문제입니다.

그런데 예술의 실천이라고 하면 많은 사람들이 프로파간다propaganda를 떠올립니다. 어떤 이념이나 사상을 선전하는 일, 또는 뭔가를 고발하거나 계도하는 일을 예술의 실천으로 여기는 것이죠. 그런데 타르콥스키가 다음과 같이 말했습니다.

우리가 만일 예술이 주는 경험에 주의를 기울여 예술에 표현된 이상에 따라 자신을 변화시킬 수 있는 능력을 지녔다면 우리는 벌써 오래전에 천사가 되었을 것이다. 인간이 착한 사람이 되는 것을 '배울' 수 있다고 생각하는 것은 어리석은 일이다.

지금까지 그 많은 예술작품들이 얼마나 좋은 가치들을 다뤘던가요. 프로파간다로서의 예술이 실천됐다면 인간은 벌써 천사가 되었을 겁니다. 그러나 그렇지 못한 것을 보니, 프로파간다는 사람들에게 강요될지언정 결코 실천되지 못한다는 점을 증명한다고 하겠습니다. 수영이론을 공부했다고 곧장 수영을 할 수는

예술 수업

없는 것과 같은 이치죠. 머릿속에 추상적으로 담긴 이론적인 지식과 몸으로 체험한 실질적인 앎은 구별돼야 합니다.

《봉인된 시간》의 앞부분에는 타르콥스키의 영화를 대하는 관객들의 반응이 나옵니다. 어느 관객은 그의 영화를 이해하지 못해 머리만 아팠다고 쓰고 있습니다.

> 나는 당신의 영화를 보았습니다. 영화 속의 인물들, 사건, 그리고 회상 장면들을 서로 연관시켜서 보려는 노력에도 불구하고 반 시간이 지난 후에는 두통에 시달렸지만 그래도 끝까지 다 보았습니다. 우리 관객들은 좋은 영화, 때로는 나쁜 영화와 같이 지극히 영화다운 영화를 제공받습니다. 이런 영화는 이해할 수 있습니다. 우리는 감동을 받거나 비판적으로 거부하곤 합니다. 그러나 당신의 영화는 우선 이해하지 못하겠습니다.

타르콥스키의 영화를 이 대사는 무엇을 의미하고 이 장면은 무엇을 상징하지 하면서 보면 전혀 이해되지 않아 머리만 아픕니다. 말하자면 2차 언어로 환원하려고 하면 해석되지 않는 것입니다. 영화의 장면을 너무 유추해서 따지면 조작이나 속임수 같은 느낌이 들어 설득력과 매력을 잃는다고 한 영화감독 예이젠시테인Sergey Mikhailovich Eisenstein(1898~1948)의 지적처럼 말이죠. 2차 언어에 갇힌 사람들에게 타르콥스키의 영화는 이해를 허락하지 않습니다. 반면 그의 영화를 보고 난 다른 반응도 있습니다.

당신의 영화에 깊이 감사드립니다. 내 어린 시절은 영화와 똑같았습니다. 한데 어떻게 제 이야기를 들을 수 있었습니까? 그때는 정말 그런 바람이 불었고, 그런 소나기가 내렸었죠. 영화의 장면들은 사실 그대로였습니다.

일주일 동안 나는 당신의 영화를 네 번이나 보았습니다. 단순히 영화만 보려고 극장에 간 것은 아니었습니다. 내게 중요했던 것은, 적어도 몇 시간 동안은 진정한 삶을 산다는 것, 진짜 예술가와 함께 산다는 것이었습니다. 나를 괴롭히는 모든 것, 내가 동경하는 모든 것, 나를 흥분시키고 내게 역겨운 모든 것, 이 모든 것들을 나는 거울 속에서 보듯 당신 영화에서 봤습니다.

영화를 보면서 자기 삶을 끌어낸 관객들이 보인 반응입니다. 그들은 하나같이 자신의 삶을 어쩌면 그리 잘 알고 있는지 감탄하면서 자신들이 경험했으면서도 말하지 못했던 것들을 꺼내준 데 고마워하고 있습니다. 그들은 계산하고 해독해서 그 주제를 찾아낸 것이 아닙니다. 그들은 원초언어가 그렇듯이 영화를 체험한 겁니다. 영화를 창의적으로 접근해서 느낀 거죠. 이처럼 예술의 실천은 체험되는 데 있습니다.

상업영화 vs 예술영화

예술영화와 상업영화를 어떻게 구분할 수 있느냐 하는 질문을 드물지 않게 받습니다. 그런데 먼저 예술영화와 상업영화를 분명하게 구분하는 기준이 따로 있지 않다는 점을 말해야 할 것 같습니다.

세상에 어떤 명확한 기준이 있어서, 마치 2×2 = 4라는 공식이 있어서, 이것은 무엇이라고 정답을 매기고 정답이 아닌 것은 오답이라고 평가할 수 있다면 얼마나 좋을까요. 그렇다면 우리 인생은 편하기 그지없을 겁니다. 그 기준만 찾아 좇는다면 아무 책임도 질 필요가 없고 말이지요. 그러나 잘 알다시피 세상에는 그런 정답이 없습니다. 그게 인생이고 현실입니다.

그렇게 절대적인 기준과 정답이 없다는 점이 우리를 언제나 불편하게만 할까요? 아닙니다. 우리는 기계적이고 노예적인 개체가 아닌 스스로에게 책임지는 살아 있는 존재입니다. 이러한 맥락에서 예술영화와 상업영화를 구별하는 기준은 감상자에게 달린 경험의 영역에 속합니다.

그런데 감상자에게 달린 문제라고 해서 흔히들 예술영화는 지루한 영화라고 규정해버리기도 하는데, 그것은 편견이며 예술영화와 상업영화를 구분하는 기준이 되지는 않습니다. 또한 상업영화는 상업적으로 성공한 영화이고 예술영화는 관객이 별로 없는 영화라는 구분은 얼른 떠올리는 기준이지만 옳지 않습니다. 사실 상업영화도 흥행에 실패한 경우가 많고, 예술영화가 많은 사람들의 사랑을 받는 경우도 적잖으니까요.

예술영화를 말하기 위해서는 상업영화가 어떤 영화인지 말해보는 게 좋겠습니다. 상업영화는 상품처럼 소비되는 영화를 가리킵니다. 모든 상품이 잘 팔리지 않듯, 상업영화도 상품성을 띤다고 해서 언제나 흥행에 성공하는 것은 아니지요. 상업영화는 그것을 볼 때는 재미있고 어떤 감동마저 받았어도, 극장을 나서면 더는 아무런 감흥도 여운도 없이, 한바탕 재미있는 시간을 보냈다는 점만 남깁니다. 우리가 그 영화를 보면서 스스로 주체가 되어 생각하고 느끼기보다는 주어진 것, 이미 해석해서 내놓은 것을 그저 소비했기 때문입니다. 그래서 상업영화가 감동적이라고 해도 그 감동은 생산적이지 못합니다.

이와 달리 예술영화는 관객이 스스로 주체적으로 느끼고 그로 인해 여러 사유를 발생시키는 영화를 말합니다. 영화를 보고 나서 줄거리나 등장 배우의 이름은 기억나지 않더라도 그 여운이 남아 삶에서 어떤 생산적인 작용을 일으킵니다.

베토벤의 음악을 음악이 아닌 소음으로 듣는 사람이 있듯이, 예술영화의 이런 작용을 전혀 체험하지 못하고, 그래서 예술영화가 지루하기만 하다고 생각하는 사람이 적지 않은 게 사실입니다. 감독이 괜한 멋과 기교만 부려놓고 스스로 자기 작품을 예술영화라고 착각하는 경우도 있긴 합니다만, 여하튼 예술영화의 작용을 체험해보지 못한 사람에게는 상업영화만이 영화랍니다. 간혹 상업영화에서 얻은 감동을 가지고 자신의 주체적 사유가 아닌, 상업영화에 묘하게 담긴 요구, 주체가 아닌 소비자가 되라

예술 수업

는 강요를 인생의 표지로 삼는 사람이 있기도 하죠. 타르콥스키도 이렇게 말했습니다.

> 상업영화와 예술영화의 비극적이면서 결정적인 차이점은, 예술이 감정과 사고를 고무하는 것과 달리, 대중이 선호하는 영화는 그 쉽고 거부하기 힘든 영향력으로 말미암아 그나마 남아 있는 생각과 느낌을 회복할 수 없을 정도로 고갈시켜버린다는 점이다. 아름다운 것과 정신적인 것에 대한 욕구를 이미 완전히 상실한 사람들은 영화를 코카콜라처럼 소비한다.

터무니없는 수도사의 전설

〈희생〉의 알렉산드르는 폭풍우가 치던 어느 날 길을 잃고 헤매다가 아름다운 바닷가 집을 발견했습니다. 그곳에서 그는 아내와 행복한 가정을 꿈꿨습니다. 아들 고센도 그곳에서 태어났습니다. 그러나 아내 아델라이다의 외도와 히스테리, 그리고 과도한 이기심은 마치 가상의 핵전쟁이 세상을 파괴하듯 가정을 파탄으로 몰고 갔습니다. 알렉산드르는 자기 생일날 집을 불태웁니다. 그리고 구급차가 그를 태우고 떠납니다.

그러고 나서 마지막 장면. 홀로 남은 고센이 죽은 나무에 물을 주고 나무 밑에 누워 하늘을 바라보며 처음으로 입을 엽니다. "태초에 말이 있었다는데, 아빠, 그게 무슨 뜻이죠?" 영상은 줄기

〈희생〉의 도입부와 결말부의 영상

를 타고 물이 올라가 나무가 소생하기라도 하듯이 나무 밑에서 꼭대기로 천천히 올라가, 저 멀리서 찬란하게 출렁이는 바다를 보여줍니다.

3년 동안 정성껏 물을 주었더니 죽은 나무가 소생했다는 어느 수도사의 전설. 이 터무니없는 전설은 의미 있는 일만 좇는 현대인들에게 의미 없는 일의 가치를 전합니다. 이거다 저거다 규정해서 의미를 부여하고, 그런 일만 가치 있다는 듯이 대하는 태도는 파괴적인 폭력을 내포한 히스테리와 이기심을 닮았습니다. 2차 언어로 세상을 관습 안에 가두는 일도 이기주의의 한 모습이고요. 로미오와 줄리엣을 갈라놓는 폭력도 여기에서 나옵니다.

많은 사람들이 타르콥스키의 영화를 보기 힘들어하는데, 그의 영화는 현대인이 얼마나 조급증에 짓눌려 사는가 하는, 감독이 의도하지 않은 주제까지 담고 있습니다.

〈희생〉을 찬찬히 보고 있으면 움직이는 페테르 파울 루벤스 Peter Paul Rubens(1577~1640)의 그림을 보는 듯합니다. 위다Ouida(1839~1908)가 쓴 영국 동화 《플랜더스의 개》에서 할아버지, 충직한 개 파트라슈와 함께 우유를 배달하는 가난한 소년 넬로가 늘 보고 싶어 했던 루벤스의 그림처럼 〈희생〉의 모든 장면은 따로따로 떼어서 액자에 넣어 벽에 걸면 한 점의 명화처럼 감동을 줍니다. 그렇게 영화의 각 장면들이 원초언어로 가득하지요.

우리는 때로 아무 실리도 없고 아무 의미도 없는 일을 해볼 필요가 있습니다. 자기중심주의의 이기심이 발동하는 이성적 합

목적성에서 벗어나서 말이죠. 눈에 보이는 세계에 대한 집착에
서 벗어나서 말입니다. 그저 그림 한 점을 보기 위해 모든 어려
움을 감수하는 소년 넬로처럼.

　세상은 넬로에게 그림 그리기보다는 농사지을 작은 땅이라도
사는 게 맞다고 가르칩니다. 그런 이치를 좇기에 사람들은 부유
한 방앗간 주인 코제 씨에게 아첨하며 가난한 소년 넬로를 소외
시키죠. 교회마저도 루벤스의 그림을 돈을 내야 볼 수 있게 휘장
을 쳐서 가립니다. 그런 세상에서 넬로는 파트라슈와 함께 굶주

예술 수업

리고 추위에 떱니다. 그래도 소년은 그저 그림만 보기를 원했습니다. 드디어 넬로는 루벤스의 그림 〈십자가에서 내려지는 그리스도〉을 보면서 기쁨의 미소를 띠고 세상을 떠납니다.

작가 위다는 무역항이 있는 번잡한 도시 안트베르펜Antwerpen이 지저분하고 부산한 장사꾼들이 아니라 화가 루벤스의 그림이 있기에 의미 있는 도시라고 동화에서 직접 말합니다. 한 도시의 이름이 그 도시에 살았던 예술가의 존재 덕분에 빛나고 기억되는 것을 우리는 잘 알고 있지요.

*

희생은 자기 자신을 버린다는 뜻입니다. 그렇지만 희생은 소멸을 가리키지 않습니다. 희생은 생산을 뜻하지요. 영화 〈희생〉은 터무니없는 전설로 앞뒤를 감싸고 있습니다. 빡빡하고 촘촘한 세상에는 여백이 필요합니다. 여백은 빡빡한 세상에 빈 공간을 창출해서 새로운 무늬를 그리게 하고, 새로운 가능성을 열어내게 해줍니다. 그것이 바로 희망이지요. 그곳에서는 죽은 나무가 되살아납니다.

2차 언어에 포착되지 않아 의미 없어 보이는 무의미는 전혀 터무니없지 않습니다. 새로운 가능성과 희망이 싹트는 곳입니다.

3 부

삶을 창조한다는 것

예술이 삶의
진실을 담는 법

체호프의
〈개를 데리고 다니는 부인〉에 대하여

펠릭스 발로통, 〈친밀〉(1898)

"내게 가장 신성한 것은 사람의 육체, 건강, 지혜, 영감, 사랑,
그리고 모든 형태의 거짓과 폭력에서 완전히 벗어나는 것이다."

—체호프

중년의 유부남과 젊은 유부녀가 휴양지 얄타에서 우연히 만나 서로 사랑하게 됩니다. 휴가를 마치고 각자 집으로 돌아가서도 사람들의 눈을 피해 몰래 만납니다. 그러나 그들은 따로 가정이 있어서 밀애를 마냥 즐길 수만은 없었습니다. 헤어지기는 싫고 그렇다고 몰래 만나자니 불안하고 불편하기만 합니다. 그러다가 문득, 정말로 사랑하는지 아닌지 모르겠다는 생각도 듭니다. 어찌할 바를 몰라 하면서도 그들은 또 만납니다. 막연하게 언젠가는 어떻게든 해결되겠지 하면서.

안톤 체호프가 쓴 단편소설 〈개를 데리고 다니는 부인〉의 이야기입니다. 통속적인 TV 연속극 같은 내용인데, 같은 시대의 작가 막심 고리키Maksim Gor'kii(1868~1936)는 이 작품을 읽고 이렇게 말했습니다. "〈개를 데리고 다니는 부인〉을 읽고 나니 다른 작가의 작품들은 모두 펜이 아닌 막대기로 쓴 것처럼 여겨지는군요."

1991년에 노벨 문학상을 받은 네이딘 고디머Nadine Gordimer (1923~2014)는 체호프를 두고 이렇게까지 말했습니다. "체호프가 없었다면 단편소설을 쓰는 우리 가운데 누가 존재할 수 있었겠는가? 체호프가 없었다면 문학은 고리타분한 형식이 되었을 것이다." 2013년에는 앨리스 먼로Alice Ann Munro(1931~)가 현대의 체호프라는 이유로 노벨 문학상을 받습니다. 노벨 문학상을 수여

할 때 작가의 업적과 작품의 가치 등을 자세히 설명하던 예년과
달리 간단히, 앨리스 먼로가 현대의 체호프라서 노벨 문학상을
받을 자격이 있다고 했죠.

체호프는 44년이라는 짧은 세월을 살다가 세상을 떠났습니
다. 그러나 그가 남긴 수백 편의 단편소설은 현대문학을 열었다
는 평가를 받으며, 18편의 희곡은 셰익스피어 다음으로 자주 공
연되면서 현대연극의 기초를 닦았다는 찬사를 받고 있습니다.
그런 체호프가 〈개를 데리고 다니는 부인〉을 쓴 것은 세상을 떠
나기 5년 전이었습니다. 체호프의 예술세계가 절정에 달했던 시
기의 작품이죠.

도대체 이 단편소설이 그렇게 높게 평가받는 이유는 무엇일
까요. 그깟 불륜 이야기가 말이죠. 그렇다면 먼저 체호프의 〈개
를 데리고 다니는 부인〉을 읽어볼까요.

개를 데리고 다니는 부인

———

안톤 체호프 지음, 오종우 옮김

1

바닷가 거리에 새로운 얼굴이 나타났다는 소문이 자자했다. 개를 데리고 다니는 부인이. 드미트리 드미트리치 구로프도 얄타에서 지낸 지 벌써 2주일째라 이곳에 익숙해져서, 새로운 얼굴들에 흥미를 느끼게 되었다. 카페 베르나에 앉아 있다가 그는 창밖으로, 바닷가 거리를 지나가는 젊은 부인을 보았다. 키가 그리 크지 않은 금발의 여자로 베레모를 쓰고 있었다. 뒤에는 하얀 스피츠가 따라가고 있었다.

이후로 그는 그 여자를 도시의 공원에서, 네거리 광장에서, 하루에도 몇 번씩 만났다. 그 여자는 혼자, 늘 같은 베레모를 쓰고 하얀 스피츠를 데리고 산책했다. 아무도 그 여자가 누구인지 알지 못했으며, 그래서 그 여자를 단순히 이렇게 불렀다. 개를 데리고 다니는 부인.

'저 여자가 남편이나 친구와 함께 여기에 오지 않았다면 사귀어보는 것도 괜찮을 텐데' 하고 구로프는 생각했다.

그는 마흔이 채 되지 않았지만 벌써, 열두 살 난 딸 하나와 중학교에 다니는 아들 둘을 두었다. 그는 일찍, 대학교 2학년 때 결혼했는데, 지금 그의 아내는 그보다 1.5배는 더 늙어 보였다. 그의 아내는 키가 크고 뚱뚱하고 짙은 눈썹에, 직설적이고 거만하며 자신을 스스로 사려 깊은 여자라고 말했다. 그의 아내는 책을 많이 읽었으며, 유행하던 멋 부린 철자법에 따라, 남편을 드미트리가 아니라 지미트리라 불렀다. 그렇지만 그는 은근히 아내를 천박하고 속 좁으며 촌스럽다고 여기고 꺼려해서 집에 있기를 싫어했다. 벌써 오래전부터 그는 바람을 피우기 시작해, 여러 여자들과 어울려 다녔다. 아마도 그래서인지 여자들에 관해서라면 거의 언제나 나쁘게 말했고, 그가 있는 자리에서 여자들 이야기라도 나오면 그들을 이렇게 불렀다.

"저급한 인종!"

쓰디쓴 경험을 충분히 했기 때문에 여자들을 내키는 대로 불러도 된다고 여겼지만, 사실 그 '저급한 인종'이 없다면 그는 단 이틀도 살지 못할 것이다. 남자들만 있는 곳에서는 지루해했고, 기분도 나빠 말도 나누지 않고 냉담했지만, 여자들과 있을 때는 자유로웠고 무슨 말을 하고 어떻게 처신해야 할지 알았다. 심지어 아무 말 하지 않아도 여자들과 함께 있으면 편안했다. 그의 외모나 성격, 기질 전체에는 매력적이면서도 좀처럼 알 수 없는 뭔가가 있어, 그것이 여자들을 끌고 유혹했다. 그는 이 점을 알고 있을뿐더러, 그 또한 어떤 힘에 의해 여자들에게 이끌렸다.

잦은 경험, 정말로 쓰라린 경험을 자주 했기에 그는 이미, 모든 정사는 처음에는 생활에 유쾌한 변화를 가져다주고 부드럽고 산뜻한 모험으로 생각되지만, 점잖은 사람, 특히 속내를 잘 털어놓지 못하는 우유부단한 모스크비치[1]들에게는 결국 아주 복잡한 문제로 커져 곤혹스럽게 되어버린다는 것을 잘 알고 있었다. 그렇지만 매력적인 여자와 새롭게 만날 때면 그 쓰라린 경험도 슬그머니 기억에서 사라져, 제대로 살고 싶어졌고, 모든 일이 정말이지 단순하고 유쾌하게 여겨졌다.

어느 해 질 무렵, 그가 노천식당에서 식사를 하고 있는데, 베레모를 쓴 그 부인이 옆 테이블에 앉으려고 천천히 다가왔다. 표정, 걸음걸이, 의상, 머리 모양에서 그는 그 여자가 점잖은 신분으로, 남편이 있으며, 얄타에는 처음, 그리고 혼자 왔고, 여기서 무료하게 지내고 있다는 것을 알아챘다……. 이 지역의 부정한 풍속 가운데 많은 부분이 사실이 아니며, 할 수만 있다면 직접 저지르고 싶은 사람들이 그런 이야기들의 대부분을 지어낸다는 것을 그 또한 알고 있다. 그러나 그 부인이 세 발짝쯤 떨어진 옆 테이블에 앉자, 손쉬운 승리니 산속의 유람이니 하는 것들이 생각나, 바로 그 신속하고 순간적인 관계에 대한, 이름도 성도 모르는 미지의 여인과 나누는 로맨스에 대한 유혹적인 상상이 불

---

1 모스크바에서 태어나 살고 있는 사람들.

현듯 그를 사로잡았다.

그가 부드럽게 스피츠에게 손짓해, 그 개가 다가오자 손가락으로 얼렀다. 스피츠가 으르렁대기 시작했다. 구로프가 다시 얼렀다.

부인이 그를 쳐다보고 곧 눈을 내리깔았다.

"물지는 않아요." 그녀는 이렇게 말하고 얼굴을 붉혔다.

"뼈를 줘도 될까요?" 그녀가 고개를 끄덕이자, 그는 친절하게 물었다. "얄타에 오신 지 오래되셨나요?"

"5일째예요."

"나는 벌써 2주일째랍니다."

잠시 침묵이 흘렀다.

"시간은 빠르죠. 그런데 여기는 정말 지루하군요!" 그녀가 그를 보지 않고 말했다.

"흔히들 이곳이 지루하다고 말하죠. 벨료프[2]나 지즈드라[3] 같은 곳에서는 전혀 지루한 줄 모르고 살던 사람도 이곳에 오면, '아, 지루해! 먼지투성이야!'라고 합니다. 그라나다[4]에서 오기라도 한 듯이 말입니다."

그녀가 웃음을 터뜨렸다. 그러고는 둘 다 묵묵히, 낯선 사람들처럼 식사를 계속했다. 그렇지만 식사를 마치고 나서는 나란

---

2 러시아 중부 툴라 근처의 작은 도시.
3 러시아 중부 칼루가 근처의 작은 도시.
4 스페인 남부 안달루시아 지방의 유명한 관광도시.

히 나왔다. 그리고 어딜 가든 무얼 말하든 상관하지 않는 한가롭고 여유 있는 사람들이 나누는 농담 섞인 가벼운 대화가 시작됐다. 그들은 한가로이 거닐면서 묘한 바다의 빛깔에 대해 이야기했다. 무척 부드럽고 따뜻해 보이는 연보랏빛 바닷물 위로 달빛이 금색 선을 긋고 있었다. 그들은 뜨거운 낮이 지나도 여전히 무덥다고 이야기했다. 구로프는 자신이 모스크비치이며, 인문학을 공부했지만 은행에서 일하고 있고, 한때 오페라 가수가 되려고 연습했지만 그만두었고, 모스크바에 집 두 채를 가지고 있다는 이야기들을 했다. 그리고 그녀가 페테르부르크에서 자랐으며 지금은 결혼하여 2년째 S시에서 살고 있고, 얄타에는 앞으로 한 달쯤 더 머무를 거고, 역시 휴식이 필요한 그녀의 남편도 어쩌면 이곳에 올지 모른다는 사실을 알았다. 그녀는 스스로 우스워하며 자기 남편이 일하는 곳이 지방관청인지 지방의회인지 제대로 설명하지 못했다. 그리고 구로프는 그녀의 이름이 안나 세르게예브나라는 것도 알게 되었다.

그 뒤 호텔 방으로 돌아온 그는 그녀를 떠올리며, 내일도 틀림없이 그녀와 만나게 될 거라고 생각했다. 당연히 그럴 것이다. 침대에 누워 그는, 그녀가 바로 얼마 전까지만 해도 자기 딸과 마찬가지로 여학생이어서 학교에 다녔을 일을 상상했다. 그녀가 웃을 때나 낯선 사람과 이야기할 때 무척이나 수줍어하고 어색해하던 것을 상기했다. 분명히 세상에 태어나서 처음으로 그녀가, 사람들이 뒤를 따라다니며 쳐다보고 그녀로서는 전혀 추측할 수 없는 은근한 목적을 가지고 말을 걸어오는 환경에 놓여 있

다고 생각했다. 그리고 그녀의 가늘고 연약한 목과 아름다운 회
색 눈동자를 떠올렸다.

'그 여자에게는 어쩐지 애틋한 데가 있어.' 이렇게 생각하고
잠이 들었다.

2

알고 지낸 지 1주일이 지났다. 휴일이었다. 방은 무더웠고, 거리
에는 회오리바람이 불어 먼지가 일고 벗겨진 모자가 굴러다녔
다. 하루 종일 목이 말라, 구로프는 자주 카페에 들러 안나 세르
게예브나에게 시럽을 탄 물이나 아이스크림을 권했다. 견디기
힘든 날이었다.

저녁이 되어 바람이 조금 잦아들자, 그들은 기선이 들어오는
것을 보기 위해 방파제로 나갔다. 부두는 꽃다발을 들고 누군가
를 마중 나온 사람들로 붐볐다. 세련된 얄타 사람들의 두 가지
특징, 중년의 부인들이 젊게 차려입고 장군들이 많은 것이 특히
눈에 띄었다.

파도가 심해서 기선은 늦게, 해가 진 뒤에야 도착했다. 게다
가 부두에 대려고 방향을 돌리는 데도 한참이나 걸렸다. 안나 세
르게예브나는 마치 아는 사람이라도 찾는 것처럼, 손잡이가 달
린 안경으로 기선과 승객들을 바라보다가, 눈을 반짝이며 구로
프에게 말을 걸었다. 그녀는 말이 많아져서 엉뚱한 질문들을 퍼
붓고는 곧 무엇을 물었는지 잊어버렸다. 그러다가 혼잡한 사람
들 속에서 손잡이가 달린 안경을 잃어버렸다.

법석대던 군중이 흩어지고, 얼굴이 보이지 않을 정도로 어두워지고 바람도 완전히 잦아들었지만, 구로프와 안나 세르게예브나는 아직 기선에서 내리지 않은 누군가를 기다리는 듯 그대로 서 있었다. 안나 세르게예브나는 이제 구로프를 보지 않고 아무 말없이 꽃향기를 맡고 있었다.

"저녁이 되니까 날씨가 좀 나아졌군요." 그가 말했다. "이제 우리 어디로 갈까요? 마차라도 탈까요?"

그녀는 아무 대답도 하지 않았다.

그는 그녀를 뚫어지게 바라보다가 갑자기 그녀를 껴안고 입을 맞췄다. 물기 머금은 꽃향기가 그를 감쌌다. 그러다 누가 보고 있지 않나 해서 흠칫 주위를 둘러보았다.

"당신 방으로 갑시다……." 그는 조용히 속삭였다.

그리고 두 사람은 빠르게 걸었다.

그녀의 호텔 방은 무더웠고, 그녀가 일본 상점에서 산 향수 냄새가 났다. 구로프는 새삼스레 그녀를 바라보며 '이런 만남도 다 있군!' 하고 생각했다. 그가 지닌 기억 속에는, 사랑 때문에 즐거워하고 비록 짧았을망정 행복했다며 그에게 고마워하는, 편안하고 선량한 여인들이 있는가 하면, 사랑에 진실하지 않은 여자들도 있었다. 그들은 수다스럽고 가식적이며 히스테릭하고, 이건 사랑이나 열정이 아닌 고상한 무엇이라는 듯한 표정을 짓는, 이를테면 그의 아내와 같은 여자들이었다. 그런가 하면, 삶이 줄 수 있는 것보다 더 많은 것을 얻어내기 위해 탐욕스러운 표정과 집요한 욕구를 언뜻언뜻 드러내는, 두세 명의 매우 아름답지만 차가운 여자들에 대한 기억도 있는데, 그들은 이제 나이가 들어 변덕스럽고 분별력도 없으며 억지나 부리는 천박한 여자들이 되었다. 그 여자들에 대한 관심이 식자, 그들의 아름다움은 오히려 역겹게 느껴졌고, 심지어 그들의 속옷을 장식하고 있는 레이스조차 비늘처럼 여겨졌다.

그런데 지금은 누가 갑작스럽게 문을 두드릴 때 느끼는 그런 당혹스러움과 같은 서투른 감정, 미숙한 아이들의 수줍음과 어색함이 있을 뿐이다. 안나 세르게예브나, 이 '개를 데리고 다니는 부인'은 이 일을 꽤나 특별하고 심각하게 여기며, 마치 자신이 타락한 여자가 되어버린 듯한 태도를 취해서, 그에게는 그것이 기이하고 어색해 보였다. 그녀는 낙담하고 풀이 죽은 표정으로, 얼굴 양옆으로 긴 머리카락을 애처롭게 늘어뜨린 채 우울한 생각에 잠겨 있어, 마치 옛 그림에 나오는 죄 많은 여인처럼 보였다.

"잘못됐어요." 그녀가 말했다. "당신은 더 이상 저를 존중하지 않겠죠."

호텔 방의 테이블 위에는 수박이 놓여 있었다. 구로프는 한 조각을 잘라서 천천히 먹기 시작했다. 침묵 속에서 반 시간 이상이 지났다.

안나 세르게예브나는 애처로워 보였고, 그녀에게서 착실하고 순진하며 세상일에 닳지 않은 여인의 순결함이 느껴졌다. 테이블 위에서 외로이 타오르는 촛불이 희미하게 그녀의 얼굴을 비추고 있었다. 그녀의 마음이 무거워 보였다.

"내가 당신을 존중하지 않게 되다니요?" 구로프가 물었다. "무슨 뜻인지 모르겠군요."

"하느님, 저를 용서하세요!" 눈에 눈물을 가득 머금고 그녀가 말했다. "무서워요."

"변명할 필요는 없습니다."

"제가 무엇으로 변명하겠어요? 저는 천하고 나쁜 여자인걸요. 저 자신을 경멸하는데 뭘 변명하겠어요. 저는 남편이 아니라 저 자신을 배반한 거예요. 지금뿐 아니라 이미 오래전부터 그랬죠. 제 남편, 그래요, 정직하고 선량한 사람이죠. 하지만 노예인걸요! 그 사람이 무슨 일을 어떻게 하는지 저는 몰라요. 하지만 그 사람이 노예 같은 사람이라는 것만은 알죠. 그 사람하고 결혼할 때 저는 스무 살이었어요. 저는 호기심이 강했고 더 나은 뭔가를 바랐죠. 그래, 다른 삶이 있을 거야 하고 스스로에게 말하곤 했죠. 제대로 살아보고 싶었어요! 제대로, 제대로…… 호기심이 저를 괴롭혔어요……. 당신은 이해하지 못하시겠죠. 하지만, 맹세코, 저는 더는 견딜 수가 없어, 무슨 일이라도 벌일 것 같아, 어떻게 할 수 없어, 남편에게 아프다고 말하고 이곳에 온 거예요……. 여기서 정신없이 미친 듯 걸어다녔죠……. 보세요, 저는 저속하고 타락한 여자가 돼버렸어요. 누구나 경멸해도 되는 그런 여자가."

구로프는 이내 듣는 일이 지루해졌다. 이 자리에 어울리지 않는 갑작스러운 참회, 그리고 그 순진한 말투가 그를 짜증 나게 했다. 눈에 눈물이 괴어 있지 않았다면, 그녀가 실없는 소리를 하거나 연기를 하고 있다고 생각했을 것이다.

"당신이 무얼 바라는지 이해할 수가 없군." 그가 나지막이 말했다.

그녀는 그의 가슴에 얼굴을 묻고 매달렸다.

"믿어주세요, 저를 믿어주세요, 제발……." 그녀가 이어서 말했다. "저는 정직하고 깨끗한 생활이 좋아요. 타락은 정말 싫어요. 제가 지금 뭘 하고 있는지 저 자신도 모르겠어요. 귀신에 홀렸다는 말이 있죠. 제가 지금 그래요. 귀신에게 홀렸어요."

"그만, 그만 됐어……." 그가 웅얼거렸다.

그는 그녀의 움직이지 않는, 겁에 질린 눈동자를 바라보고 그녀에게 입을 맞추며 조용하고 부드러운 말로 달랬다. 그녀는 차차 평정을 되찾더니 다시 쾌활해졌다. 두 사람은 함께 소리 내어 웃기도 했다.

잠시 뒤 그들은 밖으로 나왔다. 바닷가 거리에는 아무도 없었고, 사이프러스가 우거진 번화가는 죽은 듯 조용했으며, 바다에서는 여전히 파도치는 소리가 났다. 고깃배 한 척이 물결에 흔들리고, 그 위에서 작은 등불이 졸린 듯 깜박거렸다. 그들은 마차를 찾아 타고 오레안다⁵로 향했다.

"나는 조금 전 아래층 로비에서 당신의 성을 알았소. 흑판에 폰 디데리츠라 써 있더군. 남편이 독일 사람이오?" 구로프가 말

---

5 알타에서 6.4킬로미터 떨어진 해안도시. 차르의 여름 휴양지였다.

했다.

"아뇨, 그 사람 할아버지가 아마 독일인이었을 거예요. 그 사람은 정교도예요."

오레안다에 도착한 두 사람은 교회당에서 멀리 떨어지지 않은 벤치에 앉아 바다를 내려다보며 말이 없었다. 새벽안개 속에서 어렴풋이 얄타가 보이고, 산 정상에는 흰 구름이 걸려 있었다. 나뭇잎 하나 흔들리지 않았고, 매미들이 울고 있었다. 아래에서 들려오는 단조롭고 공허한 바닷소리가 우리 모두를 기다리는 영원한 잠, 평온에 대해 말하고 있었다. 그렇게 아래에서는 바닷소리가, 이곳에 아직 얄타도 오레안다도 없었던 때에도 울렸고, 지금도 울리고 있고, 우리가 없어진 후에도 똑같이 무심하고 공허하게 울릴 것이다. 어쩌면 바로 이 변화 없음에, 우리 개개인의 삶과 죽음에 대한 완전한 무관심에, 우리의 영원한 구원에 관한, 지상의 끊임없는 삶의 움직임에 관한, 완성을 향한 부단한 움직임에 관한 비밀이 담겨 있는지도 모른다. 바다와 산과 구름과 넓은 하늘이 펼치는 신비로운 풍경 속에서 여명을 받아 더욱 아름답고 편안하고 매혹적으로 보이는 젊은 여자와 나란히 앉아, 구로프는 이런 생각을 했다. 사실 잘 생각해보면, 이 세상의 모든 것은 얼마나 아름다운가. 우리가 존재의 고결한 목적과 자신의 인간적인 가치도 잊은 채 생각하고 행하는 것을 제외한 모든 것이.

아마도 야경꾼인 듯한 어떤 사람이 다가와 그들을 잠시 쳐다보고는 사라졌다. 이 사소한 일도 신비롭고 아름답게 여겨졌다.

아침 빛이 밝아 벌써 불을 끈, 페오도시야⁶에서 온 기선이 보였다.

"풀에 아침 이슬이 맺혔네요." 침묵을 깨며 그녀가 말했다.

"이제 그만 갑시다."

그들은 얄타로 돌아왔다.

이후 그들은 매일 한낮에 바닷가 거리에서 만나, 함께 가볍게 점심을 먹고 저녁 식사도 했으며, 산책을 하거나 황홀하게 바다를 바라보기도 했다. 그녀는 잠을 제대로 못 잤다느니 심장이 몹시 뛴다느니 하며 불평을 늘어놓거나, 때로는 질투심에, 때로는 걱정에 젖어 그가 자기를 정말로 존중하지 않는 것 아니냐며 언제나 같은 질문을 퍼부었다. 그리고 그는 가로수 길에서나 공원에서 근처에 사람이 없을 때면 자주, 갑자기 그녀를 끌어안고 열정적으로 키스했다. 누가 보고 있지는 않나 하는 조바심 속에서 나누는 대낮의 키스, 더위, 바다 냄새, 언제나 눈앞에서 지나다니는 세련되고 포만감에 젖어 있는 한가한 사람들, 그런 가운데서 아무 하는 일 없이 지내는 생활이 그를 다른 사람으로 만든 듯했다. 그는 안나 세르게예브나에게 아름답고 매력적이라고 말하며, 정열에 젖어 그녀에게서 한 발짝도 떨어지지 않으려 했다. 그녀는 곧잘 생각에 잠겨, 그가 자신을 존중하지 않고 조금도 사랑하지 않으며 천박한 여자로 여기지 않는지 고백하라고 졸라댔다. 거의 매일 저녁 늦은 시간에 그들은 마차를 타고 도시 밖으

---

6 크림 반도 남쪽의 작은 항구.

로, 오레안다로 또는 폭포가 있는 곳으로 나갔다. 이런 짧은 여행은 언제나 아름답고 장엄한 인상을 안겨주었다.

그들은 그녀의 남편이 올 줄 알았다. 그런데 남편에게서, 눈병을 심하게 앓고 있으며 하루라도 빨리 집으로 돌아오라는 편지가 왔다. 안나 세르게예브나는 서두르기 시작했다.

"잘됐어요, 저는 떠나야 돼요." 그녀가 구로프에게 말했다. "그럴 수밖에 없는 운명이니까요."

그녀는 마차를 타고 역으로 출발했고, 그가 그녀를 배웅했다. 역까지는 거의 하루가 걸렸다. 급행열차에 자리를 잡고 앉은 후 출발을 알리는 두 번째 벨이 울렸을 때, 그녀가 말했다.

"한 번만 더 당신의 얼굴을 볼게요……. 한 번만 더. 네, 그렇게……."

그녀는 울지 않았지만 마치 아픈 사람처럼 우울해 보였다. 그녀의 얼굴이 떨렸다.

"당신을 생각하게 될 거예요…… 잊지 못할 거예요." 그녀가 말했다. "안녕히 계세요. 잘 지내시길 빌겠어요. 제가 좋은 기억으로 남기를 바라요. 우리는 영원히 헤어지는군요. 하기야 그래야 하겠죠, 다시 만나서는 안 되니까. 그럼 안녕히 계세요."

기차는 빠르게 떠났고, 그 불빛도 곧 사라졌다. 잠시 뒤에는 기차 소리마저 들리지 않았다. 마치 이 달콤한 몰두, 이 혼란에서 조금이라도 빨리 벗어나라고 모든 것이 일부러 꾸며진 듯했다. 플랫폼에 홀로 남아 어둠 속을 응시하던 구로프는 귀뚜라미우는 소리와 전선이 윙윙거리는 소리를 듣자, 잠에서 막 깨어난 듯했다. 자신의 인생에 또 하나의 진기한 사건이 있었고, 그것도 이미 끝나 이제는 추억으로 남았다는 생각이 들었다……. 그는 마음이 흔들리고 쓸쓸했으며 가벼운 후회를 했다. 그가 더 이상 만날 수 없는 이 젊은 여인은 그와 함께 있을 때 진정으로 행복하지 못했다. 그가 그녀에게 친절했고 또 애정을 보였지만, 그래도 그의 태도에는, 그의 목소리와 애무에는, 행운을 잡은 거의 두 배나 나이가 많은 사내의 가벼운 조소와 거친 오만의 그림자가 깔려 있었던 것이다. 그녀는 늘 그를 선량하고 특별하며 고상하다고 말했으니, 분명히 그는 그녀에게 본래의 모습으로 보이지 않았던 것이다. 그러니까 무의식중에 그녀를 속인 셈이다…….

이제 정거장에서는 가을 냄새가 났고, 밤은 쌀쌀했다.

'나도 북부로 돌아갈 때가 됐군.' 구로프는 플랫폼을 나오면서 생각했다. '돌아갈 때가 됐어!'

3

모스크바의 집은 이미 겨울 채비를 해서 난로를 땠고, 아이들이 학교에 갈 준비를 하고 차를 마시는 아침이면 아직 어두워서 유모가 잠깐씩 불을 밝혀야 했다. 벌써 얼음이 얼기 시작했다. 첫눈이 내려 썰매를 처음 타는 날에는 하얀 땅과 지붕을 바라보는 일이 즐겁고, 숨 쉬는 것도 상쾌하고 달콤하다. 이런 때가 되면 어린 시절이 떠오른다. 서리를 맞아 하얘진 푸근한 모습의 보리수나무와 자작나무 고목은 사이프러스나 종려나무보다 더 친근해, 그 옆에 있으면 산과 바다가 생각나지 않는다.

구로프는 모스크바 출신이다. 기분 좋게 추운 날 모스크바에 돌아온 그가 털외투를 입고 따뜻한 장갑을 끼고 페트로프카[7] 거리를 걷고 있노라면, 토요일 저녁 종소리를 듣고 있노라면, 얼마 전의 여행과 그가 머물렀던 장소들의 매력이 사라졌다. 점차 그는 모스크바 생활에 젖어들어, 하루에 세 종류의 신문을 탐욕스럽게 읽으면서도 모스크바 신문은 보지 않는 게 원칙이라고 말하고 다녔다. 이제 그는 레스토랑, 클럽, 초대 만찬, 기념식에 마음이 끌렸고, 자기 집에 유명한 변호사들과 예술가들이 드나든다거나 의사 클럽에서 교수와 카드 친다는 걸 은근히 우쭐거리고 다녔다. 이제 접시에 가득한 훈제 고기와 양배추도 먹어 치우게 되었다······.

한 달쯤 지나면 안나 세르게예브나도 기억에서 희미해져, 아주 가끔, 다른 사람들처럼 측은한 미소를 띠고 꿈속에나 나타날 거라고 그는 생각했다. 그러나 한 달도 더 지났고 겨울도 깊었건만, 기억 속에서 안나 세르게예브나는 마치 어제 헤어진 것처럼 또렷이 떠올랐다. 기억은 더 생생해져갔다. 그의 서재에서 아이들의 목소리가 저녁의 정적을 가르고 들릴 때면, 레스토랑에서 노래나 오르간 연주를 들을 때면, 벽난로에서 눈보라 치는 소리가 윙윙거릴 때면, 기억 속에서 모든 것이 되살아났다. 방파제에 갔던 일과 새벽안개 속의 산과 페오도시야에서 온 기선과 입맞

---

7   모스크바 중심의 번화가.

춤이. 그는 한참이나 방 안을 서성거리며 그때를 떠올리고 미소
짓곤 했는데, 그러다 회상은 공상으로 바뀌어, 과거의 일이 상상
속에서 미래의 일로 혼동되곤 했다. 안나 세르게예브나가 꿈에
나타나는 게 아니라, 마치 그림자처럼 어디든 그를 따라다녔고
사로잡았다. 눈을 감으면 그녀가 생생하게 보였다. 이전보다 더
아름다웠고 젊었으며 사랑스러웠다. 그 자신도 얄타에 머물 때
보다 멋진 듯했다. 그녀는 밤마다 책장에서 벽난로에서 방 안 한
구석에서 그를 바라보았고, 그는 그녀의 숨소리와 부드러운 옷
자락 소리를 들었다. 그는 거리에서 여자들을 쳐다보며 그녀를
닮은 여자가 없나 찾곤 하였다…….

그러다 견딜 수 없이 누군가에게 자신의 추억을 털어놓고 싶
어졌다. 그렇지만 집에서 말할 수도 없는 일이었고, 집 밖에는
그럴 상대가 없었다. 이웃 주민들에게 이야기할 수도 없고, 그렇
다고 은행에 그럴 만한 상대가 있는 것도 아니었다. 그런데 도대
체 무엇을 말한단 말인가? 과연 그가 그때 사랑을 했던가? 과연
그와 안나 세르게예브나의 관계에 뭔가 아름다운 것, 시적인 것,
아니면 유익하거나 순수하게 관심을 끌 만한 것이 있기나 한가?
그래서 어쩔 수 없이 막연하게 사랑과 여자에 관해서 이야기했
지만, 아무도 그 속뜻을 알아채지 못했고, 그의 아내만이 짙은
눈썹을 실룩거리며 이렇게 말했다.

"지미트리, 당신에게는 멋쟁이 역할이 어울리지 않아요."

어느 날 밤, 의사 클럽에서 카드놀이를 함께했던 관리와 밖으
로 나오면서 그는 참지 못하고 말했다.

"아시겠어요, 나는 얄타에서 아주 매력적인 여성과 사귀었단 말입니다."

관리는 썰매를 타고 출발하다 갑자기 뒤돌아보며 이름을 불렀다.

"드미트리 드미트리치!"

"네?"

"조금 전 당신이 한 말이 옳았소. 그 철갑상어는 냄새가 아주 고약했어."

평소에 하던 이 평범한 말이 어쩐지 갑자기 구로프를 짜증 나게 했다. 이 말이 모욕적이고 불결하게 여겨졌다. 얼마나 야만적인 습관들이며 야만적인 사람들인가! 정말 의미 없는 매일 밤이고, 흥미도 가치도 없는 나날들이다! 미친 듯한 카드놀이, 폭식, 폭음, 끝없이 이어지는 시시한 이야기들. 쓸데없는 일과 시시한 대화로 좋은 시간과 정력을 빼앗기고 결국 남는 것은 꼬리도 날개도 잘린 삶, 실없는 농담뿐이다. 정신병원이나 감옥에 갇힌 듯 벗어날 수도 도망칠 수도 없다!

그날 밤 구로프는 화가 나 한숨도 못 잤고, 이튿날 하루 종일 머리가 아팠다. 이어지는 밤마다 그는 제대로 잠을 이루지 못해, 침대에 걸터앉아서 생각에 잠기거나 방 안을 서성거렸다. 아이들도 귀찮았고, 은행 일도 귀찮았고, 아무 데도 가고 싶지 않았고, 아무 말도 하고 싶지 않았다.

12월의 휴가가 주어지자 그는 여행을 준비했다. 아내에게는 한 청년의 취직자리 때문에 페테르부르크에 다녀오겠다고 말하고 S시로 떠났다. 무슨 일 때문에? 그 자신도 잘 몰랐다. 그저 안나 세르게예브나를 보고 싶었고, 가능하면 만나 이야기하고 싶었다.

오전에 S시에 도착한 그는 호텔의 가장 좋은 방에 들었다. 바닥에는 회색의 군복 천이 깔려 있었고, 탁자에는 잉크스탠드가 먼지 때문에 회색빛을 띤 채 놓여 있었다. 잉크스탠드에 장식된 말 탄 기수의 상(像)은 목이 떨어져나간 채 모자를 든 손을 치켜들고 있었다. 호텔 수위가 그에게 필요한 정보를 알려주었다. 폰 디데리츠는 호텔에서 멀지 않은 구(舊) 곤차르나야 거리의 자기 저택에서 부유하고 호화롭게 살고 있으며, 자기 소유의 마차를 가지고 있고, 이 도시에서 그를 모르는 사람은 아무도 없다는 것이었다. 호텔 수위는 그 사람 이름을 이렇게 발음했다. 드리디리츠.

구로프는 서두르지 않고 구 곤차르나야 거리로 나가 집을 찾았다. 집 바로 앞에 못질을 한 회색의 긴 울타리가 펼쳐져 있었다.

'이런 울타리는 쉽게 넘어갈 수 있겠군' 하고 생각하며 구로프는 울타리와 창문을 번갈아 쳐다보았다.

그는 여러 가지 생각을 해보았다. 오늘은 휴일이니까 남편이 아마 집에 있을 거다. 어쨌거나 집으로 들어가 그녀를 당황하게 하는 것은 좋은 방법이 아니다. 메모를 보냈는데 혹시 남편 손에라도 들어가면 모든 것이 다 허사가 된다. 가장 좋은 것은 우연히 만나는 거다. 그리고 그는 울타리 근처 거리에서 서성대며 만남을 기다렸다. 그러다 걸인 한 명이 대문 안으로 들어가고 개들이 덤벼드는 것을 보았다. 한 시간쯤 뒤에는 피아노 치는 소리가 희미하게 들렸다. 아마도 안나 세르게예브나가 치는 것일 거다. 갑자기 현관문이 열리더니 한 노파가 나오고, 그 뒤를 따라 낯익은 하얀 스피츠가 뛰어나왔다. 구로프는 개를 부르고 싶었지만, 갑자기 심장이 뛰고 흥분하여 그만 그 개 이름을 잊어버렸다.

계속 서성거리고 있으려니 점차 회색 울타리가 싫어졌다. 그리고 초조해져, 어쩌면 안나 세르게예브나가 이미 그를 잊고 다른 사람과 즐겁게 지내고 있으며, 이런 기분 나쁜 울타리를 아침부터 밤까지 보고 살 수밖에 없는 젊은 여자라면 당연히 그럴 거라는 생각이 들었다. 그는 호텔 방으로 돌아와 어떻게 해야 할지 몰라 오랫동안 소파에 앉아 있다가 식사를 하고 잠이 들었다.

'이런 어리석고 한심한 일이.' 잠에서 깨어나 어두워진 창밖을 바라보며 그는 생각했다. 벌써 저녁이 되었다. '어쩌자고 이렇게 잔 거야. 이 밤중에 뭘 어쩌자는 거야?'

병원에서나 볼 수 있는 회색 싸구려 모포가 덮인 침대에 걸터앉아 그는 자신에게 짜증을 냈다.

'이렇게 해서 개를 데리고 다니는 부인을 만나겠다고……. 이렇게 해서 만날 수 있을 거라고……. 정말 딱하구나.'

이날 아침에 역에서 〈게이샤〉[8]의 초연을 알리는, 매우 커다란 글씨로 된 포스터가 그의 눈에 띄었다. 이것이 생각나자 그는 곧

---

8 The Geisha. 시드니 존스의 뮤지컬 작품.

장 극장으로 갔다.

'그녀가 초연을 보러 올 가능성은 매우 높아' 하고 그는 생각했다.

극장은 초만원이었다. 지방 극장이라면 어디나 그렇듯이, 상들리에 위로 연기가 자욱했고 2층 객석은 소란스러웠다. 공연이 시작되기 전, 지방의 멋쟁이들이 뒷짐을 지고 첫째 열에 서 있었다. 현 지사의 지정 박스 앞자리에는 지사의 딸이 모피 목도리를 두르고 앉아 있었고, 지사 자신은 두꺼운 커튼 뒤에 정중하게 앉아 있어 손만 보였다. 막이 흔들리고, 오케스트라는 한참이나 조율했다. 관객들이 들어와 자리에 앉는 시간 내내 구로프는 열심히 둘러보았다.

이때 한 여자가 객석에 들어왔는데 안나 세르게예브나였다. 그녀는 셋째 열에 앉았다. 그녀를 본 순간, 구로프의 심장은 터질 듯했다. 그리고 지금 자신에게 그녀보다 이 세상에서 더 가깝고 소중한 사람은 없다는 것을 분명히 깨달았다. 시골의 군중 속에 묻혀 있는 이 조그만 여인, 손잡이가 달린 평범한 오페라글라스를 손에 들고 있는, 전혀 두드러지지 않는 그녀가 지금 그의 삶을 가득 채우고 있고, 그의 슬픔이고 기쁨이며, 이 순간 그 자신이 원하는 유일한 행복이었다. 보잘것없는 오케스트라와 이류 바이올린 주자가 연주하는 소리 속에서 그는 그녀가 얼마나 아름다운지 생각했다.

한 젊은 남자가 안나 세르게예브나와 함께 들어와 나란히 앉았다. 짧은 구레나룻을 기르고 매우 키가 크고 등이 굽은 남자였다. 그는 걸을 때마다 줄곧 절이라도 하는 듯이 고개를 끄덕였다. 그녀가 얄타에서 흥분하며 노예 같다고 말한 남편이 틀림없을 것이다. 사실 그 남자의 긴 얼굴, 구레나룻, 조금 벗겨진 이마에는 노예 같은 비굴함이 담겨 있었으므로 구로프는 달콤한 미소를 지었다. 그 남자의 단춧구멍에서는 학위 배지 같은 것이 웨이터의 번호표처럼 빛나고 있었다.

첫 번째 막간 휴식시간에 남편이 담배를 피우러 나가서, 그녀는 혼자 좌석에 앉아 있었다. 같은 아래층에 자리를 잡았던 구로프가 그녀에게 다가가 힘겹게 미소를 지으며 떨리는 목소리로 말했다.

"안녕하셨습니까."

그를 쳐다본 그녀의 얼굴이 창백해졌다. 다시 한 번, 눈을 못 믿겠다는 듯이 두려움에 떨며 쳐다보았다. 그리고 기절이라도 할까 봐 두 손으로 부채와 오페라글라스를 꽉 쥐었다. 두 사람 다 말이 없었다. 그녀는 앉아 있었고, 그는 서 있었다. 당황하는 그녀의 모습에 놀란 그가 미처 옆자리에 앉을 생각을 못했던 것이다. 바이올린과 플루트가 조율을 하기 시작했다. 모든 사람이 주시하는 듯한 느낌이 들어 흠칫 놀랐다. 바로 그때, 그녀가 일어나 빠르게 출구 쪽으로 걸어갔다. 그는 그녀의 뒤를 따라갔다. 두 사람은 공연히 복도와 계단을 올라갔다 내려갔다 했다. 그들의 눈앞으로 법관 복장을 한 사람들, 교사 복장을 한 사람들, 공무원 복장을 한 사람들이 스쳐 지나쳤다. 그들은 모두 배지를 달고 있었다. 그리고 부인들과 걸어놓은 모피 외투들이 스쳐 지나쳤다. 스며든 바람에 담배 냄새가 퍼졌다. 심장이 심하게 뛰면서 구로프가 생각했다.

'오, 하느님! 이 사람들, 이 오케스트라는 대체 왜…….'

그 순간 갑자기, 그날 저녁 역에서 안나 세르게예브나를 배웅했을 때, 그녀가 '모든 것이 끝났다, 우리는 다시 만나서는 안 된다' 하고 자신에게 말했던 것을 떠올렸다. 하지만 끝나려면 아직도 멀었다!

'측면 좌석 입구'라고 쓰인 좁고 어두운 계단에서 그녀가 멈춰 섰다.

"당신 때문에 얼마나 놀랐는지 몰라요!" 여전히 창백하고 당황한 표정으로 힘겹게 숨을 내쉬며 그녀가 말했다. "오, 당신 때문에 얼마나 놀랐는지 몰라요! 죽는 줄 알았어요. 대체 왜 오신 거죠? 왜?"

"이해해주시오, 안나, 이해해주시오……." 그는 낮은 목소리로 서둘러 말했다. "제발, 이해해주시오……."

그녀는 그를 두려움과 애원과 사랑이 뒤섞인 시선으로 쳐다보았다. 그의 모습을 더 확실히 기억하려는 듯 뚫어지게 쳐다보았다.

"저는 정말 괴로워요!" 그녀는 그의 말을 듣지 않고 계속 말했다. "저는 언제나 당신을 생각했어요. 당신 생각으로 살았어요. 그렇지만 잊으려, 잊으려 했는데, 도대체 왜, 왜 오셨어요?"

위쪽 층계참에서 학생 두 명이 담배를 피우며 아래를 내려다보고 있었다. 하지만 구로프는 신경도 쓰지 않고 안나 세르게예브나를 끌어당겨 그녀의 얼굴에, 볼에, 손에 입 맞추기 시작했다.

"이러지 마세요, 이러지 마세요!" 그를 밀쳐내면서 그녀가 두려움에 휩싸여 말했다. "우리는 둘 다 미쳤어요. 오늘 당장 떠나세요, 지금 떠나세요……. 당신에게 간절히 부탁드리는 거예요, 간절히……. 사람들이 와요!"

계단 아래에서 누가 올라왔다.

"떠나셔야 해요……." 안나 세르게예브나가 작은 소리로 계속 말했다. "아시겠어요, 드미트리 드미트리치? 제가 모스크바로 당신을 찾아갈게요. 저는 행복했던 적이 없어요. 지금도 불행하지요. 그리고 앞으로도 절대 행복하지 못할 거예요, 절대로! 더 이상 저를 괴롭히지 말아주세요! 맹세해요, 제가 모스크바로 가겠어요. 그러니 지금은 헤어져요! 저에게 소중한, 사랑하는 당신, 지금은 헤어져요!"

그녀는 그의 손을 잡고 나서 빠르게 계단을 내려갔다. 계속 뒤를 돌아보면서. 그녀의 눈에서 정말 그녀가 행복하지 않다는 것을 알 수 있었다. 구로프는 잠시 서 있다가, 주위가 조용해진 뒤 자기 외투를 찾아 들고 극장을 떠났다.

4

안나 세르게예브나는 모스크바로 그를 찾아왔다. 두세 달에 한 번 그녀는 남편에게 자신의 부인병 때문에 대학병원에 간다면서 S시를 떠났다. 남편은 반신반의했다. 모스크바에 도착하면 '슬라뱐스키 바자르'에 묵으며 곧장 구로프에게 빨간 모자를 쓴 사람을 보냈다. 그러면 구로프가 그녀를 만나러 갔다. 모스크바에서 이 일을 아는 사람은 아무도 없었다.

어느 겨울 아침에도, 그는 그녀에게 가고 있었다(심부름꾼이 전날 저녁에 왔지만 그때 그는 없었다). 도중에 있는 학교까지 바래다주려고 딸과 함께 갔다. 습기를 머금은 눈이 펑펑 쏟아졌다.

"지금 기온은 3도인데, 그래도 눈이 내리는구나." 구로프가 딸에게 말했다. "하지만 따뜻한 건 땅의 표면이지, 대기의 상층에서는 기온이 전혀 다르단다."

"아빠, 그럼 왜 겨울에 천둥이 치지 않아요?"

그것도 설명해주었다. 그는 말하면서 이런 생각을 했다. 지금 그녀를 만나러 가지만 이를 아는 사람은 한 명도 없다. 아마 앞으로도 알지 못할 것이다. 자신에게는 두 개의 생활이 있다. 하나는 원하는 사람이라면 누구나 볼 수도 있고 알 수도 있는 그런 공개된, 상대적 진실과 상대적 거짓으로 가득 찬, 주위 사람들의 삶과 아주 닮은 그런 생활이다. 다른 하나는 은밀하게 흘러가는 생활이다. 우연히 이상하게 얽힌 어떤 사정에 의해 그에게 소중하고 흥미로우며 반드시 있어야 하는 것, 그 속에서라면 그가 진실하고 또 자신을 속이지 않아도 되는, 그의 생활의 핵심을 차지하는 그런 모든 것은 다른 사람들에게 알려질 수 없다. 반면에 진실을 숨기기 위해 자신을 감추는 그의 가식, 껍데기인 모든 것, 이를테면 은행에서의 일, 클럽에서의 토론, 그의 '저급한 인종'인 아내와 함께 가는 기념식, 이런 모든 것은 공개되어 있다. 그래서 그는 언제나 자신의 경우처럼 남들을 판단해서, 눈에 보이는 것을 믿지 않았고, 누구나 밤의 덮개 같은 비밀 아래 자신만의 가장 흥미로운 진짜 생활을 살고 있다고 생각하게 되었다. 각자 개인의 생활은 비밀 속에서 유지되며, 어쩌면 부분적으로는 그런 이유 때문에 교양 있는 사람들이 그토록 예민하게 사생활의 비밀이 보장되어야 한다고 강조하는지도 몰랐다.

딸을 학교까지 바래다준 구로프는 슬라뱐스키 바자르로 향했다. 그는 아래층에서 털외투를 벗고, 위층으로 올라가 조용히 노크했다. 그가 좋아하는 회색 옷을 입은 안나 세르게예브나가 여행과 걱정에 지친 채, 어제저녁부터 그가 오기를 기다리고 있었다. 창백한 그녀는 그를 보면서도 미소조차 짓지 못했지만, 곧장 그의 가슴에 안겼다. 2년이나 못 만난 것처럼 그들의 키스는 길고 오랫동안 계속되었다.

"어떻게 지냈소?" 그가 물었다. "별일은 없고?"

"잠깐만요, 말씀드릴게요……. 잠깐만요."

그녀는 우느라 말을 하지 못했다. 몸을 돌려 손수건으로 눈을 가렸다.

'울게 내버려둬야지. 앉아서 기다리면 돼.' 그렇게 생각한 그는 안락의자에 앉았다.

잠시 후 그는 벨을 눌러 차를 주문했다. 그가 차를 마시는 동안, 그녀는 창문을 향해 서 있었다. 그녀는 자신들의 생활이 서글퍼졌다는 비참한 생각에 감정이 격해져 운 것이다. 그들은 몰래, 마치 도둑처럼 사람들의 눈을 피해서만 만날 수 있다. 어찌 그들의 생활이 파괴되지 않았다고 할 수 있겠는가?

"이제, 그만!" 그가 말했다.

그는 그들의 이 사랑이 쉽게 끝나지 않으리라는 걸 잘 알고 있었다. 그 끝이 언제일지 알 수 없었다. 안나 세르게예브나가 그에게 점점 더 애착을 갖고 그를 열렬히 사랑했기에, 그녀에게 이 모든 것이 언젠가 끝나게 될 거라는 말조차 할 수 없었다. 그렇게 말한다 해도 그녀는 믿지 않을 것이다.

그는 그녀에게 다가가, 위로하고 기분을 바꿔줄 생각으로 그녀의 어깨에 손을 올렸다. 그러다 거울에 비친 자신의 모습을 보게 되었다.

머리가 이미 세기 시작했다. 최근 갑자기 더 나이 들어 보이고 추해진 자신의 모습이 낯설게 느껴졌다. 손을 얹어놓은 그녀의 따뜻한 어깨가 떨고 있었다. 아직은 무척 따뜻하고 아름답지만, 분명히 곧 자신의 삶처럼 시들고 바래질 이 생명에 그는 연민을 느꼈다. 도대체 왜 그녀는 그를 그토록 사랑하는가? 그는 언제나 여자들에게 본래 모습으로 보이지 않았다. 여자들은 그 자체가 아니라, 자신들이 상상으로 만들어놓은, 평생 간절히 원하던 그런 사람으로 그를 사랑했다. 그런데 자신들의 이런 실수를 알아차리고도 그들은 여전히 그를 사랑했다. 그리고 그들 중 어느 누구도 그로 인해 행복하지 않았다. 흐르는 시간 속에서 그는 사귀고 가까워지고 헤어졌지만, 한 번도 사랑한 적은 없었다. 다른 것은 몰라도 사랑만은 없었다.

그런데 지금, 그의 머리가 세기 시작한 지금, 그는 진심으로 사랑하게 되었다. 태어나서 처음으로.

안나 세르게예브나와 그는 아주 가깝고 친밀한 사람처럼, 남편과 아내처럼, 절친한 친구처럼 서로를 사랑했다. 그들은 서로를 운명이 맺어준 상대로 여겼다. 그가 왜 결혼을 했고, 그녀가 왜 결혼을 했는지 이해할 수가 없었다. 마치 두 마리의 암수 철새가 잡혀 각기 다른 새장에서 길러지는 것 같았다. 그들은 과거의 부끄러웠던 일들, 현재 일어나는 일들을 서로 용서했다. 그리고 이 사랑이 자신들을 바꿔놓았음을 느꼈다.

예전에 그는 슬플 때면 머리에 떠오르는 온갖 논리로 자신을 위로했다. 그러나 이제는 논리를 따지지 않고 깊이 공감한다. 진실하고 솔직하고 싶을 따름이다…….

"그만 울어요, 내 사랑." 그가 말했다. "그만 됐어……. 이제 얘기 좀 합시다, 뭐든 생각해봅시다."

그리고 그들은, 남의 눈을 피해야 하고 속여야 하며 서로 다른 도시에서 살며 자주 만날 수 없는 이런 처지에서 어떻게 벗어날 수 있을까에 대해 오랫동안 이야기하고 또 이야기했다. 어떻게 하면 이 견딜 수 없는 굴레에서 벗어날 것인가?

"어떻게 하면? 어떻게 하면?" 그는 머리를 감싸고 물었다. "어떻게 하면?"

좀 더 있으면 해결책을 찾을 수 있을 것이고 그때는 새롭고 멋진 생활이 시작될 거라고 여겼다. 그렇지만 두 사람은 그 끝이 아직 멀고 멀어, 이제야 겨우 아주 복잡하고 어려운 일이 시작됐다는 것을 잘 알고 있었다.

며칠 전 여권을 다시 발급받기 위해 사진관에 가서 증명사진을 찍었습니다. 사진을 찍고 나서 사진사가 이렇게 말하더군요. 어디를 고쳐드릴까요. 사진으로 성형수술을 해준다고 하니 좀 당황스러웠습니다. 그때 사진사가 덧붙여 말했습니다. "요즘에는 다 그렇게 해요."

증명사진은 말 그대로 사진으로 나를 증명해줘야 합니다. 그런데 증명사진이 나보다 더 잘생기게 변형되어 있으면 과연 내가 맞는지 확인해줄 수 있을까요. 여권 사진을 보면서 몇 번이고 입국자를 확인하며 까다롭게 굴던 모스크바의 셰레메티예보 Sheremetyevo 공항 입국심사대가 떠올랐습니다.

그런데 증명사진이란 참으로 묘한 말입니다. 인물의 사진이 그 실제 인물을 증명해준다고 하니 말입니다. 원본을 찍은 사본이 원본보다 더 그 원본을 확인하는 능력을 발휘하는 것입니다. 그래서 때로는 복제본인 사진이 본래의 인물을 부정하기도 합니다.

초기 테크놀로지인 사진기술부터 이미 테크놀로지 자체에 대한 의문이 담겨 있습니다. 과학기술의 발달로 이제는 생명을 복제하기까지 합니다. 21세기를 맞기 직전인 1996년에는 돌리라는 이름의 복제 양이 태어나기도 했죠. 그렇다면 원래의 양과 복제한 양, 어느 양이 진짜 돌리일까요?

일상에서도 묘한 일들이 많이 벌어지고 있습니다. 특히 용도 차원에서 실재와 가상은 구분하기 어려워졌지요.

잘 보이는 멀쩡한 눈을 성형수술로 고치고, 숨 쉬고 냄새 맡는 데 지장이 없는 코를 오뚝하게 변형시키는 일은 눈이나 코가 원래 무엇이었나 하는 의문을 자아냅니다. 멀쩡한 눈과 코가 멀쩡하지 않았나 봅니다. 자동차가 아니라 벤츠나 BMW를 타고, 운동화가 아니라 아식스나 나이키를 신고, 가방이 아니라 샤넬이나 루이비통을 들고 다닌다면, 자동차나 운동화나 가방이 어떤 용도의 물건인지 모호해집니다. 성형한 외모나 물건의 브랜드가 사람의 성품 또는 인격과 동일하게 다뤄지는지도 모르겠습니다.

이러한 시대이고 보니, 현대미술에서 구상이니 추상이니 구분하는 일은 의미가 없습니다. 이제 문제는 예술과 현실의 관계입니다. 또한 그 현실이 과연 진짜 현실인가 하는 물음도 현대예술에서 부각됐습니다. 르네 마그리트René François Ghislain Magritte(1898~1967)가 〈인간의 조건〉이라는 제목의 풍경을 그린 것도 그런 까닭 때문입니다.

창문을 캔버스가 가리고 있습니다. 그런데 캔버스에 그려진 풍경은 창밖 풍경과 다르지 않습니다. 언뜻 보아서는 나무와 들판과 야산이 창문 밖 풍경인지 캔버스의 그림인지 구별하기 어렵습니다. 게다가 창밖 구름은 캔버스 구름과 정확하게 일치하고 있지요.

마그리트를 쉬르레알리슴[9] 화가라고 부릅니다. 이성의 지배를 받지 않는 무의식이나 꿈의 세계를 표현한다고 그렇게 부르

르네 마그리트, 〈인간의 조건〉(1933)

"세상에서 해방되는 데 예술보다 더 좋은 것은 없다.
또한 세상과 확실한 관계를 맺는 데에도 예술을 통하는 것이 가장 좋다."

— 괴테

는 것이죠. 그런데 여기서 실재를 넘어서 있는 세상이라는 뜻의 초(超)현실이 꼭 비(非)현실을 뜻하는 것으로 이해돼서는 안 됩니다. 현실이 언제나 이성적이지는 않으니까요. 초현실도 현실입니다.

마그리트의 그림들은 고정관념을 전복해 생각을 회복하게 해 줍니다. 우리에게는 익숙한 것을 당연한 것으로 여기는 경향이 있습니다. 당연은 이치에 맞아 마땅하다는 뜻인데, 익숙하다고 곧 이치에 맞는 일일까요.

〈인간의 조건〉은 사람이 살아가는 형편, 즉 우리네 현실을 말하고 있습니다. 그림으로만 본다면 내부에 있는 캔버스는 가상의 풍경입니다. 창밖 풍경이 실재입니다. 가상(假象)과 실재(實在)가 혼재한 삶, 그것이 인간이 살아가는 형편인 현실(現實)인 것입니다.

백남준의 비디오카메라

현대예술의 주류는 미디어아트입니다. 테크놀로지의 엄청난 발달에 힘입어 탄생한 각종 미디어가 예술의 영역으로 들어온 것

---

9 **쉬르레알리슴 surréalisme** 1차 세계대전 직후 1920년대 프랑스에서 시작해 전 세계로 퍼진 문예사조로, 초현실주의라고도 한다. 합리주의를 부정하고 이성을 초월한 잠재의식이나 무의식 또는 꿈의 세계를 다루며 무한한 상상력을 펼쳤고, 이후 추상표현주의의 탄생에 큰 영향을 주었다. 르네 마그리트, 막스 에른스트, 살바도르 달리, 호안 미로 등의 화가와 문학계의 장 콕토가 쉬르레알리슴의 대표적인 예술가다.

이죠. 미디어아트는 매체 자체를 그대로 드러냅니다.

다음에 열거하는 현대예술의 종류를 보면 미디어가 중심에 놓여 있다는 점을 금방 알 수 있지요. 비디오아트video art, 컴퓨터 아트computer art, 바이오아트bio-art, 사이버퍼포먼스cyberformance, 디지털아트digital art, 일렉트로닉아트electronic art, 팩스아트fax art, 글리치아트glitch art, 인터액티브아트interactive art, 소프트웨어아트software art, 웹아트web art, 로봇아트robotic art 등. 그리고 최근에 나온, 무엇이든 상상한 대로 출력해내는 3D프린터를 활용한 3D프린터아트까지. 사이버 공간에서 우리의 일상생활이 영위되듯 예술 역시 여러 매체를 통해 가상의 공간에서 작업되고 있는 실정입니다.

그런데 미디어아트에서 주목할 부분이 하나 있습니다. 각종 미디어를 이용해 현란하고 기기묘묘한 재주를 부리는 것이 예술인 듯 포장되기도 한다는 점입니다. 이는 예술art과 기술craft의 경계를 모호하게 하면서 예술의 정신을 담기보다는 테크놀로지 찬양으로 변질되기 쉽습니다. 즉 미디어아트로 각종 기교를 자랑하는 일은 예술이 아니라 테크놀로지 선전이라는 뜻입니다. 기교가 곧 예술이지는 않습니다. 예술에는 언제나 성찰이 함께해야 하지요.

성찰을 통해 기술을 예술로 끌어올린 비디오아트의 선구자 백남준(白南準, 1932~2006)은 현대음악, 특히 쇤베르크에 관심을 두고 일본 도쿄 대학을 거쳐 독일 뮌헨 대학으로 유학을 떠나 음악을 공부했습니다. 그러다가 존 케이지[10]를 만난 뒤 퍼포먼스를 중심으로 한 예술작업을 시작했습니다. 그의 강렬한 퍼포먼스는

예술 수업

예술에 담긴 놀이의 성격을 끝까지 밀고 나감으로써 많은 사람들의 주목을 받았습니다. 그는 예술이 지닌 본래의 속성, 즉 사람들의 상상력을 제한하는 여러 장애를 부수는 작업을 실행한 것이지요.

그의 〈바이올린 독주〉는 무대 위에서 3분 동안 천천히 바이올린을 들어올린 후 1초도 안 되는 짧은 시간에 탁자 위로 힘껏 내리쳐 부숴버리는 연주행위였습니다. 음악은 청각에 의존해 듣는 예술입니다. 그런데 이 퍼포먼스는 바이올린이라는 악기의 용도를 완전히 바꿔서 시각과 촉각까지 음악 연주에 도입합니다. 온몸으로 음악을 표현한 셈이지요.

1964년 백남준은 뉴욕으로 이주합니다. 그리고 그곳에서 당시로서는 최신 미디어인 비디오카메라를 구입합니다. 이로써 세상에 비디오아트가 탄생했습니다.

그의 비디오아트 가운데 〈로봇 K-456〉이라는 작품이 있습니다. 이 로봇에 대한 백남준의 애착은 무척 컸다고 알려져 있는데, 이 작품에서 우리는 그의 예술적인 성향을 잘 볼 수 있습니다.

———————

10 **존 케이지**John Milton Cage Jr.(1912~1992) 미국 작곡가. 쇤베르크에게 작곡을 공부하고 습작시기에는 무조음악을 만들다가 이후에는 어떠한 법칙도 거부하고 음악의 재료를 무작위로 선택하여 표현하는 우연성의 음악을 만들었다. 연주자가 아무 연주도 하지 않고 피아노 앞에 앉아만 있다가 퇴장하는 〈4분 33초〉라는 작품이 대표작이다. 이 작품에서는 객석에 있는 청중에게 들리는 모든 소리가 음악이 된다. 음악에서 출발한 백남준은 20세 연상의 존 케이지를 관습과 제한을 극복한 창조적인 예술가라고 평가하며 자신의 예술적 스승이라고 일컬었다.

일반적으로 로봇이라고 하면 인간보다 힘도 세고 능력도 많다고 생각합니다. 사람이 하지 못하는 일을 하는 강력한 테크놀로지로 여기지요. 그런데 〈로봇 K-456〉은 허술해서 사람의 도움을 받아야 합니다. 테크놀로지에 대한 통념을 바꾼 작품입니다. 그러고 보니 사실 테크놀로지는 여러 기능을 갖추고 때로는 거대한 힘을 발휘할지 모르지만, 그것은 사람의 통제 아래 운용되는 기구일 뿐입니다. 그렇다면 사람이 그것을 잘 사용해야겠지요. 테크놀로지에 짓눌리지 말고 말이죠.

백남준 예술의 핵심은 이처럼 놀이와 재미에 있습니다. 한 인터뷰에서 백남준은 자기 예술을 다음과 같이 정의합니다.

> 모든 것이 장난감이에요. 비디오는 장난감이죠. 나 역시 장난감이에요. 내가 하는 모든 것은 게임이 되었죠. 나는 아기 TV예요.

예술이 지닌 상상력과 창조의 가능성을 제한하는 엄숙한 자세를 거부하는 것입니다. 장난은 모든 가능성을 열어놓은 아이들의 놀이처럼 사물에 새로운 의미를 주며 창조의 즐거움을 만끽하게 해줍니다. 우리를 옥죄는 세상에서 벗어나게 하면서 말이죠.

백남준은 비디오아트를 퍼포먼스와 결합하여 장난을 치기도 했습니다. 예를 들어 〈TV 브라〉는 줄리어드 음대 출신의 첼리스트 샬럿 무어먼Charlotte Moorman(1933~1991)과 함께 연출한 작품으로, 이 퍼포먼스를 하면서 백남준은 그림이나 영화에서 에로티시즘은 주요 주제 중의 하나인데, 왜 음악에는 에로티시즘이 없

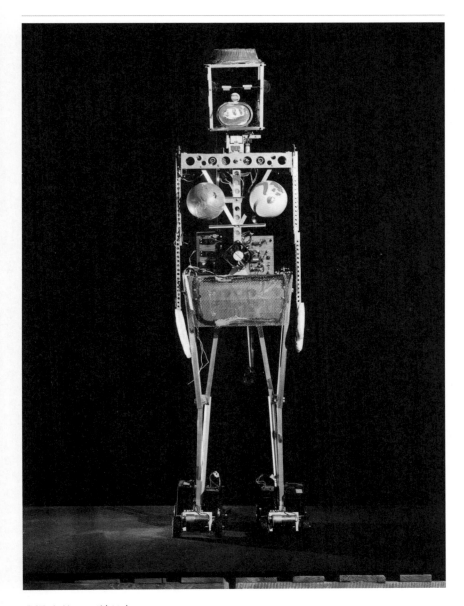

백남준, 〈로봇 K-456〉(1964)

는가라고 말했습니다.

TV를 보고 있으면 아무 생각을 하지 않아도 됩니다. 휴일을 보내는 가장 흔한 수단인 TV는 사람을 대신해서 보고 듣고, 여행도 대신 떠나며, 생각마저 대신해줍니다. 그래서 사람을 멍청하게 만든다 하여 바보상자라고도 불리는데, 백남준은 거꾸로 TV를 가지고 놀았습니다. 과천 국립현대미술관에 있는 많을수록 좋다는 뜻의 작품 〈다다익선〉은 그렇게 이해할 수 있습니다. 백남준아트센터에 있는 〈TV 정원〉도 그렇고요.

경기도에 있는 백남준아트센터 입구에는 백남준이 남긴 말이 기록되어 있습니다.

> 현대예술이 고등 사기라면 비디오는 5차원의 사기다. 얼마큼 生이며 얼마큼 연출이며 얼마큼이 사기가 되느냐. 그것은 아무도 모른다. 진리는 가면의 진리다.

현대예술이 난해하고 기이해진 이유 가운데 하나는 가상과 실재가 구분되지 않는 우리네 현실을 진실하게 대면하고 있기 때문입니다.

의미가 구축되는 방식

가상은 가짜, 실재는 진짜라고 단순하게 구별하는 일은 현실을 직시하지 못할 위험을 낳습니다. 가상은 이미 현실이 존재하는 방식이 됐으니까요. 가상이 실재와 연결되는 부분을 따져서 현실을 더욱 적극적으로 이해해야 합니다. 따라서 가상과 실재의 문제는 사실과 진실의 질문으로 바뀝니다.

우리는 흔히 사실fact을 진실truth로 받아들이는 경향이 있습니다. 그러나 사실이 곧바로 진실이 될까요. 앞에서 읽은 〈개를 데리고 다니는 부인〉을 분석하면서 이 문제를 따져보도록 하죠.

체호프의 〈개를 데리고 다니는 부인〉이 예술적으로 뛰어난 까닭은 소설이면서 음악이기도 하고 회화이기도 한 때문입니다. 의미가 구축되는 방식이 말이죠. 이전 강의에서 음악과 회화의 언어를 살펴봤으니, 이 단편소설을 음악과 회화 차원에서 각각 분석해보도록 합시다.

먼저 음악성 분석. 음악은 공간이동의 속성을 띠고 있어서 변화가 아니라 변위하면서 진행된다고 했죠. 그럴 때 서로 무관한 내용이 같은 성질로 바뀌어 발생한 사건의 의미를 확장하기 마련입니다. 〈개를 데리고 다니는 부인〉은 이렇게 시작합니다.

바닷가 거리에 새로운 얼굴이 나타났다는 소문이 자자했다. 개를 데리고 다니는 부인이. 드미트리 드미트리치 구로프도 얄타에서 지낸 지 벌써 2주일째라 이곳에 익숙해져서, 새로운 얼굴들에 흥미를 느끼게 되었다.

작품의 첫 단락인데, 두 개의 상반된 단어가 공존하면서 작품 전체의 의미를 이미 함축하고 있습니다. '……익숙해져서, 새로운…….' 이 작품은 겉으로 불륜 이야기의 틀을 취하고 있다고 했죠. 유부남과 유부녀에게는 각각 가정이 있습니다. 그런데 그들은 휴양지에서 만나 사랑에 빠집니다. 그 때문에 두 남녀의 생활에서 기존의 가정과 새로운 만남이 충돌하게 됩니다.

그들은 친밀해지면서 기존의 배우자와 가정을 낯설게 느끼기 시작합니다. 유부남은 아내를 천박하게 여기고, 유부녀는 남편을 노예와 같은 존재로 봅니다. 새로 만난 서로를 오히려 더 익숙하고 친근하게 느낍니다. 익숙함과 낯섦이 전도되는 거죠.

그들은 만나기 전까지는 각자 잘 살고 있었습니다. 부유하기도 했죠. 유부남은 능력 있는 은행가이고, 유부녀의 남편은 고급 관리였습니다. 남들이 보기에 아주 잘 사는 부부들이었습니다.

게다가 그들은 실제생활을 벗어난 곳에서 만난 비현실적인 사이였습니다. 휴양지는 말 그대로 일상에서 일탈하여 휴양하는 곳이니, 그들의 만남은 일종의 몽상과도 같았습니다. 그래서 그들은 얄타를 떠나면서 다시 자기 자리로 돌아가야 한다는 사실과 꿈속 같은 만남을 잊어야 한다는 점을 확인합니다. 안나 세르게예브나가 떠나면서 다음과 같이 말하죠.

"안녕히 계세요. 잘 지내시길 빌겠어요. 제가 좋은 기억으로 남기를 바라요. 우리는 영원히 헤어지는군요. 하기야 그래야 하겠죠, 다시 만나서는 안 되니까. 그럼 안녕히 계세요."

예술 수업

안나를 배웅하고 나서 구로프도 플랫폼을 나오면서 생각합니다.

이제 정거장에서는 가을 냄새가 났고, 밤은 쌀쌀했다.
'나도 북부로 돌아갈 때가 됐군.' 구로프는 플랫폼을 나오면서 생각했다. '돌아갈 때가 됐어!'

그러나 그들은 실제생활로 복귀한 뒤에도 상대를 무심코 떠올리더니 급기야 그리워합니다. 그러면서 원래의 생활을 저급하고 야만스럽다고 여깁니다. 모욕적이고 불결하다고까지 느낍니다. 그러다 서로를 다시 찾습니다. 새로운 만남을 휴양지에 국한시키지 않고 삶의 사실로 끌고 오는 것이죠. 그들은 둘이 함께 있을 때에야 자신에게 진실할 수 있다고 생각합니다. 그러나 그들은 주위 사람들에게 거짓말을 하고 몰래 만날 수밖에 없습니다. 진실한 그들의 관계가 거짓을 바탕에 깔아야만 가능한 겁니다.

진실은 고대 그리스어 '알레테이아'alētheia에서 나온 말입니다. 이 뜻은 '은폐되지 않음, 숨기지 않음'이죠. 그러니 그들 사이가 아무리 진실하다고 해도 진실할 수 없습니다.

두 남녀는 남들에게 숨기지 않는 기존의 가정생활에서 자기 자신을 속이며 삽니다. 반면 솔직해질 수 있는 그들 사이는 남들에게 감춰야 합니다. 교착상태에 놓인 겁니다.

자신에게는 두 개의 생활이 있다. 하나는 원하는 사람이라면 누구나 볼 수도 있고 알 수도 있는 그런 공개된, 상대적 진실과 상대적 거짓으로 가득 찬, 주위 사람들의 삶과 아주 닮은 그런 생활이다. 다른 하나는 은밀하게 흘러가는 생활이다. 우연히 이상하게 얽힌 어떤 사정에 의해 그에게 소중하고 흥미로우며 반드시 있어야 하는 것, 그 속에서라면 그가 진실하고 또 자신을 속이지 않아도 되는, 그의 생활의 핵심을 차지하는 그런 모든 것은 다른 사람들에게 알려질 수 없다. 반면에 진실을 숨기기 위해 자신을 감추는 그의 가식, 껍데기인 모든 것, 이를테면 은행에서의 일, 클럽에서의 토론, 그의 '저급한 인종'인 아내와 함께 가는 기념식, 이런 모든 것은 공개되어 있다.

그들의 인생에서 기존의 가정과 새로운 만남은 동시에 공존할 수 없습니다. 그중 하나는 부정되어야 합니다.

그날도 구로프는 호텔에 머물고 있는 안나를 만나기 위해서 아침 일찍 집을 나섭니다. 가는 길에 아이를 학교에 데려다주고 갈 작정이었습니다. 딸아이와 함께 걷는데 마침 눈이 내렸습니다. 구로프와 아이가 나누는 대화입니다.

어느 겨울 아침에도, 그는 그녀에게 가고 있었다. 도중에 있는 학교까지 바래다주려고 딸과 함께 갔다. 습기를 머금은 눈이 펑펑 쏟아졌다.

"지금 기온은 3도인데, 그래도 눈이 내리는구나." 구로프가 딸에게 말했다. "하지만 따뜻한 건 땅의 표면이지, 대기의 상층에서는 기온

이 전혀 다르단다."

사소하게 읽히는 이 에피소드는 작품의 주제를 안고 있습니다. 섭씨 영상 3도에서는 눈이 내리지 않습니다. 그런데 눈이 내리고 있습니다. 물론 대기 상층의 차가운 기온 때문이지만, 지상에서만 보면 이상한 일입니다. '영상 3도'와 '내리는 눈'은 함께할 수 없는 지상의 사실이지만 지금 공존하고 있으니까요. 두 개의 사실이 상충하기 때문에 하나만 진실일 수 있습니다. 사실은 두 개인데, 진실은 하나. 이처럼 기존의 가정과 그들의 밀애, 이둘은 각각 그들 삶의 사실이지만 공존할 수 없습니다. 그중 하나만 진실일 수 있습니다.

달리 말하면 둘 다 사실이지만 하나의 사실에서 보면 나머지하나는 가짜여야 합니다. 분명히 사실인데도 말이죠. 이 작품은 이렇게 사실이 진실이 되지 못하는 현실을 보여줍니다. 만일 사실이 곧 진실이라면 시비(是非), 즉 옳고 그름은 금방 갈리고 명확해질 겁니다. 그렇지만 우리네 세상이 어디 그런가요. 입장에 따라 진실이 달라지니 말입니다.

이번에는 회화의 성질을 분석해볼까요. 이 작품은 크게 3개의 그림으로 진행되는데, 첫 번째 그림은 유부남이 유부녀를 처음 목격하는 장면입니다.

카페 베르나에 앉아 있다가 그는 창밖으로, 바닷가 거리를 지나가는 젊은 부인을 보았다. 키가 그리 크지 않은 금발의 여자로 베레모를 쓰고 있었다. 뒤에는 하얀 스피츠가 따라가고 있었다.

그들은 바닷가 휴양지의 흔한 사람들 가운데 속해 있어서, 심각하지도 진지하지도 않고 그저 가벼운 느낌으로 채색되어 있습니다. 이중 프레임으로 구별된 채 말입니다. 그들은 각기 다른 프레임에 속해서 분리돼 있었습니다.

그러다가 한 식당에서 우연히 말을 나누면서 금세 친해집니다. 바람둥이 구로프가 먼저 수작을 걸었지만, 안나도 무료한 휴양지에서 자신에 대한 결박이 느슨해졌기 때문이지요. 호기심에 솔직한 휴양지의 성격 때문이기도 하고요. 그들은 휴양지에서 벗어나 짧은 여행을 떠나기도 합니다. 그곳에서 그들은 그들만의 세계를 만들어갑니다. 세상 사람들로부터 떨어져나와서 말입니다.

오레안다에 도착한 두 사람은 교회당에서 멀리 떨어지지 않은 벤치에 앉아 바다를 내려다보며 말이 없었다. 새벽안개 속에서 어렴풋이 얄타가 보이고, 산 정상에는 흰 구름이 걸려 있었다. 나뭇잎 하나 흔들리지 않았고, 매미들이 울고 있었다.

여기서도 프레임은 이중으로 겹칩니다. 그러나 이번에는 하나의 프레임에 그들이 함께 있고, 다른 프레임에는 세상 사람들이 살고 있습니다.

그들은 각자 자기 집으로 돌아간 뒤에도 몰래 만납니다. 유부녀는 남자가 좋아하는 회색 옷을 입고 다녔고 유부남은 머리가 세기 시작했습니다. 마지막 장면. 무채색의 잿빛을 한 두 남녀가 호텔 창가로 다가가 원색으로 채색된 바깥세상을 바라봅니다.

> 그가 차를 마시는 동안, 그녀는 창문을 향해 서 있었다. 그녀는 자신들의 생활이 서글퍼졌다는 비참한 생각에 감정이 격해져 운 것이다.
> ……
> 그는 그녀에게 다가가, 위로하고 기분을 바꿔줄 생각으로 그녀의 어깨에 손을 올렸다. 그러다 거울에 비친 자신의 모습을 보게 되었다. 머리가 이미 세기 시작했다.

그들만 격리되어 살 수는 없습니다. 세상 속으로 들어가야 하는데, 어떻게 해야 할지 모르겠습니다. 두 번째 그림에서 세상과 분리돼 있던 그들이 소설의 마지막 부분에서 다시 세상으로 돌아가야 하는 현실을 바라보고 있습니다. 그래서 소설은 이렇게 끝납니다.

> 두 사람은 그 끝이 아직 멀고 멀어, 이제야 겨우 아주 복잡하고 어려운 일이 시작됐다는 것을 잘 알고 있었다.

〈개를 데리고 다니는 부인〉은 우리네 삶의 진실을 담담하게 이야기하고 있습니다. 사실이 진실이 되지 못하는 진실, 그리고 사실은 삶에서 실재가 되기도 하고 가상이 되기도 한다는 점을. 그러면서 아무런 결론도 내려주지 않습니다. 해석은 순전히 독자의 몫이죠. 체호프의 작품에서 의미는 발견되는 것이 아니라 생산되는 것입니다.

다만 어렴풋이 구로프에게 희망이 생기는 듯한 인상은 줍니다. 그가 이전과 다르게 세상을 진실하게 직시하기 때문입니다.

> 예전에 그는 슬플 때면 머리에 떠오르는 온갖 논리로 자신을 위로했다. 그러나 이제는 논리를 따지지 않고 깊이 공감한다. 진실하고 솔직하고 싶을 따름이다…….

슬픔은 감정의 상태입니다. 구로프는 예전에 그 감정을 이성적인 논리로 이해했습니다. 그러나 이제는 슬픔을 공감합니다. 말하자면 이전에 그는 가식적인 태도로 살았지만 지금은 진실한 자세로 자신과 세상을 대면합니다.

현대에 올수록 사실과 진실은 더욱 괴리되고 있습니다. 그래서 현대의 예술은 진실에 다가가기 위해 사실들을 더욱 비틀 수밖에 없습니다. 그러니 현대예술이 난해하고 기이해진 것이죠.

하나의 농담, 무한한 의미

체호프의 작품은 하나의 농담 같습니다. 치열하게 세상을 살라

하고 열정을 다해 뭔가 성취하라고 난리인 와중에서 보면 특히 더 그렇습니다. 그런데 이러한 농담 같은 작품이 실은 우리에게 생산의 자유를 줍니다. 다음은 체호프의 다른 작품에 나오는 대화입니다.

"그래도 의미는 있겠지요?"

"의미라…… 자, 지금 눈이 내리고 있습니다. 여기에 무슨 의미가 있겠습니까?"

눈이 와서 멜랑콜리하다고 하면, 눈의 의미는 멜랑콜리에 갇힙니다. 그 이상, 내리는 눈이 주는 느낌은 사라지죠. 눈이 와서 불편하다고 하면 미끄럽고 질척한 길만 떠올리게 됩니다. 더는 생각이 나지 않습니다. 규정해서 내린 결정에 현실이 갇히는 꼴입니다.

그렇지만 단순하고 가볍게 '눈이 내린다'고 하면 오히려 단순하지 않게 여러 의미를 줍니다. 사람들마다 또 다르게 말이죠. 내리는 눈이 어떻다고 정해주지 않으니까요. 이렇게 체호프는 우리에게 자유를 줍니다. 그래서 버지니아 울프Virginia Woolf(1882~1941)가 "체호프를 읽으면 자유의 놀라운 의미를 알게 된다"고 했고, 수전 손택Susan Sontag(1933~2004)이 "체호프는 우리를 정신적으로 성숙하게 만들어주는 예술가"라고 했습니다.

*

체호프에 빗대어 예술의 천기(天機)를 누설해볼까요. 체호프의 작품은 사상이나 이념을 담아 어떠한 결론도 내리지 않습니다. 체호프에게는 예술성만이 전부였습니다. 그래서 그의 작품은 종결되지 않고 열린 채 끝나죠. 오픈엔딩. 하긴 우리의 현실이 언제 종결되기나 하나요. 끝없이 진행될 뿐입니다.

세상의 모든 일은 진행되어가면서 의미가 차츰 명확해집니다. 모호함이 사라지는 것이죠. 그것을 간단하게 그리면 다음과 같습니다. 예술작품도 표면적으로는 아래와 같아서 처음에는 모호했던 내용이 차차 분명해집니다. 그래야 우선 이해되니까요. 그림에서 원의 크기는 모호함의 정도를 말합니다.

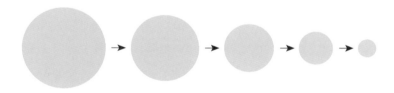

예술작품이 아닌 모든 것은 이것으로 끝납니다. 그래서 그것을 알고 나면 다 된 것입니다. 처음에 몰랐던 것을 알게 됐으니까요.

그러나 예술작품에서는 내용이 차차 분명해져도 의미가 확실해지지 않습니다. 일반 텍스트와 달리 또 하나의 메커니즘이 작동해서 의미가 오히려 모호해져갑니다. 처음에는 의미가 거의 없이 작았지만, 작품 마지막에 가면 그 의미가 아주 커져서 자기 삶과 세상을 자꾸 돌아보게 만듭니다.

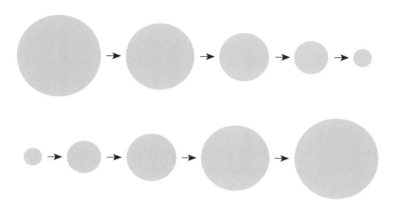

오픈엔딩은 의미가 모호해지고 커지는 것을 가리킵니다. 결론이 뚜렷하게 나면 내용은 분명해지지만, 더 이상 생각할 거리는 사라집니다. 그때는 의미 생산이 중단됩니다.

그러나 진정한 예술작품은 오랫동안, 때로는 평생토록 계속 의미를 생산하면서, 긴 여운을 남기는 것이죠.

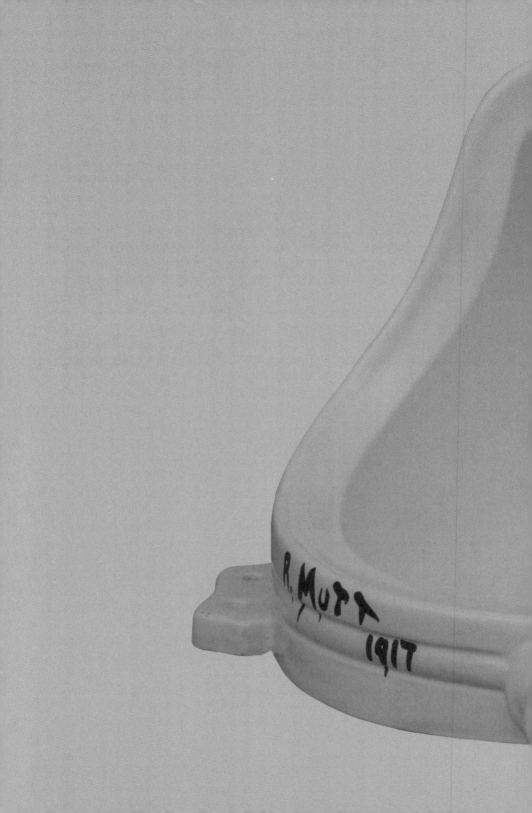

여행과 예술의
공통점

호퍼의 〈간이휴게소〉에
그려진 '나'

에드워드 호퍼, 〈간이휴게소〉(1927)

"여행이란 장소를 바꾸는 것이 아니라
우리의 생각과 편견을 바꾸어주는 것이다."
—아나톨 프랑스(프랑스의 소설가)

살다 보면 문득, 나 자신이 낯설게 느껴질 때가 있습니다. 거울을 보다가 또는 자기 사진을 보다가 내가 너무나 낯설어서 다른 사람을 바라보고 있는 것은 아닌가 하는 생각이 들 때가 있습니다. 살다 보면 문득, 내 일상이 낯설게 느껴질 때도 있습니다. 매일매일 하는 생활이라 익숙할 만한데 그 일상이 어색할 때도 있습니다. 왜 그럴까요.

한적한 간이휴게소에서 젊은 여자가 커피 잔을 골똘히 들여다보고 있습니다. 겨울인 듯 잔을 들지 않은 쪽 손에는 장갑을 끼고 있습니다. 멋스런 노란 모자를 쓰고 빨간 립스틱을 곱게 바른 채 다리를 꼬고 앉아 미동도 하지 않습니다. 뒤쪽 통창에는 가지런한 실내등이 반사되어 비치고 있고요. 창은 벽을 대신할 만큼 넓지만 창밖으로는 아무것도 보이지 않습니다. 밤이 깊었습니다. 여자는 무슨 생각을 그리도 하고 있을까요.

미국인이 특히 좋아하는 에드워드 호퍼Edward Hopper(1882~1967)는 일상을 그린 화가입니다. 휴게소나 영화관, 집 앞뜰, 주유소 등 사람들의 일상이 펼쳐지는 장소를 그렸죠. 그곳에는 언제나 주위에서 흔하게 만날 수 있는 이웃이 있습니다. 그림 속의 그 또는 그녀는 옆집에 살고 있을 듯합니다. 어쩌면 나 자신일지도 모르겠습니다.

이국의 땅을 처음 밟은 사람은 그곳에 있는 모든 것이 신기해서 할 말이 많습니다. 풍경도 그렇고 사람들이 사는 모습도 그렇습니다. 거리의 가로수마저 새롭습니다. 짧은 기간 여행한 사람이 이국의 문화에 대해서 더 많은 이야기를 하지요.

그러나 그곳에 오래 머무른 사람이나 아예 정착한 사람은 점점 할 이야기가 없어집니다. 그러다가 마침내 이렇게 말하고 맙니다. 사람 사는 게 다 그렇지, 뭐. 그러면서 이국의 문화를 잠깐 접한 사람들이 호들갑을 떤다고 생각합니다. 하지만 그것은 신선한 시선을 잃은 자의 모습일 뿐입니다.

익숙해지는 것, 그것은 첫 시선의 생생함을 잃는 일입니다. 모든 사물은 첫 시선에 포착될 때 가장 생기 있게 다가옵니다. 그러나 세월이 흘러 익숙해지면 그 생기는 시들다가 끝내 소멸하고 맙니다. 그렇다면 문제는 대상이 아니라 시선인 셈입니다.

생활에 익숙해지면 일상이 시작됩니다. 그러니까 일정한 환경에서 활동하며 살아가는 생활이 당연해서 일상이 되는 것이 아니라, 일상이 되어서 생활이 당연해지는 것입니다. 달리 말하면, 일상에서 벌어지는 일이 이치에 맞아 올바르고 마땅해서 당연해지는 것이 아니라 익숙해서 당연해지는 겁니다. 그러다가 일상은 진부해지기까지 합니다. 당연하다 못해 진부해지는 것은 일상이 너무나 익숙하기 때문이죠. 일상이 아무런 의미가 없어서 진부한 것은 아닙니다.

우리는 이상한 환경에도 시간이 흐르면 점차 적응해갑니다. 감옥에 갇힌 수감자에게는 교도소 생활이 일상이 되고, 혹독하게 추운 시베리아에서도 사람들은 일상생활을 하며, 무척이나 더운 적도의 정글에서도 사람들은 일상을 만들어나갑니다. 시험을 치르는 건 누구에게나 걱정되고 긴장되는 특별한 일입니다. 그런데 시험을 날마다 치른다면, 차차 타성에 젖어 시험마저 일상이 됩니다. 생활의 리듬이 만들어지면 익숙해지기 때문이죠.

5강에서 밝혔듯이 리듬은 반복에 의해 만들어집니다. 일상은 같은 일이 되풀이되는 가운데 생겨나지요. 반복되는 것이 습관을 만드는 것처럼. 그런데 문제는 그렇게 타력(惰力)이 붙어 관습화하면 그것의 의미를 삭제한다는 점입니다. 한 가지 간단한 실험을 해볼까요.

'나라'라는 단어가 있습니다. 이 낱말은 '국가'를 뜻하지요. 그런데 '나라'를 반복해서 말하다 보면 이상한 일이 벌어집니다. 그 뜻이 모호해지더니, '나라'가 왜 '국가'라는 뜻일까 하는 의문이 생깁니다. 그러다가 '나라'는 그저 두 글자로 이루어진 단어에 불과해집니다. 그때 '나라' 가운데 다른 글자가 들어가면 '나라'는 눈에 띄지 않고 다른 글자만 보입니다.

나라

나라 나라 나라 나라 나라 나라 나라 나라 나라 나라 나라

나라나라나라나라나라나라나라나라나라나라나라나라나라나라나라

나라나라나라날다나라나라나라일상나라나라나라나라예술나라나라

이런 점에서 상식이 모두 다 올바르게 사물을 분별하고 사리에 맞는 것인지 이따금 질문을 던져볼 필요가 있습니다. 상식이 당연한지 말이죠.

여행은 가끔은 꼭 필요합니다. 시선을 살리기 때문입니다. 이국의 낯섦을 즐긴다는 뜻에서만 여행이 필요한 게 아닙니다. 여행은 원래 살던 곳의 진부한 삶을 새로운 눈으로 보게 합니다. 누구나 여행지에서 돌아오면 자기가 살고 있는 환경과 그곳의 일상이 새롭게 보이니까요. 여행은 당연한 삶을 낯설게 만들어서 생동감을 되살립니다.

일상이 되면 삶의 가치마저 잃기 십상입니다. 의미를 잃고 기계적으로 반복되는 생활처럼 무가치한 나날들이 또 어디 있겠습니까. 만일 그렇다면 끔찍한 일입니다.

그런데 우리네 일상은 사실 심상치 않습니다. 문제는 타성에 젖어 그 예사롭지 않은 사실에 둔감하다는 점이지요.

죽은 토끼에게 어떻게 예술을 설명할까

하늘을 나는 비행기 안, 승무원이 차려주는 음식과 와인을 즐긴

뒤 좌석을 편안히 눕히고 창밖의 파란 창공을 바라봅니다. 드문드문 구름이 밑으로 깔립니다. 거실 소파에 앉아 있는 듯 아늑하고 편안하지만, 그런데 그것이 비행기의 현실일까요. 바깥 기온은 영하이고, 비행기는 어디에도 의지하지 않은 채 대기 속을 날고 있습니다. 기장은 언제 무슨 일이 닥칠지 몰라 신경을 곤두세우고 복잡한 계기판을 주시하고 있죠. 지금 비행기는 하늘에 떠 있습니다.

현대에 올수록 이해하기 힘든 일들이 많이 발생하고 있습니다. 테러도 빈번해졌고요. 그런데 TV 화면을 통해서 많은 사람들이 다치거나 죽는 사건들을 자꾸 보다 보니 사람들은 그 끔찍한 일들에 무뎌져가고 있습니다. 그저, 또 일어났구나, 하면서. 끔찍한 일도 되풀이되다 보니 무감각해진 것입니다.

20세기 후반부터 퍼포먼스가 대두한 것은 그런 까닭 때문입니다. 예술가의 괴팍한 퍼포먼스는 우리가 살고 있는 이 현실이 평범한 듯하지만 부조리하기도 하고 기이하기도 하다는 사실을 인지시켜줍니다. 비행기 안의 아늑함 때문에 잊어버린 비행기의 현실을 일깨우듯이 말이죠. 그렇듯 퍼포먼스는 거짓 현실을 현실로 받아들이는 사람들에게 진짜 현실을 인식시켜줍니다. 그런데 거짓 현실의 껍데기가 너무 단단해서 그것을 깨뜨리려면 자극적이어야 했죠.

요제프 보이스 Joseph Beuys(1921~1986)는 독일의 뒤셀도르프 예술 아카데미에서 조각을 가르치는 교수이자 조각가였습니다. 그러던 그가 삶 자체가 예술이라고 주장하며 70여 차례에 걸쳐

요제프 보이스, 〈죽은 토
끼에게 어떻게 그림을 설
명할까〉(1965)

퍼포먼스를 벌였습니다. 미술관의 문을 열고 나와 일상의 사람
들 속으로 들어간 것이죠. 요제프 보이스가 아니라 예술이 말입
니다.

　그의 퍼포먼스 가운데 〈죽은 토끼에게 어떻게 그림을 설명할
까〉는 머리와 얼굴에 꿀과 금박을 뒤집어쓰고 한쪽 발에는 펠트
를 신고 다른 발에는 강철 밑창을 댄 구두를 신은 채 죽은 토끼
를 품에 안고서 세 시간에 걸쳐 그림들과 예술에 대해 설명하는

행위였습니다. 이 퍼포먼스는 외형상으로 보이는 주술적인 의미를 넘어서, 완고하게 자기 생각에 갇혀 있는 사람들보다 차라리 죽은 토끼에게 예술을 설명하는 편이 더 낫다는 표현이었습니다. 죽은 토끼가 더 감수성과 직관이 뛰어나다면서 기성의 견고함을 건드렸지요.

퍼포먼스는 굳어져버린 기성관념의 반응을 유발하기 위해서 주로 도발적인 행위를 합니다. 때로는 반사회적인 행위로 몰려 경찰에 제지당하기도 하죠. 때로는 섬뜩하기도 하고요. 그렇게 해서 우리를 불편하게 만듭니다.

퍼포먼스의 가장 가까운 재료는 몸입니다. 자학적이거나 외설적인 행위로 사람들을 자극하는데, 이제는 퍼포먼스의 고전이 된 귄터 브루스[1]의 〈자기 그리기〉는 칼과 가위로 자기 몸을 훼손하는 극단적인 자해행위였습니다. 폴 매카시[2]는 자기 학대와 비하 행위로 관객들이 참을 수 없는 모욕을 느낄 때까지 퍼포먼스를 벌여 불쾌한 현실을 충격적으로 체험하게 했고요. 비토 아

---

1 **귄터 브루스**Günter Brus(1938~) 오스트리아 출신의 화가이자 작가. 1960년대 후반 세상의 관습과 금기를 타파하고자 자신의 신체를 소재로 삼아 극단적인 자해 퍼포먼스를 벌여 관객에게 충격을 주었다. 〈자기 그리기〉 외에 온몸에 흰 페인트를 바르고 도끼로 머리를 찍는 퍼포먼스 등을 벌였다.

2 **폴 매카시**Paul McCarthy(1945~) 미국의 설치미술 작가이자 행위예술가. 지금은 〈백설 공주와 일곱 난쟁이〉, 〈돌대가리〉, 〈캐리비안의 해적〉 등과 같은 설치미술 작가로 활발하게 활동하고 있는데, 38세가 되는 1983년까지는 주로 자신의 몸을 도구로 사용해 더럽고 불쾌한 자극을 주는 퍼포먼스를 벌였다. 캘리포니아 대학 강의실에서 벌거벗은 채 케첩을 뿌리고 토하는 행위를 벌여 관객을 모욕한 〈탁월한 바보〉라는 퍼포먼스가 유명하다.

콘치[3]는 종종 텅 비어 있는 전시장에 나체로 앉아 몸을 비틀어 다리나 팔을 물어 잇자국을 내고 그 자국에 잉크를 묻혀 프린트 하곤 했는데, 이는 차라리 점잖은 축에 속합니다. 〈상표〉라는 이 퍼포먼스는 물질주의가 중심이 된 소비사회를 탐구하며 질문하는 행위였습니다.

영국의 길버트와 조지[4]의 퍼포먼스는 그래도 좀 볼만했습니다. 그들은 〈노래하는 조각〉, 〈마시는 조각〉 등 일련의 '살아 있는 조각'으로 인간 자체가 예술임을 선언했지요. 타성에 사로잡혀 있는 건 인간적이지 못하다는 퍼포먼스였습니다.

퍼포먼스는 덧없을 만큼 순간적으로 존재하고 소멸하는 예술 작업입니다. 즉흥성을 기반으로 삼는 재즈가 그것이 연주되는 동안에만 존재하는 것처럼 말이죠. 여기에는 퍼포먼스의 또 다른 예술적 저항이 담겨 있습니다.

퍼포먼스는 예술이 사물화하는 것에 저항합니다. 예술작품은 원래 완성되는 게 아니라 지속적으로 의미를 발산하는 것입니다. 예술은 명사가 아니라 동사의 성질을 띠죠. 그런데 요즘에는

---

3 **비토 아콘치**Vito Acconci(1940~) 미국의 현대예술가. 시인이자 설치미술 작가, 비디오아티스트, 디자이너이기도 하다. 특정한 예술 장르에 얽매이지 않고 사회 속 예술의 가치를 부단히 탐구하는 자세로 퍼포먼스도 벌였다. 〈상표〉 외에 거리에서 만난 낯선 사람을 무조건 따라다니는 〈미행〉이라는 퍼포먼스도 있다.

4 **길버트**Gilbert Prousch(1943~)**와 조지**George Passmore(1942~) 이탈리아 출신 길버트와 영국 출신 조지는 1967년 런던 세인트 마틴 미술대학에서 조각을 공부하면서 만나 1969년부터 다양한 퍼포먼스를 함께 벌이고 있다. 그들은 작품과 예술가의 경계를 무너뜨리면서 일상행위 자체를 작품으로 만들었다.

작품들이 경매장에서 가격이 매겨져 재산을 축적하는 방법의 일
환으로 취급받는 경우가 많아졌습니다. 퍼포먼스는 예술이 상품
처럼 완성품으로 취급받는 시대에 저항합니다. 탈물질화를 통해
정신의 영역에 남고자 하는 것이죠.

샘, 뒤샹의 변기에서 분출하는 생각들

현대예술은 혁신적인 실험정신으로 가득 차 있습니다. 때로는
괴팍하고 끔찍한 실험도 벌어지죠. 그래서 예술가의 수만큼이나
다양하게 펼쳐지는 것이 또한 현대예술의 특성이라 할 수 있습
니다. 언뜻 보면 그 많은 작업들을 특정 범주로 묶는 일이 용납
되지 않을 듯합니다.

　그럼에도 한 가지, 현대예술에는 동일한 성질이 있습니다. 새
로움. 새로움은 창의성을 기반으로 하는 기존 예술에 현대예술
을 연결함으로써 그 괴팍함을 예술로 이해하게 해주는 성질인
동시에, 현대예술의 주요 특성인 충격을 확보하는 개념입니다.
새로우니까 충격을 주는 것이죠. 아무리 이상해도 익숙하면 충
격을 주지 않습니다.

　이러한 현대예술의 시발점은 아무래도 변기를 전시장에 내놓
아 곧장 쓰레기 취급을 받은 마르셀 뒤샹Marcel Duchamp(1887~1968)
의 〈샘〉입니다. 어떤 점에서는 현대의 다양한 실험들이 어떻게든
뒤샹과 연결되어 심지어 아류가 되기도 합니다. 존 케이지가 "우

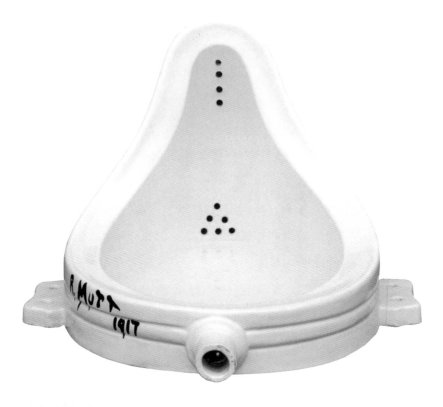

마르셀 뒤샹, 〈샘〉(1917)

"우리가 보는 모든 것은 뒤샹의 작품이며,
뒤샹의 작품이 아니라고 하면
그것이 곧 뒤샹의 작품이다."

—존 케이지

리가 보는 모든 것은 뒤샹의 작품이며, 뒤샹의 작품이 아니라고 하면 그것이 곧 뒤샹의 작품"이라고 말했듯이 말이죠.

뒤샹은 1887년 프랑스에서 태어났습니다. 그가 태어나 성장하던 시기는 예술의 여러 경향들이 화려하게 펼쳐진 시절이었고, 특히 프랑스의 파리는 그러한 예술의 중심지로 각광받고 있었습니다. 그는 열일곱 살이던 1904년부터 파리에서 지내며 그무렵 유행하는 인상주의부터 야수파, 상징주의, 입체파 등 기존의 여러 경향을 습작했습니다. 특히 입체파에 관심이 컸던 그는 1912년 그림 〈계단을 내려가는 누드2〉를 전시회에 출품합니다. 그러나 그의 작품은 움직임이 입체주의를 우습게 만들었다며 거부당합니다. 그러자 그는 미련 없이 뉴욕으로 떠나버립니다.

뒤샹이 파리를 떠나 뉴욕으로 건너간 일은 한 개인의 신상에 그치는 문제가 아니라 예술 자체의 변화를 뜻합니다. 전통을 지니지 않아 관습의 억압이 적은 미국의 뉴욕은 예술의 새로운 시대를 이끄는 도시였습니다. 뒤샹은 기존 예술에 대한 회의에서 파리를 떠난 겁니다. 자유로워야 할 예술을 특정 유파로 규정하는 일, 즉 틀에 가두려는 요구에 환멸을 느낀 것이죠.

파리에 있는 그 넓은 루브르 박물관에서 레오나르도 다빈치의 〈모나리자〉를 찾기는 무척 쉽습니다. 3층, 사람들이 많이 모여드는 곳에 가면 되니까요. 그곳에 〈모나리자〉가 보안 액자에 걸려 있습니다. 관객들은 신성한 예술을 대하는 표정으로 사람 머리 위 높이에 걸려 있는 별로 크지 않은 그림을 올려다보고 있습니다. 물론 〈모나리자〉가 신비감을 자아내는 대단한 작품인 것만은 확실합니다. 그러나 그 그림을 대하는 태도가 문제입니다. 뒤샹은 〈모나리자〉를 프린트한 싸구려 그림엽서에 콧수염과 턱수염을 낙서하고 〈L.H.O.O.Q〉라는 제목을 붙였습니다. 프랑스어 발음으로 엘 아슈 오 오 뀌Elle a chaud au cul라고 읽히는 이 제목은 '이 여자 엉덩이는 뜨거워'라는 뜻으로, 뒤샹은 그림에 보이지 않는 엉덩이에 시비를 걸었습니다. 그 그림에 대해서가 아니라 예술을 신성시하는 태도에 시비를 건 것입니다.

그보다 2년 전에 뒤샹은 현대의 가장 인상적인 작품이라 불리는 〈샘〉을 내놓았습니다. 1917년 뉴욕의 그랜드 센트럴 팰리스에서 독립미술가협회가 해마다 개최하는 전시회가 열렸습니다. 6달러만 내면 무명의 예술가라도 누구나 작품을 전시할 수 있는 전시회였죠. 2천 점이 넘게 전시됐는데, 뒤샹도 머트R. Mutt라는 이름으로 거리에서 구한 변기를 출품했습니다. 아무나 전시할 기회를 얻는 전시회였고 뒤샹이 전시 책임자였지만, 그 변기만은 거절당했습니다. 그러나 뒤샹은 이 거절을 기쁘게 받아들였죠. 예술작품에 대한 전통적인 관점 자체를 거부한 출품이라서 거절당하는 게 마땅했으니까요. 그러나 이 작품은 예술의 성질을 완전히 뒤바꿨습니다.

레디메이드, 즉 기성품이 예술로 대두한 것입니다. 레디메이드는 이전 방식의 예술 자체를 거부하고 부정하는 일이었습니다.

그동안 예술작품은 그것이 무엇이든 예술가가 오랜 작업 끝에 새로 만들어내는 것이었습니다. 말 그대로 창작이었습니다. 그런데 뒤샹은 이미 있고 일상에서 자주 사용하는 물품을 예술

예술 수업

마르셀 뒤샹, 〈L.H.O.O.Q〉(1919)

작품이라고 내놓았습니다. 자기 작업의 명칭에 레디메이드ready-made라는 단어를 떠올린 뒤샹은 다음과 같이 말했습니다.

> 레디메이드는 우리 세대의 그토록 많은 예술가들에 의해 길러진 방식에 대항해 우수한 손재주나 능력보다는 정신적인 선택을 통해 미학적 고찰을 염두에 두는 것을 허락했지.

레디메이드는 기성품을 사용하여 기성의 세상을 무너뜨리는, 즉 기성으로 기성을 붕괴하는 예술작업이었습니다. 전시장에 놓인 변기를 보고 '이건 뭐야?' 하고 때로는 화가 난 듯이 반응하거나 때로는 의아해서 질문을 던지거나 또는 비명을 지르는 것은 당연하며, 그렇게 생각이 '분출'하기 때문에 작품 제목이 '샘'fountain인 것입니다. 변기를 보고 고상하게 음, 하며 감상할 사람은 아무도 없을 테니까요.

레디메이드는 일상에서 흔히 맞닥뜨렸던 사물이기에 일상을 상기시킵니다. 일상을 연상시키는 기성품으로 견고한 일상의 벽을 허뭅니다. 그 뒤 현대예술은 레디메이드의 성질을 띠며 전개됩니다.

급기야 1996년 이탈리아의 작가 마우리치오 카텔란Maurizio Cattelan(1960~)은 다른 갤러리에 전시돼 있는 다른 작가의 작품들을 몰래 자기 전시회에 가져다놓고 〈제기랄 당치도 않은 레디메이드〉라는 제목을 붙이기까지 했습니다. '이게 뭐야?' 하는 질문을 끊임없이 유발하는 레디메이드 예술의 극단적인 성격을 보여주었죠. 이 전시회는 작품을 잃어버린 갤러리의 신고로 열리기도 전에 끝나 해프닝에 그쳤지만, 이 역시 하나의 예술행위였습니다. 도발적인 기행으로 관습과 고정관념에 젖어 있는 현대인을 끊임없이 자극하는 카텔란은 현대의 인기 작가입니다.

괴물과 좀비

우리 현대인은 제대로 생각할 틈조차 없이 바쁘지요. 물질문명의 전광석화 같은 변화에 정신을 잃을 정도입니다. 그 변화를 따라가자니 시대의 조류에 가볍게 자신을 맡겨야 할지 모릅니다. 그래야 살아남을 듯하니까요. 그런데 그러다가 우리는 어쩌면 괴물이나 좀비가 될 수도 있습니다.

괴물은 원래 전설이나 동화에 나오는 괴상한 생물체를 가리키는 말입니다. 드라큘라 같은 흡혈귀나 비정상적으로 거대해져 거인이 된 자이언트 등이 괴물이지요. 그러나 성(聖) 아우구스티누스는 오류에 의해 잘못 발달된 세상을 괴물이라 불렀습니다. 괴물이 신비로운 비현실적인 존재만을 뜻하지 않는다는 거죠. 어느 사회에나 괴물이 있습니다.

사람들이 자기 사회의 질서를 아무런 성찰 없이 받아들여 무조건 확대할 때 괴물이 되기도 합니다. 그 체제는 처음에는 자기 생산성을 높이기 위해 괴물을 환영합니다. 그렇지만 나중에는 사회를 보존하기 위해서 괴물을 제거해야 합니다. 흡혈귀 같은 탐욕에 의해 기형적으로 거대해진 거인과 같은 존재이니까요. 즉 과잉의 현상이기 때문입니다. 프랜시스 포드 코폴라Francis Ford Coppola(1939~) 감독의 영화 〈지옥의 묵시록〉에 나오는 커츠 대령[5] 이 그런 괴물이었습니다. 훌리건(광적인 축구팬)도 축구를 싫어해서 축구장에서 난동을 피우는 건 아닙니다. 그들은 축구를 광적으로 좋아해서 폭력을 행사하지요. 2차 세계대전을 일으킨 파시즘도 자본주의의 과잉이 빚어낸 괴물 현상이었습니다.

또한 인재(人災)라고 불리는 참사도 이러한 과잉의 결과인 경우가 많습니다. 기업의 기본가치가 이윤이기 때문에 이를 지나치게 추구하여 과잉되다 보니 그 밖의 다른 요소들을 다루지 못해 참사가 벌어지기도 합니다.

좀비는 카리브 해 아이티 공화국 사람들의 종교에 나오는 존재입니다. 그곳의 부두교 주술사가 마법으로 소생시킨 시체를 가리키는 말이죠. 좀비는 살아 있는 시체로, 살았지만 영혼이 없는 존재를 뜻합니다. 그런데 이 말이 21세기에 들어와서 현대의 한 현상을 가리키는 개념으로 쓰이기도 합니다. 영혼이 없이 사는 존재라는 뜻에서, 아무 생각 없이 떼를 지어 다니며 무한복제를 통해 무리 확산을 이루는 모습을 가리키지요. 뭔 일이 있나

---

5 **영화 〈지옥의 묵시록〉(1979)의 커츠 대령** 조지프 콘래드의 소설 《어둠의 심연》(1899)을 현대적으로 각색한 영화로, 등장인물인 커츠 대령은 장래 참모총장감으로 평가받던 미군 육사의 엘리트였으나 베트남전 참전 후 전쟁의 광기에 점점 미쳐간다. 캄보디아 접경에서 탈영해 원주민을 모아 자신만의 왕국을 세우고 잔혹행위를 일삼는다.

하고 우르르 몰려다니는 일은 이제 가상공간에서도 어렵지 않게 보는 현상입니다.

우리 모두가 괴물이나 좀비인 것은 아니지만, 일상에 젖어 현실을 직시하지 못하면 자칫 그러기 쉬운 세상이라는 겁니다. 그래서 가끔 주위에서 너무나도 당당한 괴물이나 좀비를 보기도 합니다. 물론 그들은 그런 줄 모르지만요.

따라서 우리는 '생각하는 인간'인 호모사피엔스로 복귀해야 합니다. 그런데 이때 자기 논리에 따른 이념적 사고를 조심해야 합니다. 이념적인 사유는 명쾌한 시선을 가져다주지만 자기 논리에서 벗어난 것을 적대시하는 사고이기 쉬워서 집단적인 광기를 유발하기도 하니까요. 이런 사고방식은 도리어 괴물이나 좀비를 양산할 위험을 안고 있습니다.

현대예술의 괴이함은 관객에게 충격을 주어 생각하는 인간으로 회복시키려는 전략이기도 합니다. 현대예술은 미적 감흥이 마취제 역할을 할 수 있다는 점에 주의하고 있는 겁니다.

발터 베냐민Walter Benjamin(1892~1940)은 작품이 사람들을 사로잡아 취하게 하는 아우라를 버리고 촉각적인 충격을 주어야 예술의 기능을 제대로 수행할 수 있다고 주장합니다. 일상을 제대로 파악하기 힘든데 거기에 더해 예술마저도 미적인 향유라는 명목 아래 사람들을 몰입으로 유도한다면, 그것은 또 하나의 마력으로 사람들의 발목을 잡는 일이라고 본 겁니다. 예술작품이 관객을 자극해 망각의 상태에서 깨워야 한다는 점을 역설한 거죠.

이러한 맥락에서 현대예술은 이전의 예술관을 거스릅니다.

아서 단토Arthur C. Danto(1924~2013)가 현대예술은 반(反)예술이라면 서 '예술의 종말'이라는 거친 표현을 사용할 정도로 말이죠. 물론 여기서 예술의 종말이 인류의 역사와 함께하며 한 번도 사라지지 않은 예술 자체의 소멸을 뜻하는 것은 아닙니다. 기존 관점의 예술이 소멸한다는 것을 뜻하지요. 그러면 현대예술의 특성을 정리해볼까요.

우선 현대예술은 단순함을 지향합니다. 그동안은 예술작품이 예술가의 탁월한 솜씨에 기대왔다면, 지금은 스타일 면에서 극단적인 단순함을 추구합니다. 그것을 미니멀리즘이라고 하지요.

또한 현대예술은 대중이 쉽게 접하는 통속적인 재료를 다룹니다. 이를테면 만화나 낙서, 가정용품 등을 작품으로 내세우지요. 예술작품이라고 하면 일반적으로 독창성을 근간으로 하는 전문 분야의 어떤 것이라고 생각합니다. 그러나 현대예술은 격을 높이려 하지 않습니다. 기존 예술의 권위에 도전하며 상스럽기도 하고 추하기도 하죠. 그것을 팝아트pop art라고 합니다.

다음으로 현대예술은 상상치도 못한 도발적인 자극을 끊임없이 가하여 생각을 촉진하게 하는 데 주력합니다. 관객을 견디기 힘든 상태에 몰아넣기도 하면서 말이지요. 그러려고 퍼포먼스를 벌이기도 합니다. 이는 완성된 작품을 느끼며 감상한다는 통념의 예술관을 파괴합니다. 그러한 현대예술을 접하고 있으면 이전 작품들이 편협한 틀에 갇혀 있지 않았나 하는 생각이 들기도 합니다. 그것을 개념예술conceptual art이라고 합니다.

세 범주는 같은 척도에서 구분되는 특성이 아닙니다. 이 가운

예술 수업

데 두 개나 세 개의 범주가 겹치기도 하죠. 앞에서 뒤샹의 〈샘〉을 현대예술의 계기라고 한 까닭은 세 범주를 모두 아우르는 출발점이기도 하기 때문입니다.

최근에 주목받고 있는 영국의 게리 흄Gary Hume(1962~)이 유화 물감 대신 가정용 페인트로 사물을 단순하게 그려낸 〈눈사람〉이나 〈무심한 올빼미〉 같은 작품들도 세 범주를 아우르고 있죠. 재미있는 점은 그가 예술의 목적은 충격을 주는 데에 있다는, 이제는 일반화한 현대예술의 개념에 도전하기 위해 일상적으로 접근하여 대상을 단순화한다고 말한다는 겁니다. 이전에는 충격을 주기 위해 일상화하고 단순화했는데 말이죠.

현 대 예 술 을 반 성 하 다

현대예술은 백 년 가까이 예전 예술의 틀을 부쉈습니다. 그러다가 이제 현대예술도 앞에서 정리한 것처럼 크게 세 가지 범주에 담깁니다. 틀을 깨는 작업이 다시 포착 가능한 틀을 형성하게 된 것이지요.

현대예술의 여러 실험은 이미 세상을 움직이는 시스템에 도입되어 그 정신을 잃고 방식만 차용되기도 합니다. 이를테면 퍼포먼스의 전복정신은 신상품 광고에 활용되고 있는 실정이죠. 퍼포먼스는 강력하고 효과적인 자극을 주는 행위였는데, 기성세계가 자신을 광고하는 수단으로 차용하고 있는 겁니다. 스티브 잡스가 새로운 IT 기기를 선보이기 위해 프레젠테이션을 효과적으로 사용한 것도 이러한 퍼포먼스의 효과를 노린 전략이었습니다. 동네에 새로운 가게가 개업할 때면 풍선이 춤을 추는 등의 이벤트를 벌이고도 있고요. 그래서 퍼포먼스의 예술적인 가치가 점점 소멸하고 있는 실정입니다.

또한 뒤집어보고 비틀어보는 행위는 이 시대에 유행하는 각종 처세술이나 개성을 만드는 자기계발 방식, 그리고 경영기법에 적극적으로 도입돼 활용되고 있습니다. 새로운 제품을 만들고 새로운 소비자를 창출하는 데 쓰이기도 하고요.

게다가 현대예술의 위악적인 추함은 아무리 생각을 하도록 다그친다 해도 결국 추함이어서 사람들의 거부감을 불러일으킵니다. 단지 지적인 부분에서만 작동하는, 한곳만 기형적으로 발달한 괴물 같기도 합니다. 싫어하게 만들어서라도 생각하게 하는 일, 그것이 예술의 현대적인 가치로 지나치게 부각됐기 때문입니다.

그러니 현대인들이 동시대의 예술을 즐기기보다는 불편해하며 외면하고, 고전을 찾고 있는 사정을 돌아볼 필요가 있습니다. 미적 체험이 예술의 정의는 아니지만, 예술의 기본가치 가운데 하나인 것은 분명합니다. 감성적인 승화를 통해서 사고를 발전시키는 것. 미적 체험 역시 사고의 깊이를 더해준다는 점을 다시 상기할 필요가 있습니다.

또한 현대예술은 사적인 욕구에 의한 과도한 자기현시를 예술성과 구분하기 힘들게 만들기도 합니다. 이기적인 나 자신만의 권리를 주장하는 것이 예술로 오해될 소지가 있다는 겁니다.

예술 수업

이 지점에서 타르콥스키의 말을 주의 깊게 들어볼 필요가 있습니다.

> 개인적인 가치만을 강조하기 위해, 삶의 의미를 찾는 일을 방기한 현대예술은 그릇된 길에 들어서 있다. 예술의 의미라는 것이, 단지 자기중심적인 표출에 본질적인 가치가 있다면서 모든 개인적인 행위를 주장하는 수상쩍은 사람들의 기이한 짓거리로 여겨지지 시작했다.

*

현대예술이라고 해서 무조건 기기묘묘하다고 생각할 필요는 없습니다. 앞의 수업에서 다룬 사티가 그랬고 샤갈도 그랬죠.
호퍼도 현대의 화가입니다만, 팝아트니 개념예술이니 미니멀리즘이니 하는 경향과 아무 상관이 없습니다. 그래서 그의 그림들이 오히려 신선해 보입니다. 호퍼가 타르콥스키처럼 이런 말을 했습니다.

> 나는 현대회화의 상당 부분에서 바로 원초적인 생각이 결여되어 있다고 본다. 대신 현대회화는 오로지 지적인 탐구, 즉 상상의 힘에서 비롯된 것이 아닌 측면에 기울어 있다. 바로 이런 이유에서 나는 대부분의 현대회화를 가짜라고 간주한다. 현대회화에는 어떠한 내밀성도 없다.

에드워드 호퍼, 〈아침 해〉(1952)

호퍼의 그림에 나오는 젊은 여자는 행복한 생각을 하고 있는 것 같지 않습니다. 어쩌면 아무 생각도 하지 않는지 모르겠습니다. 일상에 짓눌려 생각을 잃어버린 듯한 인물은 호퍼의 다른 그림들에서도 자주 만납니다. 그래서인지 호퍼가 그린 일상은 불안하기 그지없습니다.

호퍼의 이러한 그림들은 정직하게 우리네 일상을 돌이켜보게끔 합니다. 그리고 우리 자신을 낯설어 보이게 하지요. 그렇게 해서 삶의 의미, 즉 진정한 일상과 자기 자신을 찾는 출발점에 우리를 놓습니다. 진정성이 주는 매력이지요.

로스코의
〈지평, 어두운색 너머 흰색〉과
예술이 스며드는 삶

마크 로스코, 〈어두움 너머 밝음으로 가는 지평〉(1961)

"회화는 체험에 관한 것이 아니라 바로 체험이다."

— 로스코

생명체는 크게 동물과 식물로 나뉩니다. 그런데 동물과 식물 중 어느 생명체가 더 빨리 변할까요. 우리는 대개, 움직일 수 있는 동물이 더 빨리 변한다고 생각합니다. 그런데 정말 그럴까요?

언제나 반갑다며 꼬리를 흔드는 옆집 강아지는 지난봄이나 올가을이나 그 모습 그대로입니다. 그러나 집 앞 은행나무는 앙상했던 가지에 새싹이 텄다가 지난여름 잎이 무성하고 푸르렀는데 어느 틈에 벌써 노랗게 물들었습니다. 흔히 생각하는 바와 달리 동물보다 식물이 더 빨리 변합니다.

그렇지만 나무는 아침부터 저녁까지 아무리 지켜보고 있어도 변화를 눈치챌 수 없습니다. 언제나 그대로 서 있는 듯합니다. 그래서 식물이 변한다는 것은 거의 느껴지지 않지요. 그럼에도 어느새 그렇게 변하는 것입니다. 우리의 삶도 이와 비슷합니다.

엄청나게 큰 짙은 색 화폭에 더 어두운색의 직사각형 두 개가 길게 놓여 있습니다. 그 위로 하얀색 직사각형이 그려져 있고요. 이 그림을 한참 들여다보고 있으면 묘한 느낌이 생깁니다. 어두운색이나 하얀색이 주위로 차츰차츰 스며들고 있거든요. 그림을 그린 이는 마크 로스코Mark Rothko(1903~1970)이고, 작품 제목은 〈어두움 너머 밝음으로 가는 지평〉입니다.

**자신의 작품 앞에 선
마크 로스코**

스며듦의 미학

로스코는 커다란 화폭을 선호했습니다. 그 화폭에 여러 색깔의
직사각형들을 두서넛 칠했죠. 그런데 색들은 직사각형 안에 갇
혀 있지 않고 주위로 한없이 스며듭니다.

그의 그림 앞에 서면 색채가 나에게 배어들 것만 같습니다.
거대한 화폭에 그가 그린 것은 변하지 않는 듯 변하는 우리 인생
이었고 또한 우주의 원리였습니다.

로스코는 러시아에서 태어나 열 살이 되던 해에 가족과 함께
미국으로 이주했습니다. 뉴욕에서 주로 그림을 그리면서 현대미

아스토르 피아졸라, 〈리베르탱
고〉(1974) by Yo-Yo Ma &
Friends

마크 로스코, 〈No. 14〉(1960)

술의 중요한 예술가로 성장합니다. 그러나 그에게 가장 큰 영향
을 준 이는 고향의 작가 도스토옙스키였죠. 드라마틱하게 인간
의 심연을 다룬 도스토옙스키의 작품세계가 예술의 역동적인 능
력을 느끼게 해주었던 것입니다. 이러한 역동성을 로스코는 그
림에 담았습니다.

　로스코의 그림에서 직사각형의 여러 색들은 에너지를 품고
움직입니다. 때로는 팽창하고 때로는 흡수하면서 꿈틀거립니다.
그래서 그의 그림에서 우리는 우주의 원리를 만나고 또한 인생
과 생명의 이치를 체험하는 감동을 받습니다. 어떤 이는 세상을
운영하는 신의 진리를 만나기도 합니다.

그런데 우리에게 지금 중요한 점은 로스코의 그림이 스며듦의 미학을 기반으로 하고 있다는 것입니다. 인생이 그렇고 역사도 그러하듯이 말이죠. 그러면서 그의 그림은 예술이 우리의 현실로 스며드는 감동도 전합니다.

로스코의 그림을 보고 있으면 아스토르 피아졸라의 음악이 떠오르기도 합니다. 피아졸라가 창시한 누에보 탱고는 재즈와는 또 다른 분위기를 풍깁니다. 다른 리듬이 섞이고 이질적인 멜로디가 겹치면서, 각 악기의 상이한 음색이 서로 스며들어 하나의 곡을 이룹니다. 그래서 피아졸라의 음악은 우리 마음을 때로는 차분하게, 때로는 격렬하게 뒤흔듭니다. 우주와 인생을 운영하는 스며듦의 이치를 닮았다고 할 수 있습니다.

예술은 현실로 스며듭니다. 로스코의 그림이 그러듯 작품의 각 요소들이 각기 팽창하고 흡수하면서 서로 배어들더니, 마침내 우리네 현실로 스며듭니다.

로스코는 예술이 체험에 관한 것이 아니라 체험이라고 말했지요. 예술은 보고 느낀 바를 반영하는 게 아니라 보고 느끼는 것 그 자체라는 거죠. 어디 먼 곳에서 벌어진 낯선 사람에 관한 이야기가 아니라 자신의 이야기인 것이고요. 이를테면 셰익스피어의 《햄릿》은 햄릿이라는 덴마크 왕자의 이야기가 아니고 내 안속의 햄릿 이야기입니다.

칸딘스키는 《예술에서의 정신적인 것에 대하여》의 첫 문장을 다음과 같이 시작합니다.

모든 예술작품은 그 시대의 아들이며, 때로는 우리 감정의 어머니이기도 하다. 각 시대는 자신의 예술을 만들어내며, 그것은 결코 반복될 수 없는 일이다. 지나간 시대의 예술원리를 재생시키려는 노력은 고작해야 사산된 아이를 닮은 작품을 만들어내는 꼴이 될 뿐이다. 예컨대 우리가 고대 그리스 사람들처럼 생활하고 느낄 수는 없는 일이다. 때문에 조각작품을 만들면서 그리스식의 원칙을 좇으려는 작가가 있다면 그의 작품은 정신성이 결여된, 오로지 형식의 유사성만을 따른 결과가 될 것이다. 이와 같은 모방은 원숭이의 광대 짓과 마찬가지다. 겉으로 보기에 원숭이는 인간과 닮았다. 가령 원숭이가 코앞에 책을 놓고 앉아 심각한 표정으로 책장을 넘긴다 해도 그런 일들은 실제적으로 아무런 의미가 없다.

그렇습니다. 예술은 결코 현실과 유리되지 않습니다. 어떠한 방식으로든 현실과 밀접합니다. 그렇다고 해도 참여니 비판이니 하며 자신을 규정하는 예술은 유치한 형태일 뿐입니다. 중요한 점은 예술과 현실이 서로 스며든다는 사실입니다.

예술적인 삶을 위하여

이제 수업을 마치려고 합니다. 이 수업을 함께 나눈 분들께, 마지막으로 예술과 함께하면 우리의 삶이 왜 행복해지고 또 어떻게 행복해지는가를 말씀드리려 합니다. 한번 실천해보시기 바랍니다.

먼저, 마음을 움직였거나 아니면 어떤 느낌을 안겨준 예술작품 하나를 가까이 간직하시기 바랍니다. 한 장의 그림이어도 좋고 음악 한 곡, 또는 시나 소설 한 편이어도 좋습니다. 영화나 연극이어도 됩니다. 한 편의 작품을 말입니다.

예술작품은 아무런 전문지식이 없어도 감상할 수 있습니다. 어떤 때는 어설픈 지식이 작품 감상을 방해하기도 하니까요.

그렇게 한 작품을 마음에 두었다면, 거기에는 아주 단순한 까닭이 있을 겁니다. 기뻤다거나 슬펐다거나 아니면 예쁘다고 느꼈거나 하는 이유 말입니다. 일단 그렇게 작품을 감상한 것입니다.

그런데 마음이 끌렸기에 차츰 왜 기뻤는지, 왜 슬펐는지, 아니면 왜 예쁘다고 느꼈는지 하는 궁금증이 생길 겁니다. 그러면 차차 그 까닭을 따져보게 되겠죠. 그러면서 작품에 대한 인식능력이 커져갑니다. 그렇게 해서 생기는 해석능력은 주입식으로 받아들인 지식과는 차원이 다른 진정한 앎을 만들어나갑니다.

더군다나 수업 앞부분에서도 말했듯이 예술은 인류의 역사에서 단 한 번도 소멸한 적이 없습니다. 실질적인 쓸모가 컸기 때문이지요. 그렇다면 그 작품에도 뭔가 분명히 있습니다. 그러나 그 뭔가를 무엇이다 하고 분명하게 말할 수는 없습니다. 만약 그런다면 예술의 생명력을 빼앗아 끊임없이 사유하지 못할 테니까요.

작품에 대한 인식능력이 커져가는 것은 대답 찾기와는 다른 일입니다. 거의 무한한 가능성을 열어줍니다.

예술 수업

그렇게 생긴 지적 능력은 삶의 현실을 보는 눈을 크게 만들기 시작합니다. 세상을 사유하고 해석하는 능력이 커져갑니다. 어쨌든 예술작품은 현실과 결코 무관하지 않으니까요.

같은 시대를 살면서 그 속에서 노예인지도 모르고 노예처럼 사는 사람과 자기 삶의 주인이 되는 사람이 풍기는 향기는 다릅니다. 삶의 질도 달라집니다. 이런 사람들이 많아지면 사회의 질도 달라질 것입니다.

시간이 지나면 작품의 내용이나 작가에 관한 정보는 잊겠지만, 그것은 별 문제가 되지 않습니다. 큐비즘이니 미니멀리즘이니 하는 정보들은 예술작품이 주는 중심도 아니고, 또 그런 명칭들을 아는 것이 곧 작품을 아는 것은 아니니까요. 예술작품을 대하면서 길러진 해석능력, 그리고 창의성과 상상력은 남아 세상을 읽어내는 시야가 넓어지며, 삶에서 부딪히는 여러 문제를 감당해낼 수 있는 힘도 생기죠. 과거를 이해하고 현재를 해석해서 미래를 열어낼 수 있습니다. 그것이 생각의 최전선에서 탄생한 예술작품이 주는 지식입니다.

결국 우리가 읽어야 할 절실한 대상은, 모든 예술작품이 그러하듯, 현실일 테니까요.

스며듦을 체험하게 해주는 로스코의 그림이 그러하듯이, 예술은 우리의 삶으로, 우리의 현실로 그렇게 스며듭니다.

■ **참고문헌**

- 《성경전서 개역개정판》, 대한성서공회, 2005
- 곰브리치, 《서양미술사》, 백승길·이종숭 옮김, 예경, 2003
- 도스토옙스키, 《도스또예프스끼 전집》(25권), 열린책들, 2000
- 《뒤샹, 나를 말한다》, 파르투슈 엮음, 김영호 옮김, 한길아트, 2007
- 레너, 《에드워드 호퍼》, 정재곤 옮김, 마로니에북스, 2005
- 띠냐노프 외, 《영화의 형식과 기호》, 오종우 옮김, 열린책들, 2001
- 롤랑, 《베토벤의 생애》, 이휘영 옮김, 문예출판사, 2005
- 루소, 《언어의 기원》, 한문희 옮김, 한국문화사, 2013
- 바르트, 《텍스트의 즐거움》, 김희영 옮김, 동문선, 1997
- 백남준, 《백남준: 말馬에서 크리스토까지》, 임왕준·정미래·김문영 옮김, 백남준아트센터, 2010
- 뱅베니스트, 《일반언어학의 제문제》, 황경자 옮김, 민음사, 1993
- 보통, 《여행의 기술》, 정영목 옮김, 청미래, 2011
- 소포클레스, 《소포클레스 비극 전집》, 천병희 옮김, 숲, 2008
- 아리스토텔레스, 《정치학》, 이병길·최옥수 옮김, 박영사, 2007
- 오종우, 《러시아 거장들, 삶을 말하다》, 사람의무늬, 2012
- 위다, 《플랜더스의 개》, 김양미 옮김, 인디고, 2012
- 윤이상·루이제 린저, 《상처 입은 용: 윤이상과 루이제 린저의 대담》, 윤이상평화재단 옮김, 랜덤하우스, 2005
- 지드, 《앙드레 지드, 도스토예프스키를 말하다》, 강민정 옮김, 고려문화사, 2005
- 체호프, 《개를 데리고 다니는 부인》, 오종우 옮김, 열린책들, 2009
- 칸딘스키, 《예술에서의 정신적인 것에 대하여》, 권영필 옮김, 열화당, 2000
- 쿤데라, 《느림》, 김병욱 옮김, 민음사, 2012
- 타르콥스키, 《봉인된 시간》, 김창우 옮김, 분도출판사, 2005

- 플라톤,《국가, 정체》, 박종현 옮김, 서광사, 2005
- 플라톤,《향연》, 박희영 옮김, 문학과지성사, 2003

- Aristoteles, *Politics*, trans. T. A. Sinclair, London: Penguin Books, 1992
- Beckett, *Waiting for Godot*, New York: Grove Press, 2013
- Dostoevsky, *Polnoe sobranie sochinenii v tridtsati tomakh*, Leningrad: Nauka, 1972~1990
- James, *Pragmatism and the meaning of truth*, Cambridge: Harvard Univ. press, 1978
- Platon, *Six great dialogues*, trans. B. Jowett, New York: Dover publications INC, 2007
- Pushkin, *Sobranie sochinenii v desiati tomakh T.2*, Moskva: Khudozhestvennaia literatura, 1974
- Rorty, *Contingency, irony, and solidarity*, Cambridge: Cambridge Univ. Press, 1989
- Shakespeare, *The riverside Shakespeare*, Boston: Houghton Mifflin company, 1997
- Tolstoy, *Polnoe sobranie sochinenii v 90 tomakh*, Moskva: Khudozhestvennaia literatura, 1992
- Turgenev, "Ottsy i deti", *Sobranie sochinenii v dvenadtsati tomakh T.3*, Moskva: Khudozhestvennaia literatura, 1976

인명

ㄱ · ㄴ · ㄷ

게, 니콜라이 · 54~57, 59~62, 80~
    81
고디머, 네이딘 · 249
고리키, 막심 · 222, 249
고흐, 빈센트 반 · 67~68, 191
곰브리치, 에른스트 · 15
괴테, 요한 볼프강 폰 · 135, 280
길버트와 조지 · 308
니체, 프리드리히 빌헬름 · 43~45, 47
다빈치, 레오나르도 · 142, 214~215,
    311
단토, 아서 · 318
데카르트, 르네 · 45
도스토옙스키, 표도르 · 9, 28, 30, 48,
    50, 74, 77, 79, 138, 143, 155, 329
뒤샹, 마르셀 · 309~314, 319
드가, 에드가 · 63

ㄹ · ㅁ

라흐마니노프, 세르게이 바실리예비치
    · 162

레핀, 일리야 · 56
렘브란트, 판 레인 · 57~59, 155
로스코, 마크 · 326~330, 333
로트만, 유리 · 224
로티, 리처드 · 71~72
롤랑, 로맹 · 109
루벤스, 페테르 파울 · 241~243
루블료프, 안드레이 · 193
루소, 장-자크 · 108
루퍼, 요제프 · 164
뤼미에르 형제 · 219~220, 222
르누아르, 피에르 · 63
린네, 칼 폰 · 95
마그리트, 르네 · 26, 127, 279~281
마르크스, 카를 · 42
말레비치, 카지미르 · 205~206
매카시, 폴 · 307
먼로, 앨리스 · 249~250
모네, 클로드 · 63, 180~184, 194~
    195
모차르트, 볼프강 아마데우스 · 162
모파상, 기 드 · 27
몬드리안, 피터르 · 203~205

ㅂ

바르트, 롤랑 · 228~229
바벨, 이사크 · 54
바스키아, 장-미셸 · 34
바우메이스터르, 루이스 · 130
바자렐리, 빅토르 · 187
바치치오(조반니 바티스타 가울리) · 110

바흐, 요한 제바스티안 · 162, 215

발로통, 펠릭스 · 248

백남준 · 282~286

베냐민, 발터 · 317

베르나르, 사라 · 116

베리만, 잉마르 · 217

베케트, 사뮈엘 · 170~171

베토벤, 루트비히 판 · 9, 84~86, 109
    ~111, 155, 162, 238

벨린스키, 비사리온 · 74

뱅베니스트, 에밀 · 228

보이스, 요제프 · 305~306

보통, 알랭 드 · 47

브루스, 귄터 · 307

브라크, 조르주 · 30

비발디, 안토니오 · 162

ㅅ

사티, 에리크 · 151~152, 155, 175,
    321

샤갈, 마르크 · 178~180, 209~210,
    321

샹폴리옹, 장-프랑수아 · 105~107

세잔, 폴 · 63~65, 68, 181, 184, 198

셰익스피어, 윌리엄 · 117, 147, 155,
    227, 250, 330

소포클레스 · 97, 122, 130

손택, 수전 · 295

쇠라, 조르주 · 196

쇤베르크, 아르놀트 · 163~164, 282~
    283

쇼스타코비치, 드미트리 · 208

슈베르트, 프란츠 페터 · 162

슈틸러, 요제프 카를 · 84

슐츠, 클라우스 · 150

스타니슬랍스키, 콘스탄틴 · 229

실러, 프리드리히 · 85

ㅇ

아리스토텔레스 · 37~38, 43, 65, 116,
    137, 142~143

아우구스티누스, 아우렐리우스 · 315

아콘치, 비토 · 308

앵그르, 장-오귀스트-도미니크 · 133

예이젠시테인, 세르게이 · 235

와일드, 오스카 · 191

울프, 버지니아 · 295

워홀, 앤디 · 72

위고, 빅토르 · 27

위다(마리아 루이즈 드 라 라메) · 241,
    243

윤이상 · 164~166

이예블레프, 니콜라이 · 51

ㅈ · ㅊ

제임스, 윌리엄 · 70

졸라, 에밀 · 27

지드, 앙드레 · 189

차이콥스키, 표트르 · 62~63, 162

체호프, 안톤 · 124, 248~251, 287,
    294~296

ㅋ

카락스, 레오 · 217

카텔란, 마우리치오 · 314~315

칸딘스키, 바실리 · 201~203, 206~
208, 330

칸트, 이마누엘 · 45

케이지, 존 · 282~283, 309~310

코페르니쿠스 · 90

코폴라, 프랜시스 포드 · 316

콕토, 장 · 281

쿠즈네초프, 니콜라이 · 63

쿤데라, 밀란 · 39

크람스코이, 이반 · 55

클레, 파울 · 178

ㅌ · ㅍ · ㅎ

타르콥스키, 안드레이 · 214~215,
217, 232~235, 239, 241, 321

톨스토이, 레프 · 9, 54~57, 59~62,
80~81, 155

투르게네프, 이반 · 27~28, 50~51

트루베츠코이, 파벨 · 56

파스테르나크, 레오니드 · 56

파스테르나크, 보리스 · 56

페도토프, 파벨 · 225

폰타나, 루초 · 19~20

푸시킨, 알렉산드르 · 27, 168

프톨레마이오스, 클라우디오스 · 91

플라톤 · 65~68, 101, 107, 155, 158

피아졸라, 아스토르 · 9~10, 329~330

피카소, 파블로 · 14~18, 29~30, 32,
164, 197~200, 202~203

피타고라스 · 155~158

하넷, 윌리엄 · 150

헤겔, 게오르크 빌헬름 프리드리히 · 41

헨델, 게오르크 프리드리히 · 162

호퍼, 에드워드 · 300~301, 321~323

황순원 · 226

휘슬러, 제임스 · 190~191

흄, 게리 · 319

작품

ㄱ

《가난한 사람들》· 74

〈간이휴게소〉· 300

〈개를 데리고 다니는 부인〉· 249~
277, 287, 293

〈검은 사각형〉· 205~206

〈게르니카〉· 197

〈계단을 내려가는 누드2〉· 311

《고도를 기다리며》· 170~171, 173~
174

〈공간 개념, 기대〉· 19~20

〈교향곡 9번〉(합창 교향곡) · 85

〈구성7〉· 201~202

《국가》· 65, 158

〈그랑드 자트 섬의 일요일 오후〉· 196

ㄴ · ㄷ

〈나무꾼〉· 205~206

〈노랑 빨강 파랑〉· 208

〈노래하는 조각〉· 308

〈눈사람〉· 319

《느림》· 39~40

〈다다익선〉· 286

《닥터 지바고》· 56

〈대화의 기술〉· 127

〈동방박사의 경배〉· 214~215

ㄹ · ㅁ

《로미오와 줄리엣》· 227, 230

〈로봇 K-456〉· 283~285

〈리베르탱고〉· 329

〈마시는 조각〉· 308

〈마을과 나〉· 210

〈마태 수난곡〉· 215

〈만개한 나무들〉· 203~204

〈모나리자〉· 311~312

〈무심한 올빼미〉· 319

〈밀로스의 아프로디테〉· 138~140, 144

ㅂ

〈바르샤바의 생존자〉· 163

〈바이올린 독주〉· 283

〈바이올린과 포도〉· 197~199

〈바이올린과 피아노를 위한 가사〉· 165

《백치》· 30, 33, 48, 50

〈베토벤의 초상〉· 84

《봉인된 시간》· 233, 235

《부활》· 56, 62

〈브로드웨이 부기우기〉· 203, 205

〈비트루비우스적 인간〉· 142

《빌헬름 마이스터의 수업 시대》· 135

〈빨간 나무〉· 203~204

ㅅ

〈사과와 오렌지〉· 63~64

〈4분 33초〉· 283

〈삶이 그대를 속일지라도〉· 168

〈삼위일체〉· 193

〈상표〉· 308

〈샘〉· 309~310, 312, 319

《서양미술사》· 15

〈성 이냐시오의 승천〉· 110

〈소나기〉· 226

〈손가락이 일곱 개인 자화상〉· 178, 180, 209

〈수니온의 쿠로스〉· 140~141

〈수련〉· 182~183

《시학》· 137

〈십자가에서 내려지는 그리스도〉· 242 ~243

ㅇ

〈아를의 침실〉· 67~68

《아버지와 아들》· 27, 50~51

〈아침 해〉· 322

《악령》· 28, 30, 143

《안나 카레니나》· 62, 81

《안티고네》· 97, 122

〈야상곡〉· 190

〈양산을 든 여인〉· 194~195

〈어두움 너머 밝음으로 가는 지평〉·
　326~327

《언어의 기원》· 108

〈에펠탑의 신랑 신부〉· 210

《여행의 기술》· 47

〈열차의 도착〉· 220, 222

〈영산회상〉· 165~166

《영화의 형식과 기호》· 224

《예술에서의 정신적인 것에 대하여》·
　201, 330

《오이디푸스 왕》· 130, 135

〈오이디푸스와 스핑크스〉· 133

〈워털루 다리〉· 180~181

〈이미지의 배반〉· 26

〈인간의 조건〉· 279~281

《일반언어학의 제문제》· 228

ㅈ

〈자기 그리기〉· 307

〈재즈 모음곡 2번 왈츠 Ⅱ〉· 208

《전쟁과 평화》· 9, 61~62

〈정물, 바이올린과 음악〉· 150

《정치학》· 37, 142

〈정화된 밤〉· 164

〈제기랄 당치도 않은 레디메이드〉· 314

〈죽은 토끼에게 어떻게 그림을 설명할
　까〉· 306

〈지옥의 묵시록〉· 316

〈직녀성〉· 187

〈진리가 무엇이오〉· 55, 81

〈짐노페디〉· 151~152, 159, 161, 174
　~175

ㅊ · ㅋ · ㅌ

〈차이콥스키의 초상〉· 63

〈첫 영성체〉· 16

〈첫 훈장을 받은 관리의 아침〉· 225

〈춤〉· 14

〈친밀〉· 248

《카라마조프가의 형제들》· 9, 138

〈크리티오스의 소년〉· 141

〈탁월한 바보〉· 307

〈탱고의 역사〉· 9

〈톨스토이의 초상〉· 54~55, 60

ㅍ · ㅎ

《파이드로스》· 107

《프래그머티즘》· 70

《플랜더스의 개》· 247

〈피아노 협주곡 1번〉· 62~63

《햄릿》· 117, 147, 330

《향연》· 101

〈현악4중주 16번 F장조〉· 111

〈화성의 영감〉· 162

〈환희의 송가〉· 85

〈회색 나무〉· 203~204

〈희생〉· 215, 239~241, 243

A

〈L.H.O.O.Q〉· 312~313

〈No. 14〉· 329

〈TV 브라〉· 284

용어

ㄱ · ㄴ

개념예술 · 318, 321

과학기술 · 36, 93~94, 191, 218~
219, 221, 223~224, 278

과학주의 · 223

괴물 · 315~317, 320

그라피티 · 34

네안데르탈인 · 96

누에보 탱고 · 10, 330

니힐리스트 · 27, 51

ㄷ · ㄹ · ㅁ

동굴벽화 · 76, 102~103

드라마 · 123~126, 128~129

레디메이드 · 312, 314

로제타석 · 106

루브르 박물관 · 140, 311

메타포 · 167~168

모더니즘 · 30

문학 · 9, 27, 35, 74, 123, 165~168,
218, 225~226, 249~250, 281

미니멀리즘 · 179, 318, 321, 333

미디어아트 · 281~282

미래주의 · 179

미메시스 · 65~66, 68

미술 · 29, 35, 55, 179, 188~189, 218,
279

ㅂ · ㅅ

비극 · 116, 129~130, 134~135, 137
~138, 230

비례 · 118~119, 126, 137~138, 140
~143

상상력 · 62, 72, 88, 105, 107~109,
167, 201, 231~233, 281, 283~
284, 333

상형문자(신성문자) · 105~106

성경 · 105, 179

쉬르레알리슴(초현실주의) · 179, 279,
281

시네마토그래프 · 219~220, 224

실용(실용성/실용적) · 44, 65~71, 73
~74, 77~79

실질세계 · 36~44, 50, 73, 76, 80, 107

십이율 · 166

ㅇ

아방가르드 · 99

아크로폴리스 · 120~121

알레테이아 · 289

야수파 · 179, 311

여분세계 · 36~38, 41~44, 73, 76,

80, 107~108

역원근법 · 194

연극 · 9, 119~123, 128~130, 171~
172, 218, 229, 250, 332

영혼의 떨림 · 207

영화 · 9, 215, 217~218, 220~221,
224, 226~227, 230, 232~233, 235
~239, 241, 243, 284, 316, 332

예르미타시 미술관 · 180

오르세 미술관 · 63

오픈엔딩 · 296~297

온톨로지 · 45

옵아트 · 187~188

원초언어 · 229~230, 232~233, 236,
241, 321

유니버설 · 144~147

유물론 · 27, 143

음악 · 9, 18, 29, 35, 62, 66, 108~110,
150~151, 154, 158~159, 161~
167, 207~208, 218, 238, 282~
284, 287, 330, 332

이데올로기 · 69~70, 145

이콘 · 193~194, 206

인상주의(인상파) · 42, 56, 179, 194~
195, 311

일상 · 47, 87, 109, 142, 151, 278, 288,
301~304, 306, 312, 314, 317, 319,
323

ㅈ · ㅊ · ㅋ

정악 · 165~166

제너럴 · 144~147

좀비 · 315~317

착시현상 · 186~188

창의성(창의력) · 17~18, 21, 50, 62,
72~73, 77, 105, 230, 309, 333

척도 · 27, 50~51, 118~119, 126,
135, 137~138, 145, 318

청색시대 · 29, 32

코스모스 · 155

큐비즘 · 29~30, 32, 179, 333

테크놀로지 · 96, 218~221, 223~224,
226~228, 281~282, 284

트레티야코프 미술관 · 55, 193, 201

ㅍ · ㅎ

파시즘 · 48, 316

팝아트 · 72, 179, 318, 321

패러독스 · 44, 169

퍼포먼스 · 282~284, 305~309, 318
~320

표현주의 · 179, 281

프닉스 · 121

프래그머티즘 · 69~71

현금가치 · 70

호모사피엔스 · 89~90, 95~97, 99,
317

홀로코스트 · 163

희극 · 129, 137~138

예술 수업

초판 1쇄 발행 2015년 1월 21일
초판 14쇄 발행 2023년 10월 25일

지은이 오종우
발행인 김형보
편집 최윤경, 강태영, 임재희, 홍민기, 박찬재
마케팅 이연실, 이다영, 송신아 **디자인** 송은비 **경영지원** 최윤영

발행처 어크로스출판그룹(주)
출판신고 2018년 12월 20일 제 2018-000339호
주소 서울시 마포구 양화로10길 50 마이빌딩 3층
전화 070-5038-3533(편집) 070-8724-5877(영업) **팩스** 02-6085-7676
이메일 across@acrossbook.com **홈페이지** www.acrossbook.com

ⓒ 오종우 2015

ISBN 978-89-97379-59-0 03100

만든 사람들
편집 서지우 **교정** 김미경 **디자인** 민진기디자인